Eulálio Figueira   Sérgio Junqueira

TEOLOGIA e EDUCAÇÃO

Educar para a caridade e a solidariedade

Dados Internacionais de Catalogação na Publicação (CIP)

(Câmara Brasileira do Livro, SP, Brasil)

Figueira, Eulálio
    Teologia e educação : educar para a caridade e a solidariedade
/ Eulálio Figueira, Sérgio Junqueira. – São Paulo : Paulinas, 2012. –
(Coleção teologia na universidade)

    ISBN 978-85-356-3258-3

    1. Caridade   2. Cidadania   3. Religião e educação   4. Religião e
sociologia   5. Solidariedade   I. Junqueira, Sérgio.   II. Título.   III. Série.

12-08326   CDD-261

Índices para catálogo sistemático:

1. Caridade : Religião e educação Teologia social   261
2. Solidariedade : Educação e religião : Teologia social   261

1ª edição – 2012

Direção-geral: Bernadete Boff

Conselho editorial: Dr. Afonso M. L. Soares
Dr. Antonio Francisco Lelo
Me. Luzia M. de Oliveira Sena
Dra. Maria Alexandre de Oliveira
Dr. Matthias Grenzer
Dra. Vera Ivanise Bombonatto

Editores responsáveis: Vera Ivanise Bombonatto e
Afonso M. L. Soares
Copidesque: Anoar Jarbas Provenzi
Coordenação de revisão: Marina Mendonça
Revisão: Sandra Sinzato
Assistente de arte: Ana Karina Rodrigues Caetano
Gerente de produção: Felício Calegaro Neto
Projeto gráfico: Manuel Rebelato Miramontes

Nenhuma parte desta obra poderá ser reproduzida ou transmitida
por qualquer forma e/ou quaisquer meios (eletrônico ou mecânico,
incluindo fotocópia e gravação) ou arquivada em qualquer sistema ou
banco de dados sem permissão escrita da Editora. Direitos reservados.

Paulinas
Rua Dona Inácia Uchoa, 62
04110-020 – São Paulo – SP (Brasil)
Tel.: (11) 2125-3500
http://www.paulinas.org.br – editora@paulinas.com.br
Telemarketing e SAC: 0800-7010081
© Pia Sociedade Filhas de São Paulo – São Paulo, 2012

Sumário

Apresentação da coleção
    Afonso Maria Ligorio Soares 5
Introdução
    Eulálio Figueira e Sérgio Junqueira..9

Parte I
A história da educação cristã: concepções e práticas

I.   Teologia e educação nas dinâmicas sociais
    João Duque 17

II.   Aspecto pedagógico das religiões: a dimensão
pedagógica da espiritualidade
    Faustino Teixeira 32

III. As artes liberais e a educação na Idade Média
    Antonio Marchionni..46

IV. Pensamento pedagógico de Santo Agostinho
    Magno Vilela 66

V.   A sagrada missão de educar: rastreando as conclusões de Medellín
    Mauro Passos e Luiz Carlos Itaborahy..87

VI. Educação e teologia: a epistemologia e a ética implicadas
    Alípio Casali 107

Parte II
Fundamentos teológicos

VII. A educação no antigo Israel e no tempo de Jesus
    Carlos Mesters e Rafael Rodrigues da Silva 127

VIII. Provocações teológicas: o processo pedagógico da revelação
e nossas práticas educativas
    Edward Neves Monteiro de Barros Guimarães..................................158

IX. Educação e destinação humana: a liberdade entre a finitude e a infinitude. Educação em e para a liberdade e a experiência da transcendência
MANUEL TAVARES 179

X. A educação como missão da Igreja no Magistério eclesial
DONIZETE XAVIER 195

XI. Educação e pluralidade religiosa
AFONSO MARIA LIGORIO SOARES 230

PARTE III
ASPECTOS PRÁTICOS

XII. Desafios atuais para a educação cristã
UBIRATAN D'AMBROSIO 259

XIII. A teologia e a dimensão ética da prática educativa
MARIO ANTÓNIO SANCHES 273

XIV. Ensinar ou formar? Uma relação entre o conhecimento e o convencimento. Questões epistemológicas para o Ensino Religioso
EULÁLIO FIGUEIRA 293

XV. Ensino Religioso: aspectos práticos
SÉRGIO ROGÉRIO AZEVEDO JUNQUEIRA 314

Considerações finais. Ensinar, aprender e fazer; a teologia e a educação para uma humanidade pós-metafísica
EULÁLIO FIGUEIRA E SÉRGIO JUNQUEIRA 335

Autores... 340

Apresentação da coleção

Com este novo livro, *Teologia e Educação*, organizado pelos professores Eulálio Figueira e Sérgio Junqueira, damos continuidade à coleção *Teologia na Universidade*. Nós a concebemos para atender a um público muito particular: jovens universitários que, muito provavelmente, estão tendo seu primeiro contato – e quem dera não fosse também o derradeiro – com uma área de conhecimento que talvez nem soubessem da existência: a área de estudos teológicos. Além dos cursos regulares de teologia e de iniciativas mais pastorais assumidas em várias Igrejas ou comunidades religiosas, muitas universidades comunitárias oferecem a todos os seus estudantes uma ou mais disciplinas de caráter ético-teológico, entendendo com isso oferecer ao futuro profissional uma formação integral, adequada ao que se espera de todo cidadão: competência técnica, princípios éticos e uma saudável espiritualidade, independentemente de seu credo religioso.

Pensando especialmente nesse público universitário, Paulinas Editora convidou um grupo de professores e professoras com experiência no ensino introdutório de teologia – em sua maioria, docentes da Pontifícia Universidade Católica de São Paulo (PUC-SP) – e conceberam juntos a presente coleção.

Teologia na Universidade visa produzir coletâneas de estudos que explicitem as relações entre a teologia e as áreas de conhecimento que agregam os cursos de graduação das universidades, a serem realizados pelos docentes das disciplinas teológicas e afins – que podem ser chamadas, dependendo da instituição de ensino em que sejam oferecidas, de *Introdução ao Pensamento Teológico, Introdução à Teologia, Antropologia Teológica, Cultura Religiosa* e/ou similares. Nosso escopo foi contar com a parceria de pesquisadores das áreas em questão (direito, saúde, ciências sociais, filosofia, biologia, comunicação, artes etc.).

Diferencial importante dos livros desta coleção é seu caráter interdisciplinar. Entendemos ser indispensável que o diálogo entre a teologia e outras ciências em torno de grandes áreas de conhecimento seja um exercício teológico que vá da *teologia e*... até a *teologia da*... Em outros termos, pretendemos ir do diálogo entre as epistemes à construção de parâmetros epistemológicos de teologias específicas (teologia da saúde; teologia do direito; teologia da ciência etc.).

Por isso, foram escolhidos como objetivos da coleção os seguintes:

- Sistematizar conhecimentos acumulados na prática docente de teologia.

- Produzir subsídios para a docência inculturada nas diversas áreas.

- Promover o intercâmbio entre profissionais de diversas universidades e das diversas unidades dessas.

- Aprofundar os estudos teológicos dentro das universidades afirmando e publicizando suas especificidade com o público universitário.

- Divulgar as competências teológicas específicas no diálogo interdisciplinar na universidade.

- Promover intercâmbios entre as várias universidades confessionais, comunitárias e congêneres.

Para que tal fosse factível, pensamos em organizar a coleção de forma a possibilitar a elaboração de cada volume por um grupo de pesquisadores, a partir de temáticas delimitadas em função das áreas de conhecimento, contando com coordenadores e com articulistas reconhecidos em suas respectivas linhas de atuação. Essas temáticas podem ser multiplicadas no decorrer do tempo a fim de contemplar esferas específicas de conhecimento.

O intuito de estabelecer o diálogo entre a *teologia e outros saberes* exige uma estruturação que contemple os critérios da organicidade, da coerência e da clareza para cada tema produzido. Nesse sentido, decidimos seguir, na medida do possível, uma estruturação dos volumes que contemplasse:

- *O aspecto histórico e epistemológico*, que responde pelas distinções e pelo diálogo entre as áreas.

Apresentação da coleção

- *O aspecto teológico*, que busca expor os fundamentos teológicos do tema, relacionando *teologia e...* e ensaiando uma *teologia da...*

- *O aspecto ético*, que visa expor as implicações práticas da teologia em termos de aplicação dos conhecimentos na vida social, pessoal e profissional do estudante.

Esperamos, portanto, cobrir uma área de publicações nem sempre suficientemente subsidiada com estudos que coadunem a informação precisa com a acessibilidade didática. É claro que nenhum texto dispensará o trabalho criativo e instigador do docente em sala de aula, mas será, com certeza, um seguro apoio para o bom sucesso dessa missão.

Quanto ao presente volume, organizado pelos professores Eulálio Figueira e Sérgio Junqueira, acreditamos que seu tema seja hoje um dos principais desafios a quem se interesse pelo tema da educação em nosso país. Como a obra visa refletir o contexto da educação em diálogo com a reflexão teológica (principalmente) cristã, foi organizada em três partes: uma leitura da história da educação cristã, de suas concepções e práticas; uma apresentação dos fundamentos teológicos da ação educativa; e, finalmente, uma discussão de seus aspectos e desafios práticos.

A conexão entre educação e teologia pode parecer óbvia, mas nem sempre o é. Poderiam ser mais explicitadas as interfaces entre o saber acadêmico e o religioso. E nem sempre se dá a devida importância aos processos de transmissão e transposição dos resultados da pesquisa mais especializada, principalmente a transposição didática do "saber a ensinar" para os "objetos de ensino".

As relações entre teologia e educação são tão antigas quanto a própria constituição do pensamento teológico como saber acadêmico na universidade medieval – e, na verdade, bem anteriores a essa modalidade de teologia universitária. Que este conhecimento acumulado devesse, em algum momento, ser traduzido pastoralmente na forma de pregação e catequese também não oferecia problema, embora a cidadania acadêmica da teologia tenha tido uma história bastante controvertida e diferenciada, no tempo e no espaço. Mesmo no ensino fundamental e médio, o ensino de religião confundia-se com a catequese tradicional cristã – na maior parte do tempo, católica.

Ultimamente, o reconhecimento dos cursos de teologia pelo MEC (1999) fortificou uma discussão já anterior que defendia uma participação mais pública dessa área de conhecimento no panorama sociocultural brasileiro, além de impulsionar a profissionalização dessa atividade. De outro lado, o surgimento, ao longo das últimas três décadas, de cursos de graduação e pós-graduação em ciência da religião, aliado ao fato de a LDB estabelecer que um ensino religioso não confessional nem proselitista como componente curricular nas escolas públicas, tem chamado a atenção de educadores e pesquisadores para a relação entre ciência da religião e ensino religioso.

Essas duas novidades trouxeram avanços e ambiguidades que, de alguma forma, tocam o tema deste livro. Nosso escopo é que as reflexões aqui compartilhadas possam ser de ajuda a docentes de ensino médio e/ou de cultura religiosa em universidades confessionais, mas também seja útil em cursos de teologia e ciências da religião, assim como a todo leitor e leitora que, tendo contato com esses temas pela mídia, deseje adquirir mais conhecimento e aprofundar sua reflexão a respeito.

Enfim, esta coleção foi concebida também com espírito de homenagem a todos aqueles docentes que empenharam e aos que continuam empenhando sua vida na difícil arte do ensino teológico para o público mais amplo da academia e de nossas instituições de ensino superior. De modo muito especial, temos aqui presentes os docentes da disciplina de *Introdução ao Pensamento Teológico* na PUC-SP, onde essa coleção começou a ser gestada.

Afonso Maria Ligorio Soares
Livre-docente em Teologia pela PUC-SP

Introdução

Teologia e Educação, educar para a caridade e a solidariedade insere-se no mesmo espírito da coleção Teologia na Universidade para, mais do que somente produzir análises dos temas nucleares de cada livro, oferecer abordagens propositivas diante da emergente necessidade em produzir entendimentos, cada vez mais efetivos, das dinâmicas e linguagens pelas quais as humanidades têm realizado suas respostas diante da necessidade de organizar e elaborar seus mundos, pondo no centro do debate fundamentos do pensar teológico e princípios constitutivos da dinâmica da educação.

Neste livro, como nos outros livros da coleção, adota-se a dinâmica da interdisciplinaridade, seja nas chaves de análise emprestadas das diversas disciplinas que contribuem com a temática, seja pela base de pensamento dos autores que produziram cada um dos capítulos da obra.

Existem perguntas tão simples que abalam estruturas, tais como: por que a pessoa não deve ser ruim para as outras, enganá-las, roubá-las, matá-las? E se isto for de alguma vantagem? E se, em alguns casos, não houver temor de ser descoberto ou sofrer algum castigo? Ou, ainda, por que o político deve resistir à corrupção, se ele pode estar certo de que os que querem suborná-lo jamais falarão sobre isso? Ou, ainda, por que um empresário, ou instituição, deve limitar seus lucros, se a ganância, se os discursos do "enriquecer" são proferidos publicamente sem quaisquer temores morais? São todas elas perguntas que devem ser respondidas, porque nisso acharemos a possibilidade de fazer com que a humanidade assuma sua condição de autonomia diante das determinações da natureza? Ou todas elas servem somente para ficarmos na certeza de que ao homem nada mais se apresenta que não seja adequar-se às determinações da natureza que o cerca em seu inóspito habitat?

Nas diferentes tradições, esta temática é considerada tão séria que pequenos contos, poemas e outras formas de expressão foram criados para favorecer a reflexão sobre eles. Por exemplo, um antigo conto da tradição Zen nos fala de uma monja que estava em busca da iluminação. Assim, esculpiu uma estátua do Buda e recobriu-a com folhas de ouro. Aonde quer que fosse, levava seu pequenino Buda dourado. Entretanto, passaram-se alguns anos e, com o seu Buda, a monja foi morar num pequeno templo, onde havia muitos Budas, cada um com seu relicário particular. Certo dia, ela desejou queimar incenso diante do seu Buda dourado. Desagradou-lhe, porém, a ideia de que o perfume chegasse até as demais estatuetas. Por isso, fez um funil por meio do qual a fumaça ascenderia somente até o seu Buda. Mas isso apenas fez com que o nariz do Buda dourado enegrecesse, tornando-o bastante feio.

Acreditar em algo é um desafio do qual o ser humano está, cada vez mais, em busca, talvez pelo receio do contexto, onde aparentemente os princípios que eram claros, certos e incontestáveis tornaram-se ambíguos, questionados. Anteriormente, as instituições como família, Estado e instituição religiosa eram consideradas parâmetros, mas hoje não mantêm o mesmo estatuto outrora atribuído. Até porque, talvez, não souberam utilizar a confiança das comunidades, ou a humanidade tenha criado caminhos que exigem das instituições tradicionais novas formas de presença para as quais não estão habilitadas.

Um aspecto promotor deste processo talvez tenha sido a busca da posse, da exclusão dos que pensavam ou pensam diferentemente; a necessidade de uma homogeneidade produziu situações de conflito, de ausência do diálogo. A conquista de espaço e tempo promoveu sentimentos que alteraram regras, costumes de nossa comunidade internacional.

Fins e meios são ressignificados continuamente, pois não bastam as intenções ou ações realizadas de forma repetitiva; urge ter intencionalidade e intensidade no que realizamos e como o fazemos.

O significado e o valor do que chamamos de verdade, esta responsável pela qualidade de nosso cotidiano, estão implicitamente em nossos afazeres, em nosso discurso, em nossas prioridades, em nossa relação.

Esta obra pretende refletir o contexto da educação no diálogo com a teologia. Para tal, foi organizada em três partes, inicia-se com a leitura de uma

Introdução

História da Educação Cristã, suas concepções e práticas; em seguida, a segunda parte explicita os Fundamentos Teológicos; finalizando, a terceira parte apresenta os Aspectos Práticos.

A primeira parte do livro "A história da educação cristã: concepções e práticas", com o texto "Teologia e educação nas dinâmicas sociais" (João Duque), permite problematizar o objetivo desta obra e a relação entre a teologia e a educação nos diferentes momentos do discurso teológico. Para prosseguir o diálogo, o capítulo "Aspecto pedagógico das religiões: a dimensão pedagógica da espiritualidade" (Faustino Teixeira) trata do instigante desafio de buscar captar a dimensão pedagógica da espiritualidade. A pedagogia diz respeito ao exercício do ensino, pois a espiritualidade é uma dimensão essencial formadora e edificadora do indivíduo; desta forma, parte deste percurso de ensino-aprendizagem que buscamos neste livro. O terceiro capítulo, "As artes liberais e a educação na Idade Média" (Antonio Marchionni), faz perceber que as sete artes liberais sempre abrangeram estudos mais amplos daquilo que imaginamos; sob o nome de gramática, retórica, oratória, geometria, música, aritmética e astronomia, o saber compreendia história, direito, sociedade, ótica, farmacologia, pesquisa e as outras ciências da época; o capítulo realça a importância destes estudos na sistematização do pensamento cristão. Nesse contexto, surge um testemunho de educador que mobilizou a pedagogia ocidental no capítulo quarto: "Pensamento pedagógico de Santo Agostinho" (Magno Vilela); Agostinho trocou a sala de aula por outro espaço de conhecimento, para melhor questionar, pesquisar e comunicar o saber adquirido; queria (re)aprender para ensinar, pela palavra e pela escrita, o que fará pela vida afora, conjugando todos os verbos latinos de apego e amor ao *intellectus* e à *ratio*, dirigindo-se a doutos e a iniciantes, como também a pessoas de pouca ou nenhuma instrução; tudo, em sua imensa obra, inscreve-se – como exige a boa pedagogia – no espírito e na forma de diálogo com o Outro, e com os outros irá colaborar neste diálogo entre educação e teologia. A atualização deste percurso foi realizada pela Igreja, especialmente na América Latina; é a reflexão que realizamos no texto "A sagrada missão de educar: rastreando as conclusões de Medellín" (Mauro Passos e Luiz Carlos Itaborahy); tudo tem uma história; os sonhos, as formas de sociabilidade, o trabalho; tudo muda ao longo dos séculos, e essas mudanças podem ser mais bem compreendidas quando as relacionamos com os acontecimentos da época; de projetos de verdade e de verdades em projeto, as histórias são construídas; trajetória de fazeres, de saberes, de lutas e experiências; trajetória e propósitos da educação compõem este artigo. Finalizando esta primeira parte, o texto "Educação e teologia: a epistemologia e a ética implicadas" (Alípio Casali) nos prepara para o diálogo com os fundamentos teológicos propostos para a segunda parte desta obra.

A segunda parte, "Fundamentos teológicos", foi estruturada de tal forma que o leitor possa refletir a partir do texto bíblico e da tradição. Inicialmente é proposto o capítulo sobre "A educação no antigo Israel e no tempo de Jesus" (Carlos Mesters e Rafael Rodrigues da Silva), que tenta descobrir nos Textos Sagrados marcas de uma pedagogia divina como paradigma evocador, provocador, convocante e interpelador de todo o processo educativo; trata-se de uma hermenêutica bíblica pedagógica que tenciona as práticas educacionais para uma perspectiva espiritual comunitária, ecumênica e inter-religiosa. Em seguida, no texto "Provocações teológicas: o processo pedagógico da revelação e nossas práticas educativas" (Edward Neves Monteiro de Barros Guimarães) vemos como Deus se autorrevela e chega ao coração do ser humano, especialmente aquele consignado ao longo das Sagradas Escrituras; o texto oferece reflexões pertinentes para o aperfeiçoamento das práticas educativas; pretende-se aqui explicitar algumas contribuições relevantes a partir da aproximação dialética entre elementos centrais da tradição judaico-cristã e os processos educativos predominantes na realidade brasileira. A partir desses dois capítulos iniciais, prosseguimos com uma leitura mais filosófica e antropológica com o texto "Educação e destinação humana: a liberdade entre a finitude e a infinitude. Educação em e para a liberdade e a experiência da transcendência" (Manuel Tavares); far-se-á uma reflexão crítica de caráter antropológico, ontológico e ético através de um percurso pela problemática da finitude e da infinitude humanas no âmbito de uma ontologia da desproporção do ser humano. Isso nos remete à tradição da Igreja, abordada no capítulo "A educação como missão da Igreja no Magistério eclesial" (Donizete Xavier); o tema deste texto nos propõe a questão da educação e qual é o espaço que esta ocupa no Magistério da Igreja; sem querer ser um tratado teológico detalhado, se detém em olhar a educação em seu caráter mais genuíno tal como a contempla o Magistério, ressaltando que uma verdadeira e autêntica educação deverá perseguir permanentemente uma formação integral da pessoa humana, em vista do seu fim último e o bem comum da sociedade. Finalizando esta segunda parte, o texto "Educação e pluralidade religiosa" (Afonso Soares) trata das contribuições do pluralismo religioso para a prática educacional, sobretudo as influências de uma teologia pluralista para o ensino, introduzindo assim a terceira parte.

A terceira parte "Os Aspectos práticos", organizados em quatro capítulos, começa com "Desafios para a educação cristã" (Ubiratan D'Ambrosio), texto que discute o movimento internacional socioeconômico das nações e como estes interferem na estruturação dos pilares e estruturas da concepção de uma educação que reconheça uma perspectiva multicultural e universal para este cidadão que está sendo educado. Prosseguindo nesta reflexão, o capítulo sobre "A teologia e a dimensão ética da prática educativa" (Mario António Sanches) nos remete a uma teologia como reflexão que pressupõe a experiência religiosa que se alimenta de uma postura propositiva fundamental: a vida faz sentido; propõe uma leitura da ética que é construída a partir da teologia, exigindo que a ação humana seja coerente com esta posição fundamental, ou seja, o sentido da ação precisa ser explicitado a partir de um sentido transcendente à vida. Finalizando os aspectos práticos, dois capítulos sobre o ensino religioso, um sobre "Ensinar ou formar? Uma relação entre o conhecimento e o convencimento. Questões epistemológicas para o Ensino Religioso" (Eulálio Figueira) e o outro sobre "Ensino Religioso: aspectos práticos" (Sérgio Rogério Azevedo Junqueira), subsidiam o diálogo sobre os fundamentos e a estruturação de uma leitura deste componente curricular que favorece uma identidade pedagógica a partir da escola, colaborando com a ampliação dos conhecimentos na perspectiva da pluralidade cultural.

Este volume, mais do que navegar por algumas das inquietações sobre a teologia e a educação, pretende ser uma obra aberta para desencadear nos seus leitores o processo da provocação pedagógica, tal como diz Rorty, adotando a atitude do Ironista, conjugada com a postura da caridade tratada na primeira Epístola de São Paulo aos Coríntios 13. A educação se equipara à Encarnação como um processo de *kénosis*, o ato em que Deus trocou tudo com os seres humanos.

Como organizadores deste volume, manifestamos nossos públicos agradecimentos aos autores que aceitaram o desafio feito e assumiram mergulhar nestes horizontes. Desejamos aos leitores, mais do que uma boa leitura, momentos para aprofundamento e fortalecimento das razões para que a vida faça sentido.

Eulálio Figueira e Sérgio Junqueira

PARTE I

A história da educação cristã: concepções e práticas

CAPÍTULO I

Teologia e educação nas dinâmicas sociais

João Duque

O tema em estudo permite, certamente, pelo menos três perspectivas de abordagem, consoante a epistemologia de partida: ou da teologia, ou das ciências da educação ou das ciências sociais. Como me considero simplesmente teólogo, não tenho pretensões de entrar explicitamente nas duas últimas perspectivas. Assim sendo, terei em consideração a questão da educação, no contexto das sociedades contemporâneas (sobretudo da sociedade dita global), sempre na perspectiva da teologia e respectiva importância para a mesma. Não escondo, contudo, que me parece ser o contributo da teologia para a questão educativa, no mundo contemporâneo, altamente significativo, como espero poder mostrar. Para tal, proponho-me, antes de mais, apresentar uma noção de educação que possa ser operativa no contexto desta abordagem; em seguida, explorarei o significado do processo educativo na constituição da teologia e do seu "objeto"; por último, enuncio o que possa ser o contributo da teologia cristã para os desafios educativos contemporâneos.

1. Educação

Os conceitos de educação são múltiplos e o debate da sua pertinência levar-nos-ia longe demais. Por isso, proponho que partamos de uma definição simples, que orientará todo o nosso trajeto. Nesse sentido, defendo que educar implica, sempre e num determinado sentido, um processo de ajuda ao outro na construção da sua identidade, isto é, na construção da sua forma de estar no mundo: de ver o mundo e de atuar nesse mundo. Ora, se quisermos abordar o assunto mais detalhadamente, a complexidade do processo educacional resulta, precisamente, da complexidade da questão da identidade e, por outro lado, da complexidade do próprio processo de construção, que se realiza ao longo de toda a vida.

Na busca de melhor compreender o complexo mundo da educação e das diferentes concepções da mesma, sobretudo tal como se foram formulando ao longo dos dois últimos séculos, poderá ajudar-nos uma tipologia simples dos diferentes paradigmas educacionais que determinaram a sociedade ocidental da modernidade para cá: o paradigma *patriarcal*, o *matriarcal* e o *fratriarcal*.

Tradicionalmente, viveu-se num paradigma educacional a que poderíamos chamar "patriarcal", já que é determinado pela relação dupla e sempre em tensão, mesmo em conflito, do educando com algo ou alguém que constitui uma autoridade, diante da qual vai construindo a sua identidade, essencialmente por contraposição e negação, ou então por subjugação pura e simples. Este paradigma patriarcal conheceu, como já se vê, duas versões, aparentemente opostas mas paradoxalmente muito próximas e que podemos situar na história do Ocidente, mesmo sem limites precisos: uma fase pré-moderna e uma fase moderna.

a) A primeira implicava, de modo muito genérico (com todas as simplificações que isso implica), que o educando fosse assimilando a identidade do educador, dos seus valores e normas, até que a sua identidade viesse a coincidir com aquela que foi recebida. O educador, por seu turno, não se transmitia a si próprio, enquanto sujeito, mas era apenas instrumento de transmissão ou tradição de um conjunto de valores e técnicas, que constituíam o contexto identitário (sociocultural) em que vivia. De pais para filhos, pela educação, passava uma identidade coletiva que raramente era questionada, apenas aprendida e retransmitida. A continuidade e a permanência eram o resultado mais evidente deste processo – o que permitia, por outro lado, a necessária estabilidade para aprofundamento e para realizações extraordinárias (como revela a herança da cultura medieval, por exemplo).

b) A versão moderna do paradigma patriarcal pareceu inverter este estado de coisas. Na realidade, contudo, ao invertê-lo apenas mostrou a outra face da moeda. Assim, se até então a tarefa da educação era levar o educando a assumir a sua herança cultural, enquanto constituinte básica da sua identidade, agora parece consistir no contrário, isto é, em libertar o educando desse peso autoritário da tradição, para lhe possibilitar a construção totalmente autônoma de uma identidade individual. Só assim poderia tornar-se sujeito verdadeiramente livre, isto é, sujeito humano. Mas continuava a ser o processo de relação à herança, desta vez enquanto negação da mesma, a marcar essa mesma identidade, a qual, por isso, não se afastava assim tanto da sua origem, como parecia pretender.

Já se vê que esta visão subjetiva do processo educacional – que marcou fortemente a denominada "Escola Nova", em pedagogia – não abandonava o paradigma patriarcal. De fato, este processo de independentização do sujeito, como acontece em todas as adolescências, é um processo de libertação do pai, através de um conflito com ele, enquanto fantasma que parece ameaçar a autonomia ou identidade dos filhos. Por outro lado, essa luta de emancipação é feita a partir de uma determinada imagem de ser humano, assente na autonomia do sujeito e na liberdade entendida no estrito sentido de total autonomia. Ora, essa imagem, que é uma imagem fundamentada na universalidade da razão humana, depende da referência à razão moderna (subjetiva) como princípio absoluto, isto é, como substituto do "deus morto" ou do "pai eliminado". Na realidade, cada sujeito, pretendendo libertar-se de um pai tirano (o da tradição), fá-lo prestando culto a outro pai tirano (o da razão absoluta de cada um).

De qualquer modo, depressa a segunda tirania, a da razão subjetiva com base na absoluta autonomia de cada sujeito, foi posta em causa. Daí resultou uma transformação de paradigma educacional. A razão única e absoluta, tal como o pai tirano, deu lugar aos sistemas, em relação aos quais o sujeito não tem que aceitar ou recusar nada, mas apenas aprender a funcionar no seu interior. Os sistemas passam a constituir os contextos de vivência humana; o seio ou útero, no interior do qual somos o que somos. E a educação constitui apenas um processo de aprendizagem dessa pertença ao seio materno do sistema. Atingimos, assim, um paradigma a que podemos chamar "matriarcal". Sem ilusões nem sequer intenções de emancipação – porque a mãe, o sistema, não entra em conflito conosco, parece não anular a nossa liberdade individual – temos apenas que aprender a agir de acordo com os sistemas e com as suas alterações internas. Os mais jovens são educados para um mundo que já existe, a fim de contribuírem para a sobrevivência do sistema e, quando muito, talvez para um melhor funcionamento do mesmo.

Só que este novo paradigma sacrifica cada pessoa humana ao sistema, como acontece aliás com todas as perspectivas sistêmicas. Do ponto de vista da eficácia dos métodos, esse sacrifício poderá permitir realizações de alto nível. Mas, quando se coloca a questão dos valores últimos que orientam esses métodos, tudo conflui para o próprio sistema. A educação não se realiza em função da humanidade de cada pessoa – da sua identidade como ser humano de dignidade inviolável – mas sim em função de mecanismos mais ou menos extrínsecos ao ser humano. Mas será uma educação desse gênero verdadeiramente educação? Não se tratará apenas de endoutrinação ideológica ou domesticação (adestramento) para uma eficaz manutenção de algo absolutamente inquestionável: precisamente o respectivo sistema?

Entre o patriarcalismo do paradigma pré-moderno/moderno e o matriarcalismo do paradigma sistêmico, a escolha não parece oferecer grandes oportunidades educacionais, pelo menos para o contexto da cultura atual, que aparenta viver em luta constante com o patriarcal – numa afirmação algo desequilibrada do individualismo subjetivo – e em perigo de absorção completa no matriarcal – sobretudo nas suas manifestações enquanto sistemas de consumo, mediático e de sociedade em rede.

Uma educação que se pretenda verdadeiramente educação – isto é, verdadeiramente orientada para a construção de pessoas humanas cuja identidade seja assumida em responsabilidade por si e pelos outros – dificilmente se poderá contentar com os dois paradigmas anteriores. Por isso é que vão surgindo os contornos de um terceiro paradigma, não propriamente novo, mas com características que o tornam urgente na cultura contemporânea: é o paradigma que poderíamos denominar de "fratriarcal" ou, ainda melhor, o paradigma da *alteridade*.

A relação educativa deixa, assim, de estar orientada pelo conflito de base entre a autonomia de cada um (o filho) e a autoridade da herança (o pai), ou então pela mera inserção no sistema prévio (o útero materno), mas passa a assentar na relação de seres humanos livres em situação e a orientar-se precisamente para o desenvolvimento da capacidade de relação. O amadurecimento relacional, eixo de todo o processo educativo, implica, sem dúvida, a aceitação da necessária dependência em relação a heranças e, sobretudo, em relação a pessoas concretas, sem as quais não seríamos o que somos. E passa, simultaneamente, por uma construção sadia da nossa diferença em relação a tudo o que nos precede e nos marca. Nesse processo, a pessoa concreta do outro e a nossa capacidade de respeitar a sua diferença constituem os eixos centrais de toda a educação. Não se educa em função da autoridade, pura e simples, mas sim de uma autoridade determinada, que é a autoridade da interpelação que me lança sempre a outra pessoa humana, seja ela quem for – e que desse modo abre o espaço da minha liberdade possível. Mas também não se educa em função de um sistema, seja ele ideológico ou econômico – ou mesmo religioso –, mas sim em nome de cada ser humano, ou seja, em nome do valor que salvaguarda a inviolável dignidade de cada ser humano real e particular.

A relação ética, no seu significado mais vasto e profundo, passa a ser o motor principal da relação educativa. E a ética assenta na nossa relação ao outro; por isso, este paradigma é, precisamente, marcado pela categoria da alteridade. Educar seria, então, ajudar alguém na construção da sua identidade pessoal, enquanto responsabilidade perante o outro e pelo outro; ou seja, na vivência da solidariedade.

Ora, é precisamente em relação a essa categoria da alteridade, enquanto categoria básica da vivência humana, que se pode tornar fértil a relação entre teologia e educação. É o que veremos, ao longo das linhas que se seguem. Mas vamos por partes, concentrando-nos primeiro nas dinâmicas sócio-relacionais em que isso pode acontecer.

2. Educação e percurso crente

Antes de tudo, proponho que nos concentremos na reflexão sobre o lugar do processo educativo, enquanto construtor de identidades, na construção da identidade crente cristã, em relação à qual se situa todo o discurso teológico e cujo solo não pode nunca abandonar.

Se é certo que o ato de fé é um "ato que não se deixa reduzir a nenhuma fala, a nenhuma escrita", superando toda a hermenêutica e o seu respectivo círculo, o certo é que esse ato se refere a uma nomeação de Deus – e de tudo o que aí se envolve – que já "ocorreu nos textos que a pressuposição da minha escuta preferiu". Ou seja, "é sempre em uma linguagem que se articula a experiência religiosa [...]. Com mais precisão ainda, o que é pressuposto é que a fé, enquanto experiência vivida, é *instruída* – no sentido de formada, esclarecida, educada – na rede de textos que a pregação reconduz cada vez para a fala viva [...]. Posso nomear Deus na minha fé porque os textos que me foram pregados já o nomearam"[1].

Gostaria de partir desta observação de Paul Ricoeur – que partilho plenamente, independentemente da sua concentração nas dimensões do texto e da pregação – para afirmar que não pode existir fé cristã sem educação. De fato, em primeiro lugar, o ato de fé não é um ato isolado do crente, mas a condensação de uma identidade pessoal própria. Nesse sentido, ter fé é possuir uma determinada identidade, que implica uma determinada leitura de si mesmo e do real, para além de outros elementos identitários. Ora, ninguém é crente a partir de si mesmo – o que contradiria a própria definição de fé[2] – nem a partir de uma relação individual com Deus, mas a partir do processo em que essa relação se encarna. A relação crente é sempre já uma relação a uma rede de relações pessoais e sociais, nas quais os textos que nomeiam Deus, assim como a comunidade relacionada com esses textos, nos interpelam e, nessa interpelação, nos convocam à construção de uma identidade. Ao processo, pelo qual um crente se torna crente, poderemos chamar, sem qualquer problema, o processo de educação da fé – não propriamente enquanto formatação de uma fé predefinida, mas enquanto complexo processo de ajuda à construção da identidade crente, assumida pessoalmente. A dimensão da alteridade, referida acima, manifesta-se aqui especialmente como alteridade de origem, que torna o sujeito consciente de que a sua identidade lhe é dada, a partir de uma tradição viva e a partir de sujeitos reais, e não autoconstruída pelo seu absoluto desejo individual.

Ora, neste processo educativo de transmissão/acolhimento da fé na identidade pessoal do crente – que a teologia aborda segundo a categoria epistemológica do *auditus fidei*[3] – é importante o dinamismo social, assente num processo linguístico em que a narrativa assume especial relevo.

Neste sentido, podemos afirmar que não se chega à fé cristã – enquanto convicção envolvente do sujeito todo, por isso incluindo diversas dimensões da existência – através de um processo dialético, seguindo um caminho lógico que conduza a afirmações ditas racionais, segundo uma concepção de

---

[1] RICOEUR, Entre filosofia e teologia II: Nomear Deus, pp. 182-183.

[2] Cf. DUQUE, *Homo credens; para uma teologia da fé.*

[3] Sobre os aspectos do método teológico, ver: DUQUE, A teologia como caminho. Considerações sobre o método teológico, pp. 13-36.

racionalidade correspondente às afirmações de necessidade apodítica. A fé, implicando a liberdade da convicção, não obedece a esse tipo de lógica, por mais que possa, *a posteriori*, avaliar os seus motivos à luz da mesma. A fé surge pela construção de uma convicção, enquanto resultado de uma persuasão, com base em processos diversificados, da ordem da pragmática, em que sobressai a pragmática da linguagem.

É nesse contexto que assume especial lugar a narrativa. A própria constituição paradigmática do conteúdo da fé é já um processo narrativo, pelo qual se origina um *mythos* ou um relato do real, tal como se considera ser verdadeiro. Essa narração da realidade, ao constituir-se *mythos* instaurador, inaugura uma visão do mundo que se afirma, quer em continuidade quer em ruptura com outras visões do mundo.[4] A força do novo *mythos* é, sem dúvida, a sua força persuasiva. E essa persuasão inclui elementos retóricos. Assim sendo, o processo retórico de transmissão da fé, ao contar histórias que recontam a história de outro modo, é o modo pelo qual é possível a alguém adquirir uma identidade cristã, compreendendo-se a si mesmo no interior dessa história. Porque um elemento importante da identidade, na percepção da sua história biográfica como narrativa, é a relação às narrativas que nos contam a história como ela é na verdade ou como ela deveria ser. O crente cristão torna-se tal, portanto, na relação com uma tradição narrativa, que a pragmática do contar torna viva em cada espaço e em cada tempo novos. Chegar a ser crente é, pois, um processo narrativo, no qual se articula o processo educativo em que um crente ajuda outro crente na construção da sua identidade pessoal como cristão. Sem este processo educativo a fé seria simplesmente impossível. E nenhuma teologia, sob pena de se transformar em abstrata construção idealista, pode prescindir, no seu discurso, da referência a este processo histórico concreto, que se articula em histórias de vida, sempre a recontar, porque sintagmaticamente relacionadas com as histórias paradigmáticas.[5]

Mas a relação da teologia com a educação não se limita a esta presença do processo educativo no interior da constituição da identidade crente, enquanto lugar epistemológico da própria teologia. É fundamental à teologia o contributo para o próprio processo educativo, aplicado a crentes e a não crentes, porque

---

[4]   Cf. MILBANK, *Theology and Social Theory*, pp. 279ss.

[5]   Ao que MILBANK (*Theology and Social Theory*, pp. 382ss) chama "realismo metanarrativo"; sobre a pertinência e os problemas da denominada "teologia narrativa", ver: DUQUE, *Dizer Deus na pós-modernidade*.

a finalidade do conteúdo teológico é o serviço da humanização dos humanos, sem acepção. Nesse sentido, torna-se incontornável pensar na influência do conteúdo da teologia (cristã) sobre o processo educativo e igualmente sobre o seu conteúdo, sobretudo no contexto das sociedades contemporâneas.

3. Conteúdo teológico da educação

Em primeiro lugar, gostaria de salientar um elemento que pode ser considerado comum ao conteúdo da fé cristã e à experiência religiosa em geral: a dinâmica da relação a uma alteridade inabarcável e indominável que aí se instaura. De fato, mesmo de uma concepção sumária de religião pode deduzir-se, já, uma dupla referência à categoria da alteridade. Implicando toda a atitude religiosa uma observância de ritos e uma profissão de crenças, isso significa a referência a algo que não é produzido individualmente por cada ser humano, na sua subjetividade, mas a algo que precede e interpela cada indivíduo a uma adesão livre – como vimos, aliás, no próprio processo de educação da fé. No cerne da atitude religiosa situa-se a relação à comunidade em que se cresce, à tradição onde se nasce e ao testemunho que é transmitido. A pretensão de construir de forma absolutamente autônoma e individualística uma identidade é a contradição da própria religião, já neste âmbito mais propriamente inter-humano, cultural ou sociológico.

Mas uma outra marca de alteridade é talvez ainda mais premente. De fato, na raiz de toda a atitude religiosa encontra-se o acolhimento do ser como dom gratuito de uma origem transcendente, que precede todo o real, toda a comunidade, toda a tradição, todo o testemunho. Nesse sentido, a atitude religiosa implica a referência a uma alteridade radical, como referência ao transcendente por excelência.[6]

Ora, é neste contexto de alteridade, em toda a sua extensão, que se situa a afirmação máxima do respeito pela diferença do outro concreto. De fato, se a nossa identidade pessoal, mesmo a nossa liberdade, nasce da relação ou resposta à interpelação do outro que nos precede – quer de cada outro, quer da comunidade de todos os outros –, então eu serei aquilo que sou e que devo ser,

---

[6]   Cf. DUQUE, *Cultura contemporânea e cristianismo*, cap. 1.

à medida que reconhecer e acolher essa identidade a partir da minha relação com os outros, em liberdade.

Mas porque os outros, mesmo todos os outros juntos são tão humanos e limitados como eu, a interpelação que a sua alteridade me lança é tão finita como eu. Ora, se assim é, por que devo responder-lhe positivamente? De onde vem o caráter absoluto, isto é, incondicional, dessa interpelação que deve marcar a minha existência?

Podem apontar-se muitas razões imanentes ao mundo, como resposta a essa questão fundamental e incontornável. Em última instância, nenhuma delas implicará a incondicionalidade da interpelação – já que nada de imanente pode fundamentar algo de absoluto ou incondicional. Apenas a referência ao fundamento originário de tudo poderá constituir fundamento suficiente do caráter incondicional da interpelação ao respeito pela diferença concreta de cada ser humano – isto é, ao respeito e à solidariedade. Mas a referência ao fundamento último de tudo situa-nos, precisamente, no interior da atitude religiosa. Assim, a alteridade experimentada religiosamente pode ser assumida como fundamento do caráter incondicional do dever de respeitar o próximo diferente, naquilo que ele é.

Mas a marca de alteridade que anima a atitude religiosa pode ser lida ainda noutro sentido. De fato, é absolutamente essencial a toda a atitude religiosa o reconhecimento e a aceitação, por parte da criatura, dos seus limites, enquanto ser finito. A religião apresenta-se, então, como crítica radical a toda a pretensão, por parte de cada ser humano ou por parte de qualquer grupo humano, de se afirmar como absoluto em si mesmo. Isso implicaria, precisamente, a fixação em si mesmo e a afirmação da sua identidade como única verdade absoluta e total – o que contradiz a realidade da criatura, enquanto tal. Mas essa contradição só é reconhecida e assumida realmente quando a criatura se assume como tal, isto é, na sua originária relação ao Criador.

Este reconhecimento da finitude da identidade de cada um é importantíssimo, não só por uma questão de verdade e mesmo de saúde psíquica, mas sobretudo como possibilidade de abertura ao outro diferente. Só à medida que não sinto a minha identidade como absoluta é que sou capaz de respeitar algo ou alguém diferente, em relação a essa identidade. E todos somos diferentes; daí que o respeito pelo ser humano assente, radicalmente, nesse reconhecimento da própria finitude. E esse respeito alarga-se ainda mais em relação aos que são mais diferentes, pelas suas raízes culturais ou mesmo religiosas. Assim, a religião é impulsionadora, mesmo condição primeira, de diálogo ou relação inter-humana; é condição e impulso para a vivência da responsabilidade e da solidariedade – não apesar de si mesma e das suas convicções, mas precisamente por sua causa. Assim, a identidade de um ser humano religioso é a identidade de alguém responsável pelos outros e, por isso, solidário com todos os outros. Caso contrário, não será religioso.

Nesse sentido, poderíamos aventurar a afirmação de que a educação para uma autêntica experiência religiosa constitui, pois, e simultaneamente, uma educação para a autenticidade do próprio ser humano, no relacionamento consigo mesmo e com os outros, com base no relacionamento com o absoluto e transcendente. Não só porque a dimensão religiosa sempre foi uma dimensão do ser humano de todos os tempos – também dos humanos da modernidade, mesmo que eles pareçam não pretender –, mas também porque a autêntica experiência religiosa conduz o ser humano a uma autêntica e profunda experiência de si mesmo e do mundo, como âmbitos autônomos, livres e com a sua dignidade própria, mas com uma autonomia, dignidade e liberdade que não são produtos seus (caso contrário, poderia eliminá-los em qualquer momento), mas que são dons de uma origem transcendente ao mundo e ao próprio ser humano. Educado religiosamente de forma autêntica, o ser humano assume-se maduramente responsável por si mesmo, pelos outros e pelo mundo, na consciência de que não é o senhor absoluto do mundo, de si mesmo, nem dos outros. Só nessa consciência de total responsabilidade e total dependência é que o ser humano poderá relacionar-se de forma madura – isto é, livre e autônoma – consigo mesmo e com os outros. E essa é a meta de toda a forma de educação.

A educação religiosa constitui, pois, uma educação para a maturidade pessoal e para a maturidade social, isto é, para a convivência na comunidade humana – mesmo para a convivência com a Natureza. Só reconhecendo a responsabilidade e a dependência (isto é, assumindo de forma madura o fato de não ser senhor absoluto do mundo e dos outros, nem da verdade total) é que o ser humano se torna capaz de conviver com os outros, respeitando a sua diferença. Só desse modo se torna, pois, capaz de construir o seu futuro, sem abdicar da identidade própria nem da autêntica comunicação com os que são diferentes.

Teologia e educação nas dinâmicas sociais

O religioso terá que ser lido, neste contexto e segundo o que ficou dito, como abertura do ser humano para o diferente. Nesse sentido, constitui uma constante relativização (que não é sinônimo de total e radical "relativismo") de tudo o que o ser humano (pessoal e socialmente) consegue por si mesmo. Abre, pois, para uma consciência do dom e da inabarcabilidade do outro humano – ou do Outro divino.

Assim, tocamos num elemento – talvez o mais importante – da atitude religiosa com pertinência para o contexto da educação; esse elemento constitui o cerne da identidade cristã, mas é também salientado por determinadas correntes ou grupos das grandes religiões monoteístas: trata-se da capacidade de acolher a realidade e a salvação como um dom absolutamente gratuito de Deus. O excesso desse dom em relação a todas as "economias" humanas exige, do ser humano, uma radical transformação ou conversão da sua relação ao mundo e aos outros.[7]

Esta economia do dom realiza-se, na nossa identidade concreta, nomeadamente através de dois dinamismos específicos: a promessa e o perdão. Trata-se de elementos relacionados com a nossa experiência da finitude do tempo. De fato, essa experiência implica a imprevisibilidade do futuro, que levanta a questão da possível ou impossível confiança; e a irreversibilidade do tempo passado, que levanta a questão da eventual culpabilidade.

De fato, se a identidade do sujeito ficar simplesmente entregue a si mesma, não pode garantir o futuro, o que torna a confiança e a esperança nesse futuro problemáticas. Mas um "si-mesmo" sem possibilidades de permanência no tempo não passa de alguém ou algo simplesmente instantâneo, em realidade sem identidade. E será psicologicamente impossível viver sem confiança no futuro.

"O perigo prende-se com o caráter de incerteza que se liga à ação, sob a condição da pluralidade [e da temporalidade]. Esta incerteza deve ser relacionada, por um lado, com a irreversibilidade, que arruína o voto de domínio soberano, aplicada às consequências da ação, à qual replica o perdão; por outro lado, com a imprevisibilidade que arruína a confiança num trajeto esperado da ação, a fiabilidade do agir humano, à qual replica a promessa."[8]

---

[7] DERRIDA, *Donner le temps*; CAPUTO, Apôtres de l'impossible; sur Dieu et le don chez Derrida et Marion, pp. 33-51.

[8] RICOEUR, *La memoire, l'histoire, l'oubli*, p. 632. Ricoeur refere-se a uma interessante análise de ARENDT (*A condição humana*, pp. 288-300) sobre o poder de perdoar e de prometer.

Ou seja, aquilo que primordialmente abre a possibilidade de confiança no futuro é a promessa do outro a mim, a que corresponde, também, a minha promessa ao outro. A minha identidade e, concomitantemente, a minha felicidade dependem da promessa de outros. Ao mesmo tempo, a minha identidade mantém-se, no tempo, para além das características que me constituem como sujeito e que se alteram no tempo, na medida em que eu mantenho as minhas promessas e, por isso, sou alguém fiel ao outro. Paul Ricoeur fala, aqui, de uma distinção importante entre a identidade – o sentimento de si – como *ipseidade* (do latim *ipse*) que permite a manutenção de um mesmo *quem*, mesmo na alteração das características (do *quê*), e a *mesmidade* (relacionada com o *idem*), que apenas se baseia nas características do indivíduo. A possibilidade de eu permanecer eu mesmo, mesmo quando já não sou a mesma coisa, deve-se essencialmente à relação a outros, em que sobressai a promessa do outro a mim e de mim ao outro.[9]

Como torna claro o texto citado de Ricoeur, a *ipseidade* do sentimento de si esbarra, também, com o problema da falta cometida por mim e que não pode ser anulada, por o passado ser irreversível. Se o meu sentimento de mim estivesse apenas entregue a mim mesmo, não haveria saída possível deste labirinto da culpabilidade. Mas há a possibilidade de ser perdoado pelo outro, sobretudo pelo outro ofendido na falta cometida. Esse perdão é uma espécie de novo começo e, por isso, supera a irreversibilidade do passado, abrindo um novo futuro. Nesse sentido, o sentimento de mim é sempre o sentimento de alguém que pode ser culpado, porque é livre, e que é, muitas vezes, realmente culpado; mas da morte da culpa pode surgir a vida, apenas como doação do outro – *perdonare*. Eu sou sempre alguém já perdoado e esse perdão, como dádiva gratuita e excessiva do outro, é fundamental na constituição do meu sentimento de mim, assim como o é o sentimento da culpa. É essa a ideia fundamental da justificação cristã, para além de toda a autojustificação do "si-mesmo" por si mesmo.

A este nível, encontramo-nos no cerne da afetividade, em perspectiva cristã. Porque a dádiva da promessa e do perdão realiza a experiência de amor-agapê, como experiência de um excesso em relação aos nossos habituais esquemas de permuta interpessoal e social. O que parece tornar, no estrito

---

[9]   Cf. RICOEUR, *Soi-même comme un autre*.

horizonte das relações institucionais humanas, a promessa e o perdão como algo humanamente impossível. Só uma dádiva originária, dada pelo Outro com maiúscula, como promessa e perdão seus, é que tornam possível o impossível. Nesse sentido, o que constitui a nossa identidade pessoal de base é a promessa e o perdão como dádivas de Deus – o que nos torna pessoas, mesmo anteriormente à real realização da dádiva dos outros humanos e à consciência que de nós possamos ter. Mas só falamos, aqui, do estatuto mais originário de nós mesmos como pessoas, que já é sempre dádiva do Outro divino; na sua realização histórica, esse estatuto articula-se no acolhimento de dádivas de promessa e de perdão inter-humanas, e essa é a experiência real e possível do amor excessivo ou impossível.

Mas é sempre o acolhimento da realidade como dom gratuito de Deus que possibilita e fundamenta a capacidade de prometer e de perdoar, isto é, de doar a vida que recebemos. Na realidade, só Deus a dá e, por isso, só Deus *per-doa*. Mas porque Deus perdoa, nós podemos e devemos perdoar. Ora, como muito se tem salientado recentemente – e com razão – só numa cultura do perdão, para além de todos os esquemas jurídicos e econômicos, é que se pode construir a paz: a paz com nós mesmos, a quem temos que constantemente perdoar; a paz com o mais próximo, que é onde se vive realmente o perdão mútuo; a paz universal, como dom de Deus que *per-doa*.

Ora, é na dimensão da convivência pacífica entre os seres humanos que tocamos num dos nervos essenciais da teologia cristã: a compreensão da relação de diferentes – ou da diferença como relação – como origem e meta de toda a identidade pessoal e social. Para a teologia cristã, essa origem é o próprio Deus, enquanto relação trina da diferença. Mas esta compreensão da diferença opõe-se e supera certa noção niilista da diferença, que parece marcar a sua leitura contemporânea.

John Milbank, no seu mais conhecido livro já citado, *Teologia e Teoria Social*, pensa o conteúdo da fé cristã – precisamente no contexto de certo niilismo pós-moderno, considerado por ele efeito direto da constituição moderna do secular – como proposta de uma concepção harmônica da diferença, contra uma concepção agonística da mesma.[10] Segundo esta última, a diferença é o princípio do conflito, precisamente devido a uma interpretação unívoca

---

[10] Cf. MILBANK, *Theology and Social Theory*, pp. 278ss.

da realidade, que apenas permite a compreensão da relação entre as diferenças particulares – das pessoas e das culturas, por exemplo – como inevitável origem de luta pela afirmação de cada particular perante o outro particular. Nesse contexto, ou se reduzem as diferenças a meras aparências – seja na versão da repetição do mesmo, segundo Gilles Deleuze, seja na versão do permanente adiamento ou diferimento, como no caso de Jacques Derrida – ou então elas constituem o princípio da universal violência que tudo anima. Na realidade, parece não haver lugar para a diferença do diferente: ou é anulada num princípio abstrato – como o do eterno retorno do mesmo – segundo uma modalidade idealista ou transcendentalista, ou acaba por, através de um processo histórico de luta de todos contra todos (numa espécie de dialética permanente), desembocar no absoluto da afirmação de uma diferença sobre as outras. De um e de outro modo, a diferença é anulada, num processo niilista que não permite a afirmação da realidade do real concreto. Interessantemente, parecem tocar-se aqui os idealismos que animaram toda a modernidade – até as mais ideológicas afirmações do espírito científico – com os relativismos que pululam na denominada pós-modernidade –, os quais desembocam sempre na afirmação de absolutos particulares, igualmente mortais para as diferenças reais.

Ora, perante estes desafios contemporâneos – também constatáveis nas dinâmicas sociais que marcam o nosso mundo, entre uma globalização idealista que abstrai das diferenças pessoais e culturais e uma tribalização que absolutiza de modo violento a particularidade da perspectiva própria – a proposta da fé/teologia cristã é a de uma leitura analógica das diferenças. Para isso, baseia-se no próprio conceito cristão de Deus, enquanto Uni-trino. Segundo essa perspectiva, a fonte do ser, no qual participa todo o ser finito – incluindo o ser pessoal dos humanos – é articulação, em ato relacional, das diferenças, de tal modo que, analogicamente, nem são univocamente dissolvidas num todo indiferenciado, nem equivocamente colocadas em confronto de luta, o que levaria à afirmação de uma sobre a outra e à custa da outra. A noção trinitária de pessoa coincide com a noção de relação de diferenças, de tal modo harmonicamente constituída, que a violência não tem aí lugar.

Concebendo a Criação e a própria relação social humana como participação nessa relação primordial, a teologia cristã afirma a primazia da diferença sobre a univocidade, tanto quanto afirma a primazia da paz sobre a violência.

Do que resulta, sem dúvida, uma determinada ontologia, base de uma pragmática social: a ontologia da paz e da diferença relacional, que supera todas as ontologias da violência, seja qual for o caminho que escolham.

Nesse sentido, poderíamos dizer que a educação – enquanto ajuda à construção de identidade –, segundo o modelo da teologia cristã, é sempre uma educação para a paz, na medida em que é uma educação para a convivência pacífica das diferenças. O que só é possível enquanto educação para a diferença, ou seja, para o reconhecimento da alteridade do outro concreto, irredutível a paradigmas idealizantes, ainda que seja o idealismo da absoluta individualização. Nesse sentido, o paradigma teológico da educação, enquanto educação para a diferença, opõe-se a todos os paradigmas subjetivos, concentrados na individualidade do sujeito que se autoafirma sem percepção da rede de relações sociais que o constituem, e a todos os paradigmas sistêmicos, concentrados em sistemas abstratos, que dissolvem em si mesmos as diferenças dos sujeitos. Aqui penso poder encontrar um dos mais importantes contributos do relacionamento da teologia cristã com a educação, no desafio das dinâmicas sociais contemporâneas, tendencialmente individualizantes e, paradoxalmente, massificantes.

4. Referências bibliográficas

ARENDT, Hannah. *A condição humana*. Lisboa: Relógio d'Água, 2001.

CAPUTO, John. Apôtres de l'impossible: sur Dieu et le don chez Derrida et Marion. *Philosophie* 78 (2003), pp. 33-51.

DERRIDA, Jacques. *Donner le temps*. Paris: Galilée, 1991.

DUQUE, João Manuel. A teologia como caminho. Considerações sobre o método teológico. *Didaskalia* 39 (2009), pp. 13-36.

_____. *Cultura contemporânea e cristianismo*. Lisboa: UCEditora, 2004.

_____. *Dizer Deus na pós-modernidade*. Lisboa: Ed. Alcalá, 2004.

_____. *Homo credens*; para uma teologia da fé. Lisboa: UCEditora, 2004.

MILBANK, John. *Theology and Social Theory*. Oxford: Blackwell, 1990.

RICOEUR, Paul. Entre filosofia e teologia II: Nomear Deus. In: *Leituras 3*; nas fronteiras da filosofia. São Paulo: Loyola, 1996. pp. 181-204.

_____. *La memoire, l'histoire, l'oubli*. Paris: Seuil, 2000.

_____. *Soi-même comme un autre*, Paris: Seuil, 1990.

CAPÍTULO II

Aspecto pedagógico das religiões: a dimensão pedagógica da espiritualidade

Faustino Teixeira

Calado seguirei, não pensarei em nada:
Mas infinito amor dentro do peito abrigo.
(Arthur Rimbaud)

Trata-se de um instigante desafio buscar captar a dimensão pedagógica da espiritualidade. A pedagogia diz respeito ao exercício do ensino. É curioso verificar as inúmeras analogias que acompanham o ato de ensinar. Com base no dicionário analógico da língua portuguesa, constata-se que esse exercício evoca uma série de palavras que são profundamente relacionadas com a espiritualidade. Ensinar é instruir, nutrir, edificar, guiar, iluminar, orientar, criar, inspirar, fecundar, polir, limar, lapidar, desbastar, instilar, encaminhar, dilatar os horizontes, desbravar.[1] A espiritualidade tem essa essencial dimensão formadora e edificadora do indivíduo. Esta é, infelizmente, uma dimensão um pouco esquecida em nosso tempo marcado pela racionalidade do mercado e da produtividade. No frenético ritmo das sociedades pós-tradicionais, valores humanos milenares são colocados à margem, em proveito de outros "valores", tais como a competição, a produtividade, o sucesso, o individualismo, a vantagem, o lucro e o consumismo. Como bem mostrou Madel T. Luz, essa transformação de valores nos campos mais decisivos do agir e do viver humanos,

---

[1] AZEVEDO, *Dicionário analógico da língua portuguesa*, p. 235.

Aspecto pedagógico das religiões

com o efetivo amparo de poderosos meios de comunicação, vem provocando uma "situação de incerteza e apreensão quanto ao como conduzir e o que pensar e sentir em relação a temas básicos como sexualidade, família, nação, trabalho, futuro como fruto de uma vida planejada etc.".[2] Não é, portanto, fortuito o atual interesse pelo cuidado e pela espiritualidade. Ainda que meio olvidada e descuidada nesse tempo atual, a espiritualidade emerge como um traço necessário e substantivo para a afirmação do humano. Ela diz respeito ao cultivo de uma dimensão fundamental, que trata da interioridade do ser humano, e o seu cultivo resulta na "expansão de vitalidade" e da qualidade da vida. É a espiritualidade que resgata uma concepção mais fecunda do ser humano, em particular sua dimensão de profundidade, que foge aos parâmetros transmitidos pela cultura dominante. Em texto iluminador, Leonardo Boff assinala:

> A singularidade do ser humano consiste em experimentar a sua própria profundidade. Auscultando a si mesmo percebe que emergem de seu profundo apelos de compaixão, de amorização e de identificação com os outros e com o grande Outro, Deus. Dá-se conta de uma Presença que sempre o acompanha, de um Centro ao redor do qual se organiza a vida interior e a partir do qual se elaboram os grandes sonhos e as significações últimas da vida. Trata-se de uma energia originária, com o mesmo direito de cidadania que outras energias, como a sexual, a emocional e a intelectual. Pertence ao processo de individuação acolher essa energia, criar espaço para esse Centro e auscultar estes apelos, integrando-os ao projeto de vida. É a espiritualidade no seu sentido antropológico de base.[3]

A espiritualidade traduz um modo de ser, uma atitude essencial que acompanha o ser humano em cada passo de seu cotidiano. Ela expressa uma energia que é comum a todos, independente de crença religiosa, visibilizando a dimensão de profundidade da própria condição humana.

1. Mística e espiritualidade

Esses dois termos estão intimamente relacionados. A mística pode ser entendida como "a experiência suprema da realidade" e a espiritualidade como o caminho para alcançar esta experiência.[4] A espiritualidade, como bem

---

[2] LUZ, *Novos saberes e práticas em saúde coletiva*, p. 43.

[3] BOFF, Espiritualidade, dimensão esquecida e necessária.

[4] PANIKKAR, *Vita e parola; la mia opera*, p. 21.

sinalizou Raimon Panikkar, é "o caminho da vida". Há que desbastar estas palavras que se encontram hoje tão desgastadas ou incompreendidas e revelar o seu significado preciso. Não há como desvencilhar o ser humano da mística, pois essa é uma dimensão antropológica fundamental, compondo o repertório existencial de todo vivente. Na verdade, a mística é a "experiência integral da vida" ou da realidade. A realidade vem aqui entendida como um símbolo para expressar o "Todo", o *to holon* de que falam os gregos. Trata-se de uma expressão mais neutra e de amplitude ecumênica, capaz de uma abrangência maior do que a traduzida por "experiência de Deus", como o que ocorre nos ambientes monoteístas. A mística, entendida como experiência da realidade, vai ser diversificadamente interpretada, conforme a angulação de cada um. Para alguns será a experiência de Deus, para outros, do "Todo", do "Nada", do "Ser", e assim por diante. Na visão de Panikkar, que se dedicou com afinco ao tema, a experiência mística é

> a experiência integral da realidade. Se a realidade identifica-se com Deus, será experiência de Deus; se esta realidade é vista como trinitária, será experiência cosmoteândrica; se é vista como vazia, será experiência da vacuidade. Em cada caso é, de qualquer modo, a experiência do "Todo". Desaparece assim a marca de uma mística que se perde no alto dos céus, desencarnada e distanciada das alegrias e das dores do mundo, sem que por isto se afogue na pura terrenalidade ou seja sufocada pelo ativismo, uma vez que experimenta a realidade das condições humanas na sua totalidade.[5]

Se a mística é essa "experiência holística da realidade", o contemplativo é aquele que "simplesmente vive", assim como o peixe n'água.[6] A contemplação é o exercício do respiro da vida, sem muitas complicações. Está profundamente ligada à vida, em suas alegrias, esperanças e dificuldades. É a espiritualidade que anima o caminho do contemplativo. Ela é como uma "carta de navegação" na trajetória existencial do ser humano, que pode tornar-se um contemplativo. A espiritualidade diz respeito à qualidade de vida e de ação, de potencialidade de abertura ao ilimitado. Não está necessariamente ligada a uma profissão de credo ou adesão religiosa, pois é um dado antropológico de

---

[5] PANIKKAR, *L'esperienza della vita; la mistica*, p. 175. E também pp. 16, 28, 58-59 e 63. Ver ainda: PANIKKAR, *Mistica pienezza di vita*, pp. 11-16.

[6] CARDENAL, *Vida perdida; memórias 1*, pp. 144 e 204.

base. Todo ser humano vem habitado por sua condição finita, mas aberta ao mistério do ilimitado e do infinito. A espiritualidade distingue-se da religião:

> Toda religião pertence, ao menos em parte, à espiritualidade; mas nem toda espiritualidade é necessariamente religiosa. Quer você acredite ou não em Deus, no sobrenatural ou no sagrado, de qualquer modo você se verá confrontado com o infinito, a eternidade, o absoluto – e com você mesmo.[7]

A espiritualidade relaciona-se com "qualidades do espírito humano" que tocam sua dimensão de profundidade. É dela que se irradiam os toques singulares do amor desinteressado, gratuidade, atenção, cortesia, compaixão e hospitalidade. Os indivíduos podem desenvolver tais qualidades, "até mesmo em alto grau, sem recorrer a qualquer sistema religioso ou metafísico".[8] A espiritualidade aciona o movimento desses valores fundamentais, que são irradiados por todo canto. Ela é um exercício de vida e experimentação. Deixar-se habitar pela atmosfera da espiritualidade é criar um espaço garantido e especial para as fragrâncias da profundidade. Os frutos vão surgindo naturalmente, pois dali se irradiam serenidade, vitalidade e entusiasmo. A paz também é um dos efeitos imediatos desse novo modo de ser, uma paz que brota da profundidade:

> Dessa paz espiritual a humanidade precisa com urgência. Ela é a fonte secreta que alimenta a paz cotidiana em todas as suas formas. Ela irrompe de dentro, irradia em todas as direções, qualifica as relações e toca o coração íntimo das pessoas de boa vontade. Essa paz é feita de reverência, de respeito, de tolerância, de compreensão benevolente das limitações dos outros e da acolhida do Mistério do mundo. Ela alimenta o amor, o cuidado, a vontade de acolher e de ser acolhido, de compreender e de ser compreendido, de perdoar e de ser perdoado.[9]

2. Passos da espiritualidade

O cultivo da espiritualidade, entendida como movimento e caminho para a experiência do Real, exige do sujeito uma dinâmica particular de despojamento e interiorização. Há que romper com um modo habitual de ser e deixar-se tocar pelos apelos da profundidade. Num dos mais belos textos sobre a

---

[7]   COMTE-SPONVILLE, *O espírito do ateísmo*, p. 129.

[8]   DALAI LAMA, *Uma ética para o novo milênio*, p. 33.

[9]   BOFF, A espiritualidade na construção da paz.

descrição dessa viagem interior, o místico francês Teilhard de Chardin (1881-1955) assinala alguns dos passos que a presidem, com base em sua própria experiência interior. Com a lâmpada na mão, Teilhard deixa a zona aparentemente clara de suas ocupações do dia a dia e busca descer ao mais fundo de si mesmo, ao abismo profundo de onde "emana confusamente" o seu poder de ação. Não se trata de uma viagem tranquila, mas sim de uma "saída" para dentro de si mesmo. À medida que se distanciava das "evidências convencionais" que iluminam superficialmente a vida social, sentia a insegurança de alguém que se escapa de si mesmo. Assinala que a cada passo descido era um outro personagem que se revelava, e que fugia ao controle. Sentia-se asfixiado pelo "abismo sem fundo" sob os passos inseguros, mas que sinalizavam a onda de sua vida. Vale registrar a descrição do autor:

> Então, totalmente possuído por minha descoberta, eu quis subir à luz, esquecer o inquietante enigma no confortável convívio das coisas familiares, recomeçar a viver na superfície, sem sondar imprudentemente os abismos. Mas eis que, sob o espetáculo mesmo das agitações humanas, vi aparecer de novo, aos meus olhos prevenidos, o Desconhecido, do qual eu queria escapar [...]. Mas era o mesmo mistério: eu o reconheci. Nosso espírito se perturba quando procuramos medir a profundidade do mundo abaixo de nós [...]. Após a consciência de ser um outro – e um outro maior do que eu –, uma segunda coisa me deu vertigem: é a suprema improbabilidade, a formidável inverossimilhança de encontrar-me existindo, no seio de um mundo bem-sucedido. Nesse momento, como qualquer um que quiser fazer a mesma experiência interior, eu senti pairar sobre mim a angústia essencial do átomo perdido no universo [...]. E, se alguma coisa me salvou, esta foi entender a palavra do Evangelho – garantida por sucessos divinos –, que me dizia do mais fundo da noite: *Ego sum, noli timere* ["sou eu, não temas"].[10]

Os grandes mestres espirituais assinalam que essa viagem interior, apesar de árdua e desgastante, revela surpresas inesperadas. Ela requer disposições precisas, e um exercício radical de despojamento, humildade e purificação do coração. Não há como viver a intensidade da experiência senão deslocando o ego de sua centralidade, com a afirmação de sua vulnerabilidade e limite. Não há como tocar o fundo do Mistério, sua centelha mais íntima, senão mediante uma "límpida humildade", como revela Mestre Eckhart. E sublinha de forma poética:

---

[10] TEILHARD DE CHARDIN, *O meio divino*, pp. 45-46.

Aspecto pedagógico das religiões

> As estrelas derramam toda a sua força no fundo da terra, na natureza e no elemento da terra, produzindo ali o ouro mais límpido. Quanto mais a alma chega ao fundo e no mais íntimo de seu ser, tanto mais a força divina nela se derrama plenamente e opera veladamente de maneira a revelar grandes obras e a alma tornar-se bem grande e elevada no amor de Deus, que se compara ao ouro límpido.[11]

Com grande propriedade, o evangelho de Mateus sinaliza que os puros de coração verão a Deus (Mt 5,8). E nesse "portal da misericórdia" é o Mistério mesmo quem se derrama em vida e doação. Mas não é fácil "despir-se de tudo o que é acidental" para viver esse despojamento espiritual. Há que recorrer a um guia que possa orientar essa trajetória. Para achegar-se ao "ponto sutil da alma" é necessária a presença desse pedagogo espiritual. Na tradição oriental fala-se na insubstituível figura do guru, que ajuda o iniciante a trafegar nos caminhos da iluminação. A tradição indica que quando o discípulo está pronto, o guru apresenta-se automaticamente. É alguém familiarizado com o Mistério, que conhece por experiência própria as veredas que o precedem e apontam. Pelos meandros da profundidade, é capaz de iniciar o discípulo nesse caminho e de suscitar em seu coração a inefável experiência por ele vivida.[12] Há, porém, um momento que o discípulo segue o seu rumo sozinho. O guia faculta o trabalho inicial, de disponibilização da alma para a ação do Espírito, mas o caminho posterior é traçado por Presença ainda mais delicada:

> Na noite mais ditosa
> em segredo, pois que ninguém me via,
> de nada mais ciosa,
> sem outra luz ou guia,
> senão a que no coração ardia.
>
> Essa luz me guiava
> mais certa do que a luz do meio-dia,
> lá onde me esperava,
> quem eu bem conhecia,
> num sítio onde ninguém aparecia.[13]

---

[11] ECKHART, *Sermões alemães 1*, p. 297 (Sermão 54 a).

[12] LE SAUX, *Risveglio a sé risveglio a Dio*, pp. 111-112; LE SAUX, *Gñānānanda; sotto il Monte*, pp. 122-123.

[13] JOÃO DA CRUZ, *Noite escura*, in: LUCCHESI, *Juan de la Cruz; pequena antologia amorosa*, p. 43.

3. A espiritualidade e o despertar para o Real

A espiritualidade é o caminho para atingir a experiência mística. A palavra mística relaciona-se com mistério. O místico é aquele que faz a experiência, e o mistério é o seu objeto. Em sua derivação etimológica, a mística vem de *myein*, que traduz a ideia de fechar os lábios ou os olhos. A mística lida com um mistério escondido, não revelado ou comunicado, mas que suscita no buscador uma sede infinita. Na realidade, porém, o mistério está envolvido nas coisas, nos pequenos sinais do cotidiano. É, na verdade, o sujeito que não consegue captar sua Presença, pois o seu coração está enredado em nós que impedem a sua visão. É o trabalho da espiritualidade que desata estes nós e faculta a "secreta mirada". Tem razão Comte-Sponville quando assinala que "é no mundo que o mistério é maior". O Mistério habita e resplende em todas as coisas, mas passa desapercebido ao olhar superficial:

> Na maioria das vezes, passamos ao largo: somos prisioneiros das falsas evidências da consciência comum, do cotidiano, da repetição, do já conhecido, do já pensado, da familiaridade suposta ou comprovada de tudo, em suma, da ideologia ou do hábito [...]. "Desencanto com o mundo", dizem volta e meia. É que esqueceram de olhar para ele ou porque o substituíram por um discurso. E aí, de repente, no meio de uma meditação ou de um passeio, aquela surpresa, aquele deslumbramento, aquela admiração, aquela evidência: existe alguma coisa, em vez de nada![14]

Com o avanço da "modernidade moderna", enredada num ego autocentrado, foi se perdendo o "sentido da maravilha", como salientou com acerto Abraham Heschel. E isso é alarmante, também para o estado da temperatura vital. Não é por falta de informação que sofre a humanidade, mas por falta de maravilhamento. É a maravilha o que há de mais íntimo e misterioso. Trata-se da "única bússola que encaminha ao polo do significado".[15] Daí a fundamental importância que deve ser dada à atenção: a atenção ao tempo, aos pequenos sinais do cotidiano, à vida como um todo. A atenção situa o sujeito em estado de "espera", aberto ao estupor e às surpresas da vida. Ela "consiste em suspender o pensamento, em deixá-lo disponível, vazio e penetrável ao objeto". A atenção prepara o sujeito para o "toque da centelha", em estado desarmado para acolher desnudamente o mistério da verdade, que é

---

[14] COMTE-SPONVILLE, *O espírito do ateísmo*, p. 134.

[15] HESCHEL, *L'uomo non è solo*, pp. 29 e 45.

dom.[16] Em linda carta escrita a Joë Bousquet, em abril de 1942, Simone Weil sublinhou que a atenção "é a forma mais rara e mais pura da generosidade".[17]

A atenção verdadeira revela os meandros inusitados do Mistério que está em toda parte. O que se requer é uma "educação do olhar". É o primeiro e decisivo passo para sentir apaixonadamente o tempo, como indicou Teilhard de Chardin. De fato, "nada é profano, aqui embaixo, para quem sabe ver".[18] O desafio está em "libertar-se do conhecido" para vislumbrar o Real. Tudo é muito simples, e é belo por ser simples. Há algo de sagrado na "imanensidade", na espiritualidade da imanência, que brilha no que há de mais banal e delicado: "Experiência banal, experiência familiar? Sim, mas que é ainda mais perturbadora, quando nos permitimos mergulhar nela, nos abandonar nela, nos perder nela. O mundo é nosso lugar; o céu, nosso horizonte; a eternidade, nosso cotidiano".[19]

No coração animado pelo toque da espiritualidade o que é simples ganha uma dimensão inusitada. Todo o universo se revela, de repente, grávido de Deus. As coisas, em sua simplicidade, que escapam normalmente da atenção, ganham uma fisionomia nova: é a flor no campo, a brisa suave, o voo do pássaro, o sorriso da criança, o orvalho da manhã. Elas estão sempre ali, à alçada da vista, mas distantes da atenção. E, de repente, as coisas assim banais podem tornar-se "o ponto focal de uma concentração intensa, capturar a atenção num nível anormal", inaudito, favorecendo a abertura de uma nova dimensão, completamente distinta. É a experiência que Dostoievski favorece ao leitor, em passagem singular de sua obra *Memória da casa dos mortos*, comentada pelo filósofo da Escola de Kyoto Keiji Nishitani. As mesmas coisas reais apresentadas ao olhar ganham uma nova dimensão: "Ele viu as mesmas coisas reais que todos nós vemos, mas o significado de sua realidade e o sentimento do real que nelas experimentou, percebendo-as como reais, são qualitativamente distintas. E justamente por isso ele pode esquecer a sua 'mísera condição' e abrir os olhos para o 'mundo prenhe de Deus'".[20] Conforme Nishitani, há uma "ordem mística" presente em todas as coisas, e que pode ser

---

[16] WEIL, *A la espera de Dios*, pp. 70-71.

[17] WEIL; BOUSQUET, *Corrispondenza*, p. 13.

[18] TEILHARD DE CHARDIN, *O meio divino*, p. 33. E também p. 13.

[19] COMTE-SPONVILLE, *O espírito do ateísmo*, p. 137.

[20] NISHITANI, *La religione e il nulla*, p. 39.

despertada no "profundo sentimento da realidade das coisas cotidianas". É o desafio espiritual de adentrar-se na sua realidade, penetrar na sua espessura. Mas isto é raro, embora fundamental: "É extremamente raro para nós 'fixar nossa atenção' nas coisas de modo a nelas nos perder ou, em outras palavras, tornar-se as coisas que olhamos".[21] Há uma sólida barreira que separa o sujeito do objeto, e isto porque as coisas são sempre vistas pela perspectiva do "si", do sujeito ego-centrado.[22] A espiritualidade faculta a emergência de uma "subjetividade elemental" que nasce da morte do eu ego-centrado, abrindo o espaço para uma nova e secreta mirada.

Há em todo místico um "desaforado amor pelo todo", uma sede irremovível de penetrar os umbrais da vida, de adentrar-se nas entranhas do real. É habitado pela mesma voracidade da borboleta que devora o seu casulo para poder alçar voo. Na bela visão da filósofa María Zambrano, o místico é alguém que realizou "a mais fecunda destruição de si mesmo, para que neste deserto, neste vazio, venha a habitar por inteiro outro; colocou em suspenso sua própria existência para que esse outro resolva nele existir".[23] Trata-se, porém, de uma destruição criadora. Esta voracidade de existir, de encontrar no tempo a "presença e a figura", não lança o místico para fora de seu lugar, mas o envolve ainda mais fundo em sua espessura, nas entranhas da história. O que ocorre com o místico, trabalhado pela espiritualidade, não é um aniquilamento dos sentidos, mas uma radical transformação. A mudança interior redimensiona a paisagem:

> Os sentidos são, sim, destruídos, mas somente na sua forma normal, para então ser reconduzidos – através de recônditos caminhos a nós desconhecidos – a uma superior agudeza e a uma união entre si, e deles com a inteligência, que produz uma percepção mais intensa e total, um abraçar a realidade e penetrá-la.[24]

4. A fragrância da espiritualidade

Em reflexão realizada em março de 1928, Gandhi situou de forma exemplar os efeitos da espiritualidade sobre o tempo e a história. É pela fragrância

---

[21]   NISHITANI, *La religione e il nulla*, p. 40.

[22]   NISHITANI, *La religione e il nulla*, p. 100.

[23]   ZAMBRANO, *Algunos lugares de la poesía*, p. 127.

[24]   ZAMBRANO, *I beati*, p. 113; ZAMBRANO, *Algunos lugares de la poesía*, p. 129.

Aspecto pedagógico das religiões

da espiritualidade que se consegue captar o seu significado e valor. A espiritualidade autêntica provoca uma inserção distinta na vida. Gandhi sinaliza:

> A comprovação real da verdade de uma religião é a fragrância da espiritualidade, do amor, do contentamento, da paz reais, e que tais sentimentos podem emanar daqueles que se atêm àquela religião. E, sem isso, nosso credo e nossas profissões e pregações desse credo, até mesmo nossos cultos e preces, não levarão ninguém a ver que nós conhecemos "um segredo do Senhor".[25]

Num dos livros que mais inspirou os místicos cristãos, o *Cântico dos cânticos*, há uma rica passagem onde o amado leva a amada à adega, que é a casa do vinho, e lá anuncia o seu amor. E a amada, embevecida e embriagada pelo dom da entrega, não consegue vislumbrar senão o amor: "Levou-me ele à adega e contra mim desfralda sua bandeira de amor" (Ct 2,4). Essa passagem inspirou João da Cruz em seu *Cântico Espiritual*. É na "adega interior" que se dá o momento mais íntimo da união amorosa, o encontro profundo entre o amado e a amada:

> E na adega interior
> do Amado meu bebi; quando eu saía,
> de tanto resplendor,
> já nada mais sabia
> e meu gado perdi, que antes seguia.
>
> Ali me deu o seio,
> ditando-me ciência saborosa,
> e dei-me sem receio,
> oferta dadivosa,
> e ali lhe prometi ser sua esposa.[26]

Na mais íntima adega ocorre o grau mais extremo do amor e a comunicação mais sublime do dom inefável do Amado. É o momento onde "a alma se transforma toda em Deus", bebendo de seu Deus. Ao sair dessa "borracheira" ela, a amada, tudo esquece, e a razão de sua vida doravante será o amor:

> Minha alma ao bem Amado
> voltou-se, dedicada, a seu serviço.
> Não guardo mais o gado

---

25   GANDHI, *Gandhi e o cristianismo*, pp. 131-132.

26   Canções XXVI e XXVII, in: LUCCHESI, *Juan de la Cruz; pequena antologia amorosa*, p. 31.

nem mais tenho outro ofício,
pois é somente amar meu exercício.[27]

Temos aqui um exemplo claro da fragrância da espiritualidade. A amada sai da adega revestida da substância do amor, ou seja, a experiência espiritual mais íntima provoca uma mudança no exercício da vida. A *conversio cordis* provoca a *conversio morum*, ou seja, a conversão do coração leva a uma mudança de conduta. O estado mais profundo de união mística não tira o sujeito do mundo, isolando-o em experiências extraordinárias, mas joga-o novamente na vida diária, animado, porém, com uma nova perspectiva e visada.[28] A partir desta "subida-experiência" é a vida mesma que em seu conjunto se transforma e a mística ganha uma dimensão terrenal. Dá-se aqui o que Karl Rahner nomeou como "mística da cotidianidade", ou também de "mística de olhos abertos".

Também Teresa de Ávila, ao traçar os passos do itinerário espiritual em suas *Moradas*, sinaliza a dimensão e importância das obras no caminho onde se alcança a união. Indica, com vigor, que o essencial não está nas exterioridades das orações "encapotadas", mas no exercício efetivo do amor. E adverte:

> Não, irmãs, não; o Senhor quer obras. Se vedes uma enferma a quem podeis dar algum alívio, não vos importeis em perder essa devoção e tende compaixão dela. Se ela sente alguma dor, doa-vos como se a sentísseis vós. E, se for necessário, jejuai para que ela coma; não tanto por ela, mas porque sabeis que o vosso Senhor deseja isso.[29]

A espiritualidade é uma fonte poderosa que se irradia pela vida, produzindo delicadeza, cortesia, serenidade e paz. Ela conforma um modo de ser, uma atitude de base que se insere em cada momento da vida cotidiana:

---

[27] Canção XXVIII, in: LUCCHESI, *Juan de la Cruz; pequena antologia amorosa*, p. 33.

[28] VELASCO, *El fenómeno místico*, p. 461.

[29] TERESA DE JESUS, *Obras completas*, p. 503 (Castelo Interior – Quintas Moradas, Capítulo 3,11).

Mesmo dentro das tarefas diárias da casa, trabalhando na fábrica, andando de carro, conversando com os amigos, vivendo a intimidade com a pessoa amada, a pessoa que criou espaço para a profundidade e para o espiritual está centrada, serena e pervadida de paz. Irradia vitalidade e entusiasmo, porque carrega Deus dentro de si. Esse Deus é amor que no dizer do poeta Dante move o céu, todas as estrelas e o nosso próprio coração.[30]

A experiência da gratuidade do Mistério, de sua presença amorosa, confere um significado particular à atuação prática. Isto foi verificado de forma exemplar por Eckhart em sua reflexão sobre Marta e Maria. O seu carinho especial com Marta revela o sentido mais nobre dessa mística do cotidiano. Assinala a nobreza da obra no tempo, tão nobre quanto qualquer outra união com Deus: ela pode "dispor tão adequadamente quanto a coisa mais sublime que possa nos acontecer".[31] A profundidade da ação de Marta explica-se por sua condição existencial: ela habita no que é essencial. As obras fluem, naturalmente, de um ser espiritual. Marta é alguém que tem um "fundo da alma bem exercitado",[32] algo particularmente caro a Eckhart, daí sua predileção por ela.

O viver a vida com a animação do Espírito foi também percebido com vitalidade na teologia latino-americana. Trata-se de uma das lições importantes captadas pela teologia da libertação a partir do início dos anos 1980: a necessidade de uma "libertação com espírito". Em sua obra de espiritualidade, *Beber no próprio poço*, Gustavo Gutiérrez toca com delicadeza e propriedade nessa questão:

> Fomos compreendendo, também, que o encontro pleno e verdadeiro com o irmão exige que passemos pela experiência da gratuidade do amor de Deus. Assim, desprendidos de nós mesmos, chegamos ao outro libertos de toda tendência de impormos uma vontade que lhe seja alheia, respeitosos de sua própria personalidade, de suas necessidades e aspirações. Dado que o próximo é o caminho para chegarmos a Deus, a relação com Deus será a condição necessária para o encontro, para a verdadeira comunhão com o outro.[33]

---

[30] BOFF, Espiritualidade, dimensão esquecida e necessária.

[31] ECKHART, *Sermões alemães 2*, p. 131 (Sermão 86).

[32] Cf. HAAS, *Introduzione a Meister Eckhart*, pp. 101-105.

[33] GUTIÉRREZ, *Beber no próprio poço; itinerário espiritual de um povo*, p. 125. Ver também SOBRINO, *Espiritualidade da libertação*, pp. 13-16.

5. Conclusão

Todo esse itinerário da reflexão serviu para mostrar a importância fundamental da espiritualidade nos tempos atuais. O objetivo central foi evidenciar o papel pedagógico da espiritualidade, ou seja, sua dimensão iluminadora, edificadora e orientadora. A espiritualidade tem esse dom particular de encaminhar a vida do sujeito numa perspectiva distinta, favorecendo um novo olhar sobre o tempo, uma atenção particular ao cotidiano e um exercício de amor novidadeiro. Cabe também perguntar, ao final, sobre o lugar de uma espiritualidade da pedagogia. Essa é uma tarefa que se impõe, com urgência, aos educadores. A pedagogia tem também essa função maiêutica, de favorecer o nascimento e a afirmação de novos sujeitos, com uma perspectiva distinta de sentir o tempo e sobre ele atuar. Parafraseando o grande poeta mineiro Carlos Drummond de Andrade, há que ter "duas mãos e o sentimento do mundo".

6. Referências bibliográficas

AZEVEDO, Francisco Ferreira dos Santos. *Dicionário analógico da língua portuguesa*. 2. ed. Rio de Janeiro: Lexicon, 2010.

BOFF, Leonardo. Espiritualidade, dimensão esquecida e necessária. In: http://www.leonardoboff.com/site/vista/outros/espiritualidade.htm (acesso em 25/04/2011).

_____. A espiritualidade na construção da paz. In: http://www.adital.com.br/site/noticia.asp?lang=PT&cod=48305 (acesso em 26/04/2011).

CARDENAL, Ernesto. *Vida perdida*. Memorias 1. Madrid: Trotta, 2005.

COMTE-SPONVILLE, André. *O espírito do ateísmo*. São Paulo: Martins Fontes, 2007.

DALAI LAMA. *Uma ética para o novo milênio*. Rio de Janeiro: Sextante, 2000.

ECKHART, Mestre. *Sermões alemães* 1. Bragança Paulista/Petrópolis: Editora Universitária São Francisco/Vozes, 2006.

_____. *Sermões alemães* 2. Bragança Paulista/Petrópolis: Editora Universitária São Francisco/Vozes, 2008.

GANDHI, Mohanda Karamchand. *Gandhi e o cristianismo*. São Paulo: Paulus, 1996.

GUTIÉRREZ, Gustavo. *Beber no próprio poço*. Itinerário espiritual de um povo. Petrópolis: Vozes, 1984.

HAAS, Alis M. *Introduzione a Meister Eckhart*. Fiesole: Nardine, 1997.

HESCHEL, Abraham Joshua. *L'uomo non è solo*. Milano: Mondadori, 2001.

LE SAUX, Henri. *Gñānānanda*. Sotto il Monte: Servitium, 2009.

_____. *Risveglio a sé risveglio a Dio*; sotto il Monte: Servitium, 1996.

LUCCHESI, Marco. *Juan de la Cruz*; pequena antologia amorosa. Rio de Janeiro: Nova Aguilar, 2000.

LUZ, Madel T. *Novos saberes e práticas em saúde coletiva*. São Paulo: Hucitec, 2003.

NISHITANI, Keiji. *La religione e il nulla*. Roma: Città Nuova, 2004.

PANIKKAR, Raimon. *L'esperienza della vita*; la mistica. Milano: Jaca Book, 2004.

_____. *Mistica pienezza di vita*. Milano: Jaca Book, 2008.

_____. *Vita e parola*; la mia opera. Milano: Jaca Book, 2010.

SOBRINO, Jon. *Espiritualidade da libertação*. São Paulo: Loyola, 1992.

TEILHARD DE CHARDIN, Pierre. *O meio divino*. Petrópolis: Vozes, 2010.

TERESA DE JESUS. *Obras completas*. 2. ed. São Paulo: Loyola, 1995.

VELASCO, Juan Martin. *El fenómeno místico*. Madrid: Trotta, 1999.

WEIL, Simone. *A la espera de Dios*. 3. ed. Madrid: Trotta, 2000.

_____; BOUSQUET, Joë. *Corrispondenza*. Milano: SE SRL, 1994.

ZAMBRANO, Maria. *Algunos lugares de la poesía*. Madrid: Trotta, 2007.

_____. *I beati*. Milano: SE SRL, 2010.

CAPÍTULO III

As artes liberais e a educação na Idade Média

Antonio Marchionni

*Como as primeiras noções do alfabeto não ensinam
as artes liberais, mas preparam a aquisição delas,
assim as artes liberais não conduzem
o homem à virtude, mas o preparam*
(Sêneca, Cartas a Lucílio, carta 88)

*Na música, na geometria, nas evoluções dos astros
e nas leis dos números a Ordem governa de tal forma que,
se alguém dela deseja ver a fonte e o próprio íntimo,
o encontra ou nelas mesmas ou a isso é conduzido por elas
sem erro algum. Esse conhecimento nutre o aprendiz de
filosofia e também o mestre de tal forma que este voa
a seu bel-prazer e chega e muitos conduz para aquela
Suma Medida, além da qual nada ele possa
nem deva nem queira procurar.*
(Agostinho, A Ordem, 2,5)

A finalidade das artes liberais é esta: conduzir o ânimo instruído para a planície superior onde reside a Suma Ordem ou Suma Medida, que é Deus. Assim fala o recém-convertido Agostinho no livro *A Ordem* em 388 d.C. E

As artes liberais e a educação na Idade Média

assim será para quem crê no Pai Criador, por toda a Idade Média até 1400 e nos séculos sucessivos até hoje.

As artes em geral e as artes liberais são meios para algo maior. São ferramenta para decifrar os vestígios de Deus no Livro do Universo, no Livro da Escritura, no Livro do Interior do Homem. O que importa é encontrar a Verdade, que está depositada no Mundo, na Bíblia, no Homem: *in interiore homine habitat veritas*, "no mais profundo do homem habita a verdade". E quem encontra a Verdade, nela repousa: "nos fizeste para Ti, Senhor, e nosso coração não repousa, até repousar em Ti" (Confissões, 10,1).

Este é o esquema da atividade educativa e educacional na alma do homem religioso. E também entre os antigos gregos e romanos as artes liberais eram meios para algo sublime. Em Sêneca, primeiro ministro do imperador Nero em 65 d.C., as artes liberais se justificam por possibilitarem o acesso à virtude.

Há no Louvre, em Paris, um afresco de 1486, obra do florentino Sandro Botticelli (obra furtada aos italianos pelos franceses como milhares de outras durante as incursões de Napoleão pela Toscana e pela bota). No quadro, a Gramática apresenta um jovem à Prudência e às outras artes liberais, cada uma com seu atributo: a Gramática com uma fonte, a Retórica com o rótulo, a Dialética com o escorpião, a Aritmética com a folha de cálculo, a Geometria com o compasso, a Astronomia com a esfera armilar, a Música com órgão e pandeiro. O afresco tem por título "Botticelli: um jovem sendo apresentado às sete artes liberais" e pode ser encontrado facilmente no ciberespaço. Como primeira impressão, constata-se que na Renascença estavam ainda vivas as artes liberais, que nós costumamos relegar à Antiguidade e à Idade Média (na América do Norte há faculdades e títulos em "artes liberais"). Numa segunda reflexão, fica manifesto que na cultura humanista e renascentista da época estava atuante a finalidade que as artes liberais tiveram na Antiguidade e no Medioevo: levar o homem à *Frônese* ("Prudência"), que é a antessala da felicidade e da eternidade.

Nas páginas que seguem, em bom *método escolástico* (usado na universidade medieval), vou me utilizar das quatro perguntas (ou *causas*) aristotélicas para esquematizar o que direi das artes liberais: *o que* elas eram, *quem* as ensinava e *quando*, *como* elas apareciam e se articulavam com a educação formal desde Atenas e Roma até a baixa Idade Média do século XIV, *para que* elas

47

eram propostas e estudadas. O *para que* é o mais importante, pois a finalidade ou fim último de uma coisa atrai a si pensamentos e ações da pessoa.

No afresco de Botticelli o jovem é apresentado à Prudência, que é a *Frônese* grega, virtude suma, própria do governante na pólis, o qual coordena os guerreiros e os trabalhadores. Paralelamente, a *Frônese* é própria também da razão no homem, a qual governa a vontade e o instinto. A *Frônese* é a capacidade de ver, entrever, prever, prover. Ela produz equilíbrio e paz na cidade e na pessoa. A Prudência, por sua vez, constitui a antessala do Nirvana nos orientais, do Elísio nos gregos e romanos, do Paraíso nos cristãos. Em suma, as artes liberais se destinam à eternidade com o Criador, porque estava escrito no céu estrelado e na fronte do medieval que "tudo vem de Deus e tudo volta para Deus". "Os céus narram a glória de Deus" (Salmo 19), e esta é a Filosofia e a Teologia da Educação na Idade Média.

1. O que são as artes liberais

As artes liberais, já teorizadas e praticadas de forma esparsa na Antiguidade grega e romana, tiveram seu nome e seus conteúdos definitivamente codificados e organizados pelo neoplatônico Marciano Capela, nascido talvez em Cartago, advogado e escritor por volta de 400 d.C. Nos nove capítulos do livro alegórico *Núpcias de Mercúrio e Filologia*, o autor apresenta de forma romanceada, mas sistemática, as sete artes liberais. Na narrativa, Mercúrio (a Eloquência) está indeciso na escolha da esposa entre várias mulheres a ele propostas (Sofia, Mântica, Psique); o irmão Apolo lhe sugere escolher a filha de *Frônese*, ou seja, a culta Filologia, que conhece os segredos de terra, céu e mar e possui um saber racional e universal. No livro, o enciclopédico Capela organiza uma proposta curricular que valerá por séculos, até a modernidade.

2. A arte

O termo arte (*tékne* em grego, *ars ou scientia* em latim) significava uma prática mais teórica que prática, comportando o *conhecimento* ou *gestação mental* de uma atividade em seus princípios e causas. Na outra ponta do agir humano está a *empeiría* (experimento empírico, mecânica, obra das mãos; hoje diríamos *tecnologia*), executada pelo *demiurgo* ou *émpeiros* (em latim *artifex,* em português *artífice*). A arte enquanto teoria pertencia ao homem livre capaz de contemplar e era superior ao trabalho manual do homem executor de tarefas.

Essa superioridade greco-romana da *tékne* (obra da mente) sobre a *empeiría* (obra das mãos) será superada pelo cristianismo, como veremos: Deus é trabalhador e Cristo era trabalhador braçal. Na esteira dos gregos, também a modernidade tende a estabelecer uma diferença de dignidade entre a ciência investigada na universidade e a tecnologia (*empeiría*) realizada no laboratório e na fábrica, ainda que em nossos dias a ciência tenha se aproximado da tecnologia e quase foi residir no laboratório. Alguns pensadores modernos ligados ao panteísmo e ao teísmo, todavia, tendem a produzir um rearranjo desses conceitos todos, estabelecendo que ciência e tecnologia pertencem ao campo empírico, enquanto no campo teórico brilha a ontologia, reflexão filosófica e teológica sobre a essência e a finalidade das ciências naturais. Ou seja: a *ciência e a tecnologia* devem ser esclarecidas e moralmente avaliadas por uma instância inteligível anterior, que é a metafísica filosófica e teológica. E o ato metafísico se dá no *ótium*: ócio em português, *skolé* (escola) em grego. Ócio como atividade do espírito, expansão da consciência, dedicação às letras e à meditação: *scribendi otium*, dedicação ao escrever, diz Cícero em *Dos Deveres*. Ócio como oposição a negócio (negação do ócio), trabalho, pressa.

3. As artes liberais

Essas artes se chamam *liberais* porque são próprias das pessoas que, mediante o pensamento e a contemplação, se libertam dos laços com a natureza animal do homem (os laços que amarram o espírito à matéria, impedindo os voos, são denominados *karma* entre os orientais: à medida que tais laços são cortados, o espírito se eleva para os patamares que antecedem o Nirvana). São elas: gramática, retórica, dialética, aritmética geometria, música, astronomia.

As primeiras três artes constituem o Trívio, ou seja, as "três vias" que explanam o percurso para o conhecimento da natureza. As outras quatro se chamam Quadrívio, ou seja, "quatro vias" que descerram o número, o peso e a medida da natureza (*Sabedoria*, 11,20). As primeiras três abrangem a arte de dizer (*ars dicendi*), as outras quatro a arte de conhecer (*ars conhecendi*).

As sete artes agradam o espírito humano, porque educam o ânimo a conhecer o belo (que é o divino), tornando belo o próprio estudante. A consecução do belo e do bom (*kalós kai agathós*) significa a sintonia teórica e ética da alma e do corpo com a ordem, a simetria, a harmonia, o metro, a junção, o número, a proporção do universo. O belo é um dote objetivo da natureza e é colhido pela nossa razão e pela nossa sensibilidade. O belo é também o aprazível: sedução dos sentidos, vitalidade, alegria, volúpia, sensualidade, o delicado, o curvilíneo. As artes do Trívio e do Quadrívio visam intuir o belo existente nas palavras e nas coisas, extraí-lo e apresentá-lo.

A natureza é feita de contrapontos e intervalos harmônicos ou ritmos. É essa harmonia intervalar que as artes liberais colhem ao debruçar-se sobre os intervalos ou ritmos das letras (gramática), os intervalos das frases (retórica), os intervalos dos argumentos (dialética), os intervalos dos números (aritmética), os intervalos da terra (geometria), os intervalos dos sons (música), os intervalos dos espaços (astronomia). Intervalos que constituem a harmonia musical do todo: ao medieval apareciam como uma *música* as relações entre os existentes no universo.

4. O Trívio: as três vias para o conhecimento

Gramática. A gramática, assim chamada desde a *Arte Gramática* (*Tékne Grammatiké*) de Dionísio de Trácia no século II a.C., origina-se do grego *gramma*, que significa "letra": é a arte de ordenar letras, fazendo artigos, substantivos, adjetivos, pronomes, verbos, advérbios, preposições, conjunções, proposições, frases, parágrafos, discursos. Era simbolizada por uma jovem mulher com um livro numa mão e uma fonte na outra, significando a primeira água bebida pelo jovem sedento de saber. Gramáticos famosos foram Donato (s. IV d.C.) e Prisciano (s. V d.C.), cujas gramáticas foram usadas até o Renascimento. Inúmeros livros de gramáticas em língua latina foram escritos de 300 a 700 d.C., reunidos no *Corpo dos Gramáticos Latinos*. Nos séculos sucessivos, era costume de todo escritor medieval produzir um livro de gramática, considerada a porta de entrada para as demais ciências.

Retórica. A retórica ou "arte do discurso" ou eloquência ou "elegância do bem dizer" se ocupa do ornato da escrita e da oração com a finalidade de persuadir, convencer, comover, fazer mudar de opinião. Ela é: (1) uma ciência

As artes liberais e a educação na Idade Média

rigorosa dos fenômenos e efeitos da linguagem, (2) uma responsabilidade moral, por ser arma poderosa para auferir vantagens e provocar danos, (3) um fato social, pela possibilidade de tornar-se instrumento de poder dos cultos sobre os incultos, (4) um prazer lúdico de jogar, brincar, parodiar mediante palavras e imagens retóricas, (5) uma pedagogia, que guia a alma para a aquisição da Prudência ou *Frônese*. Símbolo da retórica é uma mulher que se olha no espelho para embelezar-se como Vênus adolescente, alusão à idade na qual se aprende a retórica. Outras vezes é uma mulher que diz: *mulceo dum loquor varia induta colores*, "me alegro quando falo vestida de muitas cores". Retor de grande renome em Roma foi o romano Cícero; também Santo Agostinho foi professor de retórica em Cartago e na Itália, sempre recomendando que a pessoa eloquente deve ser, antes disso, sapiente: "Se a sapiência sem a eloquência é pouco útil para as comunidades civis, a eloquência sem sapiência o mais das vezes prejudica muitíssimo e certamente nunca é útil [...]. O homem fala mais sapientemente ou menos sapientemente conforme o progresso mais ou menos grande que ele fez no conhecimento das Escrituras" (*Da Doutrina Cristã*, 4).

Dialética. A dialética ou lógica é a arte de falar com sentido mediante argumentos. Ela estuda também a filosofia. A dialética escolhe os termos apropriados e os organiza com lógica elegante, conforme a *Introdução à filosofia* de Porfírio (300 d.C.) e os livros lógicos de Aristóteles (340 a.C.). Ao distinguir a retórica da dialética, o culto Varro (50 a.C.) dizia que a primeira abre a mão, dando em profusão ditos e escritos, a segunda fecha a mão, limitando-se ao estrito necessário; a primeira é acessível ao povo, a segunda a poucos; a primeira agrada e coopta, a segunda prova. A dialética é a arte de: (1) inventar os argumentos (*inventio*), (2) dispô-los de forma lógica (*dispositio*), (3) compor a elocução com palavras floridas e figuras de linguagem (*elocutio*), (4) memorizar o texto para melhor apresentá-la (*memoria*), (5) atuar em público de forma nobre, sabendo como mover-se, para onde olhar, como estar (*actio*). Havia a oratória jurídica nos processos, a deliberativa nas assembleias, a demonstrativa nos louvores ou reprimendas. Tratava-se de construir o discurso mediante: (1) o *exórdio* de preparação do auditório, (2) a *narração* dos fatos, (3) a *argumentação*, confirmando os argumentos favoráveis e refutando os contrários, (4) a *peroração* ou conclusão, quando o orador perora e comove o auditório. A oratória é arte de provar e demonstrar, deleitar e divertir, mover os ânimos e mudá-los. Esta arte de Demóstenes na Grécia e de Cícero em Roma florescerá

51

no cristianismo primitivo para explicar as Escrituras e difundir a doutrina católica, como fizeram Basílio, Agostinho, Crisóstomo (cujo nome significa "boca de ouro"), Ambrósio e outros. É representada por uma mulher com cobra ou escorpião, símbolo de acuidade, concisão, penetração, decisão, espira e presa com impossibilidade de escapar. Avançando os séculos, a dialética absorveu a filosofia e a arte de argumentar corretamente. Ao redor do ano 1000 eram chamados de dialéticos aqueles que, na indagação da verdade, enfatizavam a razão sem excluir a revelação, e eram atacados pelos antidialéticos, que prestigiavam a teologia como único instrumento de verdade, mesmo contra a lógica.

5. O Quadrívio: as quatro fontes do conhecimento

A aritmética. A ciência do número foi considerada, por longos tempos, a atividade intelectual principal, pois o número seria o constituinte básico da natureza. A harmonia dos números era, para Pitágoras e Euclides, a expressão direta da harmonia divina no cosmo. A origem divina dos números é assim explicada por Agostinho no *Da Doutrina Cristã*, 2: "Quanto à ciência dos números, é evidente que eles não foram inventados pelos homens, mas por estes investigados e descobertos. Não podem ser mudados. Ninguém pode em seu próprio arbítrio fazer de tal modo que três vezes três não faça nove [...]. Seja que os consideremos em si mesmos, seja que eles componham as leis das figuras ou dos sons ou dos outros movimentos, os números têm regras imutáveis, regras não inventadas pelos homens, mas descobertas pela agudez dos engenhos mais dotados". Segundo Agostinho, a imutabilidade dos números prova que há, acima da razão humana, uma esfera superior pela qual a razão é governada, e nela reside a divindade.

Música. Sigamos as palavras do *Didascalicon* de Hugo de São Vítor em 1127, capítulo II: "A música tomou o nome do grego *moys*, 'água', porque nenhuma eufonia, isto é, sonoridade elegante, pode acontecer sem umidade [...]. Inventor da música foi, como disse Moisés, um certo Tubal, da estirpe de Caim; para os gregos foi Pitágoras ou, segundo outros, Mercúrio, que foi o primeiro a construir o tetracórdio; outros citam Lino, Zeto ou Anfião [...]. Há três tipos de música: do universo, do homem, dos instrumentos. A música do universo existe nos elementos, nos planetas, nos tempos. Nos elementos ela consiste em peso, número e medida. Nos planetas consiste em lugar, movimento, natureza. Nos tempos, ela consiste nos dias, mediante a alternância da luz e da noite; nos meses, mediante a lua crescente e decrescente; nos anos, mediante a mudança da primavera, do verão, do outono e do inverno. A música humana existe ora no corpo, ora na alma, ora na conexão dos dois. A música do corpo consiste ora na atividade vegetativa, pela qual ele cresce como convém a todos os seres que nascem, ora nos líquidos, cujo fluxo faz o corpo subsistir como é comum aos seres com vida sensitiva, ora nas atividades produtivas, como convém de modo especial aos seres racionais. A estas últimas operações preside a mecânica [...]. A música da alma, uma consiste nas virtudes, como justiça, piedade e temperança; a outra nas potências, como razão, ira e concupiscência. A música entre o corpo e a alma é aquela amizade natural com a qual a alma se liga ao corpo não com vínculos corporais, mas com determinados afetos, para mover e tornar sensível o próprio corpo, amizade pela qual 'ninguém odiou sua própria carne'. Esta música consiste em que a carne seja amada, mas o espírito ainda mais, o corpo seja reforçado e a virtude não seja destruída. A música instrumental consiste uma na percussão; como acontece nos tímpanos e cordas; outra no sopro, como nas flautas e órgãos; outra na voz, como nos versos e cantos. 'Há três tipos de músicos: um que compõe os versos, outro que toca os instrumentos, um terceiro que julga o desempenho dos instrumentos e os versos'".

Geometria. A geometria constituía a base da educação, e sem ela os filósofos não aceitavam alunos para conhecimentos superiores. Geometria significa *medição da terra*, pois esta disciplina foi descoberta inicialmente pelos egípcios, quando, devido ao fato de o Nilo, com sua inundação, cobrir de lama os territórios e assim confundir os confins, começou-se a medir a terra com pértigas e cordas. Ela ganhou *status* na Grécia por volta de 300 a.C., quando Euclides escreveu 465 proposições em 13 capítulos do seu livro *Elementos*. O livro cobria não apenas a geometria sólida, mas também aquilo que hoje chamamos álgebra, trigonometria, aritmética avançada. O estudo da geometria fazia parte do estudo da música do universo, e significava o estudo da harmonia dos intervalos espaciais na terra.

Astronomia. Sigamos as palavras de Isidoro, bispo de Sevilha em 624, em seu livro *Etimologias*, 3: "A astronomia é a lei dos astros, a qual expõe com razão crítica os cursos das constelações e os aspectos e as constituições das estrelas em relação a si mesmas e à terra. Os primeiros a inventar a astronomia foram os egípcios. A astrologia, por sua vez, assim como a consideração do nascimento, foram os caldeus os primeiros a ensiná-la. Os gregos dizem que esta arte foi inventada primeiro por Atlante, e por isso foi dito que sustentou o céu. Quem quer que tenha sido, este, estimulado pelo movimento do céu e pelo interesse da mente, mediante as sucessões dos tempos, os cursos fixos e definidos dos astros e os espaços regulares dos intervalos, calculou algumas dimensões e números, e organizando isso tudo numa ordem, mediante definições e distinções, obteve a astrologia. Nas duas línguas (grega e latina) há volumes escritos de vários autores sobre astronomia, entre os quais, porém, junto dos gregos o mais importante é considerado Ptolomeu rei de Alexandria: este estabeleceu também as regras com as quais se pode descobrir o curso dos astros. Entre astronomia e astrologia algo muda. De fato, a astronomia abrange as revoluções do céu, os nascimentos, os ocasos e os movimentos dos astros, e por qual razão são assim denominados. A Astrologia, por sua vez, em parte é natural, em parte é supersticiosa. É natural quando indaga os caminhos do Sol e da Lua ou as estações definidas dos tempos das estrelas. É supersticiosa aquela que os adivinhos praticam, os quais leem nas estrelas, ou também distribuem por cada membro do corpo ou da alma os doze signos do céu, ou se empenham a predizer os nascimentos e os comportamentos dos homens mediante o movimento dos planetas".

6. As sete artes mecânicas

Nada melhor, para entender o adjetivo *liberal* na cabeça dos antigos, do que fazer um contraponto com as *artes mecânicas* ou *servis* (o termo *arte* aplicado à mecânica é uma aquisição cristã na Idade Média por volta do século XII).

Na produção do necessário material à vida, interagem dois atores, segundo os gregos: quem pensa o objeto livremente e quem o executa mecanicamente. O primeiro é livre, nobre e independente, o segundo é executor, assalariado e "instrumento animado" no dizer de Aristóteles; ao primeiro competem a artes livres ou liberais ou mentais ou cerebrais; ao segundo, as artes mecânicas ou de subserviência ou do corpo ou manuais; o primeiro exerce o intelecto e é intelectual, o segundo executa obras e é obreiro. As artes liberais pertencem à contemplação, as mecânicas à ação. Em suma, os antigos faziam consistir a eminência das artes liberais cognitivas em sua capacidade de livrar o homem das ligações com a matéria e projetá-lo na esfera nirvânica, onde vivem os espíritos livres da materialidade.

A dualidade entre liberal e manual é essencial ao panteísmo, tanto greco--romano quanto oriental, o qual enxerga os homens numa caminhada de aperfeiçoamento (em várias encarnações ou metempsicoses, se necessário), durante a qual se processa uma sintonia do homem com o Dharma no hinduísmo ou, no mundo clássico, com a Razão (Logos) semeada no universo e parecida com Zeus. Nessa caminhada, é normal que alguns (os pneumáticos ou espirituais) estejam à frente de outros (os materiais).

Os materialistas atuais, porém, acusam gregos e romanos de *preconceito áulico*: o trabalho manual está reservado àqueles que não compreendem o ideal da contemplação. O trabalho manual não é visto como aperfeiçoamento do trabalhador: o artífice (que executa a arte pensada pelo homem livre) é nada. A pessoa do artesão, o processo de fabricação, as técnicas e os instrumentos são totalmente estranhos ao discurso filosófico sobre o trabalho humano. O que importa é o produto final e sua conformidade àquilo que o patrício encomendou. Os escritores gregos e romanos, originados na aristocracia da pólis e possuidores de escravos, vacilam na questão do trabalho humano.

Em Aristóteles são livres as ocupações nas quais é exercida a *phrónesis* ou *Frônese*, enquanto são servis e escravas as atividades nas quais se exige apenas a obediência. O fazer do trabalhador, a produção, o *poiéin* ("fabricar") possuem um valor inferior ao fazer político e religioso, o *práttein* ("agir"), que faz subsistir a *koinonía* ("comunidade da pólis"). A esta distinção bipartida da atividade humana corresponde a divisão platônica bipartida dos níveis de conhecimento em *doxa* (ideias populares e sensíveis na caverna, reservadas aos trabalhadores manuais), e *epistéme* (conhecimento das ciências naturais pela *diá-noia* e contemplação das essências pelo *nous*, próprio dos governantes e filósofos).

Do lado romano, a tradição literária mostra hesitação na consideração da cadeia social de carpinteiros, lavradores, tintureiros, ferreiros, agricultores, oleiros e sapateiros. Sêneca, por exemplo, diz que os trabalhos manuais são coisas de escravos e instrumentos desprezíveis de vida, em nada honoráveis para o fim ético do homem; para ele, estoico qual era, as atividades humanas participam da dignidade do logos cósmico (razão ou inteligência ou alma do mundo) somente quando são dirigidas pelo vigor da inteligência. Cícero escreve que o pequeno comércio e os afazeres manuais submetem o homem ao salário e a outro homem, ou seja, a algo exterior, e por isso são vis e indignos da liberdade interior do homem de cultura. Em Celso as atividades manuais são totalmente inconcebíveis para homens dignos de veneração: ele julgava absurdo o comportamento dos cristãos, que honravam em Jesus um obreiro filho de uma pobre operária.

Mas a história é sempre dialética: já havia em Atenas e Roma, em oposição aos ambientes cultos, uma dignificação do trabalho em associações religiosas. Desde os tempos de Sólon, registra-se uma valorização do trabalho manual e servil em *Collegia* ou Associações, que existiram na Grécia, na Síria, na Mesopotâmia e em Roma. Elas eram, segundo o *Digesto* de Justiniano, sociedades de mútuo socorro a serviço dos artesãos e de gente pobre, onde eram admitidos também os escravos. Nestas associações se celebrava uma verdadeira religião do trabalho, onde era adorado o Deus Ýpsistos e Pantocrátor, altíssimo e onipotente, em ritos de morte-ressurreição da terra e em orgias orantes a divindades e potências inferiores em templos dedicados a Mercúrio, Esculápio, Diana, Cibele, Vesta, Juturna, Minerva, Netuno. Como se vê, desde tempos remotos existia uma ascética popular em relação à economia das mãos. Os membros destas associações praticavam a união, a justiça, a observância e a igualdade de direitos entre livres e escravos, homens e mulheres, cidadãos e metecos. A dimensão religiosa do trabalho se fundava no conceito de *ordo dispensationis* (ordem de dispensa), pelo qual o Altíssimo dispensa igualmente os bens a todos os filhos da terra. A legislação civil do final do Império Romano e do começo da Era Cristã foi altamente influenciada por estas associações de trabalho. Registram-se, no século IV, associações dirigidas por pessoas da Igreja, quando os bispos assumiam o papel de defensores dos lavradores contra os latifundiários e os burocratas do império. Aliás, era das fileiras dos operários (*humiliores,* os mais humildes) e dos membros dessas associações de *fratres sodales* (irmãos solidários) que a Igreja recrutava seus dirigentes.

O cristianismo, fundado por um trabalhador em carpintaria e filho de uma operária, eleva o trabalho das mãos a evento divino. Deus trabalha sempre e é trabalhador, e nós somos "cooperários de Deus" (Paulo, 1 Coríntios 3). Esta anotação é decisiva para entender a diferença entre Antiguidade e

As artes liberais e a educação na Idade Média

Medioevo na função educativa das artes liberais e para saber como elas se articulavam com o trabalho das mãos na construção do mundo. Hugo de São Vítor, em 1127, no livro *Didascalicon*, insere as artes mecânicas na filosofia. Elas são sete, como as artes liberais, significando que também o trabalho das mãos possui uma significação cósmica e, finalmente, divina, dada pelo número sete. São elas: lã, armadura, navegação ou comércio, agricultura, caça, medicina, teatro.

Estamos na cidade medieval, ou seja, em plena revolução intelectual-moral do século XII, em plena modernização social e econômica da Europa depois de seis séculos de desordem barbaresca, em plena valorização do mundo e da ação humana numa nova visão científica da natureza, em plena efervescência cristã (ler textos específicos sobre *Intelectual Revolution in Twelth Century*). Antes do ano 1000 em vão procuraríamos na patrística cristã um conceito físico da ordem cósmica. Para os Padres gregos e latinos o mundo é o conjunto das coisas que Deus criou nos seis dias do Gênesis. Prevalece o conceito teológico-místico: mais que a estrutura do mundo físico e o estudo das leis que regulam a mecânica do universo, procurava-se neste o *vestigium* de Deus, sobretudo naquilo que é mais incomum. Passados os séculos das invasões bárbaras e da anarquia feudal, séculos de primitivismo, brutalidade, destruição, medos e incerteza, ao redor do ano 1000 desponta uma maneira científica de ler o mundo. Os tempos mudavam: a paz pós-bárbara produz a retomada demográfica como efeito e causa de uma revitalização agrária, produzida, por sua vez, por novidades técnicas: o arado pesado, a ferradura e o peitoral nos cavalos, a rotação bienal e trienal na semeadura, o acesso aos legumes com diminuição de doenças, o moinho de vento, que se junta ao moinho d'água para moer os grãos e mover aparelhos destinados a curtumes, fabricação de tecidos, trabalho em lenho e empastamento do papel. O aumento da população e da expectativa de vida cria comércio, mercado, feira, viagens, novos povoados de servos, mercadores, artesãos, pequenos e médios senhores dos campos. É na cidade medieval onde se cruzam estudantes, engenheiros, artesãos, letrados, notários, advogados, vagabundos, cruzados, mercadores, cavaleiros, clérigos, médicos, juízes e professores. No horizonte profissional despontam novas figuras de juristas, notários, médicos, artistas, professores e mestres, que ascendem a cargos educacionais, econômicos e políticos. Em filosofia, à fuga do mundo se substitui a estima do mundo. Nas escolas começa a modernidade, quando a *traditio* e a *auctoritas* ("tradição" e "autoridade") são acrescidas pela *quaestio* e *disputatio* ("questão" e "disputa"), ou seja, pelo debate criativo, que será o cerne do método escolástico. Em física registra-se a inventividade de um renovado espírito empírico: o mundo é, sim, um livro escrito pelo dedo de Deus (*liberscriptus digito dei*), mas é também objeto da razão humana. Tudo isso leva os Mestres a ver uma nova dignidade na ação corporal do homem, artífice da nova Europa. É nesse lêvedo que as artes mecânicas encontram assento ao lado das artes liberais, disso nascendo a universidade.

7. As artes liberais na educação formal medieval

a) Grécia e Roma

Uma longa tradição tem por certo que na porta da Academia em Atenas (a "primeira universidade do mundo"), Platão mandou colocar esta escrita: "quem é ignorante de geometria (*ageometrétos*) não entre por esta porta". Ou seja, a geometria (e as outras ciências matemáticas) pertence ao terceiro grau do conhecimento, o racional (*diánoia*); portanto, constitui um pré-requisito para o quarto grau do conhecimento, o intelectivo-contemplativo (*nous*), lá onde se desvelam à mente humana as essências e a totalidade do mundo inteligível ou, para os cristãos, a mente de Deus.

Em Roma, o cultíssimo Marco Terêncio Varro (117-27 a.C.) elencou nove artes liberais, incluindo medicina e arquitetura. Mas foi Marciano Capela, como dissemos, que agrupou as artes em dois polos: linguagem e mensuração. O Trívio (artes sermocinais ou do sermão ou da linguagem) introduzia nas estruturas da língua latina, a análise lógica e semiológica, a construção do discurso persuasivo; o Quadrívio (artes do conhecimento da realidade) vertia sobre número, espaço, harmonia, movimento dos astros.

Em Atenas e Roma, de 500 a.C. até o fim do Império Romano em 400 d.C., as artes eram ensinadas por pedagogos, normalmente escravos letrados. O termo pedagogo vem de *paidósagon*, condutor da criança. Em vão procuraríamos em Atenas e Roma um prédio onde a garotada era ensinada segundo um currículo organizado. A educação acontecia por iniciativa particular de uma família ou grupos de famílias e era administrada em casas particulares. Os conteúdos dependiam muito da pessoa do pedagogo. Ensinava-se a ler, fazer conta, medir, observar e falar, com a finalidade de brilhar na política, nos negócios e nas armas. O primeiro ciclo ia dos 7 aos 14 anos, quando os alunos liam e faziam contas, juntamente com música e dança. Dos 14 aos 21 anos os jovens eram introduzidos a estudos mais sistemáticos de ciências e matemáticas.

b) Cristianismo patrístico

O cristianismo primitivo-patrístico (do século III ao VII) adotou o esquema do romano Capela, dando-lhe uma intencionalidade transcendente. Santo Agostinho, no *Da Doutrina Cristã* em 426, viu as artes como degraus para o estudo da filosofia e da sapiência cristã.

Severino Boécio, por volta de 500, foi autor de dois livros, *Da Instituição Aritmética* e *Da Instituição da Música*, que orientaram o Quadrívio durante todo o Medievo. Ele traduziu o *Órganon* de Aristóteles, que constituiu o núcleo dos estudos de lógica (na dialética) até a Renascença. Boécio, "último dos romanos e primeiro dos escolásticos", ferveu em seu desejo de dar cultura aos bárbaros que vinham substituindo o defunto Império Romano.

Por volta de 550, Flávio Aurélio Cassiodoro, escritor, historiador e político de grandes visões nacionais sob o imperador Teodorico, criou um mosteiro na Calábria, sul da Itália, onde organizou os membros segundo um livro chamado *Instituições das letras humanas e divinas*, uma espécie de "guia dos estudos" com discussão sobre as sete artes liberais. Neste livro, conhecido também como *Das artes e das disciplinas das letras liberais*, falava-se daquilo que o monge deve conhecer nas artes liberais para dedicar-se ao estudo e exegese das Escrituras. Famosa é a imagem das sete artes como sete pilares sobre os quais se levanta o templo de Salomão: elas sustentam o templo onde Deus reside, elas não são o templo. Esse mosteiro era um centro de aprofundamento, assim como de cópia e confecção de livros, com uma grande biblioteca. A prática ali instaurada influenciou decididamente o sistema escolar da alta Idade Média. Mais tarde, em 634, Isidoro, bispo de Sevilha, escreve as *Etimologias*, obra monumental em vinte capítulos com 448 subtítulos, nos quais estão amplamente tratadas as sete artes liberais em seu percurso histórico desde os egípcios e os gregos.

E a filosofia? Bem, como dissemos, o estudo das artes liberais abrangia, no item dialética, também a filosofia especulativa e lógica, a medicina e o direito. No mosteiro se estudava isso tudo e, contemporaneamente, havia instrução continuada sobre a Escritura, mas isso já pertencia à teologia.

Esse conjunto de estudos, que começava aos 7 anos e terminava aos 21, constituiu a armadura intelectual com a qual o cristianismo se organizou e partiu para a aculturação dos povos na fé cristã. Tratava-se de uma espécie de enciclopédia, do grego *enkúklospaideia* ("educação em círculo"), saber circular no qual ficava compreendida toda a educação formal.

c) Renascença carolíngia

O imperador Carlos Magno, coroado no ano 800 na Basílica de São Pedro em Roma pelo papa Leão III, quis provocar uma renascença dos estudos no império, e incumbiu disso o monge Alcuíno de York. Trata-se da chamada "renascença carolíngia". As reformas escolares e civis de Carlos Magno influenciaram enormemente os séculos europeus sucessivos (hoje esse imperador vai ganhando o título de pai da futura Europa Unida). Alcuíno, monge, filósofo e teólogo, escreveu: *Da gramática, Da ortografia, Da dialética, Diálogo sobre a retórica e as virtudes*; obras que, juntas com as de Boécio, se tornaram livros de base. Alcuíno foi inicialmente professor na Inglaterra e, voltando de uma viagem a Roma, conheceu Carlos Magno, admirando-o. O imperador o fez responsável da *Escola Palatina*, que funcionava na sede imperial de Aquisgrana, mas se movia para onde o imperador ia. Em nome da reforma filosófica, jurídica, litúrgica e escolar, o imperador determinou que as *escolas monásticas* se abrissem aos filhos dos camponeses e que cada catedral organizasse uma *Escola Catedral* para clérigos e cidadãos. A invenção da letra *minúscula carolíngia* facilitou a escrita e cópia de livros, anteriormente redigidos em letra de imprensa, e contribuiu para a leitura nas escolas. Essa difusão de escolas monásticas e catedrais generalizou a instrução básica (dos 7 aos 14 anos) e as artes liberais (dos 14 aos 20-21 anos).

d) A renovação dos estudos nos séculos XI-XII

Homens desejosos de aprender, como os das escolas de Chartres ou Saint Victor ou Notre-Dame, levantaram a necessidade de reler as Escrituras sob a luz não apenas da fé, mas também da razão: os fatos bíblicos, da forma como estavam narrados, precisavam do auxílio da razão para tornarem-se minimamente aceitáveis, uma vez que a criação de Deus ocorreu para enobrecer a razão, não diminuí-la. Já falamos antes das mudanças materiais ocorridas na Europa após o ano mil. Por isso, houve um novo ressurgimento da dialética (filosofia) e das ciências do Trívio e Quadrívio. Com este espírito, vários autores, entre eles Tierry de Chartres e Hugo de São Vítor, por volta de 1130, escrevem textos direcionados aos jovens que acorriam numerosos às escolas parisienses. O *Heptateucon* de Tierry e o *Didascalicon* de Hugo destrincham as sete artes liberais com a intenção de esclarecer os jovens sobre o que estudar e ler, quando e como.

Hugo acrescenta às divisões tripartidas da filosofia uma quarta, o trabalho manual ou das mãos. A filosofia, ou seja, o saber em geral, passa a ser: (1) *teórica* (teologia, matemática, física), (2) *prática* (moral individual, moral familiar, moral social), (3) *lógica* (demonstrativa, provável e sofística), (4) *mecânica* (lã, armadura, navegação ou comércio, agricultura, caça, medicina, lazer). E onde ficam os estudos liberais? O Quadrívio fica sob a matemática, o Trívio sob a lógica.

8. A universidade

Como se vê, os horizontes se alargam. Após terem aumentado os confins das artes liberais, com o acréscimo das artes mecânicas, se alargam também os ciclos dos estudos (o primário dos 7 aos 14 anos, e o secundário dos 14 aos 21), vindo a ser-lhes acrescentado o ciclo universitário após os 21 anos. Isso acontece a partir de 1078, ano da primeira universidade, a de Bolonha, Itália.

Criou-se uma faculdade de preparação, chamada Faculdade das Artes. Depois acedia-se a uma das chamadas Faculdades Maiores, que eram três: medicina (ciência da natureza), direito (ciência dos homens em sociedade), teologia (ciência de Deus).

A Faculdade das Artes tinha inicialmente dois anos de duração, ao término dos quais obtinha-se o bacharelado em artes. Nas Faculdades Maiores, os graus dividiam-se em bacharelado, licenciatura e doutorado. Para o doutorado em medicina e direito exigiam-se seis anos de estudo, em teologia quinze anos (o doutor em teologia devia ter ao menos 35 anos).

Então, nas escolas monásticas e catedrais permaneciam o ciclo básico dos 7 aos 14 anos e o ciclo das artes liberais dos 14 aos 21 anos. Todavia, quem pretendia entrar na universidade, já aos 16 anos se inscrevia na Faculdade de Artes, onde as artes liberais adquiriam maior amplidão e a filosofia recebia um tratamento privilegiado. Assim, a Faculdade de Artes veio a constituir uma preparação de cultura geral para entrar nas três Faculdades Maiores, havendo a exigência básica do conhecimento perfeito do latim. Esse ciclo básico reunia o número maior de alunos iniciantes e detinha o privilégio de eleger o reitor. Na verdade, poucos alunos chegavam a frequentar as três Faculdades Maiores, tanto pela severidade dos estudos quanto pelo custo financeiro.

A Faculdade de Artes, todavia, cresceu no século XIII após a chegada por mão árabe das obras de filosofia natural e metafísica de Aristóteles. Os inscritos a essa Faculdade começaram a erguer a cabeça e chegaram a enfrentar os teólogos até com uma greve por volta de 1230, quando vários estudantes morreram. As apostilas remanescentes dos alunos da época sugerem que na Faculdade de Artes estudavam-se, no primeiro ano, o Trívio, particularmente o *Órganon* e as obras físicas de Aristóteles, a *Isagoge* de Porfírio, as *Instituições* de Prisciano, a *Ars Minor* e *Ars Maior* de Donato, o *Da invenção* e a *Retórica* de Cícero. No segundo ano eram aprofundadas as matérias do Quadrívio nos livros matemáticos de Boécio, nos *Elementos* de Euclides e no *Almagesto* de Ptolomeu. Foi assim que a filosofia natural se espalhou, alcançando brilho sobretudo entre os ingleses, particularmente na universidade de Oxford. Foi disso que adveio o espírito científico do povo anglo-americano no nosso tempo. Cedo, porém, as teorias aristotélicas mostraram sua fragilidade, e foram abandonadas com o advento de novas teorias, as quais serão abandonadas em nome de outras, e estas por outras. A preparação dos clérigos e leigos para as funções eclesiásticas e civis, a qual anteriormente acontecia nas *escolas monásticas* e *escolas catedrais*, passou então a acontecer na universidade.

9. Para que as artes liberais?

O sábio grego ou romano reza que os currículos, os estudos e as artes não são fins em si, mas meios para alcançar a virtude da Prudência nesta vida e o Nirvana ou o Elísio no além. Cícero assim se pronuncia em 60 a.C. no seu *Cato Maio, da Velhice*: "Eu aprendia que Pitágoras e os pitagóricos nunca duvidaram que nossas almas sejam emanações da mente divina universal. Eram-me apresentados também os discursos sobre a imortalidade que Sócrates, julgado pelo oráculo de Apolo o homem mais sábio, fez no último dia de sua vida".

O espanhol cordobense Anneo Sêneca, preceptor estoico do imperador Nero, escreve em 64 d.C. a Carta 88 a Lucílio, amigo e governador da Sicília. Discursando sobre as artes liberais, o sábio estoico diz a Lucílio: "Tu queres saber o que penso dos estudos liberais: não os estimo, não costumo anexar entre as coisas boas aquilo que desemboca no dinheiro. São artes venais, até úteis se preparam o engenho, mas não o paralisam [...]; vês por que esses estudos são chamados liberais: porque são dignos de um homem livre; todavia, somente um estudo é realmente liberal e torna livre, o da sapiência, sublime, forte, magnânimo". O estudo "em si", pelo prazer de conhecer, não ordenado a interesses materiais e pecuniários é aceitável se conduz à virtude. Ele nos surpreende no parágrafo 10 ao falar da geometria: "O geômetra me ensina a medir o latifúndio mais que me ensina a medir aquilo que basta ao homem [...]. O que me adianta saber como parcelar o meu campinho, se não sei como dividi-lo com o irmão? (*Quid mihi prodest scire agellum in partes dividere, si nescio cum fratre dividere?*) [...]. O estudo me ensina como não perder nada das minhas posses: mas eu quero saber como perdê-las todas alegremente". Ressoa em Sêneca aquilo que Paulo e Pedro ensinavam nas catacumbas aos cristãos, enquanto o cordubense escrevia no Palácio de Nero; pensa-se que dificilmente os dois Apóstolos tenham deixado de conhecer Sêneca pessoalmente.

O cristão, por sua vez, é adepto do teísmo: a criação é criatura do Criador, o homem é filho do Pai/Criador/Genitor. Tudo vem do Pai, tudo volta à casa do Pai. Essa moldura desenha a finalidade das artes liberais (e mecânicas). Elas são meios para chegar *pará-théos* (Paraíso), junto de Deus.

Quando Cassiodoro começa a tratar as artes liberais nas *Instituições*, o faz depois que no livro I tratou das letras divinas (Bíblia) em 33 capítulos, número da idade do Senhor. No prefácio do livro II diz que agora vai debater as letras humanas ou artes liberais e se pergunta: por que são sete? Eis a resposta: "Deve-se saber que frequentemente qualquer coisa que a Santa Escritura quer que seja entendida como contínua e perpétua, a mesma escritura a coloca sob este número, como diz Davi: sete vezes no dia a ti digo o louvor [...]. E Salomão: a Sabedoria edificou sua casa, talhou sete colunas. No Êxodo disse o senhor a Moisés: farás sete luminárias [...]. Número que o Apocalipse observa em várias coisas. Este cálculo nos leva para aquele tempo eterno, que não pode ter defeito. Justamente (esse número) lá sempre é celebrado, onde se mostra o tempo perpétuo". Cassiodoro vê nas sete artes liberais a ressonância da eternidade.

10. Primeiro a Sapiência

Imagine, você leitor, o começo das aulas num dia de inverno na Escola de São Vítor em Paris lá pelos anos de 1120. Na grande sala com abóbadas ogivais ressoa o burburinho dos jovens alunos, que vieram dos quatro cantos da Europa pacificada. Curiosos, eles fixam os olhos para a entrada da sala, onde finalmente aparece a figura do renomado Mestre Hugo, que segura na mão seu último livro apenas escrito: *Didascalicon da arte de ler*. Faz-se silêncio. Os alunos se levantam. O mestre sobe a cátedra e entoa uma reza de iluminação. Senta, e todos sentam. No silêncio total, sentindo sobre si os olhos sagazes e expertos dos jovens, o mestre declama pausadamente a primeira frase do livro: *"De todas as coisas a serem procuradas, a primeira é a Sapiência, na qual reside a forma do bem perfeito"*. A *Sapiência* é, entre todas as coisas, a primeira.

Mas o que é a Sapiência? Ela não é alguma coisa ou uma sabedoria qualquer. A Sapiência é Alguém. É a Segunda Pessoa da Trindade, o Verbo, o Logos, o Pensamento do Pai, a Mente de Deus.

Por que esta Sapiência deve ser a primeira a ser procurada? Porque ela – explica Hugo – é a nossa origem. Conhecendo-a, conhecemos a nós mesmos. Com efeito – continua o Mestre –, estava escrito na trípode do templo de Apolo em Delfos o famoso ditado: "Conhece-te a ti mesmo". Mas o que significa conhecer-se a si mesmo, senão conhecer a sua própria origem, o útero divino de onde o homem veio e para onde torna? Em vão – diz Hugo – o homem procura conhecer fora de si aquilo que ele é, quando basta olhar dentro de si, descobrindo em si os traços da Sapiência. E como é que o homem chega a conhecer a Sapiência? Hugo responde que tudo começa com o *ato de ler*, seguido pelo *ato de refletir* e enfim pelo *ato de contemplar*.

No brasão da Pontifícia Universidade Católica de São Paulo a escrita *Sapientia* (Sapiência do Pai: Cristo) está no centro, convidando o jovem estudante a procurá-la em primeiro lugar; abaixo se encontra a escrita "e a ciência será aumentada", querendo significar que o estudo acadêmico brilha quando direcionado à *Sapientia*. Com esta saudação programática – *procurem primeiro a Sapiência!* – começava o ano escolástico nas escolas de Paris, nas margens do rio Sena. Para isso serviam as artes liberais. O jovem medieval vivia com as antenas viradas para o alto, sondando os sinais e as vozes do eterno.

11. Referências bibliográficas

HUGO DE SÃO VÍTOR. *Didascalicon da arte de ler*. Petrópolis: Vozes, 2002.

MARITAIN, Jacques. *Philosophie de la Nature*. Paris: s.n., 1937.

_____. *Rumos da educação*. Rio de Janeiro: Agir, 1959.

MONGELLI, Lênia Márcia (org.). *Trivium e Quadrivium*; as artes liberais na Idade Média. Cotia: Ibis, 1999.

SANTO AGOSTINHO. *Da Doutrina Cristã*. São Paulo: Paulus, 2008.

CAPÍTULO IV

Pensamento pedagógico de
Santo Agostinho

Magno Vilela

Gosto muito mais de aprender do que de ensinar.
(Agostinho, De octo dulcitiis quaest. 5,4)

1. Apresentação

Aos 33 anos de idade, no momento de mutação de seu mundo interior e após uma carreira de reconhecido sucesso como professor, Agostinho, que ocupava então a primeira cátedra oficial de retórica do Império Romano, decide renunciar ao magistério. Ele se afasta da instituição escolar não para continuar trilhando o *cursus honorum* ("carreira pública") de seu tempo, mas para livremente interrogar-se sobre questões que lhe eram vitais, e que tinham a ver com a realidade e a verdade das coisas e dos seres, sobretudo em sua dimensão transcendente. Já se disse que se essa ruptura não tivesse ocorrido, o nome de Agostinho, se chegasse até nós, seria apenas mais um na longa lista de docentes da Antiguidade. Ele trocou a sala de aula por outro espaço de conhecimento, para melhor questionar, pesquisar e comunicar o saber adquirido. Queria (re)aprender para ensinar, pela palavra e pela escrita, o que fará pela vida afora, conjugando todos os verbos latinos de apego e amor ao *intellectus* e à *ratio*, dirigindo-se a doutos e a iniciantes, como também a pessoas de pouca ou nenhuma instrução. Tudo, em sua imensa obra, inscreve-se – como exige a boa pedagogia – no espírito e na forma de diálogo com o Outro, e com os outros. Em tudo e a todos procurou demonstrar, na sensualidade de sua linguagem, que "nós queremos que esta vida seja feliz, e a felicidade nada mais é que o gozo da verdade" (*Conf.* X, 23), e a verdade o fim de todo saber, umbral da Sabedoria. Por isso se diz dele que foi e é "mestre do Ocidente" e "pedagogo de Deus".[1] Nas páginas que seguem, procuramos apresentar os aspectos de maior saliência de sua concepção pedagógica.

2. Da *paideia* à *humanitas*

Como tal, a palavra pedagogia e seus derivados pouco aparecem nos escritos de Agostinho. Mas o seu sentido está em todas as partes de sua imensa obra, pois ela situa-se na globalidade da tradição clássica da *paideia*, no caso sob a forma latina da *humanitas*,[2] entendida inseparavelmente como educação, cultura e civilização em grau elevado, como já ressaltava Aulus Gellius: "Os bons artífices da língua latina não deram à palavra *humanitas* a acepção corriqueira de filantropia, que significa certa habilidade e benevolência no trato com todos os homens. Mas atribuíram-lhe aquele sentido específico que os gregos chamam de *paideia*, corretamente entendido como estudo das disciplinas fundamentais para a boa formação cultural. Foi este o sentido que lhe deram os antigos autores, particularmente Varrão e Cícero" (*Noctes Atticae*, XIII,17). Pedagogia não é, pois, apenas doutrina ou técnica sobre modos de transmissão de conhecimentos em instituições a tal fim dedicadas, mas o estabelecimento de uma relação vital entre trajetórias e influências que, se passam pela formação escolar (não sem sofrimentos, segundo Agostinho), sobretudo têm e devem ter sempre em vista a *trans*-formação (ou conversão) da personalidade pelo conhecimento da verdade. Platão, na *República*, insiste repetidamente sobre essa exigência básica de toda *paideia*, cujo propósito é o de "favorecer a ascensão da alma (*psyché*) rumo ao lugar inteligível (*noeton topon*: *Rep.* VII, 517b)".[3] Segundo ele, o sistema educativo (*epaideuonto*: VII, 521d) deve formar homens com o caráter que os torna capazes "de passar das trevas

---

[1] JERPHAGNON, *Saint Augustin; le pédagogue de Dieu*; JERPHAGNON, *Augustin et la sagesse*.

[2] "Que os gregos chamam de paideia" (QUINTILIANO, *Institutiones oratorias*, I, 10). Ver principalmente Cícero, evocando os *"politioris humanitatis experti"*, em *De Oratore*, 2, 17,72;37,154 (textos integrais em www.latinlibrary.com). Para o sentido da *humanitas* em contexto agostiniano, ver MARROU, *Saint Augustin et la fin de la culture antique*, pp. 108-109 e 549-560.

[3] Textos integrais em http://www.perseus.tufts.edu ou http://remacle.org.

à luz, dos infernos à morada dos deuses", mas para isso é preciso "imprimir na alma um movimento que a faça alçar-se por sobre as trevas que a envolvem a fim de chegar à verdadeira luz do ser, trilhando o caminho da verdadeira filosofia" (521c); os seres humanos devem aprender a voltar-se "com todo o seu corpo, toda a sua alma para a contemplação do que é e há de mais luminoso no ser, que é o Bem" (518e). A função da *paideia* é, pois, a de propiciar à "alma todos os meios para que ela possa ultrapassar as coisas efêmeras a fim de alcançar a verdade do ser" (525c); "o grande objetivo é tornar mais acessível a contemplação da ideia do Bem, pois é nela que deságuam todas as ciências que conduzem a alma a voltar-se para o lugar em que o ser se encontra" (526d). Quem permanece alheio aos benefícios da *paideia*, ou os recusa, são homens sem educação (*apaideutous*) e não podem chegar ao conhecimento da verdade (cf. 519b-c). Para Platão, Sócrates encarnou perfeitamente o ideal da *paideia*: rejeitando as honras mundanas, e seguindo os preceitos do "deus de Delfos", ele passou todos os seus dias no estudo da filosofia, examinando-se a si mesmo e examinando os outros, e posto diante do tribunal que o ia condenar, ele se manteve firme: "Atenienses, eu vos honro e estimo, mas obedeço ao deus e não a vós. Enquanto eu respirar e tiver alguma força, não cessarei de aplicar-me à filosofia, nem de vos dar advertências e conselhos; como podeis não vos envergonhar de só pensar em acumular riquezas e buscar prestígio e honrarias, em vez de vos ocupardes da verdade e da sabedoria, e do aperfeiçoamento de vossas almas?" (*Apol.* 29d; cf. 28e).

Esse mesmo ideal seria, séculos depois, transformado por Agostinho em programa de vida. Melhor dizendo: a vida e a obra de Agostinho, particularmente em seu ondulado relevo pedagógico, seriam incompreensíveis sem a retomada, em toda a sua grandeza, desse ideal socrático: "De minha boca ouvireis a verdade inteira" (*Apol.* 17b). As frases acima citadas foram em parte escolhidas porque suas palavras-chave (alma, conhecimento, verdade, sabedoria, deus etc.) espalham-se por todo o *corpus* agostiniano, não só para assinalar a linhagem ilustre, mas como a marcar a extensão da influência recebida e devidamente reconhecida. Mas como Agostinho recebeu e assimilou esse ideal, grego na origem, da *paideia*? Primeiramente através do sistema escolar, e desde os mais tenros anos. No século IV, e naquela parte africano-latina do império em que nasceu, o ensino da língua e da cultura gregas ainda era obrigatório, e costumava preceder o ensino do latim, que era a língua oficial. O

Império Romano era bilíngue, e por isso o bom conhecimento dessas línguas constituía um requisito importante para as carreiras de sucesso. As famílias de posse contavam com um espaço próprio em suas casas – o *paedagogium* – no qual oficiava um preceptor – ou *paedagogus* – de seus filhos pequenos, com a função de acompanhar e reforçar a aprendizagem escolar da criança. Nas épocas mais remotas do mundo greco-romano, o *paedagogus*, de condição servil, limitava-se, no sentido literal do termo, a "conduzir a criança" à escola, carregando seu material e protegendo-a dos perigos das ruas. Mas seu papel evoluiu, e sob o Império Romano ele tornou-se um dos elementos constitutivos, ao lado dos pais e dos mestres, da educação infantil; a ele era atribuída principalmente a responsabilidade da educação moral, dada a pouca confiança de certos meios sociais na qualidade dos mestres e das escolas.[4]

O menino Aurelius Augustinus não gozou dessas regalias. Nascido de "pais pobres" (*Sermo* 356, 13)[5] numa família "de condição humilde" (*Conf.* II, 5), teve de contentar-se com o sistema escolar de seu tempo e de sua região. Sistema escolar que detestou, suportando-o mas doloridamente: sinal precoce da sua grande inteligência? Agostinho fez o seu curso primário em Tagaste, e o secundário na cidade vizinha de Madaura. Mesmo na pequena localidade de Tagaste ensinava-se o grego na escola, e Agostinho teve de submeter-se a esse ensino. Os resultados não parecem ter sido dos melhores, a julgar pelas evocações que fará na maturidade. Numa passagem célebre de suas *Confissões* (I,13,20-23) ele reconhece a dificuldade de aprender essa "língua estrangeira", cujo estudo, em seus primeiros anos escolares, odiou (*oderam*), tanto mais que o castigavam cruelmente para que aprendesse o que não conseguia aprender; por isso a leitura de Homero deixou-lhe na boca "um gosto de fel", em meio aos sentimentos de "tédio e tormentos" de sua infância. Pelo resto de sua vida ele, grande intelectual de um império bilíngue, teria de conviver com essa lacuna de sua formação, mantendo com a língua grega uma relação intranquila. O fato de não ter aprendido bem o grego "foi um fracasso catastrófico do sistema pedagógico da romanidade tardia", fazendo de Agostinho "o único filósofo latino de toda a Antiguidade a ignorar praticamente o grego".[6] Certa feita, num debate com o donatista Petiliano, ele chegou a dizer que era "nulo"

---

[4] Cf. MARROU, Introduction à Clément d'Alexandrie.

[5] As obras de Agostinho são citadas segundo a *Patrologia Latina* de Migne, acessível no site www.augustinus.it.

[6] BROWN, *Santo Agostinho, uma biografia*, pp. 42-43.

em grego, mas o disse possivelmente por irônica provocação ao adversário, como artifício retórico.[7] Mas, apesar de tudo, algum conhecimento da língua grega ele adquiriu e em parte aprimorou ao longo da vida, vencendo como pôde as fortes aversões infantis. Pois sabia o suficiente para fazer comparações etimológicas, fixar a semântica de conceitos e, principalmente, examinar o texto grego da Bíblia para afinar, ou corrigir, a tradução latina de que se servia quotidianamente. Porém, seu acesso à *paideia* nunca dispensou o recurso às traduções latinas, nem sempre fáceis de encontrar: "A cultura intelectual de Agostinho é inteiramente de língua latina".[8] O seu universo é o da *humanitas*, pela mediação, entre outros, de Terêncio, Virgílio, Varrão e sobretudo de Cícero, como bem se percebe, por exemplo, nas muitas menções que deles faz na *Cidade de Deus*, obra emblemática da metamorfose do mundo antigo e de seu legado moral e cultural.

3. A vida, sabedoria criativa

De certo modo, sua aversão ao grego viu-se genialmente compensada por sua "paixão pelo latim", que aprendeu "na infância, sem intimidações nem tormentos, envolvido pela meiguice das amas de leite, entre sorridentes gracejos e brincadeiras alegres" (*Conf.* I, 13, 20 e 14, 23). Nessa língua, e na romanidade de sua África natal, ele iria fazer a sua aprendizagem. Até os 11 anos, frequentou a escola elementar, ou de primeiras letras, do *primus magister* ou *magister ludi* de Tagaste. Frequentou, aprendeu, mas não sem resistências: "Eu não gostava de estudar, e detestava que me obrigassem" (*Conf.* I, 12, 19). A limitada oferta educacional de sua cidade o levou, em seguida, a fazer o seu curso secundário na escola do *grammaticus* da vizinha Madaura: "Minha primeira estada fora de Tagaste, para estudar a literatura e a arte oratória" (*Conf.* II, 3,5). Ele deve ter passado três ou quatro anos estudando em Madaura, mas pouco disse a respeito. A próxima etapa de sua formação será na segunda cidade da parte ocidental do império, graças ao apoio financeiro de um conterrâneo rico benfeitor ao filho de uma família pobre: "Em Cartago, à minha volta, fervia o caldeirão de consternantes amores. Eu ainda não sabia o que amar, mas amava amar" (*Conf.* III,1)! Mas ali também, além ou ao lado de

---

[7] Cf. MARROU, *Saint Augustin et la fin de la culture antique*, pp. 29-37; LANCEL, *Saint Augustin*, pp. 34-36.

[8] MARROU, *Saint Augustin et la fin de la culture antique*, p. 37.

suas fortes experiências amorosas desafogadas, pouco depois, no concubinato que iria durar quinze anos e trazer à luz seu filho Adeodato, o adolescente Agostinho pôs-se a estudar "os livros que ensinavam a eloquência, na qual desejava ser o melhor para, de modo reprovável e volúvel, gozar da vaidade humana" (*Conf.* III,4,7). Esse estudo o levaria a descobrir outro amor, ardente paixão em nada reprovável ou volúvel: o "amor à sabedoria, que os gregos chamam filosofia", revelado através da leitura de um livro de Cícero, *Hortensius*: "Sua leitura transformou meus sentimentos; transformou até mesmo as preces que eu vos fazia, ó Senhor; minhas aspirações e meus desejos mudaram totalmente. No entanto, algo arrefecia a minha empolgação: o nome do Cristo não aparecia naquelas páginas, e sem esse nome nenhum livro, por mais culto, elegante e verdadeiro que seja, poderia empolgar-me totalmente" (*Conf.* III, 7-8; 8,7,17; e *De beata vita*, 1, 4). Agostinho, em seus dezenove anos de vida, traçava assim o caminho que iria seguir até o fim de sua peregrinação pela cidade dos homens e de Deus.

Uma vez terminados seus estudos em Cartago, ele passou a dedicar-se ao magistério escolar, o que fará por treze anos, ensinando a gramática em Tagaste, e a retórica em Cartago, Roma e Milão. A carreira foi brilhante, não obstante os módicos soldos, privados ou públicos, e o comportamento dos alunos: "Eu ensinava em Roma a arte retórica a grupos de jovens (*adulescentes*); ali não se via, é verdade, as mesmas badernas (*eversiones*) da juventude transviada (*perditis adulescentis*) de Cartago; mas logo fui informado de que em Roma muitos estudantes, trânsfugas avaros da boa-fé e da justiça, organizavam complôs para passar imprevistamente de um professor a outro a fim de não pagar os cursos. Eu odiava aqueles procedimentos, mas não do ódio perfeito de que fala o Salmo 138,22, e sim pelo prejuízo que me causavam, quando deveria odiar a fraude que cometiam. Quanta vileza nessas pessoas, amantes das falcatruas em moda e do lucro lodoso, que emporcalha as mãos" (*Conf.* V, 12,22). Numa frase de áspera autocrítica ele diria mais tarde, pensando em seus jovens anos de magistério, que "ensinava a arte retórica, vendendo a verbosidade que permite vencer, vencido que estava pelo desejo de vencer. Eu preferia ter bons discípulos, e a eles ensinava, sem dolo, alguns enganos úteis, não para condenar um inocente, mas para salvar de vez em quando a cabeça de um réu. Contudo, ó Deus, vistes em meio a tais brumas as centelhas de minha boa-fé no exercício do magistério" (*Conf.* IV, 2).

Em que pese a aspereza da autocrítica, a formação de base alcançada como aluno e a experiência de treze anos de magistério fizeram de Agostinho o eminente representante da cultura antiga, e, por conseguinte, de seu modelo pedagógico. À retórica, entendida não em sentido pejorativo, mas como técnica rigorosa de exposição clara, precisa e convincente, Agostinho agregaria, em sua maturidade intelectual, o cultivo da filosofia, cuja etimologia sempre explicitava para realçar-lhe o sentido: "Amor da sabedoria". A leitura dos "livros platônicos traduzidos do grego em latim" (*Conf.* VI,9,13, e 20,26) iria permitir-lhe dar um passo decisivo: deslindar e superar, nas correntes filosóficas a seu alcance, o materialismo epicurista e estoico, para chegar enfim "ao porto tão seguro e tão aprazível da filosofia" (*Contra Academ.* II,1,1; cf. *Epist.* 118), e, ali chegando, aceder "à verdadeira filosofia, a filosofia do mundo inteligível onde habita a verdade" (id. III,17,37). Através da filosofia, Agostinho passa a perceber melhor a intimidade de seu ser, a dimensão espiritual – e não mais apenas "carnal" ou sensível: *Conf.* VIII,5,10-11 – dos seres e das coisas e, ao cabo, a transcendência de Deus. No entanto, essa filosofia "não é a sabedoria, mas o estudo da sabedoria" (*Contra Academ.* III,9,20). Então, que sabedoria e onde buscá-la, já que nas páginas de Cícero que lha desvelaram ele lamentou não ter encontrado "o nome do Cristo"? Agostinho foi passando aos poucos, e não sem dificuldade, a buscá-la nas páginas latinas da Bíblia, mas a rudeza da tradução pareceu ao fino literato, por um tempo, indigna de comparação com a limpidez do estilo ciceroniano. Mesmo assim, perseverou e avançou, lenta e sofridamente, até descobrir, graças à ajuda de um cristão adepto do platonismo, "o princípio de coerência de sua doutrina":[9] a identidade do *Logos* da filosofia platônica e do Prólogo do Evangelho de João, mas com uma linha, não de ruptura, mas de demarcação: esse *Logos*, ou Razão, Palavra, Verbo, "é o Cristo, Verbo de Deus feito homem" (*Epistola* 118,21). Platão e seus seguidores filosofaram bem, mas sem o Cristo mediador, sabedoria de Deus. Assumida essa mediação, o cristianismo, na visão agostiniana, podia ser tido como realização do platonismo; Tomás de Aquino diria mais tarde que Agostinho seguiu Platão até o extremo limite aceitável pela fé católica. Feita a travessia, Agostinho consegue enfim avistar o obscuro objeto de seu desejo: "A sabedoria está em vós, Senhor, a sabedoria incriada, sabedoria eterna e imutável, que

---

[9]   Cf. MADEC, Augustin, pp. 293-296.

está acima de tudo, que se encontra na região da inesgotável abundância, onde Deus nos sacia com o sustento da verdade, e onde a vida é sabedoria criativa" (*Conf.* III,4,8, e IX, 10, 24-25). Obscuro objeto, sim, pois "o Deus altíssimo é tão mais bem conhecido quanto mais se sabe desconhecê-lo" (*summo illo Deo, qui scitur melius nesciendo*: *De ordine* II,16,44); por isso, quando se trata de "conhecimento de Deus convém começar por saber o que ele não é" (*Ep.* 120,3,13); o caminho a trilhar é, pois, o da "douta ignorância" (*docta ignorantia*: *Ep.* 130,15,28). Munido desses recursos, e assentado o tripé Retórica/Filosofia/Bíblia do qual não se afastaria mais, Agostinho lança-se na "aventura da razão e da graça",[10] e a ela convida, num diálogo ininterrupto, ouvintes e leitores de ontem e de hoje. Tratar da "pedagogia" agostiniana seria impossível fora desse cenário.

4. Agostinho e o paradigma educativo cristão

Vivendo e escrevendo entre os séculos IV e V, período de consolidação cultural do cristianismo, Agostinho recolheu também o legado pedagógico específico da tradição cristã, que, a seu modo, ele transformaria em paradigma educativo. Resumidamente: segundo os Evangelhos, Jesus é *Rabbi*, palavra hebraica que o grego neotestamentário traduziu por *didaskalos*, o latim por *magister*, e que chegou à nossa língua como *mestre*. Para o judaísmo e o cristianismo, mestre é quem conhece bem a Escritura Sagrada e serve-se dela para transmitir aos humanos a verdade da Palavra divina. Cuja universalidade, em regime cristão, é manifesta neste mandato aos discípulos: "Ide a *todas as nações, ensinando-as* a observar tudo quanto vos ordenei" (Mt 28,19-20). A verdade das palavras divinas passa, portanto, a ressoar e a inscrever-se num empenho propriamente pedagógico voltado para a diversidade das culturas e línguas humanas. Paulo lembrava que "toda a Escritura é útil para educar na justiça" (*pros paideian*: 2Tm 3,16), e recomendava que os pais educassem seus filhos (*en paideia*: Ef 6,4) na "disciplina e na correção do Senhor"; a Epístola aos Hebreus alertava contra o esquecimento da "educação do Senhor" (*paideias kuriou*: Hb 12,5 seg.); Clemente de Roma, no ano de 96, já evocava em sua Carta aos Coríntios uma *educação cristã*, isto é, uma pedagogia baseada nos ensinamentos do Cristo e de Deus (*en Christo paideia*: XXI, 8; *paideias*

---

[10] MANDOUZE, *Saint Augustin ; l'aventure de la raison et de la grâce.*

tou Theou: LXII, 3). Essa educação destinava-se fundamentalmente a ordenar e orientar as relações do homem com Deus, nos moldes da tradição rabínica; o ensinamento veiculado tinha, pois, um caráter doutrinal (*didaqué*), que se contrapunha ao ensino "secular" e ao seu politeísmo. Entretanto, no processo de universalização da fé, o cristianismo percebeu que não poderia prescindir de um vivo e exigente diálogo com a cultura clássica, assim como da assimilação das técnicas e dos métodos educativos que ela lhe podia oferecer para o estudo da Bíblia.[11] Dá-se assim uma recepção substitutiva da *paideia* grega pelo cristianismo, que culminará na construção da *paideia* cristã.[12]

É nesse horizonte que Agostinho em seus 33 anos de idade, firmado de vez pelo batismo na fé cristã, firmado também, convém ressaltar, no constante reconhecimento das exigências da razão filosófica, vai reproduzir e transmitir a *paideia* cristã à latinidade ocidental: "Sua conversão e seu Batismo não extinguiram o seu instinto de pedagogo e de humanista".[13] Doravante, dissolvidos os laços que o prendiam à instituição escolar e à gestão de uma ambiciosa carreira, Agostinho exercerá seu instinto de pedagogo como homem livre das amarras outras que a da simples busca do saber e da verdade: "Chegou enfim o dia em que me libertei da profissão de retor, da qual meu espírito já se havia libertado; tirastes, Senhor, minha língua de uma ocupação da qual já havíeis tirado meu coração" (*Conf.* IX,4,7). A interrogação, a pesquisa e o estudo, num constante diálogo com os homens e com Deus, serão agora o seu pão quotidiano; diálogo que não excluía a controvérsia, mas esta era, de sua parte, "sinal de lealdade".[14] Num de seus primeiros escritos após essa libertação, dialogando com a Razão ele afirma que seu "único desejo é conhecer Deus e a alma humana", e a isso a própria Razão o instiga, e nisso o conforta com a frase final: "Sê confiante" (*Solilóquios* I,2,7; e II,20,36). E Agostinho o será: "Encontro-me doravante em tais sentimentos que desejo ardentemente alcançar a verdade não apenas pela fé, mas também pela inteligência, e tenho confiança em poder encontrar nos escritos platônicos, por enquanto, doutrinas que não se oponham aos mistérios cristãos" (*Contra Academ.* III, 43); o que o platonismo não podia oferecer-lhe, ele encontraria na revelação cristã. Mesmo assim, ele

---

[11] VILELA, Educação cristã: das origens aos colégios católicos.

[12] Cf. JAEGER, *Cristianismo primitivo e paideia grega*, cap. II, pp. 27-41.

[13] CHADWICK, *Augustin*, p. 56.

[14] BROWN, *Santo Agostinho, uma biografia*, p. 643.

Pensamento pedagógico de Santo Agostinho

não implantou fronteiras explícitas entre filosofia e teologia, ou entre a razão e a fé. Apenas como oportuna lembrança: segundo Hannah Arendt, "santo Agostinho foi o único grande filósofo que os romanos tiveram".[15]

A proposta pedagógica – chamemo-la assim – de Agostinho permeia, como já foi dito, toda a sua imensa obra, mas aqui se quer apenas destacar alguns de seus elementos estruturais, que permitam compreendê-la na sua própria linguagem, na medida do possível sem estereótipos. Uma vez afastado dos muros escolares, Agostinho põe todo o seu empenho "em reconstruir todo o edifício doutrinal do ensino universitário de seu tempo".[16] Toda a série de seus primeiros livros ou diálogos, entre os anos de 386 e 391, está centrada nas exigências técnicas da *"disciplina"*, entendida em sua acepção primeira e clássica como rigorosa formação intelectual, de caráter científico, para bem aprender a viver e a pensar, como se pode ler já nas primeiras frases do *De immortalitate animae*: sem essa "disciplina – insiste Agostinho – ninguém pode raciocinar corretamente". Em função dessa exigência, Agostinho vai traçar um plano de estudo, decerto sob a influência da ontologia neoplatônica, mas sempre destacando e preservando a especificidade da fé. Ele chegou a planejar e a iniciar a redação dos *Disciplinarum libri*, uma série de manuais destinados ao estudo das artes liberais, mas deles só restou o *De musica*. Contudo, tal plano de certo modo se deixa perceber principalmente nos capítulos 12 a 18 do Livro II do *De ordine*. Essa parte da obra desdobra-se, sob a égide da noção, vital para Agostinho, de unidade (de Deus, do universo, dos seres humanos), em três aspectos principais articulados entre si: a busca da sabedoria como via de união com Deus, a ordem a seguir nos estudos e as complexas mas necessárias relações entre autoridade e razão (*auctoritas et ratio*). Quem pratica a sabedoria participa da unidade divina. A boa ordem dos estudos conduz, por etapas, do múltiplo ao uno, do mundo sensível ao mundo inteligível e a Deus. Quanto às relações entre autoridade e razão, e esta será a posição constante de Agostinho, "cronologicamente, a autoridade precede; logicamente, é a razão que é primeira" (II,9,26).

Através do estudo das "disciplinas ou artes liberais" (p. ex. II,9,26 e 16,44), o espírito humano pode e deve instruir-se, e instruindo-se aprender a elevar-se

---

[15] ARENDT, *Entre o passado e o futuro*, p. 169.

[16] LANCEL, *Saint Augustin*, p. 204.

além do mundo dos sentidos, passando das percepções exteriores à interioridade, da materialidade ao horizonte imaterial, ou "das coisas corporais às coisas incorporais", como Agostinho escreveria no final da vida, fazendo a revisão de seu *De ordine* (*Retractationes* 3,1). Num texto sobre pedagogia é imperioso notar e ressaltar que, ao fazer esse cotejo entre coisas corporais e incorporais, Agostinho não está cedendo ao dualismo ou a dicotomias (ele explicou-se a respeito nas duras críticas que fez ao maniqueísmo que o cativara durante 9 anos). "É certo – assegura-nos um eminente especialista – que essa dicotomia vinha da Grécia clássica, e ela foi o mais abarrotado de consequências e o mais discutível de todos os seus dons à cultura humana".[17] Entenda-se primeiramente "corpo" como designação genérica das coisas do mundo material que se apresentam à percepção, e que a tradição filosófica, desde Pitágoras, distingue do que é incorpóreo ou imaterial, isto é, o "espírito" (ou alma), tendo este a capacidade de entrar em contato com o que é invisível ou divino. Através do neoplatonismo – Porfírio é autor de uma *Vida de Pitágoras* –, Agostinho teve conhecimento de Pitágoras e sua doutrina: a ele se deve a criação da palavra "filosofia" (*De civitate Dei* VIII,2), e "seu ensinamento é venerável e propriamente divino" (*De ordine* II,20,53-54), pois "aplicou-se à contemplação com toda a sua energia" (*De civitate Dei* VIII,4). Nos seus anos finais, Agostinho desculpar-se-ia por ter feito "tão grandes louvores a Pitágoras", pois em sua doutrina havia também erros (*Retract.* 1,3,3). Não obstante a forte influência, neste e noutros pontos, recebida dos filósofos neoplatônicos e lealmente reconhecida ao longo de sua obra, Agostinho também os criticou severamente, em particular no tocante à questão do "corpo" ou da "carne" ou da materialidade em sua relação com a "alma". Assim é que ele rejeita a posição de Plotino fazendo da "carne a causa do mal" (por ex. *De civitate Dei* XIV,3,1); com mais força ainda, e repetidamente, ele critica Porfírio, quando este afirma que a alma, para alcançar seu destino, deve "fugir de tudo o que é corpo" (*De civitate Dei* X,29,2; 22,26; *Sermo* 241; *Retract.* I,4,3). Foi justamente essa ideia que levou Porfírio, ao ver de Agostinho, a não compreender e a rejeitar o mistério da Encarnação do Cristo, *Logos* ou Verbo de Deus tomando corpo e forma humanos segundo o Prólogo do Evangelho de João (*De civitate Dei* X,29).

---

[17] DODDS, *Païens et chrétiens dans un âge d'angoisse; aspects de l'expérience religieuse de Marc Aurèle à Constantin*, p. 32.

Para Agostinho, que aprendeu com o apóstolo Paulo que "o corpo é o templo do Espírito" (1Co 6,19), não se pode fugir do corpo, e uma das características do homem corretamente instruído é a de formar uma "ideia justa do corpo" (II,16,44). Pois há uma "perfeição da grandeza corporal", há "toda uma beleza do corpo (*corporis pulchritudo*) que se vê na proporção de suas partes com a suavidade de suas cores", e é essa "harmonia corporal que nos permite entoar os louvores de Deus" (XXII,14; 19; 30). Em outras palavras, não se pode pensar ou buscar a verdade sem o corpo, fora do corpo ou contra o corpo! Mas a realidade desse corpo não subsiste nem se manifesta apenas na exterioridade de suas partes; a interioridade também lhe é conatural, e é nela que o corpo encontra sua energia, seu ânimo, isto é, "*animus/anima*", ou alma. Alma! desnecessário dizer que Agostinho não inventou nem a palavra nem a coisa. Desde o final do século V a.C., a noção de alma como "princípio espiritual" de todo ser vivente, alma de origem divina e destinada à imortalidade, passou a ser assumida pela filosofia, que lhe foi dando aos poucos um fundamento racional. Platão e Aristóteles consolidaram as doutrinas da alma; Plotino faria dela uma das três hipóstases divinas – o Uno, o Intelecto e a Alma –, enfatizando sua imaterialidade e eternidade. É com essa tradição que Agostinho se confronta, aceitando parte dos postulados neoplatônicos que não lhe pareciam incompatíveis com a fé cristã. Como a ideia segundo a qual a alma tem a capacidade de conhecer-se, e, conhecendo-se, abrir-se à luz e à verdade divinas, desde que os "olhos da alma" se purifiquem (*Sol.*, I,6,12). Agostinho distingue na alma a "*anima*", sopro vital comum aos homens e animais, e o "*animus*" ou "*mens*", para designar o que nela há de mais elevado, sua mais fina ponta; essa alma "sabe o que é conhecer, e como ela ama o que conhece, ela deseja também conhecer-se" (*De Trin.* X,5). *Animus/mens* engloba duas dimensões cognitivas: a *ratio* ou razão, cujo exercício produz a ciência, entendida como conhecimento do mundo sensível, e o *intellectus*, ou inteligência, faculdade de apreensão das realidades eternas e imutáveis, cujo exercício leva à sabedoria e a Deus.

5. Dialética agostiniana e formação da personalidade

Essa *exercitatio animi* – exercitação do espírito ou formação da personalidade – requer uma verdadeira ascese, que se dá, metaforicamente falando, pela purificação dos olhos do corpo e da alma – ou mente, ou espírito – através do difícil e laborioso processo pedagógico, com sua indispensável interação mestre/discípulo. *Paedagogare*, informa-nos o dicionário de latim clássico de Forcellini,[18] é "instruir, educar, ensinar". O pedagogo Agostinho, que conjugou esses e outros verbos de construção do saber, queria, com seus discípulos, formar-se e formá-los tanto para viver bem as coisas da vida, como para buscar e alcançar o conhecimento e a contemplação da verdade: "Queremos que esta vida seja feliz, e a felicidade nada mais é que o gozo da verdade" (*Conf.* X,23). Agostinho, no entanto, sabe e adverte que esse é um processo "dificílimo, que exige uma vigorosa capacidade de trabalho e um ardente amor ao estudo, de preferência desde a infância, e com todo o empenho e toda a constância" (*De ordine* II,16,44). É através dessa ascese que docentes e discentes poderão pôr em *ordem* as muitas noções difusas com as quais se deparam inevitavelmente ao longo do estudo das disciplinas essenciais, unificando-as de um modo verdadeiro e certo, pois só assim serão dignos do nome de pessoas cultas (*eruditi nomine*: id. ibid.). Essa aplicação ao estudo prepara a mente, o espírito humano, para a compreensão das verdades mais elevadas; sem o estudo, o homem não pode receber a "divina semente" (*divina semina*: I,2,4).

A chave para o êxito dessa formação da personalidade pelo estudo das disciplinas fundamentais está com a mais importante delas: a dialética, "*disciplina disciplinarum*", pois é graças a ela "que se ensina a ensinar e se ensina a aprender; pela dialética a razão demonstra a si mesma o que é, o que quer e o que pode. Ela sabe saber; e ela, e só ela, não somente quer mas pode formar pessoas de saber, 'cientes'" (*scientes facere*: II,13,38). Não se trata de diletantismo intelectual ou de busca incondicional do saber pelo saber, principalmente quanto às coisas visíveis. Para Agostinho, a dialética deve sobretudo servir para treinar e formar o espírito humano em vista das realidades invisíveis; assim se pode começar a compreender a transcendência divina. Para trilhar esse

---

[18] Acessível em www.documentacatholicaomnia.eu.

caminho, o espírito humano, com sua razão e inteligência (*ratio* e *intellectus*), pode e deve avançar purificando-se pela fé (*fides*) que o leva a crer (*credere*) ou no que ainda não foi demonstrado pela razão, ou que por princípio não pode ser demonstrado, mas lhe é apresentado com a garantia da autoridade (*auctoritas*). "Todo mundo sabe que só há duas vias de conhecimento, a autoridade e a razão" (*Contra Academicos* III,20,43). Não há como aprender bem e educar-se sem apoiar-se *concomitantemente* na autoridade e na razão; somente as pessoas de pouca instrução se fiam exclusivamente na autoridade. A autoridade é em parte divina e em parte humana (*partim divina, partim humana est*). A divina "é verdadeira, sólida e suprema"; já a humana, que tem legitimidade, pode no entanto levar ao erro, porque é falível. Um exemplo? Que mestre, por competente que seja, nunca se enganou em seu mister? A autoridade divina não se opõe à inteligência; pelo contrário, ela requer que o espírito humano exerça em tudo a sua inteligência, cujo poder, ao mesmo tempo, ela atesta e confirma (para as passagens acima, *De ordine* II, 9,26-27). Se a autoridade, divina ou humana, pressupõe a fé e predispõe o espírito humano à reflexão, a razão, por sua vez, conduz (*perducit*) a inteligência humana ao conhecimento; a observar as coisas bem de perto, ver-se-á que a legítima autoridade nunca prescinde da razão, e reciprocamente. Em suma, e esta é a convicção constante de Agostinho, "toda verdade conhecida com evidência é que é, de fato, a suprema autoridade" (*De vera religione* 24,45).

A noção de autoridade é sabidamente complexa, pois engloba aspectos bastante diversificados que nossa mentalidade contemporânea tem dificuldade de compreender e unificar conceitualmente. A própria palavra acabou obscurecida "pela controvérsia e pela confusão", e o seu sentido fundante "desapareceu do mundo moderno", como diz Hannah Arendt no luminoso texto em que se pergunta *Que é autoridade?*[19] Para Agostinho, autoridade é uma noção clara e central, que ele não inventou, mas colheu em sua formação cultural. Para a tradição antiga, e Cícero é aqui a principal referência, autoridade é garantia firme e prestigiosa dada pelos grandíssimos *autores* (*summi auctores*), sejam eles filósofos, poetas e sábios; é também a expressão de sistemas de valores essenciais, que vêm de uma origem digna de crédito e de confiança (=*fides*); é a acolhida reverencial de um patrimônio intelectual e cultural. Por

---

[19] ARENDT, *Entre o passado e o futuro*, pp. 127s.

ser assim, por não depender primeiramente do ato reflexivo e argumentativo propriamente dito, por nos ter sido ofertada "pela natureza ou pelo tempo, a *autoridade requer a fé*", como afirmou Cícero (*Topica*, 73; grifo nosso). Ideia e afirmação retomadas, séculos depois e praticamente nos mesmos termos, por Agostinho.

Aqui, no entanto, dá-se a mudança radical da visão do "pedagogo de Deus". Que autoridade seguir com total confiança? Aquela que não engana, que permite compreender a verdade, que é a mais salutar (*saluberrima auctoritas*), "sabedoria pura, eterna e imutável que tomou nossa forma humana"; ou seja, a autoridade daquele que "nascendo e labutando de modo admirável atraiu o amor, e morrendo e ressurgindo expulsou o temor" (*De util. cred.* 15,33-16,34): é a "autoridade do Cristo" (*auctoritas Christi: Contra Academ.* III,20,43; cf. *De util. cred.* 14,31, e *De vera rel.* 17,33). Essa autoridade humanamente divina e divinamente humana requer a fé, a confiança, o *crer em Cristo*: "o que me fez crer nos ensinamentos de Jesus Cristo, insisto em dizer, foi a tradição com a sólida garantia que nos vem de sua difusão, sua aceitação geral e sua antiga e longa existência" (*De util. cred.* 14,31).[20] Todo o instinto pedagógico de Agostinho está doravante centrado na interrogação, na pesquisa e na comunicação dialogante dos ensinamentos recebidos, com total confiança, da autoridade do Cristo, que nada mais é, segundo repetidas expressões do grande pedagogo, que a autoridade da verdade ("*veritatis auctoritas*": *De vera rel.* 24,45). Homem de seu tempo, ele sabia que sua tarefa seria insensata, isto é, não conforme à razão, se não explicasse a si mesmo e a seus contemporâneos cristãos e não cristãos, o sentido novo da experiência de conhecimento da alma e de Deus que estava a fazer, e que o ia distanciando de partes ou pontos da tradição filosófica e de seu léxico, tradição que abrira essa porta à sua inteligência e a suas interrogações.

6. Fé e inteligência, ou a luz interior da verdade

Assim é que Agostinho, sem romper com as raízes vocabulares clássicas, vai atribuir nova acepção a palavras como *credere*, *fides* e *religio*, e operar a

---

[20] Para os antecedentes do tema de Cristo como pedagogo divino segundo o cristianismo grego, ver JAEGER, *Cristianismo primitivo e paideia grega*, cap. V, principalmente pp. 83-84, analisando o *Pedagogo* de Clemente de Alexandria.

respeito distinções importantes para a sua proposta pedagógica. Há, diz ele, "uma enorme diferença entre crer e ser crédulo", e a credulidade, ou crendice, que não se concilia com a fé, deve sempre ser evitada. De igual modo, deve-se evitar confusão quando se trata de compreender (*intelligere*), crer (*credere*) e pressupor ou opinar (*opinari*); em si, o compreender é um ato sem falha (*sine vitio est*), o crer por vezes tem falhas (*aliquando cum vitio*), mas o opinar, este tem sempre alguma falha (*nunquam sine vitio*)! Quanto à *religio*, Agostinho assume, reinterpretando-a, a célebre definição ciceroniana,[21] mas estabelece uma rígida fronteira entre suas manifestações históricas, contrapondo ao culto de variados deuses "a verdadeira religião, que adora um só Deus, e conduz a uma vida feliz" (*De vera religione* 1,1). A verdadeira religião tem como critério o reconhecimento e o apelo constante à unidade.

Para Agostinho, essa questão, aqui apresentada sumariamente, não se resume à simples oposição falso/verdadeiro, como pode parecer à primeira vista. Ele ocupou-se dela em muitos de seus escritos, sobretudo porque pressentiu a necessidade de enunciar, de um modo novo, a *nova* fé cristã ante a antiga *religio*, com o diferencial que se impunha, assim apresentado por Paul Veyne: "Que é uma religião? É um conjunto de práticas, que não consiste em ter ideias de crença na cabeça nem em pensar certas coisas a respeito, mas simplesmente em praticar sua religião. É apenas para os cristãos que a crença deve ser também enunciada, pois além de praticar é preciso ainda professar, porque o cristianismo é uma religião de salvação, mas é também, como diz Foucault (*Dits et Écrits II*, p. 1623), uma religião confessional na qual não basta apenas crer, mas também professar o que se crê. 'Crer' designava [na Antiguidade] uma afiliação: confessava-se sua fé (*fides* serve de substantivo para o verbo *credere*), era-se fiel à Igreja, cria-se em seus ensinamentos; mais ainda, crer significava ter confiança em Deus, crer em Deus, o que supõe uma relação de pessoa a pessoa, relação essa estrangeira ao paganismo".[22]

Descartadas de vez a viciosa *opinio* e a inaceitável credulidade, a pedagogia agostiniana vai firmar-se, dialeticamente, na atração interativa da inteligência (*intellectus*) e da fé (*fides*), ou do ato de compreender (*intelligere*) e do ato de crer (*credere*). Pode ocorrer que o crer preceda o compreender, ou vice-versa,

---

[21] Cf. CÍCERO, *De natura deorum* 2,28; cf. AGOSTINHO, *Retractationes* I, 13,9 comentando *De vera religione* 55, 111.

[22] VEYNE, *L'Empire greco-romain*, pp. 442-443. Sobre a *fides* em regime cristão, ver ORTIGUES, Foi.

mas será sempre, na mente agostiniana, por exigência intrínseca ao processo cognitivo ou, segundo sua bela expressão, à "luz interior da verdade" (*De magistro* 12,40). Compreender e crer são duas capacidades do espírito humano. Crer, já sabemos, não é ser crédulo, e crença não é crendice. Crer é um ato da *fides*.[23] Mas que é a fé? Agostinho assumiu e difundiu no âmbito cristão o sentido que a palavra tinha na Antiguidade romana: *fides* traduz-se literalmente por *boa-fé*, e tem a ver, por conseguinte, com confiança, lealdade, credibilidade, sinceridade, com o que é fiável, fiducial. Em seu pequeno e importante livro *Sobre a utilidade de crer*, Agostinho dará numerosos exemplos da *fides* e da "autoridade" que ela implica. Assim, diz ele, é pela autoridade da palavra da mãe que o filho sabe quem é seu pai (12,26); sem a mútua aceitação da *fides* "não é possível haver amizade", e tampouco boa convivência entre mestres e discípulos (10,23-24). A *fides* não é contrária nem à inteligência nem à liberdade. Assim sendo, o ser humano pode, com toda a razoabilidade, pôr sua fé em Deus (cf. *De libero arbitrio* I, 4). Afinal, "quem não sabe que o cogitar precede o crer? Crer nada mais é do que cogitar dando assentimento" (*De praedestinatione sanctorum* 2,5).

A cátedra episcopal não arrefeceu o instinto pedagógico de Agostinho, antes o sobrelevou. Dialogando ("pregando" não seria o melhor termo) em sua basílica com o público em boa parte pouco instruído da cidade portuária de Hipona, e sabendo da existência entre o clero de "uma tropa rústica e iletrada" (*Ep.* 202,7), Agostinho viu-se levado a adaptar sua linguagem e seu estilo, sem nunca ceder quanto ao rigor dialético do seu ensinamento da fé. "O exercício da razão o havia preparado para a intelecção das coisas divinas; agora era preciso que ele enfatizasse o ato de fé, antes de fazer sua razão servir à inteligência do conteúdo dessa fé, a fim de ser entendido pelos fiéis simples, que não tinham a mesma abordagem – nem a presunção – dos intelectuais".[24] Por isso, em seus Sermões ele costumava comentar uma passagem do livro de Isaías 7,9 segundo a versão latina de que dispunha: *nisi credideritis, non intellegetis* – "se não crerdes, não compreendereis". Mas o fazia não para dissociar a fé da inteligência e resvalar na credulidade, e sim para oferecer a quem ainda não dispunha de todos os recursos disciplinares de reflexão um estímulo a

---

[23] Cf. RICOEUR, Croyance; e, num registro de sutil compreensibilidade dessa "questão maior", DERRIDA, Fé e saber; as duas fontes da religião nos limites da simples razão.

[24] LANCEL, *Saint Augustin*, p. 221.

Pensamento pedagógico de Santo Agostinho

avançar na busca do *Logos* divino: "Se não pode compreender, *creia para compreender*; que a fé preceda, a compreensão virá na sequência" (*Sermo* 118,1). Essa aparente antinomia conceitual respondia, de fato, a uma dupla exigência metodológica do bispo de Hipona. Por um lado, a de colocar-se respeitosamente no diapasão dos ouvintes, "observando sempre a regra segundo a qual ao nos depararmos com o que nossa inteligência ainda não pôde elucidar, não nos afastemos da firmeza da fé" (*De Trinitate* VIII,1,1), pois "a fé busca, a inteligência encontra" (id. XV,2,2). Por outro, a de sempre preservar a "incompreensibilidade" de Deus seguindo as trilhas do que ele mesmo chamou de douta ignorância: "Quando falamos de Deus, não é de admirar que você não compreenda. Porque, se compreende, não é Deus" (*Sermo* 117,3,5). Essa permanente tensão dialética da fé em busca da inteligência, marca que o pedagogo de Deus imprimiu na genuína tradição teológica do Ocidente, culmina na sua firme recomendação que tomou forma de axioma: *intellige ut credas, crede ut intelligas*, "compreenda para crer, creia para compreender"; recomendação que Agostinho concluiu assim: "O compreenda para crer é palavra minha, o creia para compreender é palavra de Deus" (*Sermo* 43, 9).

Preeminência da Palavra de Deus e de sua autoridade, reconhecida e aceita na palavra reverente do pedagogo! Nos anos finais de sua vida, preocupado com certas apresentações defeituosas da fé, Agostinho retoma e conclui um livro que deixara inacabado havia mais de trinta anos: *De doctrina christiana*. Diga-se logo que não se trata de catecismo da doutrina cristã! Os bons especialistas insistem há tempos que uma tradução correta seria "Sobre a cultura cristã". Poder-se-ia intitulá-lo também, parafraseando Jerphagnon, de "Manual destinado à formação profissional dos clérigos e dos cristãos em geral para que não apresentem o ensinamento da fé cristã como rejeição da inteligência". Trata-se, na verdade, de um portentoso tratado de hermenêutica, mais precisamente de análise e interpretação do texto da divina Escritura, ou de aplicação do espírito crítico à exegese bíblica: como lê-la inteligentemente, a fim de transmitir inteligentemente o seu ensinamento. A linha de força desse livro – primeira obra agostiniana impressa no século XV – é que a Escritura revela a verdadeira sabedoria de Deus, mas o saber humano é indispensável à sua descoberta e elucidação. Por isso, Agostinho empreende, com todo o seu talento pedagógico, um exame acurado das competências necessárias para uma correta e convincente exegese bíblica. "A ciência das divinas

83

Escrituras" (*De doctr. christ.* II,42,63) supõe que o estudioso cristão conheça e saiba utilizar adequadamente as artes liberais e o legado cultural do paganismo, sem nunca esquecer que essa ciência está a serviço de outra cultura e da verdadeira sabedoria. Assim também deve ser com a necessária aprendizagem das demais ciências, como a das línguas do Texto Sagrado e dos gêneros literários, a história, a geografia, as ciências naturais etc. Agostinho elabora nessa obra o que se pode chamar de primeiro projeto educativo e cultural para o cristianismo. Dividida em quatro partes ou "livros", ela propõe globalmente o método e as regras do ensinamento ("*doctrina*"), e também os postulados de uma ética do *orator* ou difusor, seja nos púlpitos ou nas cátedras e pela palavra e pela escrita, do conteúdo da fé. Sua sólida arquitetura apoia-se em "dois binômios":[25] o primeiro é a distinção *res/signa*, coisas e signos; o segundo, a regulação do *uti/frui*, uso e fruição. As coisas são as realidades que dão forma ao objeto do ensinamento cristão, como o conteúdo e os artigos da fé. Os signos, "que se empregam para dar significação a alguma coisa" (*ad significandum aliquid*: *De Doctr. christ.* I,2) são constituídos, no caso, pelas palavras ou pela linguagem da Escritura, que é preciso saber ler e decifrar para que se possa então entender o seu verdadeiro sentido. Ora, as coisas se apresentam mescladamente à percepção do ser humano como materiais e espirituais, e por isso é preciso discernir as que são da ordem do *uti*, isto é, os bens úteis à nossa subsistência, e as que são da ordem do *frui*, isto é, os bens necessários ao nosso crescimento espiritual. A compreensão correta das palavras da Escritura permite esse discernimento, mas para isso é preciso "trabalhar com afinco para entendê-las, uns mais outros menos, segundo os dons recebidos de Deus e a sua ajuda" (*De Doctr. christ.* III,37,56). Assim deve formar-se todo *orator* de Deus, articulando eloquência e sabedoria na comunicação do sentido da fé, sem nunca esquecer que a sincera adequação no *orator* da crença e da conduta será sempre a melhor garantia da eficácia de seu discurso.

"Mestre" Agostinho? Ele recusou de antemão este título, palavra honrosa, pois tinha consciência dos limites antropológicos e teológicos de toda ação educativa, sua e de outros, na cátedra e no púlpito. Em seus *Sermões* diante de sua gente humilde, mais de uma vez ele alertou: "Vocês bem sabem que só temos um Mestre, e sob a sua autoridade somos todos condiscípulos. Não

---

[25] LANCEL, *Saint Augustin*, p. 287.

sou mestre de vocês porque lhes falo do alto de uma tribuna. Nosso Mestre a todos é aquele que habita em todos nós" (*Sermo* 134, 1,1). Muitos anos atrás, antes de tornar-se o pastor e o educador do povo de Hipona, encerrando o diálogo com seu filho no *De Magistro*, ele lhe relembrava afetuosamente que as palavras, que são signos, têm grande importância, mas devem ser utilizadas com moderação: "O que quis, Adeodato, foi chegar com você não apenas a crer, mas a começar a compreender quão verdadeiro é o testemunho divino que nos impede nesta terra de chamar alguém de mestre, porque só temos um Mestre, que está nos céus". Maneira de dizer que esse Mestre interior (*intus magister*) é o Cristo, Mestre supremo (*summus magister*), "eterna sabedoria de Deus", e que a vida feliz consiste em amá-lo e conhecê-lo – e é nisto que consiste a fé cristã em seu sentido fundamental. Como pai e pedagogo, Agostinho deixou ao filho, que com ele descobriu a luz interior da verdade, a palavra final: "Aprendi graças ao conselho vindo de suas palavras que, mediante as palavras, o ser humano é apenas estimulado a instruir-se, pois é muito pouco o que a linguagem revela do pensamento de outrem. Só nos pode ensinar a verdade do que é dito Aquele que nos preveniu que habita em nosso íntimo. Doravante, auxiliado por ele, tão mais ardentemente o amarei quanto mais eu progredir em meu aprendizado" (*De magistro* 14,46).

7. Referências bibliográficas

Obras completas de S. Agostinho: <www.augustinus.it>.

Estudos:

ARENDT, Hannah. *Entre o passado e o futuro*. São Paulo: Perspectiva, 2009.

BROWN, Peter. *Santo Agostinho, uma biografia*. Rio de Janeiro: Record, 2005 (nossas citações foram feitas a partir da tradução francesa).

CHADWICK, Henry. *Augustin*. Paris: Cerf, 1987.

DERRIDA, Jacques. Fé e saber: as duas fontes da religião nos limites da simples razão. In: *A religião*. São Paulo: Estação Liberdade, 2000.

DODDS, Eric Robertson. *Païens et chrétiens dans un âge d'angoisse*; aspects de l'expérience religieuse de Marc Aurèle à Constantin. Paris: Les Belles Lettres, 2010.

_____. *Santo Agostinho e o agostinismo*. Rio de Janeiro: Agir, 1957.

JAEGER, Werner. *Cristianismo primitivo e paideia grega*. Lisboa: Edições 70, 2002.

JERPHAGNON, Lucien. *Saint Augustin*; le pédagogue de Dieu. Paris: Gallimard, 2002.

LANCEL, Serge. *Saint Augustin*. Paris : Fayard, 1999.

MADEC, Goulven. Augustin. In: *Philosophie et Théologie dans la période antique*; anthologie tome 1. Paris: Cerf, 2009.

MANDOUZE, André. *Saint Augustin*; l'aventure de la raison et de la grâce. Paris: s.n., 1968.

MARROU, Henri-Irénée. Introduction à Clément d'Alexandrie. In: *Le Pédagogue*, livre 1. Paris: Cerf, 1960.

_____. *Saint Augustin et la fin de la culture antique*. Paris: E. De Boccard, 1938.

ORTIGUES, Edmond. Foi. In: *Encyclopaedia Universalis* (versão digital).

RICOEUR, Paul. Croyance. In: *Encyclopaedia Universalis* (versão digital).

SESÉ, Bernard. *Agostinho, o convertido*. São Paulo: Paulinas, 1997.

VEYNE, Paul. *L'Empire greco-romain*. Paris: Ed. du Seuil, 2005.

VILELA, Magno. Educação cristã: das origens aos colégios católicos. *Diálogo* 10 (maio 1998).

CAPÍTULO V

A sagrada missão de educar: rastreando as conclusões de Medellín

Mauro Passos e
Luiz Carlos Itaborahy

A gente quer viver pleno direito
A gente quer viver todo respeito
A gente quer viver uma nação
A gente quer é ser um cidadão.
(Gonzaguinha)

Tudo tem uma história. Os sonhos, as formas de sociabilidade, o trabalho. Tudo muda ao longo dos séculos e essas mudanças podem ser mais bem compreendidas quando as relacionamos com os acontecimentos da época. De projetos de verdade e de verdades em projeto, as histórias são construídas. Trajetória de fazeres, de saberes, de lutas e experiências. Trajetória e propósitos da educação compõem este artigo.

A II Conferência do Episcopado Latino-Americano em Medellín (1968) foi um marco na história da Igreja da América Latina por diversos motivos, entre eles o fato de ter despertado a necessidade de uma reflexão sobre a realidade social, política e econômica do continente. No âmbito educacional, a conferência favoreceu a abertura para novas possibilidades, novos valores e nova filosofia de trabalho. A necessidade de um direcionamento aos pobres gerou crises internas e reorganização do projeto educativo, de modo que priorizasse uma educação libertadora. Trajetória de novos fazeres.

O contexto histórico da América Latina, neste período, é extremamente conflituoso: uma enorme pobreza, regimes ditatoriais que lutam para manter privilégios e o crescente endurecimento do regime militar, por um lado. Por outro, havia um anseio por renovações sociais, econômicas e políticas na América Latina. Atenta às demandas sociais e políticas, a Igreja faz uma mudança em sua ação pastoral, que não foi uniforme, nem homogênea. Enquanto grupos no interior da Igreja e na comunidade leiga assumiram este projeto, outros continuaram aliados à proposta anterior. No entanto, o momento histórico traduz uma mudança de posição da Igreja em relação ao lugar que vinha ocupando até então, havendo um deslocamento de perspectivas e um investimento em uma nova proposta atrelada às camadas populares. Trata-se de uma nova posição política do catolicismo como resposta à realidade latino--americana. Há um novo direcionamento histórico. As ideias e os ideais se materializam através da história, num movimento contínuo entre passado e presente que se desdobram em expectativas e vivências futuras. As questões religiosas merecem espaço maior na historiografia, não apenas pela sua relevância no passado, mas também pela sua importância na contemporaneidade. O catolicismo retornou à história a partir de outro lugar. A conceituação teórica de práticas históricas e práxis social do historiador Michel de Certeau (2000) dá suporte para compreender esse momento histórico, a maneira do catolicismo estar no mundo e de se relacionar com as pessoas, participar do meio social. Em sua obra *A escrita da história*, este historiador destaca a importância das matrizes discursivas e das práticas sociais para a compreensão do processo histórico, o que nos permite avançar em nosso estudo sobre a realidade histórica do período em estudo.

Desta forma fica evidente um entrelaçamento de propostas e referenciais que permitem uma nova configuração social. Lefort (1991) chama a atenção para o espaço social, que se constitui a partir de um significado político. Historicamente, os fatores político e o religioso levam à construção e a uma prática do exercício do poder. Apropriam-se de conceitos que reforçam e regulam uma identidade religiosa e ressignificam a ação social, o que é, intrinsecamente, ação política. Sujeito e grupo imputam sentido à sua realidade através das representações que constroem e compartilham. Isso mostra que a participação e presença do catolicismo apontava para uma nova forma de inserção em meio aos problemas sociais e políticos do Brasil. Esta mudança de lugar

A sagrada missão de educar

possibilitou maior contato de setores da instituição religiosa com a realidade histórica do país.

Estes pressupostos metodológicos, relativos ao *modus operandi* de um trabalho acadêmico, orientam a reconstrução deste artigo. Uma das questões importantes, nesta perspectiva, foi e é o direcionamento que as instituições educacionais tomaram a partir de 1968. A prática metodológica tem interesse pelo conjunto da sociedade brasileira, mas se interessa sobremaneira pelas posições da Igreja Católica, particularmente pelos líderes que assumiram o projeto libertador e transformador. Com este novo olhar, a instituição entende a educação católica integrada ao mundo e à história. A antiga concepção educacional católica, centrada na construção de um homem novo, à luz do Mestre interior, foi dando lugar a um novo ideal pedagógico.

1. Conversão à verdade ou diálogo com o mundo – um paradigma das origens

O desenho do catolicismo brasileiro comporta uma diversidade de atos e atores. Como dar sentido ao seu passado? A educação católica, em linhas gerais, tinha por princípio formar as inteligências para a verdade cristã. A concepção que orientava o pensamento cristão, num primeiro momento, baseava-se na teoria do pecado original. Todo o processo formador do ser humano é um processo de volta àquela imagem do homem perfeito, criado por Deus. Santo Agostinho delineia os princípios básicos da educação cristã. Segundo ele, o fenômeno educativo é da ordem da interioridade, porque a verdade se encontra na alma. Assim expõe seu pensamento:

> Não se chame a ninguém de mestre na terra, pois o verdadeiro e único Mestre de todos está no céu. Mas o que depois haja nos céus, no-lo ensinará Aquele que também, por meio dos homens, nos admoesta com sinais, e exteriormente, a fim de que, voltados para Ele interiormente, sejamos instruídos. Amar e conhecer a Ele, esta é a vida bem-aventurada (Agostinho, 1984, pp. 323-324).

O agostianismo marcou esta corrente da educação cristã, introduzindo a ideia do mestre interior, isto é, a função do mestre não é transmitir verdades de fora para dentro, como se o discípulo fosse uma *tábula rasa*. Ele, na realidade, é uma *tábula escrita* e o papel da educação consiste em contribuir

89

para que esse mestre interior se manifeste. Para Santo Agostinho, o processo educativo é da ordem da interioridade:

> No que diz respeito a todas as coisas que compreendemos, não consultamos a voz de quem fala, a qual soa por fora, mas a verdade que dentro de nós preside à própria mente, incitados talvez pelas palavras a consultá-la. Quem é consultado ensina verdadeiramente, e este é Cristo, que habita, como foi dito, no homem interior, isto é: a virtude imutável de Deus e a sempiterna Sabedoria, que toda alma racional consulta, mas que se revela a cada um quanto é permitido pela sua própria boa ou má vontade (AGOSTINHO, 1984, p. 319).

Nessa obra, ele aborda dois argumentos para defender sua teoria. O primeiro diz respeito ao papel da linguagem e seus limites, e o segundo trata do papel do educador no caminho do conhecimento. Compete a ele despertar no aluno a verdade, "o mestre interior". Segundo a teoria agostiniana, o que nasceu precisa ceder lugar ao que deve nascer. No século XIII, Santo Tomás de Aquino retoma essa mesma teoria em seu tratado, que tem o mesmo título: *De Magistro*. Segundo esse tratado, o papel da educação é conduzir o educando para a aquisição da ciência. Educar é disciplinar as disposições práticas para a busca da verdade. O conhecimento é a translação de verdades que estão gravadas na alma do ser humano:

> Diz a *Glosa*, a propósito de "a fé vem do ouvido" (Rm 10,17): "Se bem que Deus ensine interiormente, o pregador faz o anúncio exteriormente". Ora, o conhecimento é causado interiormente na mente e não externamente no sentido: daí que o homem é ensinado só por Deus e não por outro homem. Diz Agostinho (*De magistro* 14): "Só Deus tem a cátedra nos céus e Ele ensina a verdade sobre a terra; o homem está para a cátedra como o agricultor para a árvore". Ora, o agricultor não é o criador da árvore, mas somente seu cultivador. Assim também o homem não ensina, mas somente dispõe as coisas para que ocorra o conhecimento (AQUINO, 2001, p. 25).

A argumentação parte de verdades supostas e conhecidas, como o ser humano, criado à imagem e semelhança do Criador. No entanto, essa verdade pode ser descoberta pela razão. O processo do conhecimento deve levar o homem à busca do crescimento interior; aí, então, se inscreve o papel da educação. Nessa direção, Santo Agostinho e Santo Tomás compartilham o conceito de "educação" – formar o ser humano à luz da fé cristã, tendo no texto bíblico a verdade que o orienta. A educação é uma resposta ao drama interior

A sagrada missão de educar

vivido pelo ser humano. Se pudermos denominar os argumentos de Santo Agostinho e Santo Tomás de um primeiro paradigma da educação cristã, denominaríamos de paradigma da construção interior. Prevalece nele o sentido do sagrado, enquanto "elemento" que define a essência das coisas. A educação cristã encontra no próprio mistério de Deus a essência do ato de educar-se, instruir-se e buscar a verdade.[1]

É preciso, no entanto, conjugar os argumentos de Santo Tomás com seus conceitos básicos tomados de Aristóteles. O termo "educação" é um exercício de edução, isto é, eduzir (*educere*) o conhecimento em ato a partir da potência (*Scientia educatur de potentia in actum*) (AQUINO, 2011, p. 21). Para Tomás de Aquino, as questões pedagógicas de ensino/aprendizagem estão situadas nas concepções filosóficas e teológicas. Os textos pedagógicos escritos naquele período não são somente pedagógicos. A temática e os aspectos que exploram estão relacionados com a filosofia e a teologia, com a razão e a fé, pois esses conhecimentos não se excluem, na visão escolástica. Tomás de Aquino, nesse sentido, ultrapassa a visão agostiniana: "Agostinho, quando prova que só Deus ensina, não pretende excluir que o homem ensine exteriormente, mas só quer afirmar que unicamente Deus ensina interiormente" (AQUINO, 2011, p. 35).

A pedagogia na concepção cristã escolástica marcou profundamente a ação educativa da Igreja. A sua questão central é a construção de um homem novo, à luz do Mestre Interior. Dela brota a vida e a luz, por isso o significado de construção é fundamental. Nessa perspectiva, portanto, o fato educativo era considerado um fato cristão, e a Igreja era a educadora. Esta missão ela havia recebido de seu Mestre, a fim de reconduzir o homem àquele estado da graça.

A educação cristã revivida em cada período histórico, através dos institutos e congregações religiosas, desempenhava seu papel na formação humanística e cristã da juventude. Nesta empresa, uma série de procedimentos e transformações foi-se dando no campo pedagógico, com diversos programas de apostolado, militância e assistência social.

---

[1] O termo "paradigma" vem do grego *paradeigma* e significa "modelo", "exemplo". Segundo os dois pensadores cristãos, tem algo de exemplo e que, por isso, deve servir de guia e modelo. A educação é deixar florir o conhecimento e a verdade sobre Deus. Como se sabe, este termo pode ser usado em várias acepções, tanto em sentido ético-religioso como intelecto-científico.

91

2. A Igreja Latino-americana: conversão ao mundo e à história

Motivados pelas orientações do Concílio Vaticano II, um significativo número de bispos, religiosos e leigos da América Latina assumiu a empreitada de trabalhar em favor da justiça social e da libertação das camadas populares. De acordo com Azzi (1982b), "o Concílio reconheceu valores até então recusados pela tradição católica: liberdade de consciência, liberdade de expressão e liberdade religiosa" (AZZI, 1982).

Em 1968, o Brasil passava por uma turbulência política. Com os militares no poder, a repressão às ideias contrárias ao regime fazia parte da pauta deste governo. Esta turbulência atingiu profundamente a sociedade brasileira, provocando manifestações e protestos de estudantes e de trabalhadores, o que resultou em mortes, desaparecimentos de militantes da esquerda, exílios, cassações de políticos, atos institucionais, prisões e torturas. De um modo geral, havia um anseio por mudanças radicais na sociedade, na política e na economia. A instabilidade econômica conduzia a população a condições indignas de vida, agravando ainda mais o caos social.

Em 1968, enquanto no Vaticano o Papa Paulo VI publicava a encíclica *Humanae Vitae*, que condenava o uso de pílulas anticoncepcionais, na América Latina, o movimento estudantil realizava protestos contra o subdesenvolvimento econômico, a exploração capitalista e as ditaduras militares. Diante do quadro de extrema desigualdade social em que vivia o povo latino-americano, a Igreja responde com ações de apoio a movimentos populares que defendiam os direitos humanos e as reformas sociais e políticas. As ditaduras, patrocinadas pelos Estados Unidos, alastravam-se pelo continente, disseminando medo, insegurança e revolta.

O recrudescimento dos problemas sociais históricos, resultado de um grande período de colonização e de um sistema social e econômico inadequado e injusto em escala continental, gerou uma série de tensões que se agravaram pelas polarizações ideológicas, e desencadeou uma situação de violência social e disseminação ainda maior da pobreza.

Neste cenário obscuro, mas com dinamismo nas bases, surge uma voz que responde às expectativas da população – a II Conferência do Episcopado

Latino-Americano em Medellín. Um dos resultados desta assembleia foi o documento, ressaltando as conclusões a que o episcopado chegou. O documento chamou a atenção para a necessidade de uma transformação social, eclesial e pastoral, na qual a Igreja deveria assumir a opção pelos pobres. Paulatinamente, a Igreja foi se transformando em voz das bases populares. As Comunidades Eclesiais de Base (CEBs) surgem neste espaço de comprometimento. Em tempos de maior repressão, a Igreja foi o espaço de organização popular. A repressão e a desarticulação resultantes do golpe militar tornaram praticamente impossível qualquer tipo de organização popular fora da Igreja. A referência na Teologia da Libertação contribuiu para que a Igreja latino-americana assumisse a opção pelos pobres.

Se, por um lado, houve uma reação radical contra a situação imposta aos povos latino-americanos, com o surgimento das organizações paramilitares, por outro, houve uma que se baseou na organização popular por melhores condições de vida, através de uma práxis que transformou o *status* da Igreja estabelecida, hierarquizada, em uma Igreja do pobre e do marginalizado, que buscou referência nas bases, cujas armas foram a palavra denunciante e a crença na força do coletivo. Diversas figuras se despontaram por aderir a esta nova Igreja. A referência de Dom Helder Camara foi marcante neste sentido, mesmo antes do Vaticano II. Porém, no concílio, ele encontra espaço oficial para defender e registrar suas ideias sobre a Igreja dos pobres. Souza (2004, p. 87) salienta a sua importância durante o concílio:

> Nos corredores do Concílio, um bispo-profeta, nosso Dom Helder Camara, com alguns sacerdotes, teólogos e poucos colegas do episcopado, tentava levantar o tema da Igreja dos pobres, indicado por João XXIII no discurso aos padres conciliares de setembro de 1962.

O novo lugar que, progressivamente, o catolicismo foi ocupando na sociedade, nesse período, modificou seu perfil tanto interno, quanto externo. O seu perfil institucional foi sendo alterado. Com isso, a imagem tradicional da Igreja, sua linguagem e sua projeção na sociedade passaram a apresentar uma nova direção. A articulação com o universo social é um aspecto importante para a compreensão da história religiosa. Trata-se de um período bastante ambíguo, pois a realidade que circunda o catolicismo intriga seu percurso no contexto brasileiro. Como se situar diante das incertezas do presente e avizinhar-se de temas e situações que bradam por justiça, liberdade, participação? Como articular experiência religiosa e compromisso social numa sociedade excludente? Mais do que em outros períodos, o catolicismo foi ensaiando novos modos de agir e de se posicionar.

Devido ao seu compromisso com as bases e às denúncias contra o regime militar, inclusive abrigando perseguidos políticos, alguns líderes religiosos foram acusados de subversivos. O discurso oficial assume uma postura nova contra o regime militar. Como exemplo, Cava (1986, p. 17) apresenta duas situações nas quais a Igreja se posiciona contra a ditadura, inclusive com o envolvimento do Papa Paulo VI:

> Em 1970, em um caso que ainda está para ser esclarecido, a Pontifícia Comissão de Justiça e Paz do Vaticano e, mais tarde, o próprio Papa Paulo VI denunciaram a tortura no Brasil. No ano seguinte, Dom Paulo Evaristo Arns, que acabava de ser nomeado Arcebispo de São Paulo, como chefe da maior arquidiocese católica romana do mundo, condenou publicamente a tortura de funcionários da Igreja nas prisões de São Paulo, mais especificamente nas prisões e câmaras de tortura do Quartel General do Segundo Exército, que logo deveria tornar-se infame.

Na América Latina, a palavra libertação tomou um significado de articulação. A consciência libertadora, neste contexto, mobilizou para uma ação de rompimento com as estruturas dominadoras.

O catolicismo, particularmente, foi se delineando e se concretizando nas comunidades, fortalecendo movimentos sociais e grupos populares. Em contrapartida, a população foi se identificando também com a Igreja na luta por questões sociais e políticas.

Assim, a criatividade e a força histórica das organizações populares ganham espaço a partir do olhar do pobre e do oprimido. Cabe ressaltar o papel das CEBs, que contribuíram para que a Igreja assumisse uma redefinição da ação, a partir das bases, e articulasse, com dinamismo, o surgimento dos movimentos populares, mesmo diante da repressão da ditadura. E assim foi tomando corpo uma parte da Igreja comprometida com os pobres e marginalizados. O surgimento das CEBs significou um marco histórico da Igreja na América Latina por ter uma dinâmica própria, que conduzia o indivíduo e os grupos a se reconhecerem como força política e social capaz de transformar a realidade.

A sagrada missão de educar

Em 1967, na encíclica *Populorum Progressio*, o Papa Paulo VI mostra a importância da atuação da Igreja no Terceiro Mundo, buscando referência na situação de empobrecimento das populações. O documento chama a atenção ao que é necessário para uma vida digna em sua totalidade:

> Ser libertos da miséria; encontrar com mais segurança a subsistência, a saúde, um emprego estável; ter maior participação nas responsabilidades, excluindo qualquer opressão e situações que ofendam a sua dignidade de homens; ter maior instrução; numa palavra, realizar, conhecer e possuir mais, para ser mais: tal é a aspiração dos homens de hoje, quando um grande número dentre eles estão condenados a viver em condições que tornam ilusório este legítimo desejo (PAULO VI, 1979, p. 5).

A encíclica revela a preocupação da Igreja para com os problemas vividos pelas populações pobres. Trata-se de um novo modo de ser Igreja, mais dinâmico, e com uma nova visão sobre o mundo e o ser humano. No entanto, essa posição não foi homogênea, pois houve divergências na hierarquia católica e entre os leigos. Mas as posições e as declarações da Conferência Nacional dos Bispos do Brasil (CNBB) faziam eco aos princípios, normas e opções da Igreja latino-americana, por um lado. Por outro, abriam pistas e sabiam enfrentar desafios. Passos faz referência a este período, observando o comprometimento da Igreja em defesa dos direitos do cidadão:

> O comprometimento do catolicismo com a defesa dos direitos humanos e sociais marcou esse período. No seu conjunto foi um período complexo, caracterizado pelo cultivo de diferentes utopias, como também pela frustração de projetos que animaram inúmeros segmentos da sociedade civil. Período rico de (re)elaboração religiosa, política, social e econômica. Os retalhos que restam na história registrada abrigam crises, insurgências, heroísmos de uma realidade em movimento. Lembram, ainda, o silêncio orquestrado de vozes silenciosas (PASSOS, 2010, p. 188).

Assim como na América Latina, no Brasil parte da Igreja que, deixando o período da cristandade, se revela caminhante ao lado dos mais necessitados agora assumia os passos da vida pessoal e social, e dialogava com todos.

3. A educação católica nas encruzilhadas da história: um novo paradigma

Num ambiente de conflitos do final da década de 1960, recuos e conquistas, a conferência de Medellín abriu novos caminhos. Esta situação favoreceu o surgimento de uma nova práxis cristã em defesa dos mais necessitados.

Em seu discurso de abertura da Conferência, o Papa Paulo VI fez menção a um novo tempo que se fazia presente na Igreja latino-americana, chamando atenção para que se evitassem erros do passado e se acertasse no compromisso da busca de uma sociedade justa e fraterna. Para isso, se fazia necessária uma conversão profunda da Igreja:

> Para reparar erros do passado e para curar enfermidades atuais não precisamos cometer novas faltas, porque seriam contra o Evangelho, contra o espírito da Igreja, contra os próprios interesses do povo, contra o sinal feliz da hora presente que é o da justiça, em caminho rumo à fraternidade e à paz (EPISCOPADO LATINO--AMERICANO, 1998, p. 23).

A Conferência também dá destaque para a educação na América Latina, que na época se apresentava com "características de drama e de desafio" (EPISCOPADO LATINO-AMERICANO, 1998, p. 85). Drama devido ao grande número de analfabetos, "marginalizados da cultura" (EPISCOPADO LATINO-AMERICANO, 1998, p. 85), necessitando um significativo investimento para que fossem superadas as dificuldades; desafio, por ser um "fator básico e decisivo no desenvolvimento do continente" (EPISCOPADO LATINO-AMERICANO, 1998, p. 85).

O documento de conclusão declarou a importância da opção da Igreja latino-americana para com os pobres e elegeu a educação como elemento coadjuvante nesta tarefa, considerando a escola campo privilegiado para formação de sujeitos comprometidos com a construção de uma sociedade mais solidária e justa.

A educação é efetivamente o meio-chave para libertar os povos de toda servidão e para fazê-los ascender "de condições de vida menos humanas a condições mais humanas", tendo-se em conta que o homem é o responsável e "artífice principal de seu êxito ou de seu fracasso" (EPISCOPADO LATINO--AMERICANO, 1998, p. 88).

A sagrada missão de educar

Além das organizações populares em defesa dos marginalizados na América Latina, também estavam em andamento diversas propostas de educação popular, algumas ligadas a movimentos populares católicos. Entre as propostas, o método de alfabetização de Paulo Freire já havia se destacado, pois, além do aprendizado da leitura e da escrita, dava subsídios para que as pessoas aprendessem de forma crítica, favorecendo uma tomada de posição diante da realidade, motivando para um engajamento social e político.

A junção entre consciência e mundo é fator definidor no processo de formação da consciência crítica. A consciência crítica leva à consciência política. Conforme Freire (2000, p. 46), "não basta dizer que a educação é um ato político assim como não basta dizer que o ato político é também educativo. É preciso assumir realmente a politicidade da educação". Militantes católicos de movimentos comunitários se identificaram com o método, pois a proposta coincidia com os ideais de engajamento político das pastorais populares. Ao mesmo tempo, o método favoreceu o surgimento de novos líderes comunitários, jovens e adultos de comunidades periféricas das cidades e do meio rural, que enxergaram, na proposta de alfabetização, referências para sua organização e mobilização. Neste sentido, educação e religião se estruturaram como elementos de resistência política e de denúncia. O método Paulo Freire, que tomava corpo através da organização de espaços de reflexão, troca de informações e conhecimentos, foi o ponto de partida para inúmeras ações coletivas, ganhando aliados comprometidos com as causas sociais e políticas. Intelectuais e agentes comunitários das diversas camadas sociais assumiram a causa, defendendo uma educação libertadora e comprometida com as causas populares.

A identificação dos líderes comunitários com a proposta de Paulo Freire foi significativa para o desenvolvimento da educação popular. Tanto a pedagogia de Freire, quanto os movimentos populares vão além da reflexão em torno da distribuição justa da renda ou de uma ação política, meramente partidária. Eles buscavam a libertação de tudo o que impede a participação e a construção coletiva da história. Na prática, grupos e movimentos populares religiosos abrem caminhos para uma militância política, compondo um cenário com o trinômio: educação – fé – política. Assim, o paradigma da educação como construção interior é superado. O paradigma da práxis histórica torna-se a maneira nova de educar. O processo educativo gira em torno da ação do ser humano, como seu criador. A educação se constrói na relação com o mundo, criando relações sociais com os outros.

Atenta às orientações da Igreja latino-americana, as escolas católicas se veem diante de novos desafios, tendo que se desvencilhar do antigo paradigma, reconhecendo-se como espaço privilegiado para a promoção de uma educação libertadora. Libanio (1983, p. 95) aponta a tendência da escola católica em valorizar a educação popular como um elemento constitutivo de sua ação:

> A complexidade da problemática, que a Educação Popular envolve, exige longa tratação, que se pensa dizer algo sério sobre a questão. Não é nossa intenção abordar esse problema como tal, mas simplesmente mostrá-lo como consequência do desenvolvimento da educação católica. Partindo de uma Educação Libertadora, a escola católica está tendendo para uma Educação Popular. Esse tem sido o desenrolar do processo educativo no meio católico.

Embora seja para todos, a educação popular busca, primordialmente, atingir as camadas populares e os trabalhadores que não tiveram acesso à educação básica. Ela traz um elemento novo: a história da comunidade e suas necessidades. É um projeto eminentemente político pelo seu caráter transformador e representativo de uma determinada classe, além da liberdade de realização nos mais diversos locais.

Assim, estamos diante de diferentes contextos que se entrelaçavam, formando uma realidade complexa e desafiadora: (1) a situação de pobreza e injustiça social na qual se encontravam os povos latino-americanos; (2) a opção preferencial da Igreja pelos pobres; (3) uma educação reprodutora do sistema capitalista; (4) o florescimento de movimentos populares comprometidos com transformações sociais e antimilitaristas; (5) experiências de educação popular; (6) o comprometimento das escolas católicas com as classes dominantes e o desafio de se abrirem para as camadas populares da sociedade.

Inspirado nas premissas sobre educação emanadas do Vaticano II, Medellín avançou ao afirmar a necessidade de as escolas atenderem às camadas populares. Na prática, isto exigia mudanças de paradigmas e reorientações pedagógicas. O documento apresenta a educação como ineficiente, diante das necessidades da população latino-americana, e omissa diante do compromisso de promover uma educação libertadora:

> Sem esquecer as diferenças que existem relativamente aos sistemas educativos nos diversos países do continente, parece-nos que o seu conteúdo programático

A sagrada missão de educar

é, em geral, demasiado abstrato e formalista. Os métodos didáticos estão mais preocupados com a transmissão dos conhecimentos do que com a criação de um espírito crítico. Do ponto de vista social, os sistemas educativos estão orientados para a manutenção das estruturas sociais e econômicas imperantes, mais do que para sua transformação. É uma educação uniforme, em um momento em que a comunidade latino-americana despertou para a riqueza de seu pluralismo humano; é passiva quando já soou a hora para nossos povos descobrirem seu próprio ser, pleno de originalidade; está orientada no sentido de sustentar uma economia baseada na ânsia de "ter mais", quando a juventude latino-americana exige "ser mais", na posse de sua autorrealização pelo serviço do amor (EPISCOPADO LATINO-AMERICANO, 1998, pp. 86-87).

Esta crítica atinge de frente as escolas católicas, comprometidas historicamente com as classes dominantes, alheias aos movimentos que ocorriam nos processos educativos de base.

A formação de pessoas capazes de olhar o mundo de forma crítica e de atuar através de uma prática transformadora vai ganhando espaço no discurso pedagógico e religioso. Sob a influência do pensamento de Paulo Freire, a ideia de uma educação popular, que servisse como motor para as transformações sociais, ganha cada vez mais evidência. Não bastava o ensino do conteúdo. O educando deveria passar por um processo de conscientização que revelaria as injustiças sociais e a exclusão de grande parte da população. A escola deveria ser pensada não mais como elemento de elevação do indivíduo na pirâmide social, mas um meio de transformação da sociedade, através da emancipação dos diversos setores da população, em especial os mais pobres. Os conteúdos não mais deveriam estar a serviço da manutenção das elites. A educação popular possibilitou a discussão dos problemas sociais e políticos nas associações de bairros, nos clubes de mães, nas pastorais, nas CEBs. O conhecimento se daria nas bases, pelos grupos populares como um saber popular. A questão do saber acadêmico divide espaço com o saber popular. Neste momento as escolas católicas repensam sua prática e passam por turbulências consideráveis. Consideradas distantes das classes populares, o avanço dos movimentos, entre eles a educação popular, impulsiona as escolas católicas a direcionarem seus projetos educativos para as bases.

A formação da consciência social torna-se um desafio para as escolas católicas que se mobilizam para uma educação que não compactue com uma filosofia moralizante, conformista e elitista. Assim, o desafio está em promover a formação de sujeitos aptos a fazer crítica social e autocrítica, capazes de questionar a realidade e sua própria posição no mundo.

A noção de justiça baseada na gratidão e no assistencialismo deveria ser substituída pela ação consciente que possibilitasse a transformação social, a partir das bases. A escola católica buscava assumir um tipo de formação ética, que considerasse o sujeito como parte integrante de um grupo social, capaz de investir coletivamente em melhoria das condições de vida. No entanto, as necessárias mudanças não foram aceitas por todos, conforme Azzi (1982, p. 61):

> A escola católica viu-se, em muitos casos, dilacerada e dividida por dentro. Muitos educadores deram o passo social, enquanto outros, encastelados no mundo tradicional ou da subjetividade, rejeitavam as considerações e opções de natureza social. O corte ideológico misturava-se com as teologias, gerando impasses dolorosos.

Desconstruir o conceito anterior de educação e construir um novo, abrigando um novo paradigma, com o sentido de justiça social gerou desafios que comprometeram as relações de trabalho no interior da escola e nos processos educativos. O impacto maior na educação visto desde a perspectiva teológica foi, sem dúvida, o deslocamento do eixo interpretativo do significado do religioso.

Por estar, em sua maioria, nas grandes cidades, localizadas em regiões habitadas pela classe média e pela elite, o desafio das escolas católicas foi grande: sensibilizar os ricos quanto à nova visão de justiça e abrir espaço para os pobres tomarem consciência sobre seus direitos a uma vida digna. As escolas católicas se aprontam para trilhar caminhos até então pouco iluminados e, por isso mesmo, de difícil trajeto, considerando-se a infraestrutura, os profissionais de alto custo e o ensino de qualidade, que exige material de alto nível.

Havia, ainda, o questionamento sobre que tipo de educação deveria ser direcionado às camadas populares. O abrir-se ao pobre provocou uma reflexão sobre o papel da escola católica diante da necessidade de uma reorganização da estrutura pedagógica, conforme sinaliza o tópico sobre educação:

> Para tanto, a educação em todos os níveis deve chegar a ser criadora, enquanto deve antecipar o novo tipo de sociedade que buscamos na América Latina; deve basear seus esforços na personalização das novas gerações, aprofundando a consciência de sua dignidade humana, favorecendo sua livre autodeterminação e promovendo seu sentido comunitário (EPISCOPADO LATINO-AMERICANO, 1998, pp. 88-89).

A sagrada missão de educar

Ao se aproximarem das novas orientações da educação católica, congregações mantenedoras de escolas buscavam alternativas, por vezes radicais, no plano estrutural e ideológico. Segundo Azzi (1982, p. 47),

> diversas congregações religiosas, sobretudo femininas, fecharam alguns de seus colégios de classe média a fim de liberar seus membros para um trabalho de maior inserção nas comunidades populares. Houve mesmo o esforço de alguns estabelecimentos católicos no sentido de criar uma consciência mais crítica entre seus alunos de origem burguesa, embora por vezes com a desaprovação das próprias famílias.

Com essas iniciativas, as congregações pretenderam se aproximar das classes trabalhadoras e das camadas populares. No entanto, a questão financeira foi um entrave no processo de abertura para as populações de baixa renda. Dependentes financeiramente das elites, as escolas apresentaram dificuldades para encontrar novos caminhos. Com a diminuição de religiosos atuando como professores e o aumento de professores leigos assumindo este papel, a relação trabalhista e os custos de manutenção pesaram financeiramente. Esta nova realidade fez com que várias escolas passassem por dificuldades para se manterem. Para custear os projetos sociais e educacionais destinados aos pobres, apela-se também para organizações internacionais de apoio aos países do terceiro mundo, que enviavam recursos financeiros para projetos sociais, ou ajuda das congregações sediadas na Europa, que concediam recursos para os referidos projetos mantidos pelos religiosos.

Mais tarde, a insatisfação salarial e uma nova visão em relação à profissão docente provocam o surgimento dos movimentos reivindicatórios, da insatisfação dos pais com relação aos valores das anuidades escolares e da evasão dos poucos alunos das classes menos favorecidas que ainda encontravam espaço nas escolas, através de bolsas ou ajuda de custo.

As condições históricas, políticas e econômicas dos países da América Latina geraram diferenças gritantes entre pobres e ricos, definiram destinos e cristalizaram preconceitos. O lugar de cada um estava bem definido, podendo haver alternância na posição social, conforme a ideologia de que "todos podem, basta querer". Esta ideologia coloca o pobre em posição inferior, incapaz ou incompetente para sair de sua situação e o rico em uma situação privilegiada, competente e capaz de superação. Munidos desta ideologia conservadora, os sistemas educacionais se tornaram um entrave no processo de mudanças, devido à evidente tendência de ignorar a questão social e de se fechar nos aspectos técnicos e pedagógicos. Conforme Paiva (1983, p. 302),

> esta função conservadora dos sistemas educacionais é grandemente facilitada pela forte tendência dos pedagogos de absolutizarem a perspectiva interna na abordagem do fenômeno educacional, preocupando-se com os aspectos técnicos do processo educativo e abstraindo suas ligações com a sociedade.

Chama a atenção o fato de as elites desenvolverem suas competências e conhecimentos necessários para o exercício profissional no interior das escolas católicas.

Sair da zona de conforto e abrir-se para esta nova proposta traria perdas estruturais. Dizer não a um sistema educacional que reforçava a estrutura educativa tradicional e voltar-se para um novo projeto provocaram rupturas e desligamentos de religiosos das congregações.

A distância entre a atividade escolar e as necessidades dos colégios e congregações de se adaptarem às exigências do novo modelo de Igreja dificultou as mudanças e a opção de atender às camadas populares.

Propostas de mudanças que produzam questionamentos sobre a escola e sobre sua função social tornam-se problemas complexos na medida em que desestabilizam a estrutura de poder no interior da vida religiosa. O confronto entre o discurso e a prática torna-se mais ameno, na medida em que superiores se curvam diante das novas demandas, mesmo que lentamente. O temor de desconfigurar o carisma da congregação e de perder o poder ou *status* diante da sociedade e do poder eclesiástico provoca um recuo ou uma caminhada lenta em direção a uma escola que se comprometa com uma educação libertadora, considerando-se que ela vem de fora e entra pelas portas das escolas. Segundo Adair Rocha,

> a educação libertadora não nasce da Escola Católica com tendências liberalizantes, mas do próprio processo que desembocou em Medellín, na Teologia da Libertação, nas CEBs etc. Vem de fora das escolas, da experiência das periferias dos grandes centros e do meio rural, tendo como sujeito as classes populares e como preocupação a democratização das relações na sociedade e a legitimação da autoridade. Isto se choca com o projeto institucional de manutenção e legitimação do poder (ROCHA, 1991, p. 166).

Esta crise provocada pelo Concílio Vaticano II e pela assembleia latino-americana, em Medellín, não se limitou à área educativa. Atingiu a presença e a ação do catolicismo no continente. Conforme o documento de Medellín, a educação necessária é aquela que contribui para que a América Latina possa: "Redimir-se das servidões injustas e, antes de tudo, do seu próprio egoísmo. Esta é a educação reclamada por nosso desenvolvimento integral" (EPISCOPADO LATINO-AMERICANO, 1998, p. 89). Não há como integrar-se às propostas de Medellín sem mudança de projetos e abertura para um novo conceito de educação e de evangelização. Esta mudança de paradigma abre novas fronteiras e novos compromissos. A chamada de atenção para as mudanças necessárias confirma a missão das escolas católicas de repensarem seu método e filosofia. Conforme o documento de Medellín, a Igreja "incentiva todos os educadores católicos e congregações docentes a prosseguirem incansavelmente em sua abnegada função apostólica e exorta-os à sua renovação e atualização, dentro da linha proposta pelo concílio e por esta Conferência" (EPISCOPADO LATINO-AMERICANO, 1998, p. 93). A educação não tem como função transformar a realidade, porém contribui para a socialização e a transmissão de valores. A transformação social vem como consequência de transformações internas, através da aquisição de conhecimentos, do conhecer-se a si mesmo, de mudanças de valores, de aflorar a solidariedade presente em cada um e de fornecer competências que possibilitem ao sujeito atuar no mundo.

Neste sentido o documento de Medellín aponta para alguns objetivos/desafios da escola católica:

a) Ser uma verdadeira comunidade formada por todos os elementos que a integram.

b) Integrar-se na comunidade local e estar aberta à comunidade nacional e latino-americana.

c) Ser dinâmica e viva, dentro de oportuna e sincera experiência renovadora.

d) Estar aberta ao diálogo ecumênico.

e) Partir da escola para chegar à comunidade, transformando a própria escola em centro cultural, social e espiritual da comunidade; partir dos filhos para chegar aos pais e à família; partir da educação escolar para chegar aos demais ambientes educacionais (EPISCOPADO LATINO-AMERICANO, 1998, pp. 93-94).

A palavra-chave que se converte em prerrogativa para a escola católica é abertura. Ela deve estar aberta para aceitar os que dela fazem parte, em suas particularidades e diferenças; aberta à comunidade local, regional, nacional e continental por ser elemento conscientizador e mobilizador de mudanças; aberta a mudanças a partir dos fatos históricos que exigem inovações e novos compromissos; aberta ao diálogo inter-religioso e ecumênico como condição para aceitar contribuições e contribuir para que a educação libertadora seja conhecida e reconhecida como fator significativo para melhoria das condições de vida; aberta aos valores culturais e espirituais como fatores contribuintes para a formação da consciência crítica e definidores dos projetos educacionais.

Concluindo, pode-se afirmar que a verificação das transformações do campo educacional católico na prática seria outra história, com divergências e convergências. No entanto, seu movimento conduziu a uma aproximação positiva do diferente, do que vem de fora; mantendo um diálogo permanente com os diversos segmentos da sociedade (social, cultural, político, religioso e econômico). O embalo pela transformação social, a partir do olhar dos pobres, representou abertura do catolicismo para a história concreta e como ponto de partida para se pensar a fé cristã, a pastoral, a teologia.

A Igreja latino-americana pós-Medellín não seguiu uma padronização em termos pastorais. Os caminhos seguidos dependeram das diversas leituras feitas sobre o documento, como também das condições regionais e locais, do compromisso dos bispos, do clero, de religiosos e leigos com relação às orientações. Parte da Igreja ainda tendeu a permanecer em uma posição mais tradicional, enquanto outra buscou projetos que envolvessem os mais diversos segmentos da sociedade, seja com as elites ou com os mais desfavorecidos, além de grupos específicos como presidiários, indígenas, negros, crianças e jovens em situação de risco. Do mesmo modo, as escolas também não seguiram uma linha única, sendo que algumas permaneceram mais conservadoras, enquanto outras, mais ousadas, foram além da concessão de bolsas para os alunos carentes. O modelo da escola tradicional católica dava certa abertura para o ingresso de alunos pobres como bolsistas. Também era comum a esses alunos exercerem algum tipo de trabalho em troca de estudo.

Para além dessas práticas, as escolas abriram as portas para cursos noturnos destinados a jovens e adultos, seja para alfabetização, cursos de magistério

A sagrada missão de educar

ou profissionalizantes, além do uso do espaço como lazer e práticas esportivas, encontros de grupos de jovens e de movimentos pastorais. Transpuseram-se os muros das escolas e buscou-se uma nova prática educativa nas favelas, periferias e comunidades rurais.

A educação popular não nega o conhecimento científico, acadêmico, mas realça o saber comunitário, histórico, como elemento motivador e provocativo para aquisição de novos conhecimentos. Longe de ser alienante, revela uma realidade repleta de conflitos e, por isso mesmo, desafiadora, configurando-se numa "práxis política" integrada à história. A própria prática, com seu lado político, é educativa e reeduca o educador. O reconhecimento da trajetória histórica como elemento constitutivo e, por isso mesmo, dialético dispõe o sujeito e o grupo perante um saber construído a partir da luta diária pela sobrevivência e pela manutenção de valores e tradições da comunidade, a despeito de projetos políticos partidários ou produzidos a partir de interesses particulares ou de classe.

Às escolas católicas coube o desfio de promover a educação popular, dispondo de sua estrutura física e profissional e, ao mesmo tempo, abstraindo-se dela para encontrar, no popular, elementos para a promoção de uma nova educação. As escolas católicas tiveram a árdua tarefa de se reeducarem a partir de um novo viés. Trata-se de uma desconstrução do historicamente construído e de uma reconstrução a partir de novos alicerces. Foi necessário considerar uma leitura dialética da história e da realidade, bem como dos processos educativos. A dinamicidade educativa estaria no reconhecimento do sujeito como artífice de sua história, munido de um determinado tipo de conhecimento que se deveria integrar ao saber acadêmico.

Medellín, como referência para a promoção de uma educação libertadora nas escolas católicas, deixa em aberto propostas de superação, dinamismo, renovação. Exige revisão, rompimento com estruturas tradicionais no interior das escolas, e abre perspectivas para novos paradigmas no campo educacional católico. É uma construção que interage de forma complexa nas múltiplas relações sociais, políticas, culturais. Em sua realização concreta, tem como proposta tornar os sujeitos sociais, emancipados, autônomos a fim de que a sociedade se torne efetivamente democrática para "se viver uma nação e ser um cidadão".

4. Referências bibliográficas

AGOSTINHO, Santo. *De magistro*. São Paulo: Abril Cultural, 1984.

AQUINO, Tomás. *De magistro (Sobre o ensino) e os sete pecados capitais*. São Paulo: Martins Fontes, 2001.

AZZI, Riolando. Educação e evangelização: perspectivas históricas. Escola católica, interrogações e rumos. *Revista de Educação AEC*, ano 21, n. 84, jul./set. 1982, p. 45.

CAVA, Ralph Della. A Igreja e abertura: 1974-1985. In: KRISCHKE, Paulo J.; MAINWARING, Scoth (orgs.). *A igreja nas bases em tempo de transição (1974-1985)*. Porto Alegre: L&PM; CEDEC, 1986.

CERTEAU, Michel. *A escrita da história*. 2. ed. Rio de Janeiro: Forense, 2000.

DOMINGUES, Ivan. *Epistemologias das ciências humanas*; positivismo e hermenêutica: Durkheim e Weber. São Paulo: Loyola, 2004. pp. 15-83.

EPISCOPADO LATINO-AMERICANO. *Conclusões de Medellín, 1968*: trinta anos depois, Medellín é ainda atual? São Paulo: Paulinas, 1998.

FREIRE, Paulo. *Política e educação*: ensaios. São Paulo: Cortez, 2000.

LEFORT, Claude. *Pensando o político*; ensaios sobre a democracia, revolução e liberdade. Rio de Janeiro: Paz e Terra, 1991.

LIBANIO, João Batista. *Educação católica*; atuais tendências. São Paulo: Loyola, 1983.

PAIVA, Vanilda Pereira. *Educação popular e educação de adultos*. São Paulo: Loyola, 1983.

PASSOS, Mauro. Um catolicismo a caminho – cruzamentos e travessias do catolicismo em Belo Horizonte na década de 1970. In: PASSOS, Mauro (org.). *Diálogos cruzados*; religião, história e construção social. Belo Horizonte: Agvmentvn, 2010.

PAULO VI. *Populorum progressio*. Petrópolis: Vozes, 1979.

ROCHA, Adair. Educação católica: as fronteiras da crítica. In: PAIVA, Vanilda Pereira (org.). *Catolicismo, educação e ciência*. São Paulo: Loyola, 1991.

SOUZA, Luiz Alberto Gómez de. *Do Vaticano II a um novo concílio*? O olhar de um cristão leigo sobre a Igreja. Rio de Janeiro: Ceris/Rede e Paz/Loyola, 2004.

CAPÍTULO VI

Educação e teologia: a epistemologia e a ética implicadas

Alípio Casali

Uma boa notícia, ainda que não tão nova: nas últimas décadas uma parte das produções em teologia veio desembaraçando-se pouco a pouco das hierarquias institucionais religiosas às quais estiveram tradicionalmente ligadas, e veio ocupando novos espaços, seja em comunidades religiosas de base, seja em instituições acadêmicas – sobretudo nas universidades. A notícia é boa para a teologia e para as universidades. Boa para a teologia porque nesses novos espaços ela pode desenvolver-se com mais amplitude de visão e mais criatividade, ao mesmo tempo que se beneficia do espírito crítico próprio dos ambientes acadêmicos: ganha em rigor epistemológico e em consistência histórico-social. A notícia é boa para a universidade, que igualmente amplia seu campo de questões e desafios e apura seu senso crítico acerca da diversidade do conhecimento, das instituições, da cultura.

Estamos ainda em tempos de transição nesse processo, e convém observar que, como toda mudança, ele tem sido conflituoso. Não faz muito tempo, no campo católico, importantes teólogos como o suíço Hans Küng ou o brasileiro Leonardo Boff sofreram as duras consequências do exercício corajoso de sua fé e de sua liberdade de pensamento.

O outro lado institucional dessa questão também revela ganhos notáveis: universidades confessionais católicas (mas igualmente as metodistas, presbiterianas, batistas, anglicanas, judaicas, islâmicas...), no mundo todo, vêm aprendendo a gerir as ciências "laicas" em seu âmbito institucional sem maiores problemas de conflito com suas doutrinas, ou seja, sem prejuízos ao exercício da autonomia indispensável aos empreendimentos científicos. E mais: usufruindo das riquezas intelectuais, culturais e espirituais que emanam do diálogo entre fé e razão.

Essa convivência da teologia[1] com a vida dos grupos sociais em suas bases cotidianas e com o ambiente acadêmico é sinal de que ela segue reconciliando-se com o mundo moderno, desenvolvendo ela própria a sua autonomia como campo de conhecimento e como moral: exercitando a liberdade, a consciência crítica e a responsabilidade do espírito humano, numa perspectiva universalista, o que só incrementa a sua respeitabilidade.

É inegável que houve perdas acumuladas ao longo de séculos, pelo fato de essa reconciliação da teologia com a modernidade[2] estar ocorrendo tardiamente. Entretanto, como demonstração de que a questão não é tão simples como pode parecer, vale lembrar que a própria universidade, instituição por excelência da crítica, fundada no século XII, somente veio a se afirmar como instituição autônoma e livre (da Igreja, do Estado, do Mercado – suas três tradicionais ameaças históricas) no século XIX, mais precisamente em 1810, com a Universidade de Berlim.[3]

À parte esse movimento, as instituições religiosas (católicas, protestantes, ortodoxas, judaicas, islâmicas, budistas...) seguem produzindo e desenvolvendo suas teologias "oficiais", como expressão formal de suas ortodoxias.

Neste breve texto temos como objetivo cotejar o exercício não oficial, não institucional, da teologia com as ciências da educação. Porém, não tomaremos aqui a educação por meio das formulações assinadas pelos autores clássicos, que constituem as distintas "teorias" ou "escolas" pedagógicas. Pretendemos cotejar a teologia com um conjunto genérico de elementos tidos como

---

[1] Neste texto, doravante, quando nos referirmos à Teologia, é para esta tendência de prática teológica crítica contemporânea que queremos apontar. Do mesmo modo, quando nos referirmos à Educação, estaremos nos referindo ao modo crítico de realizar essa prática; mais concretamente consideramos que a melhor expressão contemporânea dessa prática pedagógica crítica é a que se encontra na obra de Paulo Freire.

[2] "Modernidade", aqui, é considerada como o ciclo histórico inaugurado pela economia de mercado, pelo modo científico de conhecer o mundo, pela irrupção do sujeito humano como sujeito presumidamente autônomo de conhecimento. Em suma, pela emergência de valores fundamentais como a propriedade (privada), a democracia (formal), a liberdade, a subjetividade (individualidade), a igualdade (formal).

[3] A Universidade de Berlim foi fundada em 1810 por Wilhelm von Humboldt, um linguista e educador liberal da Prússia. Seu projeto era de uma instituição autônoma, baseada sobre dois princípios básicos: a liberdade de ensino (*Lehrfreiheit*) e a liberdade de pesquisa (*Forschungsfreiheit*), em contraposição ao modelo napoleônico de universidade instrumentalizada pelo Estado. O modelo da Universidade de Berlim tornou-se uma referência que definiu os rumos das universidades em todo o mundo, desde então.

Educação e teologia

as características ou condições essenciais de qualquer ação que pretenda ser criticamente educativa (pedagógica), a saber:

uma ação *comunicativa* (operada a partir de e por uma comunidade-sociedade);
uma *transmissão* (no sentido próprio de uma *missão* que é *passada a frente*) e um *compartilhamento* de referências para a compreensão crítica do mundo, sempre associadas a referências indutoras de condutas particulares (função moral reprodutora da ordem cultural);
uma função de *inovação* (criação);
uma implicação da *alteridade* (a existência de um *outro* como condição para a ação).

Pelo manejo dessas categorias pretendemos identificar e explorar algumas similaridades analógicas entre a educação e a teologia. Pretendemos explorar essas similaridades tendo como referência dois fundamentos essenciais implicados na educação e na teologia: a epistemologia[4] e a ética.

1. Epistemologia e ética: a comunidade de comunicação como lugar e modo de validação

É necessário, inicialmente, pormo-nos de acordo quanto às chamadas demarcações epistemológicas (DUSSEL, 2000, p. 443) do nosso tema. A primeira demarcação é a que devemos fazer distinguindo entre discurso não científico e discurso científico. A teologia é um discurso que parte da fé como *factum* originário (não científico), mas que se desenvolve segundo parâmetros construídos no interior da linguística, arqueologia, filosofia, economia, antropologia, sociologia, psicologia-psicanálise e/ou outras disciplinas, sendo que tais parâmetros mediadores realizam-se com a pretensão de validade universal (e, nesse sentido, têm a pretensão de serem científicos). A educação, por seu lado, segue um roteiro similar: é um discurso a partir de e sobre uma prática social (não científico) que se funda em um conjunto articulado de saberes da filosofia, história, economia, sociologia, antropologia, psicologia-psicanálise e/ou disciplinas, cuja validade é pretensamente universal, sendo que, nessa

---

4   Epistemologia (do grego: *episteme*: "ciência"; *logos*: "teoria") é a disciplina que toma as ciências como objeto de investigação, tentando agrupar: (a) a crítica do conhecimento científico (exame dos princípios, das hipóteses e das conclusões das diferentes ciências, tendo em vista determinar seu alcance e seu valor objetivo); (b) a filosofia das ciências (empirismo, racionalismo etc.); (c) a história das ciências (JAPIASSU; MARCONDES, 1990).

medida, justificar-se-iam também como sendo científicas: e por isso são chamadas de "ciências da educação".

A segunda demarcação é a que deve ser feita entre as ciências naturais e as ciências sociais; e está claro, no nosso caso, que educação e teologia são, ambas, práticas no campo das ciências *sociais*, pois seu objeto são as práticas humanas, as quais são inerentemente sociais. Nesse ponto encontramo-nos numa tautologia, pois o fazer educação e o fazer teologia são, em si mesmos, práticas sociais (o sujeito faz parte do campo de conhecimento que ele próprio investiga).

A terceira demarcação é a que deve ser feita entre as ciências humanas e sociais "funcionais" (ou seja, meramente descritivas, explicativas e operativas) e as ciências humanas e sociais "críticas" (ou seja, que têm como objetivo "compreender" as práticas humanas, e fazem isso dispondo-se a demonstrar, em diálogo argumentativo, com direito à réplica, os fundamentos sólidos do seu próprio discurso). Também neste caso, reconhecemos que a teologia e a educação apresentam-se sempre com a pretensão de serem conhecimentos e discursos críticos. Entenderemos que uma ciência é "crítica" quando é capaz de realizar uma mediação inteligente para o conhecimento que promova o máximo desenvolvimento qualitativo das potencialidades humanas, em três âmbitos: o das singularidades subjetivas, o das culturas e o da universalidade. Trata-se aqui de supor que os seres humanos (cada um em sua subjetividade irredutível), as culturas e o conjunto da espécie humana têm potencialidades *de ser* e que essas potencialidades *devem poder* realizar-se. Essa *obrigação* (*ob- -ligare*: estar-ligado-a) de realizar suas potencialidades é um imperativo ético. É o *poder ser* que fundamenta o *dever*, e não o contrário. Mas este *poder ser* não é entendido como uma possibilidade metafísica e sim como factibilidade concreta, que só se revela na e pela ação, e implica a vida em comunidade, a comunicação, a contradição e a alteridade.

A história do pensamento epistemológico nas últimas décadas (CASALI, 2005, pp. 51-71) produziu avanços extraordinários a propósito das quatro categorias, citadas, as quais elegemos para examinar nosso tema. Acompanharemos apenas quatro posições históricas, a título de ilustração.

Educação e teologia

A primeira posição a ser considerada nesse percurso é a de Karl Popper.[5] Popper é o epistemólogo que melhor demarcou a distinção entre conhecimento não científico e conhecimento científico. Argumentou, com seu *racionalismo crítico*, que uma teoria só pode ser considerada científica se sujeitar-se ao confronto com os fatos, o que poderá eventualmente resultar em evidência da sua falsidade. Em consequência, concluiu que é a *falseabilidade* que garante a confiabilidade da ciência (POPPER, 1974, pp. 41-44). Uma afirmação dogmática não pode ser científica, justamente porque não admite a possibilidade de ser refutada. Toda ciência será sempre provisória e conjectural, mas enquanto sua teoria não for refutada ela será o conhecimento mais seguro e certo de que disporemos. Declarar dogmaticamente uma afirmação é muito mais fácil do que sustentar uma explicação mediante evidência de fatos e argumentações lógicas abertas à refutação. Assim, Popper deixa para trás na história a presunção positivista de se alcançar uma verdade definitiva na ciência. Mas a história da epistemologia demonstrará que sua posição ainda não era inteiramente crítica.

Em contraponto a Popper, Thomas Kuhn[6] publicou em 1962 um livro fundamental para a epistemologia contemporânea (*Estrutura das revoluções científicas*), em que demonstra que a ciência não se move apenas por operações lógicas mentais e por verificações empíricas (ações que poderiam teoricamente ser desenvolvidas por um indivíduo isolado) e sim, e principalmente, pelos condicionantes históricos, sociais e culturais em que toda atividade científica está metida. Isto porque a ciência nunca é um empreendimento apenas individual, nem abstrato; ao contrário, o sujeito da ciência é coletivo: é sempre uma *comunidade científica* de sujeitos institucionalizados que opera suas pesquisas dentro de certo paradigma coletivamente aceito (KUHN, 1976, pp. 219-225). Thomas Kuhn, assim, afirma a intersubjetividade sócio-histórica como um fundamento indispensável do desenvolvimento científico, que permite a construção de novos paradigmas epistemologicamente mais válidos ou acei-

---

[5] Karl Raimund Popper (1902-1994) é considerado por muitos como o epistemólogo mais influente do século XX sobre a demarcação entre a ciência e a não ciência. Foi também um filósofo social e político, de perfil liberal, defensor da democracia e da sociedade aberta, oponente de todas as formas de totalitarismo, a começar pela crítica ao totalitarismo na ciência e da ciência.

[6] Thomas Kuhn (1922-1996). Lecionou em Harvard, Berkeley, Princeton e MIT. Mas foi na Universidade de Harvard que produziu em 1962 um texto didático que veio a ser publicado em seguida sob o título de *Estrutura das revoluções científicas*. O texto despertou intensa polêmica, o que exigiu de Kuhn seguidos esclarecimentos. O ponto mais crítico de sua tese é a afirmação de que a escolha dos paradigmas dentro dos quais se produzem as ciências não é necessariamente uma escolha objetiva.

111

táveis que os anteriores. A posição de Kuhn demarca uma condição historicamente essencial ao exercício da teologia e da educação. Com efeito, ambas são campos teórico-práticos cujo conhecimento se produz a partir das práticas de uma comunidade de fé, no caso da teologia, e de uma comunidade de vida, no caso da educação.

Por sua vez, contrapondo-se ao mesmo tempo a Popper e a Kuhn, Paul Feyerabend[7] (1975) questionou a concepção de progresso linear na ciência. Sustentava que, se a ciência é uma atividade *social* e se o social se desenvolve inerentemente por conflitos, contradições, imprevisibilidades, incertezas e anarquias, as mesmas características haveriam de fazer parte dos processos mentais de operação do conhecimento dentro dos paradigmas vigentes, assim como nos questionamentos que resultam na construção de novos paradigmas. Aqui, igualmente, encontramos a contemporaneidade da teologia e da educação que superaram o discurso identitário da ordem e vêm incorporando (talvez a educação mais que a teologia) as contradições não como disfunções da realidade ou do discurso e sim, ao contrário, como manifestação do seu modo próprio de se desenvolverem.

Deve-se, afinal, registrar a posição epistemológica de Imre Lakatos[8] (1989), segundo quem as teorias se desenvolvem não como "unidades de conhecimento separadas" e sim como "séries de teorias", em "programas coletivos de investigação" que não podem desenvolver-se senão mediante sistemático exercício de intersubjetividade dialógica no seu interior (FEYERABEND, 1977, pp. 19-23). Aqui também, finalmente, destaca-se o similar *modus operandi* da teologia e da educação contemporâneas, fundadas em comunidades de diálogo intersubjetivo, interdisciplinar e interinstitucional, em práticas que têm como horizonte o desenvolvimento das potencialidades (factibilidades) da vida humana em comunidade.

---

[7]   Paul Feyerabend (1924-1994), austríaco, foi um inquieto filósofo da ciência. Estudou com Karl Popper em Londres. Amigo próximo de Imre Lakatos, com quem preparava um livro antes de Lakatos falecer, tornou-se conhecido por sua visão anarquista da ciência. Em seu livro *Contra o método*, dedicado a Lakatos, Feyerabend defende a ideia de que não há regras metodológicas universais e fixas que devessem ser usadas sempre pelos cientistas.

[8]   Imre Lakatos (1922-1974) nasceu em uma família judia, na Hungria. Graduou-se em matemática, física e filosofia. Perseguido pelo nazismo, mudou-se para Londres, onde atuou na *London School of Economics*, trabalhando com Karl Popper. Manteve intensa correspondência com Paul Feyerabend e faleceu em 1974.

Podemos observar, assim, como os empreendimentos epistemológicos contemporâneos e os empreendimentos da educação crítica contemporânea, mormente depois de Paulo Freire, vieram assumindo parâmetros de validação cada vez mais convergentes. O mesmo se passa com a teologia, mormente depois da Teologia da Libertação. Nesses dois casos, a comunidade de sujeitos conscientes, livres e responsáveis é reconhecida como a fonte das práticas e, ao mesmo tempo, o âmbito primeiro de sua validação. Parafraseando Enrique Dussel (2000) em sua *Ética da libertação*, a noção de "comunidade" para uma educação e uma teologia que se pretendam críticas será sempre, no limite, uma comunidade de vítimas, de excluídos, que podem construir um consenso argumentativo – condição básica para o critério de validade ética e epistemológica, mediante um processo sistemático de diálogo radical, em condição maximamente simétrica entre os participantes, em que todos tenham acesso à palavra para dizer acerca de seu mundo. Nesse diálogo, a partir de sua prática e sobre sua prática, realiza-se a conscientização como ato supremo do conhecimento humano, de um ponto de vista ético.

2. Ética e moral, teologia e educação

O mundo como está é insustentável. O sistema mundial (globalizado), que se iniciou há cinco milênios, e se intensificou nos últimos 500 anos, abraçou todo o planeta, quase todos os povos e nações "e fez isso, paradoxalmente, excluindo de seus benefícios a maioria da humanidade" (DUSSEL, 2000, p. 11). Se esse modo de agir irracional não mudar, a humanidade caminhará inevitavelmente para o suicídio coletivo, sufocada pelo fim dos recursos naturais, hiperpoluição, aquecimento global e todas as demais calamidades ambientais, ou para a guerra fratricida generalizada do desespero pela sobrevivência. O sistema-vida está em crise.

A educação tem alguma coisa a ver com tudo isso: é afetada e tem responsabilidades sobre isso, ainda que sua capacidade de mudar esse estado de coisas seja pequena. A teologia também tem algo a ver com isso: não há teologia que não seja um discurso de denúncia contra a desumanidade da desordem e da injustiça (pecado) e de anúncio de uma redenção em uma nova ordem, superior, um novo Reino. Teologia e educação têm compromissos, portanto, com uma nova ordem moral para o mundo, que lhe garantiria sustentabilidade, não apenas no sentido de sua manutenção ou conservação, mas principalmente no sentido de seus desenvolvimentos inesgotáveis. Essa nova ordem moral, posta numa perspectiva universal, pode ser denominada como uma ordem *ética*. Mas isso exige esclarecimentos.

De partida, convencionemos a moral,[9] enquanto substantivo, como o campo de estudos e de referências em que se baseiam as condutas dos indivíduos, grupos, instituições, organizações, comunidades, sociedades, povos, nações etc., cuja validade é atribuída à tradição, hábitos, costumes e leis. As condutas morais, por isso, nem sempre podem ser validadas do ponto de vista ético da universalidade. Moral, como adjetivo, seria a qualidade das condutas aceitáveis segundo a lei, os bons costumes e as tradições dos grupos, instituições, organizações, comunidades, sociedades, povos, nações etc.

Em contraponto, a ética, como substantivo, seria o conjunto de princípios e referenciais que regulam a conduta moral de indivíduos, grupos, instituições, organizações, comunidades, sociedades, povos, nações etc., buscando ser universalmente válidos; e a reflexão crítica que elabora tais princípios e referenciais e que julga argumentativamente a eventual validade universal das condutas morais. Ética, como adjetivo, seria a qualidade das condutas que cumprem o critério de validação universal.

Lembremos que o termo *ética* provém, em grego, de *êthos*, que significa, originalmente, a *toca* animal e, por extensão, a morada humana. Em latim, o termo *moral* tem exatamente o mesmo significado original (*mos, moris*), daí os demais vocábulos dessa família semântica, como *muro* e *morada*.[10] Nos dois casos, estamos falando de um espaço delimitado que é não apenas a toca ou caverna como lugar de abrigo, acasalamento e aconchego, mas também o seu entorno, ou seja, todo o espaço onde a vida se realiza economicamente pela caça, pesca, extrativismo, cultivo de alimentos e de animais domésticos, e se realiza social e politicamente pelo modo de relacionamento com outras

---

[9] Não há, na literatura filosófica, nenhum acordo formal sobre a distinção entre os conceitos de ética e moral. Há pensadores que adotam posições quase invertidas. Um bom exemplo contemporâneo, bastante conhecido, do posicionamento "ética = reflexão/universal; moral = prática/cultural" é o mexicano Adolfo Sánchez Vázquez (1969). Um bom exemplo contemporâneo da posição inversa (sistemas de eticidade = histórico-culturais; moral = disciplina filosófica que pensa sobre esses sistemas; ética = o conjunto e a relação entre ambos) é o argentino-mexicano Enrique Dussel (2000).

[10] O *êthos* é originalmente a *toca* animal. Por extensão, posteriormente referiu-se à morada humana. Não por acaso, o estudo do comportamento animal hoje ainda denomina-se *etologia*.

Educação e teologia

famílias, clãs e tribos. Essa produção da vida em comunidade não se realiza sem a mediação de uma prática social (educação) pela qual os hábitos, valores, conhecimentos, tecnologias e técnicas de sobrevivência do grupo sejam transmitidos sistematicamente pelas gerações adultas às gerações novas. Também não consta ter havido grupos humanos que não tenham produzido narrativas (mitos: as teologias primordiais) capazes de dar alguma explicação sobre o modo como o mundo está disposto (sendo que, via de regra, nesses casos, o mundo é identificado redutivamente como sendo o próprio grupo). O *êthos* é esse complexo processo de produção da vida, que, no caso dos seres humanos, é da ordem do social, cujo resultado é o que denominamos *cultura*. Por ser processo social, o *êthos* implica normas, regras, distribuições, ordenamentos, funções, papéis, responsabilidades distintas, distintos direitos e deveres. Em outras palavras, implica formas prescritas de conduta, mediante acordos coletivos. O *êthos* é uma astúcia da vida. É o modo inteligente pelo qual a vida (humana) trata de realizar-se: criar-se, manter-se, reproduzir-se, desenvolver-se (DUSSEL, 2000, p. 136).

Por aí reconhecemos a cultura como o berço (se não sinônimo) da moral. Já convencionamos que a moral é, sempre, de algum modo, um acontecimento particular, cultural. Para funcionar e garantir continuidade, porém, o sistema moral necessita de duas operações, em dois âmbitos distintos. Por um lado, necessita que os indivíduos que o constituem (se não em sua totalidade, ao menos em sua grande maioria) assimilem maximamente o padrão de conduta nele estabelecido, respeitadas as diferenças de papéis, de funções e de responsabilidades. Cada indivíduo será julgado pela cultura por referência a essas prescrições que lhe foram atribuídas desde a infância. Essas prescrições, de alguma forma, dão o contorno do que é considerado o bom, o reto, o justo; dão o contorno do que é considerado, naquela cultura, uma vida boa (ou, se preferir-se outro termo, a felicidade). Ao mesmo tempo, em consequência, cada indivíduo julgará a si mesmo moralmente tendo como referência esses ensinamentos e atribuições, e tenderá a ter mais sentimento de autoestima ou de culpa por comparação entre sua conduta e essas prescrições. Esses parâmetros morais são transmitidos pelas instituições básicas das sociedades: família, escola, religião, trabalho, política... Aí encontramos sempre, além da educação em seus sistemas institucionais, alguma teologia como fundamento de pastorais que se disseminam por suas instituições religiosas.

Por tudo isso, percebemos como a moral e a ética são fenômenos histórico-sociais, um produto humano, de responsabilidade exclusivamente humana. Deve-se levar em conta que distintos sistemas religiosos elaboraram sistemas morais, sempre supondo algum tipo de comunicação (Revelação ou Iluminação) com o Divino. Os sistemas religiosos e suas teologias contribuíram para forjar sistemas morais de largo e profundo alcance, em todas as culturas, como é o caso do judaísmo, budismo, cristianismo, islamismo etc.

Avançando nessa reflexão: uma conduta (de um indivíduo, ou de uma instituição, ou povo, ou governo, ou nação) só resiste à crítica ética, ou seja, só é eticamente crítica e, portanto, válida, se se submeter a duas provas, ou seja, se cumprir dois princípios, dois critérios simultâneos: a realização da vida e a alteridade radical (CASALI, 2007, pp. 75-88). Vejamos.

3. A ética como realização da vida

O *êthos* é uma astúcia da vida. É um modo inteligente pelo qual a vida trata de realizar-se: criar-se, manter-se, reproduzir-se, desenvolver-se (DUSSEL, 2000, p. 136). A vida deve ser o critério e o princípio mais fundamental da ética: é o princípio mais universal.

A vida deve poder criar-se. Ela criou-se, precedeu (na ordem do tempo, neste planeta) a nossa forma vital de consciência humana, e é o fundo dentro do qual nos movemos e a partir do qual pensamos sobre ela, como exatamente agora o fazemos, com este texto e esta leitura. Não há qualquer razão (seria um absurdo lógico, ecológico e ético) para a consciência humana voltar-se contra esse fundo e princípio que a originou e atuar no sentido de impedir que a vida siga criando-se.

A vida deve poder manter-se, proteger-se, reproduzir-se. Uma vez criada, a vida deve ser cuidada. A reprodutibilidade é uma inteligência inerente à vida, em todas as suas formas, assim como a sua capacidade de reação a eventuais desequilíbrios internos e externos.

A vida deve poder desenvolver-se. Toda a exuberante diversidade de formas do sistema-vida, inclusive e principalmente o seu fruto mais complexo e misterioso (o cérebro humano), é resultado de um desenvolvimento vital inerente. Do ponto de vista lógico, não seria possível afirmar a pulsão do sistema-vida a criar-se sem, necessariamente, afirmar sua pulsão a proteger-se, reproduzir-se e desenvolver-se. A vida busca, inerentemente, criar-se; uma vez criada, busca manter-se e reproduzir-se; e, uma vez mantida, busca desenvolver-se. Temos aí um princípio ético que reconhecemos presente nos empreendimentos mais recentes da educação e da teologia críticas.

4. A ética como exercício da alteridade radical

O *êthos* é uma astúcia da vida. Em se tratando de vida humana, trata-se de vida con-vivida, pois o homem é um animal social, um animal cuja vida se realiza em convivência. Nascemos de um outro ser humano, convivemos com outros seres humanos, prolongamos nossa vida na vida de outros seres humanos. O *êthos* é uma astúcia da vida, pois a vida humana só se estabeleceu e se desenvolveu neste planeta pela astúcia do modo de vida grupal.

Uma conduta, para ser ética, deve passar pelo crivo do outro, seja o outro incluído, seja o outro excluído: o outro afetado. Mas ninguém pode falar pelo outro senão, em última instância, ele mesmo. Naturalmente, em sistemas sociais complexos, nem sempre isso é possível na prática. De todo modo, em qualquer decisão de alcance coletivo, todas as formas de representatividade devem ser exaustivamente utilizadas, de modo a obter-se a expressão mais próxima possível dos interesses (direitos) de todos os outros afetados.

Esse é o fundamento ético da alteridade: o outro é um sujeito consciente, livre, autodeterminado, responsável, um sujeito de direitos. Sua liberdade é irredutível aos interesses e significados estabelecidos pelo grupo, exceto quando ele delega a expressão de seus interesses mediante acordo livre e esclarecido (democracia plena).

Aqui, igualmente, a ética encontra a educação e a teologia, pois ambas são empreendimentos que não tomam o mundo como coisa acabada e sim como realidade em processo de desenvolvimento de suas potencialidades.

5. Educação, teologia, ética e criação da vida

Pareceria que educação nada tem a ver com criação da vida, pelo simples fato de que para que haja educação é suposto que os alunos já tenham sua vida criada. Mas isso não significa que a escola possa deixar de manifestar-se e afirmar a criação da vida como um princípio ético mais geral e mais fundamental. A principal noção que a escola deveria cultivar junto aos alunos é exatamente essa noção de que a vida como processo em permanente criação é o princípio e o fim (o fundo) de tudo o que se faz. No caso da teologia, é da índole de todo discurso teológico afirmar a contingência da vida humana: sua finitude e sua dependência de um princípio divino criador. A Criação é um capítulo fundamental em todas as teologias (tanto quanto as cosmogonias – mitos de origem – são fundamentais em toda narrativa mítica dos povos).

Uma grave responsabilidade ética se impõe à conduta humana: a obrigação de não impedir que a vida siga criando-se. E mais: já que a ação de outros seres humanos de outros tempos e lugares produziu perdas, extinções e mortes, cabe hoje, a toda a humanidade e a cada ser humano, idêntico dever de compromisso com a recuperação, restauração e compensação de todas essas perdas. O fundamento dessa afirmação é: se todo ser humano hoje é herdeiro positivamente de todos os bens e conhecimentos acumulados por toda a humanidade, da mesma forma é herdeiro negativamente do dever de reparar o que a humanidade até hoje já pôs a perder na natureza e na cultura.

6. Educação, teologia, ética e reprodução da vida (seu cuidado, conservação, manutenção)

Desde os primórdios das comunidades humanas, no paleolítico inferior (600.000-100.000 anos atrás) a educação teve uma função muito pragmática: a de permitir as condições de reprodução da vida dos grupos por meio da transmissão dos conhecimentos adquiridos pelas gerações anteriores à geração mais nova. A roda dos adultos e crianças do clã, ao redor do fogo, no final do dia, nas moradas (*êthos*) ancestrais, é a cena pedagógica primordial, é a escola primordial. A criação de condições favoráveis à reprodução social é uma função moral e ética. Os grupos humanos ancestrais dos quais restou algum vestígio ou registro parecem ter manejado esse processo de manutenção e conservação da vida sempre mediante explicações (mitos: as teologias primordiais) e ritos de caráter religioso.

Os processos educativos que visam à manutenção e reprodução da vida se realizam mediante ações específicas, das quais destacaremos duas: o cuidado e o ensino.

A todo profissional é atribuída uma responsabilidade funcional-técnica e social na relação com seu público: médico-paciente, jornalista-leitor, político-cidadão, professor-aluno, teólogo-crente. Todas essas, sendo relações hegemônicas (de poder), são relações pedagógicas. Cuidar (BOFF, 1999) do outro: em seus direitos respectivos como usuário, consumidor, paciente, cliente, cidadão, visando ao atendimento de suas demandas, a realização de seus direitos e o desenvolvimento de suas potencialidades. O cuidado pedagógico requer diversas qualidades éticas do educador e do teólogo: integridade pessoal; o olhar atento e a escuta sensível (BARBIER, 1997); o diálogo e a comunicação (FREIRE, 1968). Em síntese: coerência e congruência na conduta pessoal, competência técnica, profissionalismo, transparência, legalidade (cumprimento das leis), impessoalidade (não conflito entre interesses pessoais e deveres profissionais), comunicabilidade, são obrigações de todo profissional. Mas para educadores e teólogos trata-se de qualidades que são, ademais, uma responsabilidade eticamente intrínseca à sua ação.

O ensino implica a transmissão de conhecimentos, mas não se reduz a isso. Por isso não falamos aqui de transmissão no sentido negativo denunciado por Paulo Freire (1968, p. 63), que recusava a "educação bancária", na qual não se faz mais do que transferir conhecimentos dos professores para os alunos, como num "depósito" bancário de valores. A função de transmitir conhecimentos é boa e indispensável à saudável reprodução da sociedade. Todos têm o direito de ter acesso a todos os conhecimentos acumulados pela humanidade, como dissemos. Pode haver, e há, diversas formas de se fazer essa aprendizagem do passado, mas em todas elas, de alguma forma, algo valioso se transmite, e isso é essencial para a manutenção, preservação e reprodução da vida.

7. Educação, teologia, ética e desenvolvimento da vida

Dos três princípios éticos fundamentais (criar, manter e desenvolver a vida), aquele que mais coincide com a essência da ação educativa e a essência do fazer teológico é o terceiro: o desenvolvimento da vida.

A noção de desenvolvimento nos coloca, negativamente, diante da ideia de que sempre houve e há obstáculos à realização plena da vida. Podem ser obstáculos naturais ou culturais. Realizar a vida implica sempre também em desobstruir os caminhos para sua efetivação. No dia a dia pedagógico, trata-se de desobstruir entraves ao desenvolvimento concreto dos sujeitos sob a responsabilidade profissional do educador ou ao alcance da comunicação do teólogo.

A noção de desenvolvimento nos coloca, positivamente, diante da ideia de que a vida é um feixe infinito de possibilidades. Todo ser vivo é um conjunto de possibilidades de ser mais e melhor. Essa condição de inacabamento, como característica estruturante dos processos vitais e de cada ser humano, imprime uma qualidade específica a seus processos de desenvolvimento, até porque é um dos fundamentos do desejo (dinâmicas do inconsciente) e da vontade (dinâmicas da consciência).

Eticamente falando, o horizonte de possibilidades de realização da vida é um horizonte de obrigações. Nossos talentos não são para nós um convite, mas uma convocação. O moralismo clássico kantiano pensava a vida a partir dos deveres. Pensava que as possibilidades eram dadas dentro do horizonte dos deveres: "Dir-te-ei teus deveres e tu saberás o que podes fazer". Aqui, na ética da vida e da alteridade, o raciocínio é o inverso: "Saiba quais são teus talentos e saberás quais são teus deveres". Tudo o que se *pode* ser, se *deve* ser: realizar a vida na sua máxima possibilidade.

Esse é, também, o sentido próprio de educar. Essa palavra é de origem latina (*e-ducere*) e já ouvimos muitas vezes sua associação com a ideia de "trazer para fora" certas qualidades que todos os educandos guardariam em seu interior. Essa representação é forte e pertinente, sem dúvida. Ela inscreve-se nesse mesmo campo semântico dos talentos a serem desenvolvidos. Um sentido mais expressivo da ação pedagógica inscrita na ética da vida, porém, seria o do educar (*e-ducere*) como o de *alterar o estado*, levar de uma condição para outra, realizar possibilidades produzindo alterações. O sentido criativo e de inovação mostra-se explícito, nessa acepção.

Essa perspectiva ética da educação como ação que desenvolve a vida, isto é, que a promove (e *pro-mover* significa precisamente *mover-para-a-frente...*), talvez seja a melhor síntese de todas as posições críticas que o pensamento pedagógico até hoje produziu. Ela coloca a consciência ética de educadores diante da obrigação de investir nos talentos e potencialidades, já que todos são capazes de realizar a plenitude da vida pessoal. Paralelamente, não há teologia que não se refira a uma utopia, a um momento escatológico na história em que o mundo realizará todas as suas potencialidades e encontrará seu acabamento final: o fim dos tempos.

8. Educação, teologia, ética e alteridade

Essas características éticas inerentes à educação e ao fazer teológico, como ação capaz de desenvolver as potencialidades da vida, implicam o modo específico da vida humana que é o modo de ser social. Vida humana é vida con--vivida. Estamos no centro da ação educativa e comunicativa que implica todo educador e todo teólogo: a relação entre sujeitos, mediada pelo conhecimento e pelos valores sociais.

A ética pedagógica da vida só pode ser uma ética pedagógica da alteridade. Isso se impõe preliminarmente como *factum*: simplesmente não pode haver educação sem um outro (a autoformação é, de partida, um empreendimento limitado, que corresponde apenas parcialmente ao modo de ser humano, e que funciona somente depois de se ter desenvolvido um considerável grau de autonomia). Nem pode haver exercício da teologia sem o outro sujeito de fé igualmente implicado em compreender o mundo à sua luz. A relação inter-subjetiva, dialógica, entre duas liberdades que se tocam, dois desejos e vontades que convergem, duas inteligências que se provocam, quando se realiza criticamente abre um horizonte ilimitado e imprevisível de comunicações, compartilhamentos, desenvolvimentos entre sujeitos. Isso suscita alguns requerimentos sobre a noção de alteridade e sobre as qualidades indispensáveis do educador e do teólogo, para que suas ações possam ser criticamente éticas.

Quanto à noção adequada (ética) da alteridade, cabe em primeiro lugar assinalar a obrigação diante da integridade da vida do outro. O educando e o crente não podem ser convocados apenas como sujeitos cognitivos e sim na sua condição complexa de sujeitos também corporais, sensíveis, emocionais, culturais, estéticos etc.

Em segundo lugar, cabe demarcar que os sujeitos não são genéricos, nem são similares. O outro é sempre um sujeito concreto, nascido e criado numa classe social, num nicho cultural, num ambiente familiar afetivo circunscrito, sob eventual influência de um determinado sistema educacional e uma tradição religiosa, e que se diferencia de outros sujeitos por classe, gênero, origem étnico-racial, cor de pele, condição física e mental, idade, convicção religiosa, convicção política, orientação afetivo-sexual, estética pessoal etc. O educador e o teólogo criticamente éticos, conscientes de que as diferenças entre os seres humanos não são apenas naturais, mas também e principalmente histórico--culturais, devem manter uma atitude fundamental sempre radicalmente inclusiva, de cuidado com todos, mas não podem deixar de considerar que seu cuidado preferencial deve ser dirigido ao outro mais negado, mais vitimado, mais excluído. A pedagogia de Paulo Freire, por exemplo, elegeu, no seu início, como educandos prioritários, os camponeses analfabetos. A Teologia da Libertação cultivou enfaticamente esse cuidado preferencial com os excluídos a partir do mote consagrado na II Conferência Episcopal Latino-Americana – CELAM, realizada em Medellín, Colômbia (1968): a opção preferencial pelos pobres, o anúncio da Boa-Nova da libertação aos pobres.

Em terceiro lugar, e por consequência de sua irredutível singularidade, o outro é um sujeito que deve poder falar por si em última instância. Naturalmente, isso resulta de um processo de amadurecimento, desde a posição mais indiferenciada com a qual se inicia a vida do sujeito humano, até as mais sutis diferenciações que todo sujeito pode cultivar: diferenciações e recortes relacionados a identidades culturais (condição feminina, etnicorracial, etária etc.) e relacionados a individuações do sujeito (condição psíquica, emocional, afetivo-sexual etc.).

Tudo isso requer do educador e do teólogo, como pessoas singulares, um conjunto de qualidades éticas para o exercício crítico de sua ação:

- Clareza sobre o que é o bom, o reto, o justo. A boa, reta e justa intenção é sempre uma condição ética formal *a priori*, embora não seja sua garantia acabada. Por isso ela implica um passo seguinte, o da ação.

Educação e teologia

- Correção na ação. Agir de modo corretamente ético na educação e na teologia implica entrar na aventura responsável do relacionamento com o outro. Implica assumir os riscos da liberdade. Isso, por sua vez, requer uma adequada mediação.

- Clareza sobre o que é factível. O educador (e, não menos, o teólogo) mostra com muita frequência sua face de grande planejador e sonhador: fala de utopias, de mundos futuros, de uma outra ordem humana ou sobre-humana etc. Mas a factibilidade desses sonhos requer condições que vão muito além de sua correta ação na sala de aula ou na relação com a comunidade de fé. O educador e o teólogo éticos devem considerar todas as condições de possibilidade de realização objetiva, material e formal, empírica, técnica, econômica, política, cultural etc. da ação que propõem, levando em conta as leis da natureza em geral e da natureza humana em particular (DUSSEL, 2000, p. 268).

- Qualidades interpessoais. Num primeiro nível, esse requerimento da ação do educador e do teólogo é uma precondição para seu exercício profissional, tanto quanto é indispensável a um cantor que tenha cordas vocais. Mas esse requerimento profissional tem também um sentido ético inerente, pois a realização da vida humana (criar-se, manter-se, reproduzir-se e desenvolver-se) o implica. Daí que o educador e o teólogo são sujeitos (profissionais) de relacionamentos interpessoais, que por sua vez requerem outras qualidades.

- Qualidades de comunicação e agregação, pois a educação e a teologia são ações de natureza comunicativa (compartilhamento de conhecimentos e experiências) e agregadora (de conhecimentos e experiências, de vínculos entre pessoas e grupos, de valor cívico e profissional).

Como dissemos, a ética pedagógica da vida só pode ser uma ética pedagógica da alteridade. Isso significa também que a educação e a teologia são práticas de alteridade nos dois sentidos: processos em que o outro é constitutivo da ação; e processos sempre inacabados de alteração de si mesmo e do outro.

9. Referências bibliográficas

BARBIER, René (1995). *L'approche transversale*; l'écoute sensible en sciences humaines. Paris: Anthropos, 1997.

BOFF, Leonardo. *Saber cuidar*; ética do humano. Petrópolis: Vozes, 1999.

CASALI, Alípio. El pensamiento complejo: el marco epistemológico. In CASALI, Alípio; LIMA, Licínio; NÚÑEZ, Carlos; SAUL, Ana. Propuestas de Paulo Freire para una renovación educativa. Tlaquepaque/Pátzcuaro (Méx.)/Panamá (Pan.): Iteso/Crefal/Ceaal, 2005. pp. 51-71.

_____. Ética e Educação: referências críticas. *Revista de Educação PUC-Campinas*. Campinas, SP, n. 22, junho 2007, pp. 75-88.

DUSSEL, Enrique (1998). *Ética da libertação na idade da globalização e da exclusão*. Petrópolis: Vozes, 2000.

FEYERABEND, Paul (1975). *Contra o método*. Rio de Janeiro: Francisco Alves, 1977.

FREIRE, Paulo (1968). *Pedagogia do oprimido*. Rio de Janeiro: Paz e Terra, 1970.

JAPIASSU, Hilton; MARCONDES, Danilo. *Dicionário básico de filosofia*. Rio de Janeiro: Jorge Zahar, 1990.

KANT, Immanuel. *Fundamentação da metafísica dos costumes e outros escritos*. São Paulo: Martins Claret, 2003.

KUHN, Thomas (1962). *Estrutura das revoluções científicas*. São Paulo: Perspectiva, 1976.

LAKATOS, Imre. *The Methodology of Scientific Research Programmes*; Philosophical Papers, Volume 1. Cambridge: Cambridge University Press, 1977.

POPPER, Karl (1972). *A lógica da pesquisa científica*. São Paulo: Cultrix, 1974.

VÁZQUEZ, Adolfo Sánchez. *Ética*. Rio de Janeiro: Civilização Brasileira, 1969.

PARTE II

Fundamentos teológicos

CAPÍTULO VII

A educação no antigo Israel e no tempo de Jesus

Carlos Mesters e
Rafael Rodrigues da Silva

Educação e Bíblia, tema instigante, provocador e que nos abre várias possibilidades de leitura. Poderíamos simplesmente falar da educação no tempo de Jesus e a sua pedagogia. Propomos começar pelo contexto social e cultural do antigo Israel e apontar as mudanças que foram acontecendo na vida do povo de Israel e da Judeia; daí abordar a formação e educação na vida de Jesus e na sua proposta de formação de seus seguidores e seguidoras.

1. A educação no antigo Israel

Não podemos falar de educação no antigo Israel sem nos referirmos à forma como se estrutura a família. Esta se configura de forma patrilinear, patrilocal e patriarcal,[1] demonstrando que a vida social era determinada pela figura do pai:[2]

> A sociedade israelita é claramente patriarcal desde os documentos mais antigos: o termo que a caracteriza é *bêt 'ab* "casa paterna", as mulheres, nas referências às genealogias, são mencionadas raramente, o parente mais próximo é o tio paterno, cf. Lv 25,49, o marido é o *ba'al* "senhor" de sua esposa, e o pai tem, sobre todos

---

[1] A משׁפָּחָה israelita é: endógama (casam-se com parentes); patrilinear (descendência pai-filho); patriarcal (poder do pai); patrilocal (a mulher vai para a casa do marido); ampliada (reúne os parentes próximos todos no grupo) e polígena (tem muitas pessoas). PATAI, R. *Sitte und Sippe in Bibel und Orient*. Frankfurt: s.n., 1962. pp. 97-104, citado por FIDELES, *Construindo cidadania de crianças; pelos veios da hermenêutica jurídica e bíblica infantil*.

[2] PERDUE; BLENKINSOPP; COLLINS; MEYERS, *Families in Ancient Israel*.

os que com ele moram, autoridade total, que antigamente lhe dava o direito de decidir sobre a vida ou a morte (como no caso de Gn 38,24, em que Judá condena sua nora Tamar por imoralidade).[3]

As famílias viviam da agricultura e das atividades pastoris nas regiões montanhosas e de acordo com a organização clânico-tribal, como trabalho de produção coletiva. Tanto na dimensão econômica quanto na vida social as famílias israelitas tinham uma clara divisão do trabalho: a mulher dava à luz as crianças (aqueles que iriam garantir a continuidade e, por isso, eram os portadores do nome da família) e cuidava delas até o desmame (dos 3 aos 5 anos de idade). A mulher tinha a grande responsabilidade na educação de seus descendentes, tanto no ensino das tradições culturais quanto na vida religiosa:[4]

> Nas cidades como nas áreas rurais, as famílias eram unidades economicamente semi-independentes que produziam grande parte do alimento e vestuário necessários a partir de matérias-primas. A família incluía o dono da casa, sua mulher, filhos, pais idosos, parentes solteiros e também servos e escravos. Embora o pai como chefe da família fosse uma figura à parte sob muitos aspectos, os demais membros dividiam várias responsabilidades, comiam junto (incluindo os escravos, pelo menos originariamente) e cumpriam rituais religiosos.[5]

Para Gerstenberger, as mulheres desempenhavam um papel importante na manutenção dos cultos domésticos (cf. Gn 31,31-35; Jz 17,1-5; 1Sm 18,11-16; 28):[6]

> O papel da mulher era delimitado pelo papel da dona de casa, que deveria ocupar-se dos filhos, da casa, e assumir todas as tarefas "naturalmente" cabíveis ao feminino. A condição da mulher era de depender de seu senhor e marido, de opressão, submissão. No que tange à criança, libertar a mulher dessa escravidão materna seria, talvez, libertar a criança igualmente de um destino preestabelecido pelo androcentrismo e patriarcalismo.[7]

O homem era responsável pela educação dos filhos a partir dos 5 anos, principalmente no ensino das atividades laborais e no acompanhamento das

---

[3]   DE VAUX, *Instituições de Israel no Antigo Testamento*, p. 42.

[4]   SAULNIER; ROLLAND, *A Palestina no tempo de Jesus*, p. 67.

[5]   KOESTER, *Introdução ao Novo Testamento; I. história, cultura e religião do período helenístico*, pp. 67-68.

[6]   GERSTENBERGER, Casa e casamento no Antigo Testamento, pp. 81-89. Ver também: RICHTER REIMER, Religião e economia de mulheres: Atos 16,11-15.40, pp. 1482-1486; JARSCHEL, Para que a memória histórica de resistência das mulheres seja guardada (Gênesis 38), pp. 39-48.

[7]   FIDELES, *Construindo cidadania de crianças; pelos veios da hermenêutica jurídica e bíblica infantil*, p. 111, nota 102. Ver: NAVIA VELASCO, A mulher na Bíblia: opressão e libertação, pp. 51-70.

peregrinações religiosas. Ou seja, o filho acompanhava o pai nas romarias e nas grandes festividades.

A visão desde o antigo Israel era de que os pais representavam a autoridade de Deus e por isso tinham a função de ensinar e orientar os filhos. E desde pequenos os filhos participavam dos ritos domésticos, das festas e frequentavam os santuários (cf. 1Sm 1,4.20). Lá ouviam os salmos e as narrativas históricas.[8] A instrução familiar também ocorria nos ambientes de trabalho (roçado e comércio), na porta e nas ruas (cf. Pr 1–9 e Eclo 9,16). De acordo com a estruturação da sociedade a partir da Lei (Torá), o ensino fundamental das tradições para as crianças começava com o livro do Levítico.[9]

As escolas estavam destinadas aos jovens e o ensino da lei para as meninas consistia nos preceitos negativos; enquanto os meninos deveriam aprender a interpretar a Lei.[10] O método de ensino consistia na repetição através dos paralelismos, antíteses e assonâncias. O estudo mais aprofundado deveria proporcionar a prática da discussão e argumentação dos textos da Torá:

> Em termos legais, a autoridade estava nas mãos do senhor, proprietário e pai da família. Na prática, a condução das tarefas domésticas diárias, a supervisão das escravas e a educação dos filhos menores eram responsabilidade da esposa, exceto nas famílias mais abastadas, onde o cuidado dos filhos era delegado a um aia ou "preceptor" (*paidagogos*). Em famílias de classe média e mais pobres, o pai e a mãe dividiam entre si a maioria das responsabilidades; nas classes altas, o senhor e a senhora participavam pouco da administração da casa e da supervisão dos filhos. Em Roma, embora por tradição a educação dos filhos coubesse ao pai, os pais que dispunham de recursos para empregar uma ama-seca às vezes não se preocupavam em realizar eles mesmos essa tarefa.[11]

Os focos geradores da sabedoria[12] e espaços fundamentais do ensino no antigo Israel são: (1) na família em *casa*; (2) no trabalho do *campo* e na natureza; (3) na praça da cidade junto do *portão*, onde ficava o tribunal da justiça e onde se fazia a feira; (4) na sociedade com seu governo e suas organizações,

---

[8] DE VAUX, *Instituições de Israel no Antigo Testamento*, p. 73; WEBER, *Jesus e as crianças; subsídios bíblicos para estudo e pregação*, p. 14.

[9] DANA, *O mundo do Novo Testamento; um estudo do ambiente histórico e cultural do Novo Testamento*, p. 124.

[10] SAULNIER; ROLLAND, *A Palestina no tempo de Jesus*, p. 68.

[11] KOESTER, *Introdução ao Novo Testamento; I. história, cultura e religião do período helenístico*, pp. 67-68.

[12] CONFERÊNCIA DOS RELIGIOSOS DO BRASIL. *Sabedoria e poesia do povo de Deus; tua Palavra é Vida*, p. 24.

cujo centro era o *palácio* do rei; (5) na religião com suas práticas e ritos que permeavam a vida e convergiam para o *Templo*. É nestes ambientes que estavam os focos geradores, onde se concentrava o esforço da sabedoria.

Os levitas desempenham papel importante na instrução e ensino da lei para o povo.[13] No início, no tempo dos juízes, não havia templo central nem matriz. Os levitas viviam ao redor dos pequenos santuários de peregrinação, aonde o povo ia renovar e celebrar sua fé. Cada santuário estava ligado a algum acontecimento do passado do tempo dos patriarcas e matriarcas ou dos juízes. Era uma maneira de manter viva a memória e, assim, de aprofundar sua identidade e missão como povo de Deus. O objetivo da presença dos levitas nestes pequenos santuários espalhados pelo país era um só: manter viva no povo a fé em Javé, que o libertara do Egito; experimentar e celebrar a sua presença libertadora e exigente no meio do povo. Em Dt 33,8-11 vemos que vários aspectos da missão dos levitas: ser conselheiro do povo; ser totalmente de Deus; ser doutor ou doutora em Palavra de Deus; transmitir a vontade de Deus ensinando as normas da lei; mediadores e animadores das celebrações; confiar na força da bênção de Deus; através do sofrimento merecem confiança. Porém, em Dt 10,8-11 devem levar a arca da aliança, servir a Javé; abençoar o povo e ter Javé como herança.[14]

2. Jesus: educando e formador[15]

No tempo de Jesus, já havia todo um sistema bem organizado de educação e de formação, marcado pela observância da Lei de Deus e pela tradição dos antigos, cujos pilares eram a família, a sinagoga (comunidade) e o templo; havia os formadores, chamados mestres ou rabinos, e havia os discípulos que *seguiam* o mestre; havia a religião oficial, ambígua e muitas vezes opressora, representada pelos sacerdotes, fariseus e escribas, e havia a piedade confusa e resistente dos pobres, chamados *anawim;* havia o povo empobrecido e abandonado, sem proteção e sem defesa, cheio de doenças sem cura; havia gente

---

[13]   DE VAUX, *Instituições de Israel no Antigo Testamento*, p. 392.

[14]   MESTERS, Voltar sempre à origem da vocação. Uma reflexão sobre a nossa vocação à luz da vocação dos levitas. In: *Vai! Eu estou contigo! Vocação e compromisso à luz da Palavra de Deus*, pp. 101-127.

[15]   Estas reflexões sobre a formação recebida por Jesus e dada aos discípulos foram publicadas no site da CNBB: http://www.cnbb.org.br/site/component/docman/doc_details/174-jesus-formando-e-formador-frei-carlos-mesters-e-francisco-orofino.

A educação no antigo Israel e no tempo de Jesus

explorada por um sistema injusto; havia desemprego, empobrecimento e endividamento crescentes; havia poderosos ricos insensíveis que não se importavam com a pobreza de seus irmãos e suas irmãs; havia tensões e conflitos sociais com repressão violenta e sangrenta da parte dos romanos que matavam sem piedade; havia classes altas comprometidas com os interesses do Império Romano na exploração do povo, e grupos de oposição aos romanos que se identificavam mais com as aspirações do povo.

Toda esta realidade complexa e conflituosa do tempo de Jesus teve uma influência profunda e decisiva sobre a formação que ele recebeu em casa e na sua comunidade lá em Nazaré, e condicionou toda a atividade formadora do próprio Jesus com relação aos discípulos e discípulas.

Geralmente, quando falamos de Jesus, não costumamos ver nele o educando, mas só o formador. Na realidade, Jesus, igual a nós em tudo, menos no pecado (Hb 4,15), viveu o mesmo processo de aprendizagem, próprio de todo ser humano. Como todo mundo, crescia em sabedoria, tamanho e graça, diante de Deus e dos homens (Lc 2,52). Naqueles trinta anos em Nazaré, Jesus "crescia e ficava forte, cheio de sabedoria, e a graça de Deus estava com ele" (Lc 2,40). E mesmo depois, ao longo dos três anos da sua vida como formador dos discípulos e das discípulas, ele ia aprendendo no contato com o povo, com os discípulos e com os fatos duros da vida.

a) A escola de Jesus

Cada um de nós, pelo simples fato de nascer neste mundo, nasce num determinado lugar, numa determinada família, num determinado povo. Nasce marcado de muitas maneiras. Jesus também. A família, a cultura, a língua, o lugar do nascimento afetam a vida da gente de alto a baixo. E estas coisas, ninguém as escolhe. Elas fazem parte da existência humana, são o ponto de partida para qualquer coisa que se queira fazer na vida. Elas são a *encarnação*. "E a Palavra se fez carne e habitou entre nós" (Jo 1,14).

Jesus assumiu estes condicionamentos lá onde pesam mais, isto é, no meio dos pobres (2Cor 8,9; Mt 13,55; Fl 2,6-7; Hb 4,15; 5,8). Ele se formou "crescendo em sabedoria, tamanho e graça, diante de Deus e dos homens" (Lc 2,52). Estes três aspectos do crescimento em "sabedoria, tamanho e graça" se misturam entre si. Crescer em *sabedoria* é assimilar os conhecimentos da

131

experiência humana diária, acumulada ao longo dos séculos nas tradições e costumes do povo. Isto se aprende convivendo na comunidade natural do povoado. Crescer em *tamanho* é nascer pequeno, crescer aos poucos e tornar-se adulto. É o processo de todo ser humano, com suas alegrias e tristezas, amores e raivas, descobertas e frustrações. Isto se aprende convivendo na família com os pais, os avós, os irmãos e as irmãs, com os tios e tias, sobrinhos e sobrinhas. Crescer em *graça* é descobrir a presença de Deus na vida, a sua ação em tudo que acontece, o seu chamado ao longo dos anos da vida, a vocação, a semente de Deus na raiz do próprio ser. Isto se aprende na comunidade de fé, nas celebrações, na família, no silêncio, na contemplação da natureza, na oração, na luta de cada dia, nas contradições da vida e, em tantas outras oportunidades.

Nascido em Belém da Judeia, no Sul (Mt 2,1), Jesus foi criado no interior, na roça, em Nazaré da Galileia, no Norte (Lc 4,16). Falava o aramaico com sotaque de Judeu da Galileia (cf. Mt 26,73). Era visto como judeu pela Samaritana (Jo 4,9), e como Galileu pelos judeus da Judeia (Mt 26,69.73). Jesus não pertencia ao clero que cuidava do Templo. Não era doutor da lei, nem pertencia ao grupo dos fariseus ou dos essênios. Ele nasceu leigo, pobre, sem a proteção de uma classe ou de uma família poderosa. Muito provavelmente, a família de José era migrante como tantos outros judeus da Judeia do primeiro século e como tantos migrantes hoje na América Latina.

Dos trinta e três anos da sua vida, Jesus passou trinta no anonimato, em Nazaré, povoado sem importância (Jo 1,46). Lá ele viveu e se formou, aprendendo em casa com a família e na comunidade com o povo (cf. Lc 2,52). Ele não teve a oportunidade, como o apóstolo Paulo, de estudar com o doutor Gamaliel na escola superior de Jerusalém (At 22,3). A escola de Jesus era a escola de todos nós, desde a infância. Vejamos de perto a escola de Jesus.

b) A vida *em casa*

A *escola* de Jesus era, antes de tudo, a vida em casa, na família, onde vivia com os pais, obediente a eles (Lc 2,51). Foi lá que aprendeu a amar, andar, falar, se cuidar, se vestir, se alimentar, conviver, rezar, trabalhar. O povo rezava muito naquele tempo. Todos os dias, de manhã, à tarde e à noite. Até hoje se conservam aquelas orações. Desde criança, eles aprendiam os salmos de memória. A mãe ou a avó os ensinava (cf. 2Tm 1,5; 3,15). A vida em família nem

A educação no antigo Israel e no tempo de Jesus

sempre era fácil. Jesus teve problemas. Depois que começou a sua vida itinerante pela Galileia, os parentes chegaram a pensar que ele tivesse enlouquecido. Queriam que voltasse para casa (Mc 3,20-21). E, quando Jesus chegou a ter certa fama, queriam promovê-lo (Jo 7,3-4). Nos dois casos, teve que discordar deles (Jo 7,5-6; Mc 3,31-35).

c) A Bíblia *na comunidade e na família*

A *escola* de Jesus era a Bíblia, lida na comunidade e ruminada em casa. Pelo que nos informam os Evangelhos, a gente percebe que Jesus conhecia muito bem a Bíblia. Se você for juntar todas as alusões ou citações que aparecem nos quatro Evangelhos, perceberá que Jesus conhecia a Bíblia de cor e salteado. Aprendeu em casa com a mãe e na sinagoga (cf. 2Tim 1,5; 3,15). Jesus recorre à Escritura como fonte de autoridade (Lc 4,18) e, como ainda veremos, por ela se orientava meditando as profecias do *Servo de Deus* e do *Filho do Homem* para saber como realizar sua missão (cf. Mc 1,11; 8,31). Era na Bíblia que ele encontrava as respostas contra as tentações do diabo (Lc 4,4.8.12) e contra as provocações dos seus adversários que procuravam desautorizá-lo diante do povo e tentavam desviá-lo do caminho do Pai (Mc 2,25-26). Na hora do grande sofrimento da sua paixão e morte na cruz, ele rezava os salmos (Mc 15,34; Lc 23,46; Jo 19,28).

d) A tradição *transmitida pelos doutores da Lei*

A *escola* de Jesus era a tradição transmitida pelos doutores da lei. Jesus reconhece a autoridade dos escribas e fariseus, mas avisa: "Façam o que eles dizem, mas não o que eles fazem!" (Mt 23,3). Reconhece que, de um lado, eles transmitiam a vontade de Deus, mas, de outro lado, muita coisa do que transmitiam não tinha nada a ver com a vontade do Pai, pois eles esvaziavam o mandamento de Deus (Mc 7,13). Em Nazaré, dos 12 aos 30 anos de idade, Jesus escutava os ensinamentos deles e os confrontava com a vida do povo, com a Bíblia e com a experiência que ele mesmo tinha de Deus e da vida. O resultado deste longo aprendizado aparece nas discussões de Jesus com os doutores da lei ao longo dos três anos da sua vida como profeta itinerante, andando pelos povoados da Galileia.

e) A convivência *com o povo em Nazaré*

A *escola* de Jesus era a convivência com o povo de Nazaré. Nazaré era um povoado pequeno, onde todo mundo conhecia todo mundo. O povo de lá conhecia Jesus e a sua família (Mc 6,3). Jesus conhecia o povo (cf. Jo 2,24-25). Nesta convivência de trinta anos aprendeu as inúmeras coisas que todos nós aprendemos, como que naturalmente, ao longo dos anos da vida: as tradições, os costumes, as festas, os cânticos, os tabus, as histórias, os medos, os poderes, as doenças, os remédios. Quando Jesus, a partir da sua experiência de Deus como Pai, começou a agir e a falar diferente do que sempre havia sido ensinado, o povo de Nazaré estranhou, não gostou nem acreditou (Mc 6,4-6). E quando, numa reunião da comunidade, Jesus começou a ligar a Bíblia com a vida deles (Lc 4,21), a briga foi tanta que quiseram matá-lo (Lc 4,23-30). "Santo de casa não faz milagre".

f) O trabalho *na roça e na carpintaria*

A *escola* de Jesus era o trabalho. Jesus se formou trabalhando. Aprendeu a profissão de José, seu pai (Mt 13,55), e servia ao povo como carpinteiro (Mc 6,3). Além disso, como todo judeu do interior, trabalhava na roça como agricultor. Pelas parábolas que ele usava para ensinar o povo, a gente percebe que Jesus entendia as coisas da roça. Muitas parábolas se referem ao campo e à agricultura. Carpintaria e roça! Trabalho duro para viver, sustentar a família e sobreviver. Na Galileia a terra não era ruim. Dava o suficiente para o povo viver. Mas os impostos eram altos e o controle rígido. Havia muitos cobradores de impostos (os publicanos – Mc 2,14.15). O povo não tinha defesa contra o sistema que o explorava.

g) A escola *ou a casa da letra*

A *escola* de Jesus era também a escola propriamente dita. Naquele tempo, em quase todos os povoados, junto da sinagoga local, havia o que eles chamavam a *bet-ha-midrash*, a "casa da letra". Era lá que os meninos – só os meninos – aprendiam a ler e escrever. Jesus sabia ler, pois assim transparece no Evangelho de Lucas, quando ele foi chamado para fazer a leitura na reunião da comunidade (Lc 4,16-17). Naquele tempo, as pessoas que deviam

A educação no antigo Israel e no tempo de Jesus

fazer a leitura durante a celebração do sábado passavam a tarde da sexta-feira na sinagoga para se preparar a fazer uma boa leitura no sábado. Pois, assim diziam, se a Lei de Deus é perfeita (cf. Sl 19,7), perfeita também deve ser a sua leitura. Durante os anos da sua juventude Jesus deve ter passado muitas tardes de sexta-feira na sinagoga para preparar a leitura do dia seguinte.

h) A Galileia *dos pagãos*

A *escola* de Jesus era a região da Galileia. O povo da Galileia tinha uma maneira diferente de conviver com os outros povos. Era mais aberto, mais ecumênico que os judeus da Judeia no Sul. A Galileia estava cercada de cidades pagãs, todas elas grandes centros comerciais: Damasco, Tiro, Sidônia, Ptolomaide, Cesareia, Samaria e mais a região da Decápole. A palavra *Decápole* significa "dez cidades". Por isso, os judeus da Galileia tinham mais contato com os pagãos do que os da Judeia no Sul. Os do Sul achavam que o povo da Galileia era relaxado e lhe deram um apelido: "Galileia dos pagãos" (Is 8,23; Mt 4,15). A palavra *Galileia* significa "distrito". *Distrito dos Pagãos!* Este contato mais frequente com os outros povos teve influência na formação de Jesus. Por exemplo, ele viajava e ia para as regiões de Tiro e Sidônia (Mc 7,24.31), da Decápole (Mc 5,1.20; 7,31), de Cesareia de Filipe (Mc 8,27) e de Samaria (Lc 17,11). Andando por esses lugares, ele conversava com o povo pagão (Mc 7,24-29; Jo 4,7-42), o que era proibido para os judeus (cf. At 10,28). Jesus reconhecia o valor e a fé de pessoas que não eram judias e aprendia delas (Mt 8,10). Por exemplo, ele aprendeu da mulher cananeia que era de outra raça e de outra religião. Na atitude desta mulher pagã Jesus leu a vontade do Pai e mudou de opinião sobre o alcance e a abertura da sua própria missão como Messias junto aos pagãos (Mt 15,28).

i) O coração, o sentimento, a intuição

A *escola* de Jesus era a sua consciência, o coração, a intuição. No tempo de Jesus, o livro do Eclesiástico, escrito por um senhor chamado Jesus ben Sirach, era muito conhecido. Este livro ensinava o seguinte para o povo saber como e a quem pedir conselho: "Frequente sempre aquelas pessoas que você sabe que são fiéis aos mandamentos de Deus e que têm a mesma disposição de você e que, quando você tropeça, sofrem com você e o ajudam. Porém, acima de tudo, siga o conselho do seu próprio coração, porque o coração da gente é de confiança, é fiel a você e o aconselha melhor do que sete sentinelas colocadas no alto da torre. E, por fim, reze ao Deus altíssimo, para que Ele dirija os seus passos de acordo com a verdade" (Eclo 37,12-15). Jesus aprendeu a escutar o próprio coração, onde morava Deus, seu Pai. Fator muito importante para a formação de uma pessoa.

j) A intimidade *com o Pai*

Sim, a *escola* de Jesus era sobretudo a sua vida de intimidade com Deus, seu Pai. Jesus, o filho, rezava muito. Passava noites em oração (Lc 6,12). Na oração, procurava saber o que o Pai queria dele (Mt 26,39). À medida que crescia nele a intimidade com o Pai, Jesus adquiria um olhar diferente para ler e entender a Bíblia e a vida. A Bíblia era ensinada pelos fariseus e pelos escribas a partir de uma determinada ideia de Deus. Jesus, que experimentava Deus como Pai, já não podia concordar com tudo que se ensinava na sinagoga.

k) A realidade do povo *do tempo de Jesus*

A *escola* de Jesus era sobretudo a realidade confusa e conflituosa, em que o povo era obrigado a viver e que repercutia negativamente na vida comunitária. No antigo Israel, o clã, isto é, a grande família, a vida em *comunidade*, era a base da convivência social. Era a proteção das famílias e das pessoas, a garantia da posse da terra, o veículo principal da tradição, a defesa da identidade. Era a maneira concreta de o povo daquela época *encarnar o amor de Deus no amor ao próximo*. Defender o clã era o mesmo que defender a comunidade, a Aliança. Mas na Galileia do tempo de Jesus tudo isto já não existia mais, ou cada vez menos. O clã, a *comunidade*, estava enfraquecendo.

Durante os trinta anos que Jesus viveu em Nazaré, três forças interferiram na vida comunitária do povo, criando uma situação confusa e conflituosa: (1) a política do governo, (2) a religião oficial e (3) o movimento popular. As três tiveram grande influência na formação que Jesus recebeu em Nazaré e foram determinantes para a escolha da sua missão e para a formação que ele dava aos seus discípulos e discípulas.[16]

---

[16] Sobre a realidade no tempo Jesus ver: JEREMIAS, *Jerusalém no tempo de Jesus*; CROSSAN, *O Jesus histórico; a vida de um camponês judeu do Mediterrâneo*; MEIER, *Um judeu marginal; repensando o Jesus histórico*,

A educação no antigo Israel e no tempo de Jesus

Era esta a realidade confusa e conflituosa do povo que Jesus experimentou diariamente durante os trinta anos em Nazaré. Era aqui, nesta *escola*, que ele "crescia em sabedoria, tamanho e graça, diante de Deus e dos homens" (Lc 2,52).

Durante esses anos todos, Jesus via os sacerdotes preocupados com as coisas do culto no Templo; via os escribas se esforçando para ensinar ao povo as coisas da lei; via os fariseus insistindo na observância da pureza; via como eles reuniam o povo nas sinagogas, ensinando-lhes a tradição dos antigos (Mc 7,1-5), dando-lhes força para resistir, preparando-os para a vinda do Messias, aguardado por todos como iminente; via como muitos deles, em vez de ensinar a lei de Deus e revelar a face do Pai, escondiam-na atrás de uma cortina espessa de normas e obrigações que tornavam impossível a observância da lei para os pobres (Mc 7,6-13); via as explosões de violência tão comuns na Galileia e observava a progressiva organização dos zelotes e as tentativas infrutíferas dos romanos para reduzir à obediência o povo rebelde da Galileia.

Numa palavra, Jesus via seu povo como um rebanho sem pastor (Mt 9,36-37; Mc 6,34), desprezado por seus líderes como ignorante e pecador (Jo 7,49; 10,34). O povo queria entrar no Reino e não podia, porque os que detinham a chave não abriam a porta (Mt 23,13). Jesus participava na piedade resistente dos pobres, tão bem expressa no cântico de Maria, sua mãe (Lc 1,46-55), e na esperança difusa do povo de que chegasse logo o tempo da libertação, prometido pelos profetas desde os tempos mais antigos (Lc 1,71-73).

Era tudo isso que Jesus viveu e sofreu, durante trinta anos lá em Nazaré. Foi dentro desta realidade complexa e conflituosa que ele se formou e que procurou formar seus discípulos e suas discípulas.

l) Formando os seus seguidores

Nos Evangelhos, o chamado de Jesus não é coisa de um só momento ou de uma só vez, mas é feito de repetidos chamados e convites, de avanços e recuos. Começa aos poucos à beira do lago (Mc 1,16), e só termina depois da ressurreição (Mt 28,18-20; Jo 20,21). Começa na Galileia (Mc 1,14-17) e, no fim,

---

1992, 1996, 1997 e 1998; FREYNE, *Jesus, um judeu da Galileia; nova leitura da história de Jesus*; CROSSAN; REED, *Em busca de Jesus; debaixo das pedras, atrás dos textos*; MESTERS, *Com Jesus na contramão*; CHEVITARESE; CORNELLI; SELVATICI, *Jesus de Nazaré; uma outra história*; HORSLEY; HANSON, *Bandidos, profetas e messias; o movimento popular no tempo de Jesus*; HORSLEY, *Arqueologia, história e sociedade na Galileia; o contexto social de Jesus e dos Rabis*; AAVV. Jesus histórico; AAVV. Jesus e as tradições de Israel.

depois da ressurreição, após um longo processo de formação com muitos altos e baixos, recomeça, novamente, na mesma Galileia (Mc 14,28; 16,7), também à beira do lago (Jo 21,4-17). Recomeça sempre! Na prática, o chamado coincide com a convivência formadora dos três anos com Jesus, desde o Batismo de João até o momento em que Jesus foi elevado ao céu (At 1,21-22).

A maneira de Jesus chamar as pessoas é muito simples e variada. Às vezes, é o próprio Jesus que toma a iniciativa. Ele passa, olha e chama (Mc 1,16-20). Outras vezes, são os discípulos que convidam parentes e amigos (Jo 1,40-42.45-46) ou é João Batista que aponta Jesus como o "Cordeiro de Deus" (Jo 1,35-39). Outras vezes, ainda, é a própria pessoa que se apresenta e pede para segui-lo (Lc 9,57-58.61-62).

A maioria das pessoas chamadas já conhecia Jesus. Já tiveram alguma convivência com ele. Tiveram a oportunidade de vê-lo ajudar o povo ou de escutá-lo na sinagoga ou no barco (Jo 1,39; Lc 5,1-11). Sabem quem é Jesus, como ele vive e o que ele pensa. Sabem que é uma pessoa perseguida e contestada (Jo 15,20) que convive com os marginalizados (Mc 2,15-16; Lc 7,37-50) e cujo jeito de viver e de ver as coisas é diferente das autoridades religiosas da época (Mc 1,21-22).

O chamado é gratuito; não custa. Mas acolher o chamado exige decisão e compromisso. Jesus não esconde as exigências. Quem quer segui-lo deve saber o que está assumindo: deve mudar de vida e crer na Boa-Nova (Mc 1,15), deve estar disposto a abandonar tudo e assumir, com Jesus, uma vida pobre e itinerante. Quem não estiver disposto a fazer tudo isto "não pode ser meu discípulo" (Lc 14,33). O peso, porém, não está na renúncia, mas sim no amor que dá sentido à renúncia. É por amor a Jesus (Lc 9,24) e ao Evangelho (Mc 8,35) que o discípulo ou a discípula deve renunciar a si mesmo, carregar sua cruz, todos os dias, e segui-lo (Mt 10,37-39; 16,24-26; 19,27-29).

O chamado é como um novo nascimento, um novo começo (Jo 3,3-8). Quem aceita o chamado deve "deixar que os mortos enterrem seus mortos" (Lc 9,60). Deve seguir em frente e não olhar para trás (Lc 9,62). O chamado é um tesouro escondido, uma pedra preciosa. Por causa dele, a pessoa abandona tudo, segue Jesus (Mt 13,44-46) e entra na nova família, na nova comunidade (Mc 3,31-35).

A educação no antigo Israel e no tempo de Jesus

Os doze apóstolos e as outras pessoas, homens e mulheres, que seguiam a Jesus não eram santas nem perfeitas. Eram pessoas comuns, como todos nós. Tinham suas virtudes e seus defeitos. Os Evangelhos informam muito pouco sobre o jeito e o caráter de cada um, de cada uma. Mas o pouco que informam é motivo de consolo para nós. Eis o que se pode afirmar a respeito de algumas destas pessoas chamadas por Jesus:[17]

- *Pedro* era uma pessoa generosa e entusiasta (Mc 14,29.31; Mt 14,28-29), mas, na hora do perigo e da decisão, o seu coração encolhia e ele voltava atrás (Mt 14,30; Mc 14,66-72). Pedro era, ao mesmo tempo, *pedra* de apoio (Mt 16,18) e *pedra* de tropeço (Mt 16,23). Jesus rezou por ele para que não desfalecesse na fé e, uma vez nela confirmado, pudesse confirmar os irmãos (cf. Lc 22,32). Rezou para ele ser pedra de apoio e não pedra de tropeço.

- *Tiago e João* eram generosos e estavam dispostos a sofrer com Jesus (Mc 10,39), mas queriam ter mais poder que os outros (Mc 10,35-41), e eram muito violentos (Lc 9,54). Jesus lhes deu o apelido de "filhos do trovão" (Mc 3,17).

- *Filipe* tinha muito jeito para colocar os outros em contato com Jesus. Levou Natanael até Jesus (Jo 1,45-46), mas não era prático em resolver os problemas (Jo 6,5-7; 12,20-22). Jesus chegou a perder a paciência com ele: "Mas Filipe, tanto tempo que estou com vocês, e ainda não me conhece?" (Jo 14,8-9).

- *Natanael* era bairrista e não podia admitir que algo de bom viesse de Nazaré (Jo 1,46), mas diante da evidência reconhece em Jesus o Filho de Deus (Jo 1,49). Este Natanael aparece só no evangelho de João. Alguns o identificam com o Bartolomeu que aparece na lista do evangelho de Marcos (Mc 3,18).

- *André* era mais prático. Foi ele que encontrou o menino com cinco pães e dois peixes (Jo 6,8-9). É a ele que Filipe recorre para resolver o caso dos gregos que queriam ver Jesus (Jo 12,20-22). É André que chama Pedro, seu irmão, para encontrar-se com Jesus (Jo 1,40-43).

- *Tomé* era generoso, disposto a morrer com Jesus (Jo 11,16). Mas também era cabeçudo e teimoso, capaz de sustentar a sua opinião, uma semana inteira, contra o testemunho de todos os outros (Jo 20,24-25). Tomé não era contra a ressurreição. Ele era contra a fé num Cristo aéreo, desligado de Jesus de Nazaré, que tinha sido crucificado, morto numa cruz. Ele queria ver os sinais da morte vergonhosa da cruz no corpo de Jesus ressuscitado (Jo 20,25). Quando viu os sinais, não teve medo de reconhecer sua falta de fé no testemunho dos outros e disse: "Meu Senhor e meu Deus" (Jo 20,26-28).

---

[17] MESTERS, *Como Jesus formou os apóstolos.*

139

- *Mateus* era um publicano, pessoa excluída pela religião dos judeus, pois colaborava com o sistema romano cobrando os impostos (Mt 9,9). No Evangelho de Marcos e de Lucas ele é chamado *Levi* (Mc 2,14; Lc 5,27). O nome *Mateus* significa *Dom de Deus*. Os excluídos são um "mateus" (dom de Deus) para a comunidade.

- *Simão*, cujo apelido era Cananeu ou Zelote (Mc 3,18), muito provavelmente fazia parte do movimento popular dos zelotes, que se opunha ao sistema opressor do Império Romano.

- *Judas* guardava o dinheiro do grupo (Jo 12,6; 13,29). Tornou-se o traidor (Jo 13,26-27). O nome completo era Judas Iscariotes (Mc 3,19; Mt 10,4). Alguns acham que ele era de Kariot ou Keriot, lugarejo na Judeia. Neste caso, Judas teria sido o único judeu num grupo de onze galileus. O Evangelho de João o chama de "ladrão" (Jo 12,4-6).

- *Joana* era a esposa de Cusa, procurador de Herodes, que governava a Galileia. Junto com *Susana* e outras mulheres, ela seguia a Jesus e o servia com seus bens (Lc 8,2-3).

- *Maria Madalena* era nascida da cidade de Magdala. Daí o nome Maria *Ma(g)dalena*. Jesus a curou de sete demônios (Lc 8,2). Ela foi uma das maiores amigas de Jesus e o seguiu até ao pé da Cruz (Mc 15,40). Foi ela que recebeu de Jesus a ordenação de anunciar a Boa-Nova da Ressurreição aos irmãos (Jo 20,17; Mt 28,10).

- Marta e Maria, duas irmãs, que junto com Lázaro, o irmão delas, viviam em Betânia, perto de Jerusalém (Jo 11,1). "Jesus amava Marta, a irmã dela e Lázaro" (Jo 11,5). Ele costumava passar na casa delas quando ia a Jerusalém (Jo 11,1; Lc 10,38-41). Foi Marta que fez a solene profissão de fé em Jesus: "Sim, Senhor. Eu acredito que tu és o Messias, o Filho de Deus que devia vir a este mundo" (Jo 11,17).

- *Nicodemos* era membro do Sinédrio, o Supremo Tribunal da época. Homem importante. Ele aceitava a mensagem de Jesus, mas não tinha coragem de manifestá-lo publicamente. Falava com Jesus só de noite (Jo 3,1). Mas ele cresceu e, no fim, teve a coragem de defender Jesus diante dos membros do Supremo Tribunal (Jo 7,51) e ajudou José de Arimateia a retirar o corpo de Jesus da cruz e dar-lhe sepultura (Jo 19,39-40).

Essas são algumas das pessoas que Jesus chamou. Ele passou uma noite inteira em oração antes de fazer a escolha definitiva dos doze apóstolos (Lc 6,12-16). Rezou para saber a quem escolher, e escolheu as pessoas cujos retratos acabamos de olhar de perto. É com este grupo que Jesus começou a maior revolução da história do Ocidente! Não escolheu a elite, não escolheu

A educação no antigo Israel e no tempo de Jesus

pessoas formadas e estudadas, de altas qualidades. Escolheu gente simples, sem muita instrução (At 4,13; Jo 7,15), quase todos pobres ou excluídos (Lc 4,18; Mt 11,25), que se sentiam atraídas pela mensagem de vida que ele irradiava e anunciava. Há esperança para nós! Ele mesmo disse aos discípulos: "Não foram vocês que me escolheram, mas fui eu que escolhi vocês. Eu os destinei para ir e dar fruto, e para que o fruto de vocês permaneça. O Pai dará a vocês qualquer coisa que vocês pedirem em meu nome" (Jo 15,16). Como se dissesse: "Se alguém de vocês achar que não é digno da missão que confiei a ele, o problema não é dele ou dela, mas é meu. Fui eu que escolhi você e eu sabia de tudo isso. Mesmo assim escolhi você. Portanto, não se preocupe!".

Entre as pessoas chamadas, havia homens e mulheres, pais e mães de família (Lc 8,2-3; Mc 15,40s). Alguns eram pescadores (Mc 1,16.19). Outros, artesãos e agricultores. Mateus era publicano (Mt 9,9). Simão era do movimento popular *zelote* (Mc 3,18). É possível que alguns outros também tenham sido do mesmo grupo dos revoltosos ou *zelotes*, pois carregavam armas e tinham atitudes muito violentas (Mt 26,51; Lc 9,54; 22,38.49-51). Outros ainda tinham sido curados por Jesus de doenças ou libertados de algum mau espírito (Lc 8,2).

Havia também alguns mais ricos: Joana e Susana (Lc 8,3), Nicodemos (Jo 3,1-2), José de Arimateia (Jo 19,38), Zaqueu (Lc 19,5-10) e outros. Estes sentiram na carne o que quer dizer romper com o sistema e andar com Jesus na contramão. Nicodemos, ao defender Jesus no tribunal, foi vaiado (Jo 7,50-52). José de Arimateia, ao pedir o corpo de Jesus, correu o risco de ser acusado como inimigo dos romanos e dos judeus (Mc 15,42-45; Lc 23,50-52). Zaqueu devolveu quatro vezes o que roubou e deu a metade de seus bens aos pobres (Lc 19,8). Devolver quatro vezes o roubo era exigência da lei (cf. Ex 21,37; 2Sm 12,6). Partilhar a metade dos bens com os pobres era o resultado da nova consciência, nascida nele a partir do contato com Jesus (cf. Mt 19,21; Mc 10,21).

Todos eles, tanto pobres como ricos, tiveram que fazer a "mudança de vida", a "conversão" que Jesus pedia de todos e de todas (Mc 1,15). Todos procuravam viver o ideal que Pedro formulou da seguinte maneira: "Nós deixamos tudo e te seguimos!" (Mt 19,27).

O Evangelho de Marcos apresenta o modelo do discípulo quando descreve o grupo de mulheres discípulas que tiveram a coragem de *seguir* Jesus desde a Galileia até o Calvário em Jerusalém. Ele diz: "Aí estavam também algumas mulheres, olhando de longe. Entre elas estavam Maria Madalena, Maria, mãe de Tiago, o menor, e de Joset, e Salomé. Elas *seguiam* a Jesus e o *serviam*, desde quando ele estava na Galileia. E ainda muitas outras que *subiram* com ele para Jerusalém" (Mc 15,40-41). As três palavras que definem o discipulado são *seguir, servir e subir* com ele até o Calvário.

No Evangelho de Marcos, os discípulos são o xodó de Jesus. A primeira coisa que Jesus faz é chamar discípulos (Mc 1,16-20), e a última que faz é chamar discípulos (Mc 16,7.15). Ele os leva consigo, do começo ao fim, em todo canto. Quando não entendem alguma coisa, eles perguntam, e Jesus, em casa, explica tudo dizendo: "A vocês é dado o mistério do Reino, mas aos de fora tudo acontece em parábolas" (Mc 4,11; cf. 4,34). Jesus chega a dizer: "Eles são meus irmãos, minhas irmãs, minha mãe" (Mc 3,34). O evangelista Marcos insiste neste ponto para que as comunidades e todos nós, seus discípulos e suas discípulas, saibamos e sintamos que, mesmo sentindo nossas faltas e deficiências, somos o xodó de Jesus, somos "discípulos e missionários de Jesus Cristo, para que nele nossos povos tenham vida".

Desde o começo, o objetivo do seguimento de Jesus é duplo: (1) Jesus chama, e a pessoa chamada *segue Jesus* para estar com ele, formar *comunidade* com ele (Mc 10,17.21). (2) A pessoa é chamada para trabalhar com Jesus na *missão*, no anúncio da Boa-Nova de Deus. "Farei de vocês pescadores de homens" (Mc 1,17; Lc 5,10).

Depois de um tempo de convivência, Jesus renovou o chamado. Marcos o descreve assim: "Jesus subiu a montanha e chamou a si os que ele queria, e eles foram até ele. E constituiu os Doze para que ficassem com ele e para enviá-los a pregar e terem autoridade para expulsar os demônios" (Mc 3,13-15). Aqui também Jesus pede duas coisas: (1) "ficar com ele", isto é, formar uma comunidade estável ao redor dele, e (2) "ir pregar e expulsar os demônios", isto é, ir com ele na missão, peregrinando de um lugar para outro.

"Seguir Jesus" era o termo que fazia parte do sistema educativo daquela época. Indicava o relacionamento dos discípulos com o mestre. O relacionamento mestre-discípulo é diferente do relacionamento professor-aluno. Os alunos assistem às aulas do professor sobre uma determinada matéria, mas não convivem com ele. Os discípulos "seguem" o mestre e se formam na convivência com ele. Hoje, na Vida Religiosa, o formador ou a formadora de postulantes, noviços e junioristas não é *professor(a)*, mas sim *mestre* ou *mestra*. Em casa, nas famílias, os pais não são professores, não dão aula para os filhos, mas convivem. São mestres e mestras. O mesmo vale para as catequistas, os animadores e animadoras das Comunidades Eclesiais de Base.

O seguimento de Jesus tinha três dimensões que perduram até hoje e que formam o eixo central do processo de formação dos discípulos.

- *Imitar o exemplo do Mestre.* Jesus era o modelo a ser recriado na vida do discípulo ou da discípula (Jo 13,13-15). A convivência diária com o mestre permitia um confronto constante. Nesta "escola de Jesus" só se ensinava uma única matéria: o Reino! E este Reino se reconhecia na vida e na prática do Mestre. Isto exige de nós leitura e meditação constantes do Evangelho para olharmos no espelho da vida de Jesus.

- *Participar do destino do Mestre.* A imitação do Mestre não era um aprendizado teórico. Quem *seguia* Jesus devia comprometer-se com ele e "estar com ele nas tentações" (Lc 22,28), inclusive na perseguição (Jo 15,20; Mt 10,24-25). Devia estar disposto a carregar a cruz e a morrer com ele (Mc 8,34-35; Jo 11,16). Isto exige de nós um compromisso concreto e diário de fidelidade com o mesmo ideal comunitário com que Jesus, fiel ao Pai, se comprometia.

- *Ter a vida de Jesus dentro de si.* Depois da Páscoa, surge uma terceira dimensão, fruto da fé na ressurreição e da ação do Espírito na vida das pessoas. Trata-se da experiência pessoal da presença de Jesus ressuscitado, que levava os primeiros cristãos a dizer: "Vivo, mas já não sou eu, é Cristo que vive em mim" (Gl 2,20). Eles procuravam refazer em suas vidas a mesma caminhada de Jesus, que tinha morrido em defesa da vida e foi ressuscitado pelo poder de Deus (Fl 3,10-11). Isso exige de nós uma espiritualidade de entrega contínua, alimentada na oração.

Nas páginas que seguem, vai ficar mais claro o alcance deste duplo objetivo: *convivência comunitária estável* ao redor de Jesus e *missão itinerante* através dos povoados da Galileia. As duas fazem parte do mesmo processo de formação. Uma não exclui a outra. Pelo contrário! Elas se completam mutuamente. Uma sem a outra, não se realiza, pois a missão consiste em reconstruir a vida em comunidade.

m) Construindo a comunidade formadora

Ao redor de Jesus, formavam-se grupos concêntricos: um núcleo menor de doze pessoas (Mc 3,14), como as doze tribos de Israel (Mt 19,28); uma comunidade mais ampla de homens e mulheres (Lc 8,1-3; Mc 15,40-41); um grupo maior de setenta e dois discípulos e discípulas (Lc 10,1). Ao redor de Jesus com seus discípulos, reuniam-se as multidões para ouvir a sua mensagem. Dentro do núcleo menor dos doze, de acordo com a finalidade do momento, Jesus formava grupos menores. Por exemplo, ele chama Pedro, Tiago e João para momentos de oração ou de reflexão (Mt 26,37-38; Lc 9,28; cf. Mc13,3) ou para participar da cura da filha de Jairo (Mc 5,37).

Como todos os grupos de discípulos daquela época, assim também a comunidade que se formava ao redor de Jesus tinha o seu ritmo de vida diário, semanal e anual, dentro do qual os discípulos e as discípulas recebiam a sua formação.

n) O ritmo diário em casa, na família

Nas famílias e nos grupos do tempo de Jesus, todas as pessoas rezavam três vezes ao dia: de manhã, ao meio-dia e à noite. Eram os três momentos em que, no Templo em Jerusalém, se oferecia o sacrifício. Junto com o incenso e a fumaça dos sacrifícios subia até Deus a oração do seu povo. Assim, três vezes por dia, a nação inteira se unia diante de Deus. Estas orações, tiradas da Bíblia ou por ela inspiradas, marcavam o ritmo diário da vida de Jesus e da sua comunidade ao longo dos três anos de formação. Eis o esquema da oração que se fazia nos três momentos do dia.

- As 18 bênçãos (de manhã, à tarde e à noite).

- O *Shemá*, composto de três benditos e três leituras (de manhã e à noite).

    1. Um bendito ao Deus Criador que gera o povo

    2. Um bendito ao Deus Revelador que elege o povo

    3. Três breves leituras:

        Dt 6,4-9: receber o jugo do Reino

        Dt 11,13-21: receber o jugo da Lei de Deus

        Nm 15,37-41: receber o jugo da consagração

    4. Um bendito ao Deus Redentor que liberta o povo

- Tudo misturado com Salmos.

o) O ritmo semanal na comunidade, sinagoga

Um escrito antigo da Tradição Judaica, chamado *Pirquê Abot*, dizia: "O mundo repousa sobre três colunas: a Lei, o Culto e o Amor". Ou seja, a Bíblia, a Celebração e o Serviço. Era o que o povo fazia todos os sábados na sinagoga. Mesmo durante as viagens missionárias, Jesus e os discípulos tinham o "costume" (Lc 4,16) de, aos sábados, se reunirem com a comunidade local na sinagoga para ouvir as leituras da Bíblia (*Lei*), para rezar e louvar a Deus (*Culto*) e para discutir os serviços a serem realizados para a edificação da comunidade e a ajuda a ser oferecida às pessoas (*Amor*) (Lc 4,16.44; Mc 1,39). Até hoje, este ainda é o ambiente formador das nossas Comunidades Eclesiais de Base: ouvir em comunidade a leitura da Palavra de Deus (Lei, Bíblia), rezar juntos (Culto, Celebração) e combinar entre si o que fazer para melhorar a vida dos irmãos e das irmãs (Serviço, Amor).

p) O ritmo anual no Templo, no meio do povo

Todo ano, o povo tinha que fazer três romarias para visitar a Deus no seu Templo em Jerusalém nas três grandes festas, que marcavam o ano litúrgico e nas quais se celebravam os momentos importantes da história do Povo de Deus: Páscoa, Pentecostes, ou festa das semanas, e a festa das Tendas (Ex 23,14-17; Dt 16,9). Jesus e os discípulos participavam das romarias e visitavam o Templo de Jerusalém (Jo 2,13; 5,1; 7,14; 10,22; 11,55).

Através deste tríplice ritmo (diário, semanal e anual), criava-se um ambiente familiar e comunitário, impregnado pela oração e pela leitura da Palavra de Deus. A formação, que os discípulos assim recebiam, não era, em primeiro lugar, a transmissão de verdades a serem decoradas, mas sim a comunicação da nova experiência de Deus e da vida que irradiava de Jesus para os discípulos e as discípulas. A própria comunidade que se formava ao redor de Jesus era a expressão desta nova experiência de Deus e da vida. A formação levava as pessoas chamadas a terem outros olhos, outras atitudes. Fazia nascer nelas uma nova consciência a respeito da missão e a respeito de si mesmas. Fazia com que fossem colocando os pés do lado dos excluídos. Produzia aos poucos a "conversão" como consequência da aceitação da Boa-Nova (Mc 1,15).

q) O compromisso crescente dos discípulos

No início, o entusiasmo dos discípulos é grande! Eles vão com Jesus por toda parte na Galileia. Muito entusiasmo! Cada um de nós já teve momentos assim. Quem começa a participar de uma comunidade ou de um grupo bíblico sente um grande entusiasmo. É o entusiasmo do primeiro amor! Tudo começou com o chamado à beira do lago (Mc 1,16-20) e foi crescendo aos poucos até eles receberem uma participação mais plena na missão de Jesus (Mc 6,7-13). Vejamos alguns aspectos deste entusiasmo inicial.

r) A ruptura inicial

Eles são pescadores. Estão trabalhando. É a profissão deles. Jesus passa e chama. Eles largam tudo e seguem a Jesus. Parece que não lhes custa nada. Largam a família. Largam os barcos e as redes (Mc 1,16-20). Levi largou a coletoria, fonte da sua riqueza (Mc 2,13-14). Seguir Jesus supõe ruptura! Eles começam a formar um grupo, uma comunidade itinerante. É a comunidade de Jesus (Mc 3,13-14.34).

Os discípulos acompanham Jesus por todo canto.

Entram com ele na sinagoga (Mc 1,21) e até nas casas dos pecadores (Mc 2,15). Passeiam com ele pelos campos (Mc 2,23). Andam com ele ao longo do mar, onde o povo os procura (Mc 3,7). Ficam a sós com ele e podem interrogá-lo e pedir esclarecimentos (Mc 4,10.34). Vão à casa dele, convivem com ele e vão com ele até Nazaré, a terra dele (Mc 6,1). Com ele atravessam o mar para o outro lado (Mc 5,1).

Participam na dureza da caminhada.

Tanta gente os procura, que eles já não têm nem tempo para comer (Mc 3,20). Eles começam a se sentir responsáveis pelo bem-estar de Jesus: ficam perto dele, cuidam dele e mantêm um barco pronto para ele não ser esmagado pelo povo que avança (Mc 3,9; cf. 5,31). E no fim de um dia de trabalho o levam exausto para o outro lado do lago (Mc 4,36). A convivência se torna íntima e familiar. Jesus chega a dar apelidos a alguns deles. A João e Tiago chamou de *Filhos do Trovão*, e a Simão deu o apelido de *Pedra* (ou *Pedro*) (Mc 3,16-17). Ele vai à casa deles e se preocupa com os problemas da família deles. Curou a sogra de Pedro (Mc 1,29-31).

Andando com Jesus, eles seguem a nova linha.

Começam a perceber o que serve para a vida e o que não serve. A atitude livre e libertadora de Jesus faz com que criem coragem para transgredir normas religiosas que, antes, eles não teriam tido a coragem de transgredir: arrancam espigas em dia de sábado (Mc 2,23-24), entram em casa de pecadores (Mc 2,15), comem sem lavar as mãos (Mc 7,2) e já não insistem em fazer jejum (Mc 2,18). Por isso, são envolvidos nas tensões e brigas de Jesus com as autoridades religiosas e por elas são criticados e condenados (Mc 2,16.18.24). Mas Jesus os defende (Mc 2,19.25-27; 7,6-13). É a conversão em andamento, a formação permanente.

Distanciam-se das posições anteriores.

O próprio Jesus os distingue dos outros e diz claramente: "A vocês é dado o mistério do Reino, mas aos de fora tudo acontece em parábolas" (Mc 4,11), pois "os de fora" têm olhos mas não enxergam, têm ouvidos mas não escutam (Mc 4,12). Jesus considera os discípulos e as discípulas como seus irmãos e suas irmãs. É a sua nova família (Mc 3,33-34). Eles recebem formação. As parábolas narradas ao povo, Jesus as explica a eles quando estão sozinhos em casa (Mc 4,10s.34).

Recebem nova Missão.

Nisso tudo se revela o entusiasmo do primeiro amor! Na raiz deste grande entusiasmo inicial está a pessoa de Jesus que chama, a Boa-Nova do Reino que os atrai! Eles ainda não percebem todo o alcance que o contato com Jesus implica para a vida deles. Mas isto, por enquanto, não importa! O que importa é eles poderem seguir Jesus que anuncia a tão esperada Boa-Nova do Reino. Até que, enfim, o Reino chegou! (Mc 1,15).

Mas já desde o começo, no meio daquele entusiasmo inicial, aparecem sinais de alguma coisa que não está bem encaixada no relacionamento entre Jesus e os discípulos. De vez em quando, surge uma fissura, um desentendimento. Parece parafuso que não pega bem na rosca! Sintoma de um problema mais profundo que, aos poucos, vai aparecendo e que, como veremos mais adiante, vai ser um dos pontos centrais da formação que eles vão receber de Jesus.

Depois desta fase inicial, Jesus chama doze deles para estarem com ele. Estes recebem a missão de anunciar a Boa-Nova e de expulsar demônios (Mc 3,13-14). Assumem a missão junto com Jesus (Mc 6,7-13). Devem ir, dois a dois, para anunciar a sua chegada. No Antigo Testamento eram *doze* tribos, agora são *doze* discípulos. Eles formam um novo jeito de ser povo de Deus. Para poder chegar a isso, tiveram de passar por esta longa preparação. Tiveram de tomar posição ao lado de Jesus e criar coragem para fazer as várias rupturas.

s) O formador em ação

É quase impossível dar uma visão completa da maneira como Jesus formava seus discípulos, pois de certo modo, em Jesus, tudo é ação formadora. Vamos focalizar apenas alguns aspectos centrais: sua maneira de conviver com os discípulos; a maneira como os envolvia, desde o início, na sua missão de anunciar ao povo a Boa-Nova de Deus; o método participativo das parábolas; sua maneira de acompanhar os discípulos no processo de formação; algumas informações sobre os conteúdos e recursos didáticos usados por Jesus.

t) O amigo que convive e forma para a vida

Ao longo daqueles três anos, Jesus acompanhava os discípulos. Ele era o amigo (Jo 15,15) que convivia com eles, comia com eles, andava com eles, se alegrava com eles, sofria com eles. Era através desta convivência que eles se formavam. Muitos pequenos gestos refletem o testemunho de vida com que Jesus marcava presença na vida dos discípulos e das discípulas: o seu jeito de ser e de conviver, de relacionar-se com as pessoas e de acolher o povo que vinha falar com ele. Era a maneira de ele dar forma humana à sua experiência de Deus como Pai.

- *Amigo*: compartilha tudo, até mesmo o segredo do Pai (Jo 15,15).

- *Carinhoso*: provoca respostas fortes de amor: da moça do perfume (Lc 7,37-38); de um grupo de mulheres da Galileia (Lc 8,2-3; Mc 15,40-41); de Pedro (Jo 6,67; 21,15-17); de Tomé (Jo 11,16); da mulher do frasco de perfume caríssimo (Mc 14,3-9); de tantos e tantas.

- *Atencioso*: preocupa-se com a alimentação dos discípulos (Jo 21,9), cuida do descanso deles e procura estar a sós com eles para repousar (Mc 6,31).

- *Pacífico*: inspira paz e reconciliação: "A Paz esteja com vocês!" (Jo 20,19); "Não tenham medo, vocês valem muito mais do que muitos pardais" (Mt 10,26-33); manda perdoar setenta vezes sete (Mt 18,22).

A educação no antigo Israel e no tempo de Jesus

- *Compreensivo*: aceita os discípulos do jeito que são, até mesmo a fuga, a negação e a traição, sem romper com eles (Mc 14,27-28).

- *Comprometido*: defende os discípulos quando são criticados pelos adversários (Mc 2,18-19; 7,5-13).

- *Manso e humilde*: convida os pobres e oprimidos: "Venham todos a mim" (Mt 11,28).

- *Exigente*: pede para deixar tudo por amor a ele (Mc 10,17-31).

- *Sábio*: conhece a fragilidade dos seus discípulos, sabe o que se passa no coração deles e, por isso, insiste na vigilância e ensina-os a rezar (Lc 11,5-13; Mt 6,5-15).

- *Homem de oração*: aparece rezando nos momentos importantes de sua vida e desperta nos discípulos a vontade de rezar: "Senhor, ensina-nos a rezar!" (Lc 11,1-4; cf. Lc 3,21; 6,12; Jo 11,41-42; Mt 11,25; Jo 17,1-26; Lc 23,46; Mc 15,34).

- *Humano*: Jesus é humano, muito humano, "tão humano como só Deus pode ser humano" dizia o Papa Leão Magno (séc. V).

Desse modo, pelo seu jeito de ser e por este seu testemunho de vida, Jesus encarnava o amor de Deus e o revelava aos discípulos e discípulas (Mc 6,31; Mt 10,30; Lc 15,11-32). "Quem vê a mim, vê o Pai" (Jo 14,9). Tornava-se para eles uma pessoa significativa que os marcou pelo resto de sua vida como "caminho, verdade e vida" (Jo 14,6).

u) Jesus forma os discípulos envolvendo-os na missão

Desde o primeiro momento do chamado, Jesus envolve os discípulos na missão que ele mesmo estava realizando em obediência ao Pai. A participação efetiva no anúncio do Reino faz parte do processo formador, pois a missão é a razão de ser da vida comunitária ao redor de Jesus (Lc 9,1-2; 10,1). Eles devem ir, dois a dois, para anunciar a chegada do Reino (Mt 10,7; Lc 10,1.9), curar os doentes (Lc 9,2), expulsar os demônios (Mc 3,15), anunciar a paz (Lc 10,5; Mt 10,13) e rezar pela continuidade da missão (Lc 10,2).

Eis alguns aspectos desta sua atitude formadora na realização da missão:

- corrige-os quando erram e querem ser os primeiros (Mc 9,33-35; 10,14-15),

- sabe aguardar o momento oportuno para corrigir (Lc 9,46-48; Mc 10,14-15),

- ajuda-os a discernir (Mc 9,28-29),

- interpela-os quando são lentos (Mc 4,13; 8,14-21),

- prepara-os para o conflito e a perseguição (Jo 16,33; Mt 10,17-25),

- manda observar a realidade (Mc 8,27-29; Jo 4,35; Mt 16,1-3),

- reflete com eles as questões do momento (Lc 13,1-5),

- confronta-os com as necessidades do povo (Jo 6,5),

- ensina que as necessidades do povo estão acima das prescrições rituais (Mt 12,7.12),

- esquece o próprio cansaço e acolhe o povo que o procura (Mt 9,36-38),

- tem momentos a sós com eles para poder instruí-los (Mc 4,34; 7,17; 9,30-31; 10,10; 13,3),

- sabe escutar, mesmo quando o diálogo é difícil (Jo 4,7-30),

- ajuda as pessoas a se aceitarem (Lc 22,32),

- é severo com a hipocrisia (Lc 11,37-53),

- faz mais perguntas do que respostas (Mc 8,17-21),

- é firme e não se deixa desviar do caminho (Mc 8,33; Lc 9,54),

- desperta liberdade: "O homem não foi feito para o sábado, mas o sábado para o homem!" (Mc 2,18.23.27),

- depois de tê-los enviado em missão, na volta faz revisão com eles (Lc 9,1-2; 10,1; 10,17-20),

- desperta a atenção dos discípulos para as coisas da vida através do ensino das parábolas (Lc 8,4-8).

v) O método participativo das parábolas

Jesus tinha uma capacidade muito grande de criar parábolas ou pequenas histórias para comparar as coisas de Deus, que não são tão evidentes, com as coisas da vida do povo que todos conheciam e experimentavam diariamente na sua luta pela sobrevivência. Isto supõe duas coisas: estar bem por dentro das coisas da vida do povo, e estar por dentro das coisas de Deus, do Reino de Deus.

A parábola é uma forma participativa de ensinar e de educar. Não dá tudo trocado em miúdo. Não faz saber, mas faz descobrir. Ela muda os olhos, faz a pessoa ser contemplativa, observadora da realidade. Leva a pessoa a refletir sobre a sua própria experiência de vida, e faz com que esta experiência a leve a

A educação no antigo Israel e no tempo de Jesus

descobrir que Deus está presente no cotidiano da vida de cada dia. Por exemplo, o agricultor que escuta a parábola da semente diz: "Semente no terreno, eu sei o que é. Mas Jesus diz que isso tem a ver com o Reino de Deus. O que será que ele quis dizer com isto?" E aí você pode imaginar as longas conversas do povo e dos discípulos em torno das parábolas que Jesus contava.

A parábola provoca. Em algumas parábolas acontecem coisas que não costumam acontecer na vida normal. Por exemplo, onde se viu um pastor de cem ovelhas abandonar noventa e nove no deserto para encontrar aquela única ovelha que se perdeu? (Lc 15,4). Você faria? Onde se viu um pai acolher com festa o filho devasso, sem dar nenhuma palavra de censura? (Lc 15,20-24). Seu pai faria? Onde se viu um samaritano ser melhor que o levita e o sacerdote? (Lc 10,29-37). A parábola provoca para pensar. Ela leva a pessoa a se envolver na história a partir da sua própria experiência de vida.

Um bispo perguntou numa reunião da comunidade: "Jesus falou que devemos ser como sal. Para que serve o sal?" Discutiram e, no fim, partilhando entre si suas experiências com o sal, encontraram mais de dez finalidades para o sal. Aí eles foram aplicar tudo isto à sua própria vida e descobriram que *ser sal* é difícil e exigente! Com outras palavras, a parábola funcionou e ajudou-os a dar um passo. Iniciaram a travessia em direção ao Reino!

Certa vez, por ocasião da parábola da semente, os discípulos perguntaram a Jesus o que ele queria ensinar por meio daquela parábola. Jesus disse: "Para vocês, foi dado o mistério do Reino de Deus; para os que estão fora tudo acontece em parábolas, para que olhem, mas não vejam, escutem, mas não compreendam, para que não se convertam e não sejam perdoados" (Mc 4,11-12). Jesus distingue duas categorias de pessoas: "os de fora" e os "de dentro". Aos *de dentro*, isto é, aos discípulos que convivem com Jesus e acreditam nele, é dado conhecer o mistério do Reino, pois o mistério do Reino era o próprio Jesus. Jesus é a semente do Reino. Aos *de fora*, isto é, aos que não faziam parte da "família de Jesus", tudo é dito em parábolas, "para que vendo não vejam". Os *de fora* sabem o que é semente, mas não sabem que Jesus é esta semente. Alguns deles, como por exemplo, aqueles fariseus e os herodianos que queriam matar Jesus (Mc 3,6), nunca aceitariam Jesus ser a semente do Reino. Por isso, mesmo vendo não enxergam e mesmo ouvindo não entendem. E por causa desta cegueira eles se excluem a si mesmos do Reino.

Só poucas vezes Jesus explica as parábolas. Geralmente, ele diz: "Quem tem ouvidos para ouvir ouça!" (Mt 13,9; 11,15; 13,43; Mc 7,16). Ou seja: "É isso! Vocês ouviram! Agora tratem de entender!". De vez em quando, em casa, ele dava explicação aos discípulos (Mc 4,34). Isto significa que o ensino em parábolas era um voto de confiança de Jesus na capacidade do povo e dos discípulos de entenderem o seu ensinamento. É bom para o formando saber e experimentar que o formador acredita nele e na sua capacidade de compreender as coisas.

x) Atento ao processo de formação dos discípulos

Não é pelo fato de uma pessoa andar com Jesus e de conviver com ele que ela já seja santa e renovada. O "fermento de Herodes e dos fariseus" (Mc 8,15), a ideologia dominante da época, tinha raízes profundas na vida daquele povo. A conversão que Jesus pedia e a formação que ele dava procuravam atingir e erradicar de dentro deles esse "fermento" da ideologia dominante.

Também hoje, a ideologia do sistema neoliberal renasce sempre de novo na vida das comunidades e dos discípulos e discípulas. O "fermento do consumismo" tem raízes profundas na vida, tanto dos formandos como dos formadores, e exige uma vigilância constante. Jesus ajudava os discípulos a viverem num processo permanente de formação e de revisão.

Vamos ver alguns casos desta vigilância com que Jesus acompanhava os discípulos e os ajudava a tomarem consciência do "fermento de Herodes e dos fariseus". É a ajuda fraterna com que ele, atento ao processo de formação dos discípulos, intervinha para ajudá-los a dar um passo e criar nova consciência.

- *Mentalidade de grupo fechado.* Certo dia, alguém que não era da comunidade, usava o nome de Jesus para expulsar os demônios. João viu e proibiu. Ele disse a Jesus: "Impedimos, porque ele não anda conosco" (Mc 9,38). João pensava ter o monopólio de Jesus e queria impedir que outros usassem o nome dele para realizar o bem. Era a mentalidade antiga de "Povo eleito, Povo separado!" Jesus responde: "Não impeçam! Quem não é contra é a favor!" (Lc 9,39-40). Para Jesus, o que importa não é se a pessoa faz ou não faz parte da comunidade, mas sim se ela faz ou não o bem que a comunidade anuncia a todos em nome de Deus.

- *Mentalidade do grupo que se considera superior aos outros.* Certa vez, os samaritanos não queriam dar hospedagem a Jesus. A reação de alguns discípulos foi violenta: "Que um fogo do céu acabe com esse povo!" (Lc 9,54). Queriam imitar o profeta Elias (cf. 2Rs 1,10-11). Achavam que, pelo fato de estarem com Jesus,

A educação no antigo Israel e no tempo de Jesus

todos deviam acolhê-los. Pensavam ter Deus do seu lado para defendê-los. Era a mentalidade antiga de "Povo eleito, Povo privilegiado!". Jesus os repreende: "Vocês não sabem de que espírito estão sendo animados" (Lc 9,55).

- *Mentalidade de competição e de prestígio.* Os discípulos brigavam entre si pelo primeiro lugar (Mc 9,33-34). Era a mentalidade de classe e de competição, que caracterizava a sociedade do Império Romano. Ela já se infiltrava na pequena comunidade que estava apenas nascendo ao redor de Jesus. Jesus reage e manda ter a mentalidade contrária: "O primeiro seja o último" (Mc 9,35). É o ponto em que ele mais insistiu e em que mais deu o próprio testemunho: "Não vim para ser servido, mas para servir" (Mc 10,45; Mt 20,28; Jo 13,1-16).

- *Mentalidade de quem marginaliza o pequeno.* Mães com crianças querem chegar perto de Jesus. Os discípulos as afastam. Era a mentalidade da cultura da época na qual criança não contava e devia ser disciplinada pelos adultos. Era ainda o medo de que as mães e as crianças, tocando em Jesus com mãos impuras, causassem nele alguma impureza. Mas Jesus os repreende: "Deixem vir a mim as crianças!" (Mc 10,14). Ele as acolhe, abraça e abençoa. Coloca a criança como professora de adulto: "Quem não receber o Reino como uma criança, não pode entrar nele" (Lc 18,17). Jesus transgride aquelas normas da pureza legal que impediam o acolhimento e a ternura.

- *Mentalidade de quem segue a opinião da ideologia dominante.* Certo dia, vendo um cego, os discípulos perguntaram a Jesus: "Quem pecou, ele ou seus pais, para que nascesse cego?" (Jo 9,2). Como hoje, o poder da opinião pública era muito forte. Fazia todo mundo pensar do mesmo jeito de acordo com a ideologia dominante. Enquanto se pensa assim não é possível perceber todo o alcance da Boa-Nova do Reino. Jesus os ajuda a ter uma visão mais crítica: "Nem ele, nem os pais dele, mas para que nele se manifestem as obras de Deus" (cf. Jo 9,3). A resposta de Jesus supõe uma consciência nova e uma leitura diferente da realidade.

Estes e muitos outros episódios mostram como Jesus estava atento ao processo de conversão e de formação em que se encontravam seus discípulos. Isto revela duas características em Jesus: (1) Ele possuía uma visão crítica, tanto da sociedade em que ele vivia, como da ideologia ou do "fermento" que os grandes comunicavam aos súditos. (2) Jesus tinha uma percepção clara de como este "fermento", disfarçadamente, se infiltrava na vida dos discípulos. Pois, de certo modo, eles pensavam agradar a Jesus quando proibiam as mães de se aproximar de Jesus ou quando pediam para Deus fazer baixar o fogo do céu.

153

y) Conteúdos e recursos didáticos

O sistema educativo da época de Jesus era bem diferente de hoje. Jesus era Mestre, Rabino. Não era professor. Seus formandos não eram alunos, mas sim discípulos e discípulas. Mesmo assim, apesar das diferenças entre ontem e hoje, vamos arriscar uma resposta para a seguinte pergunta: Quais eram os conteúdos e recursos didáticos em que Jesus mais insistia e a quais ele dava mais atenção no processo de formação dos discípulos?

- *O testemunho de vida.* O recurso básico que Jesus utiliza na formação dos discípulos é o testemunho de sua vida: "Segue-me" (Lc 5,27). "Venham e vejam" (Jo 1,39). "Eu sou o caminho, a verdade e a vida" (Jo 14,16). O discípulo tem na vida do Mestre uma norma (Mt 10,24-25). Neste seu testemunho de vida Jesus reflete para os discípulos os traços do rosto de Deus: "Quem me vê, vê o Pai" (Jo 14,9). A raiz da Boa-Nova é Deus, o Pai. A raiz da transparência de Jesus é a sua fidelidade ao Pai e a sua coerência com a Boa-Nova que ele anuncia e irradia.

- *A vida e a natureza.* Jesus descobre a vontade do Pai nos fenômenos mais comuns da natureza e a transmite aos discípulos e discípulas: na chuva que cai sobre bons e maus ele descobre a misericórdia do Pai que acolhe a todos (Mt 5,45); nos pássaros do céu e nos lírios do campo ele descobre os sinais da Divina Providência (Mt 6,26-30). A sua maneira de ensinar em parábolas provoca nos discípulos a reflexão sobre as coisas mais comuns do dia a dia da sua vida (Mt 13,1-52; Mc 4,1-34). As parábolas de Jesus são um retrato da vida do povo e da realidade conflituosa da época.

- *As grandes questões do momento e as perguntas do povo.* O crime de Pilatos contra alguns romeiros da Galileia, a queda da torre de Siloé em construção que matou 18 operários (Lc 13,1-4), a discussão dos discípulos em torno de quem deles era o maior (Mc 9,33-36), a fome do povo (Lc 9,13), o ensinamento dos escribas (Mc 12,35-37) e tantos outros problemas, fatos e perguntas do povo funcionavam como gancho para Jesus levar os discípulos a refletirem, a caírem em si e a descobrirem algum ensinamento ou apelo de Deus.

- *O jeito de ensinar em qualquer lugar.* Em qualquer lugar onde encontrava gente para escutá-lo, Jesus transmitia a Boa-Nova de Deus: nas *sinagogas* durante a celebração da Palavra nos sábados (Mc 1,21; 3,1; 6,2); em *reuniões* informais nas casas de amigos (Mc 2,1.15; 7,17; 9,28; 10,10); andando pelo *caminho* com os discípulos (Mc 2,23); ao longo do mar na *praia*, sentado num barco (Mc 4,1); no *deserto* para onde se refugiou e onde o povo o procurava (Mc 1,45; 6,32-34); na *montanha*, de onde proclamou as bem-aventuranças (Mt 5,1); nas *praças* das

A educação no antigo Israel e no tempo de Jesus

aldeias e cidades, onde povo carregava seus doentes (Mc 6,55-56); no *Templo* de Jerusalém, por ocasião das romarias, diariamente, sem medo (Mc 14,49).

- *Memorização na base da repetição.* Não havia livros, nem manuais como hoje. O ensina era baseado na repetição do conteúdo a fim de favorecer a memorização. Isto ainda transparece em algumas partes dos discursos de Jesus, conservados nos Evangelhos. O final do Sermão da Montanha, por exemplo, repete duas vezes, de maneira rítmica, com poucas diferenças, a mesma frase (Mt 7,24-25 e 26-27).

- *Momentos a sós com os discípulos.* Várias vezes, Jesus convida os discípulos para irem com ele a um lugar distante, seja para instruir (Mc 4,34; 7,17; 9,30-31; 10,10; 13,3), seja para descansar (Mc 6,31). Ele chegou a fazer uma viagem ao exterior na terra de Tiro e Sidônia para poder estar a sós com eles e instruí-los a respeito da Cruz (Mc 8,22-10,52).

- *A Bíblia e a história do povo.* Nem sempre é possível discernir se o uso que os Evangelhos fazem do AT vem do próprio Jesus ou se é uma explicitação dos primeiros cristãos que, assim, expressavam o alcance da sua fé em Jesus. Seja como for, é inegável o uso constante e frequente que Jesus fazia da Bíblia. Ele conhecia a Bíblia de cor e salteado. Como ainda veremos, Jesus se orientava pela Sagrada Escritura para realizar sua missão e ele a usava para instruir os discípulos e o povo.

- *A Cruz e o sofrimento.* Quando ficou claro para Jesus que as autoridades religiosas não iam aceitar a sua mensagem e que decidiram matá-lo, ele começou a falar da cruz que o esperava em Jerusalém (Lc 9,31). Isto provocou reações fortes nos discípulos (Mc 8,31-33), pois na lei estava escrito que um crucificado era um "maldito de Deus" (Dt 21,22-23). Como um maldito de Deus poderia ser o Messias? Por isso, a partir deste momento crítico, o eixo da formação que Jesus dava aos discípulos consistia em ajudá-los a superar o escândalo da Cruz (Mc 8,31-34; 9,31-32; 10,33-34).

Estes são alguns dos recursos didáticos usados por Jesus na formação dos discípulos e discípulas. Alguns destes recursos eram diferentes de hoje, outros eram iguais.

3. Uma palavra final

O ensino e a transmissão das tradições na Bíblia estão intimamente inseridos na dinâmica da educação na casa e no clã enquanto palavra oral que se recria e é reflexo da memória coletiva, social e cultural. Assim, refletir sobre os espaços da educação no antigo Israel e na tradição de Jesus a partir dos textos é expressão, mesmo que limitada, de uma memória oral e coletiva que representa acumulação, conservação e recriação dos elementos fundamentais da cultura e do cotidiano. No processo da educação e da teologia bíblica nos deparamos com a "memória dos pobres" e os anseios de gente itinerante, sem terra, mulheres escravizadas e violentadas. A teologia da palavra em conexão com a teologia do ouvido. A sabedoria do antigo Israel e a sabedoria na Galileia do tempo de Jesus são a marca fundamental de uma "religião da recordação". Na perspectiva da presença da voz e da escuta cada geração com "boca", "olhos" e "ouvidos" das necessidades cotidianas, realiza uma releitura da vida e da história, na busca de orientação do caminhar diante das problemáticas concretas. Assim, a tradição e o passado podem ser ressignificados como utopia e futuro. Em Israel tais perspectivas se fazem notar intensamente. Por isso podemos refletir com o salmista: "O que ouvimos e conhecemos, e nossos pais nos contaram, não esconderemos a seus filhos; nós o contamos à geração futura" (Sl 78,3-4).

Parte destas reflexões é resultado de palestras, cursos, conferências sobre a prática de Jesus, a caminhada dos profetas e a tradição sapiencial na Bíblia. Querem ser como o sal, que desaparece na comida mas permanece no sabor.

4. Referências bibliográficas

CHEVITARESE, André Leonardo; CORNELLI, Gabriele; SELVATICI, Monica (orgs.). *Jesus de Nazaré*; uma outra história. São Paulo: Annablume/Fapesp, 2006.

CONFERÊNCIA DOS RELIGIOSOS DO BRASIL. *Sabedoria e poesia do povo de Deus*; tua Palavra é Vida. São Paulo: CRB/Edições Loyola, 1993.

CROSSAN, John Dominic. *O Jesus histórico*; a vida de um camponês judeu do Mediterrâneo. Rio de Janeiro: Imago, 1994.

_____; REED, Jonathan L. *Em busca de Jesus*; debaixo das pedras, atrás dos textos. São Paulo: Paulinas, 2007.

DANA, Harvey E. *O mundo do Novo Testamento*; um estudo do ambiente histórico e cultural do Novo Testamento. 4. ed. Rio de Janeiro: Juerp, 1990.

DE VAUX, Roland. *Instituições de Israel no Antigo Testamento*. São Paulo: Paulus, 2004.

FIDELES, Andréa Paniago. *Construindo cidadania de crianças*; pelos veios da hermenêutica jurídica e bíblica infantil. Goiânia: UCG, 2005.

FREYNE, Sean. *Jesus, um judeu da Galileia*; nova leitura da história de Jesus. São Paulo: Paulus, 2008.

GERSTENBERGER, Ehrhard S. Casa e casamento no Antigo Testamento. *Estudos Teológicos*, 42(1), 2002, pp. 81-89.

HORSLEY, Richard A. *Arqueologia, história e sociedade na Galileia*; o contexto social de Jesus e dos Rabis. São Paulo: Paulus, 2000.

_____; HANSON, John S. *Bandidos, profetas e messias*; o movimento popular no tempo de Jesus. São Paulo: Paulus, 1995.

JARSCHEL, Haidi. Para que a memória histórica de resistência das mulheres seja guardada... (Gênesis 38). *Revista de Interpretação Bíblica Latino-Americana*, n. 32, Petrópolis: Vozes, pp. 39-48.

JEREMIAS, Joaquim. *Jerusalém no tempo de Jesus*. São Paulo: Paulus, 1993.

KOESTER, Helmut. *Introdução ao Novo Testamento*; I. história, cultura e religião do período helenístico. São Paulo: Paulus, 2005.

MEIER, John P. *Um judeu marginal*; repensando o Jesus histórico. Rio de Janeiro: Imago, 1992, 1996, 1997 e 1998.

MESTERS, Carlos. *Com Jesus na contramão*. São Paulo: Paulinas, 1995.

_____. *Como Jesus formou os apóstolos*. Paranavaí: Livraria Nossa Senhora do Carmo/ Publicação Carmelitana, 1993.

_____. *Vai! Eu estou contigo!* Vocação e compromisso à luz da Palavra de Deus. São Paulo: Paulinas, 2010.

_____. *Venha beber desta fonte*; itinerário vocacional da família carmelitana. São Paulo: Província Carmelitana de Santo Elias, 2010.

_____; OROFINO, Francisco. Jesus formando e formador. In: site da CNBB: http:// www.cnbb.org.br/site/component/docman/doc_details/174-jesus-formando-e-formador-frei-carlos-mesters-e-francisco-orofino.

NAVIA VELASCO, Carmiña. A mulher na Bíblia: opressão e libertação. *Revista de Interpretação Bíblica Latino-americana*, n. 9, Petrópolis: Vozes, 1991, pp. 51-70.

PERDUE, Leo G.; BLENKINSOPP, Joseph; COLLINS, John J.; MEYERS, Carol. *Families in Ancient Israel*. Louisville, Kentucky: Westminster John Knox Press, 1997.

RICHTER REIMER, Ivoni. Religião e economia de mulheres: Atos 16,11-15.40. *Fragmentos de cultura*, 14/8, Goiânia: UCG, 2004, pp. 1482-1486.

SAULNIER, Christiane; ROLLAND, Bernard. *A Palestina no tempo de Jesus*. 2. ed. São Paulo: Paulinas, 1983.

VVAA. Criança na Bíblia. *Estudos Bíblicos*, n. 54, Petrópolis: Vozes, São Leopoldo: Sinodal, 1997.

VVAA. Jesus e as tradições de Israel. *Estudos Bíblicos*, n. 99, Petrópolis: Vozes, 2008.

VVAA. Jesus histórico. *Revista de Interpretação Bíblica Latino-Americana*, n. 47, Petrópolis: Vozes, 2004.

WEBER, Hans-Ruedi. *Jesus e as crianças*; subsídios bíblicos para estudo e pregação. São Leopoldo: Sinodal, 1986.

CAPÍTULO VIII

Provocações teológicas: o processo pedagógico da revelação e nossas práticas educativas

Edward Neves Monteiro de Barros Guimarães

Ótimo, que tua mão ajude o voo [...]. Mas que ela jamais se atreva a tomar o lugar das asas.
(Dom Helder Camara)[1]

1. Começo de conversa

O modo como Deus se autorrevela e chega ao coração do ser humano, especialmente aquele consignado ao longo das Sagradas Escrituras, oferece reflexões pertinentes para o aperfeiçoamento das práticas educativas. Pretende-se aqui explicitar algumas contribuições pertinentes a partir da aproximação dialética entre elementos centrais da tradição judeu-cristã e os processos educativos predominantes na realidade brasileira.

Torres Queiruga refere-se à Bíblia como a "sedimentação por escrito de um longo e difícil processo através do qual a presença salvadora de Deus vai sendo captada e vivenciada no povo de Israel".[2] A escolha pelo horizonte bíblico se deu pelo fato de ser esta uma das matrizes da cultura ocidental.[3]

---

[1] A epígrafe escolhida explicita a importância fundamental do respeito à autonomia do sujeito em todo o processo educativo. Cf. CAMARA, *Mil razões para viver; meditações do padre José*, p. 28.

[2] Cf. QUEIRUGA, *A revelação de Deus na realização humana*, p. 413.

[3] Além da matriz judaico-cristã, reconhecem-se no processo de formação da cultura ocidental fortes influências oriundas da filosofia grega, da cultura romana, das ricas tradições indígenas, árabes e africanas, dentre outras.

Provocações teológicas

O registro bíblico do dinamismo histórico da revelação de Deus ao ser humano explicita autêntico processo de humanização e traz em seu bojo preciosa e fecunda experiência de ensino-aprendizagem. Muitos pesquisadores encontram aí inesgotável filão da sabedoria humana. Para o cristão, encontra-se "a palavra de Deus como palavra humana".[4] Como o salmista, ele crê e confessa: "Tua palavra é lâmpada para os meus passos, e luz para o meu caminho" (Salmo 119,105). Não é significativo o testemunho de tantas gerações que encontraram e continuam a encontrar na Bíblia alimento nutritivo para seus processos educativos?

O modo como Deus autor revelou-se ao ser humano impulsionou desafiante processo de libertação e de conquista da autonomia. A percepção paulatina da presença luminosa de Deus não trouxe ameaças à liberdade humana, mas a alimentou. Aquela fez esta última conhecer horizontes novos. Tratava-se, portanto, de experiência propulsora para o exercício da autonomia e do despertar para a busca de vida humana plena. A imagem de "uma desafiante e paciente caminhada" sintetiza esteticamente as práticas educativas presentes nas narrativas bíblicas. Experimenta-se a proximidade de Deus, sobretudo como impulso vital para a práxis do amor, da justiça e do direito, para o desenvolvimento da consciência da dignidade da vida e, portanto, do zelo-cuidado com quem está à margem do caminho. Paulo, em sua Carta aos Gálatas, afirma que Jesus Cristo nos libertou para que sejamos verdadeiramente livres. Chama-nos para ser livres e colocar-nos a serviço uns dos outros na práxis do amor. Para ele, a lei encontra plenitude no mandamento: amar o próximo como a si mesmo (cf. Gálatas 5,1.13-15).

A reflexão sobre o sentido da vida não conhece ocaso. Já sentenciava o velho mestre de Atenas, Sócrates, que a vida humana sem reflexão não vale a pena. O desenvolvimento dos dons da consciência, do pensamento, da criatividade e da autonomia aguçou a percepção humana da importância da reflexão crítica diante das experiências vividas. Desse modo, brotou nos diversos agrupamentos humanos multifacetado processo de síntese dos saberes, costumes, princípios, valores e técnicas. A luta pela sobrevivência, a busca pela

---

[4] O valor da Bíblia consiste em revelar a palavra de Deus como palavra humana, plantada no chão de nossa vida. A Bíblia ilumina a vida, sendo também iluminada por ela. A palavra de Deus é maior do que a Bíblia. Ela é apenas a referência escrita, em forma de literatura humana, daquilo que Deus nos diz de mil maneiras. Cf. KONINGS, *A palavra se fez livro*, pp. 93-94.

felicidade, a consciência da finitude e da responsabilidade social provocaram o engendramento de técnicas e métodos cada vez mais sofisticados de registro, armazenamento e transmissão do conhecimento acumulado aos demais membros do grupo e, sobretudo, às novas gerações. A criação da linguagem oral e escrita favoreceu enormemente tal processo. Forjam-se preciosas tradições de sabedoria. Tecnologias, cada vez mais avançadas, suscitaram condições inéditas para o acesso e transmissão desse gigantesco legado.[5] Utiliza-se, hoje, o termo "aldeia global" para fazer referência ao efeito consequente causado pelas profundas transformações tecnológicas. Surge crescente "consciência planetária".

Refletir criticamente sobre o sentido da vida, sobre os referenciais de orientação da direção que estamos tomando enquanto humanidade, sobre as ações humanas e suas consequências futuras não é tarefa exclusiva de algumas pessoas.[6] Muito pelo contrário, trata-se do caminho a ser trilhado por todos que, despertados para a responsabilidade social, colocam-se em busca de crescimento, autoconhecimento e aperfeiçoamento humano. Caminho necessário a quem decidiu colocar-se a serviço da construção coletiva de mundo melhor para todos. Aprender a conhecer, aprender a fazer, aprender a viver juntos ou a conviver com os outros e aprender a ser. Eis a irrenunciável vocação humana! Os quatro pilares da educação apontam-nos a direção e o horizonte da jornada da vida humana.[7]

Aqui cabe um alerta. O termo "educar" não significa o processo de transferir conhecimentos do educador para o educando, como muitos demonstram entender com determinadas práticas educativas equivocadas. Ao contrário, educar significa promover ou estimular o desenvolvimento das habilidades e competências das pessoas em situação de aprendizagem como meio eficaz para a conquista da autonomia.[8] "A educação permanece desafiante em todos

---

[5]   Pense-se nas diversas invenções que facilitaram o processo citado: a escrita, o papel, a impressa (com seus jornais, livros, revistas…), o rádio, o telefone, a televisão, o computador, a internet, o celular, dentre outras.

[6]   Hoje estamos tomando consciência das implicações e consequências pessoais, sociais e planetárias. Essa nova etapa evolutiva da consciência humana tem sido chamada de "Consciência Planetária", outros preferem falar do surgimento de um novo paradigma, o "paradigma ecológico". A criação da ONU, as conferências ecológicas internacionais, o Fórum Social Mundial, entre outros, confirmam essa tendência de mundialização ou globalização.

[7]   Cf. DELORS, *Educação; um tesouro a descobrir*, pp. 89-102.

[8]   Há uma dupla interpretação para o termo "educar": (1) conduzir alguém para determinado objetivo e (2) ação de tirar para fora, trazer à luz aquilo que já existe dentro. Na perspectiva da fé, educar seria, então, o

Provocações teológicas

os tempos. O ser humano nasce carente e não se provê sozinho, como os animais. Tem potencialidades dentro, mas requer parteiras que lhas extraiam."[9] A educação aponta para o processo no qual o educando é o sujeito e o educador o facilitador. Como afirma Paulo Freire:

> É a percepção do homem e da mulher como seres programados, mas para aprender e, portanto, para ensinar, para conhecer, para intervir, que me faz entender a prática educativa como um exercício constante em favor da produção e do desenvolvimento da autonomia de educadores e educandos.[10]

Daí a importância de instaurarmos contínuo processo de reflexão sobre as práticas educativas. Avaliar de que maneira o educando, desde o princípio de sua experiência educativa, tem sido, de fato, estimulado a assumir-se como sujeito da produção do saber. Bem como mensurar em quem medida a prática educativa do educador concretiza experiência dialógica capaz de criar as possibilidades para a produção ou a construção do conhecimento.[11]

2. A pedagogia interpeladora de Deus

a) As narrativas simbólicas da criação

A pedagogia interpeladora de Deus e o diálogo como prática de liberdade são marcantes na Bíblia. A relação de Deus com o ser humano nas duas narrativas simbólicas da criação, por exemplo, apresenta aspectos muito interessantes nesse sentido.[12]

A primeira revela aguçada sensibilidade educativa. Instiga a educação do olhar humano, quando nos convida a contemplar e reconhecer a beleza da criação divina. "Deus viu que tudo era bom".[13] Promove a educação do agir

---

processo de desvelar as riquezas que o Criador já escondeu no coração de todo ser humano. Cf. LIBANIO, *A arte de formar-se*, p. 12.

[9]   Em obra que sintetiza vigorosa sabedoria acumulada em longos anos de disciplinada dedicação aos estudos, Libanio brinda o leitor com requintada reflexão crítica. Nela há um capítulo inteiro dedicado aos desafios da educação no contexto atual. A citação literal encontra-se na conclusão deste capítulo. Cf. LIBANIO, *Em busca de lucidez; o fiel da balança*, p. 253.

[10]   Cf. FREIRE, *Pedagogia da autonomia; saberes necessários à prática educativa*, p. 145.

[11]   Cf. FREIRE, *Pedagogia da autonomia; saberes necessários à prática educativa*, p. 22.

[12]   O primeiro relato é a "Semana da criação" (cf. Gn 1,1–2,4a). O segundo é a narrativa do "Jardim do Éden" (cf. Gn 2,4b-24).

[13]   A narrativa explicita, por sete vezes, como um insistente refrão, a afirmação da positividade da criação aos olhos de Deus (cf. Gn 1,4.10.12.18.21.25.31).

humano, ao desvelar a gratuidade do dom da dignidade humana. Nasce da delicadeza do criar-nos a sua imagem e semelhança. Em seguida, entrega-nos a criação. Percebe-se tensão dialética entre o dom da autonomia humana e a responsabilidade no cuidado com o que nos é entregue. A criação, obra das mãos de Deus, é sagrada.[14]

A segunda narrativa não perde em fecundidade para a primeira. Carrega fecundo potencial educativo. Revela a proximidade terna e amorosa do Criador no próprio ato criativo e, de modo muito singular, no plasmar o ser humano. Moldado pelas mãos divinas, tal qual o barro nas mãos do oleiro. A forma original revela sua natureza mais profunda: ser de relações e "ser-para-o-amor". O Criador entrega-lhe precioso e fecundo jardim, um lar para ser cultivado e guardado (cf. Gn 2,15). O dom desvela, como fonte de sentido, a dimensão da responsabilidade. Há inúmeras possibilidades, mas também necessariamente há limites. Se, por um lado, autonomia sem responsabilidade facilmente converte-se em tirania ou autossuficiência, por outro, responsabilidade sem autonomia transforma-se em servidão alienante ou escravidão. A narrativa descreve, a seguir, pedagogicamente o mau uso da liberdade humana. Liberdade compreendida como o simples poder de satisfação imediata dos próprios desejos. Liberdade não compreendida como a autodeterminação para a práxis do amor ao próximo, da justiça e da misericórdia restauradora. As consequências da miopia da autossuficiência do ser humano são graves, mas nem por isso Deus o abandona no erro. Ao contrário, ajuda-o a assumir com dignidade as consequências de seus atos.[15]

Aqui muitos interpretam a condenação divina como sentença que impõe a Adão e toda a sua descendência o pesado fardo de trabalhar a terra e comer o pão com o suor de seu rosto ou, como muitos dizem, "comer o pão que o diabo amassou". Movido pela inteligência da fé e tendo presente todo o processo de autorrevelação da proximidade amorosa de Deus, torna-se muito

---

[14] É claro que a polissemia de sentido dessas narrativas permite diversas outras interpretações, inclusive possibilitou interpretações equivocadas e deturpadas. Por exemplo, da legitimidade da superioridade do ser humano, compreendida como poder de dominação, em relação a toda a criação ou a do pecado original como expulsão de todos os descendentes de Adão do jardim do paraíso e a incompreensível condenação de todos à tendência adâmica ao pecado. Aqui um bom comentário bíblico e a superação da leitura literal ajudam na superação dessas deturpações. Cf. MESTERS, *Paraíso terrestre: saudade ou esperança?*

[15] É digno de nota o desfecho da narrativa. Depois de expulsos do "Jardim do Éden", Deus tece túnicas para Adão e sua mulher. Ele deverá cultivar o solo de onde fora tirado.

mais plausível contemplar aí o grande convite de Deus ao ser humano para deixar-se educar, ou seja, tirar de dentro de si o sentido maior para o dom da liberdade. O ser humano toma consciência da finalidade última do dom da liberdade, como dinamismo crescente de autodeterminação para a práxis do amor e da justiça, pois encontra o sentido de tudo na direção do amor. Para isso exige-se passar pelo processo educativo libertador.

b) A inquietante experiência de Abraão

No processo revelador de Deus ao ser humano, merece destaque a relação pedagógica de Deus com Abraão.[16] As narrativas possuem grande potencial educativo. Deus açula o desejo e alimenta os horizontes de busca de realização de Abraão. Não lhe violenta, faz-lhe proposta e desperta em Abraão a fome de sentido. Abraão acolhe a proposta e responde afirmativamente a Deus. Pois percebe valer a pena concretizar a aliança e confiar-se nas mãos de Deus, coloca-se, então, a caminho. Enfrenta, com grande coragem, diversas dificuldades. Sabe que não está sozinho, pois experimenta a proximidade e a fidelidade amorosa de Deus.

Entre as dificuldades enfrentadas por Abraão, destaca-se o propalado sacrifício de Isaac (cf. Gn 22,1-18). A narrativa parte da decisão divina de colocar Abraão à prova. Pede-se que Abraão ofereça em holocausto sobre a montanha o próprio filho Isaac, justamente aquele que concretizava a inusitada promessa divina de conceder-lhe longa descendência. E, para surpresa de todos, Abraão acolhe obediente o pedido divino. Faz os preparativos para o holocausto, toma o filho Isaac e coloca-se resoluto a caminho para realizar o doloroso sacrifício. A narrativa oferece detalhes comoventes. No meio do caminho, o filho pergunta ao pai sobre o cordeiro a ser imolado. A resposta confiante de Abraão oferece a chave de leitura da narrativa: Deus o providenciará. Quando os dois chegam ao cume da montanha, local previsto para o sacrifício, o pai amarra o próprio filho e o coloca sobre a lenha do altar ali construído. Aparece, então, um anjo de Iahweh e impede o sacrifício de Isaac no momento em que Abraão levanta. O anjo tece, então, elogios a ele por ter

---

[16] Abraão é considerado na tradição judeu-cristã o pai da fé. Daí a expressão "sou filho ou filha de Abraão", pois acolho a mesma tradição que instaura o processo de educação para a aliança de fé, ou seja, aprender a colocar-se nas mãos de Deus e considerá-lo como o único absoluto da vida. Aquele em quem se confia totalmente.

163

demonstrado tão profundo temor a Deus a ponto de não recusar-lhe o próprio filho. A cena termina quando Abraão ergue os olhos e vê um cordeiro ao lado e o oferece em holocausto a Deus. O anjo reafirma que Deus cumprirá a promessa feita a Abraão.

A narrativa perde todo sentido educativo se compreendida no nível de sua literalidade. O que está em jogo não é a imagem do Deus terrível, capaz de pedir como prova de fé a um pai o sacrifício do próprio filho. Também não se trata do relato absurdo da insanidade de um pai desnaturado, cego pelo fanatismo religioso, a ponto de ser capaz de sacrificar o próprio filho a Deus. Ao contrário, o texto é paradigmático na educação da fé. Para quem acompanhou a narrativa da caminhada de Abraão até ali, tem presente a relação de inabalável confiança entre Deus e Abraão. Abraão sabia em quem estava colocando a sua confiança.

Percebem-se nas narrativas da caminhada de Abraão importantes aspectos educativos, como a paciência histórica no lento processo de construção da relação de confiança entre o educador e o educando, no caso entre Deus e Abraão, que juntos fazem caminho. Esses textos mostram que a prática educativa se concretiza em distintos níveis de aprofundamento. Abraão é interpelado e percebe o fortalecimento da autonomia e do senso da responsabilidade social. É provocado a envolver-se, desinstalar-se, colocar-se a caminho, participar do processo, tomar decisões pessoais, vencer obstáculos, buscar soluções criativas e alternativas. A educação vai sendo tecida pelo fio frágil e tênue da dinâmica do diálogo de liberdades. Este não consegue manter-se sem o cultivo dos laços do afeto, da cumplicidade, da transparência e do respeito ao ritmo do outro. A relação entre educador e educando instaura o desafiante aprendizado do discernimento crítico e da busca confiante pela verdade e do melhor caminho a ser trilhado. Implica compromisso de amor do educador com a trajetória do educando.

c) Moisés e a envolvente experiência do Deus libertador

Outro ponto digno de destaque no longo processo pedagógico da autor-revelação de Deus ao homem situa-se nas narrativas em torno da figura de Moisés. Salvo das águas do Nilo e criado na corte do Faraó, vive à margem da realidade de seu povo. Na trajetória de amadurecimento humano, aos poucos, como qualquer ser humano em processo educativo, toma consciência de sua origem, da situação na qual está inserido e das condições coletivas de vida. Confronta-se com a sua história de vida e entra em crise de identidade. Debate-se com a interpelação fraterna do rosto sofredor de cada escravo hebreu. Acolhe suas origens e experimenta forte a indignação ética. Começa a enxergar, com maior profundidade e densidade ética, a triste situação da escravidão no Egito. Nos desafios dos primeiros embates, foge para o deserto. Nesse contexto de acrisolamento, de busca de horizonte de sentido para a existência e de nova identidade, Moisés sente-se envolvido pela luminosidade da presença do Deus da vida. Percebe a proximidade do Deus de seus pais, o Deus de Abraão, Isaac e Jacó, o Deus que escuta o clamor de seu povo (cf. Ex 3,1-10). A experiência vivida abala os pilares de sua zona de conforto, provoca transformação em sua compreensão da vida e alarga seus horizontes de sentido. Ao sentir-se impulsionado e interpelado, toma a difícil decisão de colocar-se a serviço da libertação de seu povo. Ao mesmo tempo, conscientiza-se de sua pequenez, fragilidade e incapacidade para tão grandiosa missão. Vivencia a certeza de que não está sozinho e de que Deus está com ele. Faz o discernimento, acolhe a proposta e toma a livre decisão de enfrentar a situação. Como no ciclo das narrativas de Abraão, o texto descreve o instigante encontro de liberdades como algo maravilhoso. A liberdade absoluta de Deus não violenta e nem anula, ao contrário, sustenta, promove, potencializa e liberta a liberdade de Moisés. Fortalece-lhe a autonomia. Este passa a compreender o dom da liberdade como capacidade de autodeterminação, como autonomia para colocar-se a serviço da vida plena.

O processo educativo libertador de Moisés e de seu povo, como qualquer outro, passou pela conquista de etapas e pelo enfrentamento corajoso das dificuldades do caminho. Exigiu determinação de avançar na direção escolhida, perseverança em cada passo, retomada nos momentos de desânimo e, sobretudo, a paciência necessária ao empreender caminhada coletiva. Contou com o envolvimento de várias pessoas, cada qual com ritmo próprio. Houve períodos com inúmeras manifestações de fraqueza e cansaço diante das dificuldades ou vontade de desistir. Houve também a retomada da coragem para enfrentar obstáculos quase intransponíveis.

Nesse caminhar pelo deserto, o cultivo da memória dos passos dados revelou-se fundamental. Ao contemplar os passos já trilhados, o povo constatou a certeza de que não caminhava sozinho. O Deus de Abraão, Isaac e Jacó trilhava o caminho com ele.

Constata-se que a experiência libertadora do êxodo do Egito provocou profundas transformações na vida das pessoas nela envolvidas. Marcará para sempre a identidade e a história de vida do povo hebreu. Para não se tornar simplesmente algo do passado, perdido na inexorabilidade do tempo, os descendentes dos escravos sentem-se interpelados para o cultivo da memória desses acontecimentos e chamados a transmitirem-na às novas gerações. A trajetória da libertação torna-se memorial. Os passos conquistados passam a ser revividos e celebrados todos os anos: a saída do Egito, a longa conquista da liberdade, a inusitada travessia do Mar Vermelho e do interminável deserto, os momentos de fraqueza, os incontáveis desafios na conquista da terra e da identidade de povo livre.

Toda prática educativa implica o cultivo da memória, a recordação das etapas vencidas, a narração dos passos dados, a renovação da decisão de colocar-se a caminho e, sobretudo, a alegria de celebrar juntos cada vitória grande ou pequena. Cada pessoa encontra-se inserida numa caminhada com metas a serem perseguidas. Sem memória, a pessoa ignora de onde vem, não sabe por que está aqui e não acolá e, provavelmente, desconhece para onde vai. Há uma canção popularizada nas celebrações das comunidades cristãs que expressa, de certa forma, os elementos centrais do cultivo da memória:

> O povo de Deus no deserto andava, mas à sua frente alguém caminhava [...]. Só tinha esperança e pó da estrada [...]. Também vacilava, às vezes custava a crer no amor [...]. Pedia perdão e recomeçava [...]. Também teve fome e tu lhe mandaste o pão lá do céu [...]. Provou teu amor, teu amor que não passa [...]. Também sou teu povo Senhor e estou nessa estrada cada dia mais perto da terra esperada.[17]

Impressiona no livro do Deuteronômio a forma como as narrativas da memória coletivas são apresentadas como realidade interpelante que tende a ser integrada na construção da identidade presente e das novas gerações. A título de exemplo: "Recorda-te que foste escravo na terra do Egito, e que Iahweh teu Deus te resgatou", "Para que te lembres do dia em que saíste da terra do Egito,

---

[17] É comum utilizar a canção "Povo de Deus", atribuída ao cantor Padre Zezinho, nas celebrações das comunidades cristãs do Brasil.

todos os dias da tua vida" ou "Contigo está Iahweh, teu Deus, que te fez subir da terra do Egito" (cf. Dt 6,4-9; 11,18-21; 15,1-15).

Entre as diversas experiências no processo de libertação do Egito duas merecem destaque a partir do potencial educativo da liberdade: a experiência do maná, o pão dos céus e a entrega dos Dez Mandamentos.[18]

Na primeira, diante do desafio de enfrentar as inúmeras dificuldades do deserto, o povo cansado cede à tentação e murmura contra Moisés saudosamente lembrando o passado. Quando eram escravos no Egito, pelo menos tinham o que comer, o povo lamentava. Nesse momento de fraqueza, Deus responde de forma intrigante. Pela tarde, envia codornizes para o povo comer carne e, pela manhã, o maná, o pão dos céus. A narrativa explicita detalhes do projeto divino: cada qual deveria pegar a quantidade de maná necessária a sua casa. A que tinha maior número de pessoas pegaria mais, a que tinha menos, consequentemente, pegaria menos. Além disso, não se poderia guardar o maná, mas confiar que, a cada dia, o Senhor enviaria o pão dos céus para todos. Aconteceu de muitos recolherem mais do que o necessário e guardarem o restante para o dia seguinte. Mas o maná amanhecia estragado. E a cada dia, durante quarenta anos, o povo de Deus educou-se na confiança em Deus e na força da partilha. A lição aprendida tinha consistência: quando ninguém acumula, há alimento para todos e não falta para ninguém. O contexto atual, onde muitos de tudo sobrando, enquanto outros de tudo faltando, parece ter esquecido tal aprendizado.

Na segunda experiência, diante do desafio de aprender a conviver na inquietante caminhada pelo deserto, Moisés tem presente as inúmeras dificuldades enfrentadas pelo povo. Intensifica o discernimento e as buscas de solução. Sobe a montanha, lugar do encontro com Deus, aprofunda a experiência libertadora de Deus e elabora precioso projeto de educação como práxis de liberdade, espécie de constituição, os "Dez Mandamentos". Despertou no povo o desejo de acolher a proposta e educar-se em direção à vida nova por ela preconizada. Fez a memória do projeto da aliança com o Deus que os libertou da escravidão.

O primeiro mandamento diz respeito ao cultivo da centralidade do Deus libertador em suas vidas, reconhecendo-o como o único Deus e colocando-o como único absoluto. Caminho singular para cultivar e conservar a própria

---

[18] A primeira experiência citada (cf. Ex 16,1-35) e para a segunda (cf. Ex 20,1-21).

liberdade conquistada. O segundo confirma o primeiro: cultivar com serieda-
de a aliança. O nome de Deus não pode ser banalizado ou celebrado sem exigências de compromisso com a vida nova de povo livre assumida no projeto
da aliança. O terceiro diz respeito à vida nova. Não se pode voltar à escravidão
alienante, nem escravizar o outro. É imprescindível cultivar o sábado, símbolo
da dignidade conquistada, como tempo de descansar e restaurar as forças.
Tempo também de cultivar a interioridade e a vida em família. O quarto preconiza, na mesma direção, o cultivo da dignidade dos pais e da família. Provoca o cultivo do amor e do respeito àqueles que foram mediação para o dom
da vida. Sem tal cultivo o ser humano facilmente embrutece-se e destrói a
vida nova conquistada. O quinto mandamento aponta para a centralidade da
dignidade da vida. Importa dizer não a toda forma de atentado contra a vida.
Cultivar a fraternidade, a justiça e a misericórdia. O sexto, como consequência, mostra como algo fundamental respeitar a própria família e a do próximo, pois o adultério destrói a confiança e o núcleo da aliança familiar. Além
disso, mostra-se como combustível inflamável gerador de conflito e violência.
O sétimo promove critério básico para as relações sociais: trate com respeito o
seu próximo, pois ele é teu irmão, sendo justo e respeitando as coisas alheias.
O oitavo, na mesma direção, orienta para o cultivo da verdade como forma
de expressar a justiça e o amor ao próximo. O nono e o décimo continuam
o processo de promover o senso da responsabilidade social, do cuidado e do
zelo no cultivo do amor ao próximo. Respeite a família, a casa e tudo aquilo
que expressa ou garante a dignidade da vida do outro.

d) A provocante experiência educativa dos profetas

Do manancial inesgotável do Primeiro Testamento merece destaque a tradição educativa dos profetas de Israel. Os profetas são, sobretudo, homens e
mulheres que, situados criticamente em determinada realidade social, percebem a tragédia do divórcio entre fé e vida, entre o discurso, a prática da religião
ou o exercício do poder político, de um lado, e as injustas condições sociais
dos empobrecidos, de outro. Isaías, por exemplo, denuncia a hipocrisia, pois
Deus abomina as práticas religiosas, ritos e orações, holocaustos, incensos, so-
lenidades em meio às injustiças sociais, celebradas por mãos cheias do sangue
dos empobrecidos. Anuncia que devem primeiramente lavar-se, purificar-se,

Provocações teológicas

parar de fazer o mal e, ao contrário, praticar o bem, buscar o direito, socorrer o oprimido, fazer justiça ao órfão, defender a viúva (cf. Is 1,10-20). Os profetas são guiados pela experiência de Deus e a sensibilidade criada pelo cultivo e zelo com a dignidade da vida. Escutam o chamado divino interpelados pelo clamor que resplandece do rosto dos marginalizados.

O profetismo, como a prática educativa, tem duas dimensões dialéticas aparentemente opostas, mas que se complementam num círculo hermenêutico. De um lado, manifesta-se a dimensão de denúncia e, por outro, simultaneamente, emerge a dimensão de anúncio. Jeremias, por exemplo, fala da experiência do Deus que coloca as palavras na boca do profeta, para arrancar e arrasar, para demolir e destruir, mas também para construir e plantar (cf. Jr 1,9-10). Quando os profetas denunciavam, com iracúndia sagrada, situações de corrupção implacável, exploração desmedida dos trabalhadores, desigualdades abissais entre as elites insensíveis e os inúmeros famintos, eles profetizam em nome do Deus da vida, do Deus que liberta da escravidão, do Deus da aliança. Percebe-se claramente que o objetivo maior é provocar a conversão e a busca de transformação da situação ignóbil e deplorável aos olhos de Deus. O profeta Amós denuncia os ricos que acumulam cada vez mais a partir da exploração e opressão dos pobres. Denuncia as práticas religiosas que não promovem o direito e a justiça. Mas também anuncia que devem procurar o bem para viver, restabelecer o direito e a justiça no tribunal (cf. Am 5,14-15; 6,21-24; 8,4-7). Sua denúncia simultaneamente anuncia a perspectiva de horizonte resplandecente e a aurora de um novo tempo.

Quando os pais educam os filhos, os professores os estudantes ou o Estado os cidadãos, percebe-se a tensão dialética necessária entre denúncia e anúncio? Por exemplo, a mãe, ao corrigir o filho, alimenta-lhe, concomitantemente, os horizontes e abre-lhe perspectivas de vida nova? A professora, ao apontar os erros cometidos pelo estudante, está atenta a fazer dessa experiência oportunidade de aprendizagem significativa? O evangelizador, ao educar na fé, gesta a agudeza de espírito e o zelo pela práxis do amor e da justiça? O Estado, ao privar determinado cidadão do direito à liberdade após grave delito cometido, o faz de tal modo que a penalidade se apresenta como chamado à vida nova futura?

3. A pedagogia libertadora de Jesus e a força transformadora da práxis do amor

O processo educativo se inicia quando o educador "chama a atenção". Quando desperta, de certa forma, no educando a admiração e a curiosidade. Não faz isso por esnobismo, mas porque tal recurso é passo necessário no processo de provocação reflexiva. Gera perguntas silenciosas na interioridade do observador: Quem é esse que me chama a atenção? O conteúdo de sua mensagem suscita reflexão? Tem sentido continuar dando-lhe atenção? Desejo continuar dando-lhe ouvidos?

A recordação das impressões provocativas que carregamos sobre a vida de Jesus suscitou os seguintes versos:

A teimosa arte de compartilhar o "caminho"

Lançar "sementes" com teimosa esperança
E fecundar os olhos, a alma e o coração
Fustigar a fantasia, o sonho, a imaginação
Contemplar as belezas do "Caminho".

Profetizar o mundo de justiça que virá
Compartilhar a ternura, o afeto da amizade
Ser livre na vivência da verdade e do amor
Cultivar misericórdia e paciência infinitas
Ressuscitar as forças dos desesperados.

Potencializar as asas, a coragem de lutar
Trilhar juntos o "Caminho" até a "Fonte"
E encontrar o itinerário da partilha e do amor
Saciar a sede de alegria e a fome de paz.

Caminhar com lucidez profética
De quem carrega certeza inquieta
Ciente de que a bússola a guiar o barco
E que mantém acesa, no peito, a chama,
É a vida e a utopia de Jesus de Nazaré.[19]

---

[19] Esta poesia faz parte do acervo pessoal do autor.

Iniciemos a segunda parte da reflexão perguntando-nos sobre o que "desperta a atenção ou provoca reflexão" quando miramos, a partir das narrativas do Segundo Testamento, a pessoa de Jesus de Nazaré. Os Evangelhos foram escritos com tal finalidade: despertar o olhar da fé, provocar o desejo de conhecê-lo para que tal conhecimento interpele para a livre decisão em segui-lo.

Jesus, ao confrontar a experiência da proximidade terna que fazia de Deus e a triste situação da vida de seu povo, de um lado, com a insensibilidade e indiferença das elites poderosas diante da realidade dos pobres, de outro, percebe o divórcio trágico entre a prática das tradições religiosas e os apelos imediatos da vida concreta. Encontrará nos antigos profetas de Israel os elementos centrais para educar-se na percepção da presença e ação libertadora de Deus no meio do povo. Daí seu encantamento com a figura profética de João Batista. Discernirá desse confronto a própria missão: sou chamado a anunciar e revelar a presença escondida do Reino no meio do povo, com palavras e ações. A experiência interior que o anima, Jesus vai procurar anunciá-la com seus ensinamentos e revelá-la, com testemunho contagiante, a todos que encontrar pelo caminho.[20]

a) A interpelação do anúncio e a revelação da presença do Reino de Deus

No início da narrativa do Evangelho de Marcos, o mais antigo entre os quatro Evangelhos canônicos,[21] após acolher o Batismo profético de João, Jesus inicia sua práxis com o anúncio de uma Boa-Nova: o Reino de Deus chegou! Esta presença enuncia o chamado: convertam-se e acreditem nessa boa notícia (cf. Mc 1,14-15). O povo acolheu a Jesus como um profeta (cf. Mt 16,14; 21,11.46; Lc 7,16). Ele descreve, através de parábolas, a chegada do Reino como dinamismo crescente que vai, aos poucos, tomando conta da vida de quem o acolhe enquanto Boa-Nova (cf. Mt 13,31-33). A pessoa começa, então, a cultivar a presença amorosa de Deus em sua interioridade e toma a livre decisão de orientar a própria vida pelo Reino. A chegada do Reino não violenta a

---

[20] Para compreender os impactos do anúncio da Boa-Nova do Reino, ver MESTERS, *Com Jesus na contra mão*, pp. 43-64.

[21] O termo "Evangelhos canônicos" refere-se aos quatro Evangelhos que foram inseridos na Bíblia: Marcos, Mateus, Lucas e João. Estes se distinguem dos "Evangelhos apócrifos" (palavra grega que significa "escondidos", "secretos", "ocultos"), por exemplo, o Evangelho de Tomé, de Pedro, de Tiago, de Filipe, de André etc.

liberdade, mas a potencializa. Não anula a autonomia da pessoa, mas a liberta para que encontre sentido maior na autodeterminação para a práxis da misericórdia, do amor fraterno e da justiça.

O anúncio do Reino não se reduz a mera reflexão, mas adquire conteúdo no jeito de Jesus agir e conviver com o povo, especialmente com os marginalizados e excluídos. A pessoa enxergava o Reino presente em seus passos e gestos porque "nele aparecia aquilo que acontece quando um ser humano deixa Deus reinar, tomar conta de sua vida."[22] Desse modo, o ser humano, diante da concretização do Reino na vida de Jesus, sente-se interpelado a refletir sobre o significado dessa percepção para a própria vida. Ao abrir-se à Boa-Nova, questiona-se a respeito de qual decisão tomar e de como deseja viver a partir de então. Desperta-se para o desejo de empreender caminhada de conversão a Deus e educar-se na busca de realização da vontade de Deus.

Na vida de Jesus, Deus e o Reino ocupam o lugar central. Esta centralidade concretiza-se historicamente numa vida direcionada para o cultivo diário da intimidade com Deus e da prática do amor solícito com o próximo. Jesus, consequentemente, entra em conflito frontal contra tudo que impede ou diminui a dignidade da vida humana. Jesus assim combate o antirreino.

A pessoa que acolhe e assume a perspectiva e o dinamismo do Reino sente-se chamada a viver como Jesus. Colocar o *Abbá*, Paizinho querido, como o único absoluto e o centro de sua vida[23] e assumir, ao mesmo tempo, o compromisso pessoal de educar-se em direção à busca de realização da vontade de Deus. A vida de Jesus manifesta claramente o conteúdo da vontade de Deus: colocar-se a serviço da vida onde esta se encontra ameaçada. Desse modo, ser discípulo do Reino significa ser discípulo de Jesus, procurar viver como ele.[24]

Merecem destaque duas características da prática educativa de Jesus. A primeira encontra-se no fato de ele promover a liberdade do interlocutor. Seu anúncio interpelante respeita a autonomia da pessoa e a acolhe na situação

---

[22]   Cf. MESTERS, *Com Jesus na contramão*, p. 55.

[23]   Não é esse o sentido maior do primeiro mandamento de Moisés, amar a Deus sobre todas as coisas para que a pessoa seja livre para amar? Que a pessoa não tenha outro absoluto além de Deus não é o caminho para a liberdade libertada para a práxis do amor e da justiça?

[24]   Para o biblista Johan Konings, o Reino para Jesus é a realização, aqui na terra, da vontade de Deus. Esta consiste em acolher seu amor paterno e na prática da justiça e, sobretudo, do amor fraterno. O Reino leva Jesus a um radical questionamento da maneira formalista e egoísta em que estava sendo vivida a lei de Moisés. Cf. KONINGS, *A palavra se fez livro*, p. 35.

Provocações teológicas

em que ela se encontra quando despertada para o Reino. A segunda revela-se no fato de ele realizar o anúncio com a autoridade que brota da coerência de vida reconhecida por parte de seus interlocutores. Jesus testemunha com seus atos o que ensina. Pratica eficiente pedagogia do exemplo. As pessoas não percebem diferença entre o que Jesus ensina e o que transparece em seus gestos.

b) A contagiante liberdade de Jesus

Destaca-se aqui traço importante presente na práxis libertadora de Jesus: a sua contagiante liberdade. Nela encontra-se a chave-mestra de compreensão do sentido de sua pessoa. Seu jeito livre de ser atrai e açula o desejo de ser livre como ele. Desperta a pergunta interior pela fonte de sua liberdade. Qual a origem da liberdade desse homem? Como consegue tão alto grau de liberdade? Qual a sua história? De onde ele vem?

A liberdade de Jesus diante dos ditames da vida social, diante do poder político e religioso, tem como fonte a sua entrega incondicional a Deus e ao Reino. A vida de Jesus, seus ensinamentos e, sobretudo, sua práxis livre e libertadora, provoca a pergunta sobre sua pessoa. O modo de falar sobre Deus com profunda intimidade experiencial e, sobretudo, sua ação misericordiosa com os pecadores e os marginalizados, feita em nome de Deus, revelam sua singularidade. Seu jeito absolutamente livre de ser provocou imediatamente espanto e admiração em muitos, reações conflitivas virulentas em outros, mas em todos despertou a pergunta sobre a origem de sua autoridade. Quem é esse homem? De onde lhe vem essa autoridade e esse ensinamento novo? (cf. Mc 1,22.27-28; 2,12b; 3,6).

A pessoa de Jesus provocou o reconhecimento da parte de muitos. Estes passam a ver nele um mestre e, sobretudo, com a autoridade de profeta. Seus ensinamentos provocavam reflexão interior e despertavam o desejo de buscar o Deus do Reino e assumir a perspectiva proposta de vida nova. Dentre os ensinamentos de Jesus, merece destaque o "Sermão da Montanha". As palavras de Jesus desconcertaram e ainda desconcertam quem lhes dá atenção e as acolhe com ouvidos de discípulo:

> Brilhe a vossa luz diante dos homens, para que, vendo as vossas boas obras, eles glorifiquem vosso Pai que está nos Céus [...]. Amai vossos inimigos e orai pelos que vos perseguem; desse modo vos tornareis filhos de vosso Pai que está nos

céus, porque ele faz nascer o sol igualmente sobre maus e bons e cair a chuva sobre justos e injustos [...]. Portanto, devereis ser perfeitos como o vosso Pai celeste é perfeito [...]. Ninguém pode servir a dois senhores. Com efeito, ou odiará um e amará o outro, ou se apegará ao primeiro e desprezará o segundo. Não podeis servir a Deus e ao Dinheiro [...]. Buscai, em primeiro lugar, o Reino de Deus e a sua justiça [...]. Não julgueis para não serdes julgados [...]. Tudo aquilo, portanto, que quereis que os homens vos façam, fazei-o vós a eles, pois esta é a Lei e os Profetas. Nem todo aquele que me diz "Senhor, Senhor" entrará no Reino dos Céus, mas sim aquele que pratica a vontade de meu Pai que está nos céus (cf. Mt 5,16.44-45; 6,24.33; 7,1.12.21).

Seus ensinamentos adquirem força transformadora e contagiante, sobretudo porque seus ouvintes testemunhavam a prática desses ensinamentos nas atitudes de Jesus. Ele era a própria encarnação histórica do Reino de Deus. Agia de modo diverso das outras autoridades religiosas.

As práticas educativas predominantes estão suscitando reflexões interpessoais sobre os valores que norteiam a vida humana atualmente? Favorecem o acesso dos educandos aos valores que foram referenciais na vida dos grandes mestres da história da humanidade? Será que em nossas práticas educativas oferecemos bons referenciais aos educandos? Conhecem as grandes atitudes e ensinamentos de homens e mulheres de valor, pessoas que encarnam a vivência dos valores humanos diante de situações difíceis, cultivando a perseverança na busca do bem?

Convive-se hoje com denúncias pessimistas a respeito das perversidades gestadas pela mentalidade hegemônica na cultura atual. Afirma-se que as pessoas assumem cada vez mais posturas individualistas, hedonistas, relativistas e economicistas. Fala-se de apego desmedido aos bens materiais, de perda de valores humanos centrais e do predomínio de práticas exageradamente consumistas, efêmeras e descartáveis que comprometem a sustentabilidade da vida na Terra. Há também anúncios otimistas a respeito das novas possibilidades criadas pela sociedade tecnológica e do conhecimento. Desfilam-se os avanços de última geração, as novas descobertas científicas e as tecnologias de ponta. Defende-se a tese de que estamos cada vez melhores e que nunca na história vivemos momento tão favorável e especial como esse.

Entre os extremos das posturas unilaterais, convoca-se a buscar posturas de maior equilíbrio dialético. Nem pessimismo fatalista e nem otimismo ingênuo.

Provocações teológicas

A liberdade de Jesus diante dos desafios de seu tempo interpela-nos à busca de lucidez. Pode-se promover o confronto dialógico criativo entre o passado e o presente, e revelar os elementos basilares que alimentam os sonhos e os horizontes utópicos de cada geração. Todo processo libertador de educação alimenta a esperança, mesmo nos momentos mais desafiantes do caminho.

c) A pedagogia participativa e libertadora de Jesus

Um terceiro aspecto que sobressai na práxis libertadora de Jesus emerge do fato de ele ter conseguido envolver tantas pessoas, homens e mulheres, ao seu redor. Desperta-lhes a admiração, provoca-lhes o entusiasmo, mas vai além, atrai seguidores, discípulos e discípulas. Estes constituem comunidades de vida fraterna. Engendram estruturas de fraternidade. As pessoas, por sentirem-se profundamente libertadas, apostam a própria vida na acolhida do dinamismo do Reino ou no caminho trilhado por Jesus.

O jeito de Jesus ensinar proporciona aos que dele se aproximam escutar provocantes reflexões sobre o Reino de Deus. As pessoas encantam-se com a beleza e a profundidade de suas parábolas. Não se trata de historinhas singelas contadas por Jesus, elas fazem parte do método pedagógico utilizado por Jesus. Este recurso narrativo, tecido com imagens plásticas tiradas da realidade do ouvinte, revelou-se eficaz na arte de interpelar o ouvinte e provocar-lhe a reflexão sobre as próprias ideias e revê-las ou sobre o posicionamento diante de alguma situação inusitada e a abertura à novidade da universalidade do amor de Deus. Sentem-se interpeladas a acolher o amor misericordioso de Deus e testemunhá-lo, na práxis do amor ao próximo, como concretização da vontade de Deus.[25]

Proporcionou-lhes também algo novo: seus discípulos e discípulas tiveram acesso à outra experiência de Deus. Não simplesmente a nova teoria ou ideia, mas a uma realidade próxima, testemunhada por Jesus e vivenciada por eles. Essa vivência transforma de dentro para fora, liberta para a vida nova. Em sua pedagogia libertadora, Jesus envolve os discípulos e as discípulas. São

---

[25] Entre as parábolas de Jesus merecem destaque a do Semeador (cf. Mt 13,4-9.18-23), a do Pai misericordioso (cf. Lc 15,11-31), a do Samaritano que faz a vontade de Deus (cf. Lc 10,29-37) e a dos critérios utilizados no juízo final (Mt 25,31-46), dentre outras.

175

enviados e participam da missão do anúncio do Reino. Sentem-se inseridos e sujeitos do processo de transformação.

A profundidade libertadora da prática educativa de Jesus pode ser verifica-da na criatividade dos discípulos após a morte de Jesus. De maneira original, os discípulos dão continuidade e anunciam a pessoa de Jesus de Nazaré como a manifestação histórica do conteúdo do Reino de Jesus. Percebem que entre anunciar a vida de Jesus às novas gerações e anunciar o Reino não há diferen-ça. O jeito de Jesus é a realização em plenitude do Reino, pois a vida de Jesus realiza a vontade salvífica de Deus.

Em que medida nossas práticas educativas têm conseguido envolver os educandos num processo participativo e libertador?

4. A título de conclusão

Procurou-se sublinhar alguns traços centrais percebidos no itinerário da autorrevelação de Deus ao ser humano: estrutura dialógica, valorização e pro-moção da autonomia do sujeito, despertar da corresponsabilidade, respeito ao paciente processo de maturação histórica, investimento na desafiante cons-trução da relação de confiança e cumplicidade, chamar a atenção, provocação da reflexão crítica e autocrítica, testemunho e coerência de vida, amor próxi-mo, envolvimento participativo, dentre outros. O filão é inesgotável.

Revela-se a beleza do processo da revelação no fato de que ela continua na vida de cada ser humano que vem a este mundo. Assim também o processo educativo. Cada pessoa recebe o dom da vida na forma seminal, prenhe de ricas potencialidades a ser desenvolvidas ao longo do caminho. O ser humano é projeto infinito.[26] Aqui se torna pertinente o potencial desvelado nos versos de Antônio Machado:

> Caminhante, são teus rastros
> O caminho, e nada mais;
> Caminhante, não há caminho.
> Faz-se caminho ao andar.
> Ao andar faz-se o caminho,
> E ao olhar-se para trás
> Vê-se a senda que jamais

---

[26] Cf. BOFF, *Tempo de transcendência; o ser humano como um projeto infinito.*

Se há de voltar a pisar.
Caminhante, não há caminho,
Somente sulcos no mar.[27]

Não há caminhos prontos, acabados, definitivos. Caminho humano se faz no caminhar. Os cristãos anunciam Jesus como o "Caminho", mas nem sempre souberam caminhar como convém àqueles que decidiram colocar--se como meta diária: aprender a infinda arte de amar. Mais importante do que o caminho, revela-se o sentido e a direção para onde se caminha. Assim também a disposição abraâmica de colocar-se a caminho. Então, resta-nos desejar-lhe boa caminhada, com a certeza de que não caminha sozinho, por mais que pense estar.

Que a memória do caminho histórico da revelação de Deus ao ser humano instigue-nos a participar ativamente do cadinho da infindável reflexão sobre as práticas educativas e do contínuo processo de aperfeiçoamento humano. Esperamos que a aventura trilhada até aqui tenha sido para você, como foi para nós, uma experiência intrigante, surpreendente, provocativa e fecunda.

5. Referências bibliográficas

ARDUINI, J. *Antropologia*; ousar para reinventar a humanidade. São Paulo: Paulus, 2002.

BOFF, L. *Tempo de transcendência*; o ser humano como um projeto infinito. Rio de Janeiro: Sextante, 2000.

CAMARA, H. *Mil razões para viver*; meditações do padre José. Rio de Janeiro: Civilização Brasileira, 1980.

DELORS, J. *Educação*; um tesouro a descobrir. São Paulo: Unesco/Cortez, 1999.

FREIRE, P. *Pedagogia da autonomia*; saberes necessários à prática educativa. São Paulo: Paz e Terra, 1996.

KONINGS, J. *A palavra se fez livro*. São Paulo: Loyola, 2002.

LIBANIO, J. B. *A arte de formar-se*. São Paulo: Loyola, 2002.

_____. *Em busca de lucidez*; o fiel da balança. São Paulo: Loyola, 2008.

MACHADO, A. Provérbios y cantares, XXIX. In: *Antologia poética*. Lisboa: Editorial Cotovia, 1999.

---

[27] Confira os versos originais do poeta. "Caminante, son tus huellas el camino y nada más; Caminante, no hay camino, se hace camino al andar. Al andar se hace el camino, y al volver la vista atrás se ve la senda que nunca se ha de volver a pisar. Caminante, no hay camino, sino estelas en la mar". Cf. MACHADO, *Provérbios y cantares*.

MESTERS, C. *Com Jesus na contra mão*. São Paulo: Paulinas, 2001.

_____. *Paraíso terrestre: saudade ou esperança?* 17. ed. Petrópolis: Vozes, 2001.

QUEIRUGA, A. T. *A revelação de Deus na realização humana*. São Paulo: Paulus, 1995.

CAPÍTULO IX

Educação e destinação humana: a liberdade entre a finitude e a infinitude. Educação em e para a liberdade e a experiência da transcendência

Manuel Tavares

Neste capítulo, far-se-á uma reflexão crítica de caráter antropológico, ontológico e ético, fazendo um percurso pela problemática da finitude e da infinitude humanas no âmbito de uma ontologia da desproporção do ser humano, tomando como principal referência teórica o pensamento de P. Ricoeur e, ao mesmo tempo, procuraremos mostrar que, apesar do conflito sempre presente no interior do ser humano, existe uma abertura a possíveis como busca permanente da liberdade, do seu desejo de ser mais e do sentido da existência. A consciência da finitude transporta o ser humano para a superação dos seus limites na procura incessante do sentido da existência. A transcendência constitui um dos horizontes de sentido, a realização da vocação natural para o absoluto, como afirmava Kant. A filosofia sempre se afirmou como um pensamento interrogativo, problematizador e crítico. E a grande questão que sempre se colocou a todo o pensamento filosófico e, particularmente nas reflexões sobre a educação, foi a questão antropológica: o que é o homem ou quem é o homem (LACROIX, 1968), quais as grandes finalidades da sua existência e, na perspectiva de Kant, o que deve fazer para poder ter esperança.

É em torno da problemática do mal e nos horizontes da finitude humana que se pode esboçar uma antropologia filosófica. A abordagem de qualquer projeto antropológico e ético implica a integração do problema do mal e do conflito entre finitude e infinitude. De fato, pensar o mal na época contemporânea constitui um enorme desafio para o pensamento filosófico, uma vez que tal questão permite ultrapassar a lógica racional e inserir, no contexto da reflexão, diversos níveis de discurso, compreendendo inclusivamente aqueles que são considerados como extrarracionais. Por outro lado, a sociedade ocidental contemporânea é, muitas vezes, considerada como a mais completa e mais perfeita relativamente a épocas anteriores e a outras sociedades, representando, a nosso ver, esta perspectiva uma forma etnocêntrica de pensamento acerca da multiplicidade e complexidade das realidades culturais existentes no mundo. Partindo dessa premissa, ainda que falaciosa, como compreender o paradoxo existente entre esse suposto "melhor dos mundos", utilizando a expressão de Leibniz, e a radicalidade do mal que continua a ser cometido no nosso tempo? Será que à radicalidade do progresso material corresponde a radicalidade do mal e a regressão moral? Quem é o ser humano de hoje, esse ser capaz de pôr em prática de um modo premeditado males horrendos e de ser, simultaneamente, protagonista das grandes e sublimes construções culturais que constituem o patrimônio espiritual da humanidade?

De fato, este problema parece insolúvel do ponto de vista da pura racionalidade; para além disso, é evidente que o sentido ético da vida não passa pelo caminho da afirmação do mal. Todo o sofrimento humano é motivo de revolta, de incompreensão e tomado como obstáculo ao desenvolvimento de uma vida verdadeiramente significante. O mistério e o enigma do mal, o injustificável – utilizando um dos conceitos de J. Nabert (1997) –, supõe outras vias de acesso que não passam pela racionalidade, pelo menos considerada do ponto de vista abstrato ou eidético. Com efeito, há múltiplas respostas relativas à problemática do mal que fazem sempre o apelo, em última análise, à estrutura básica da realidade humana. Um dos pressupostos das nossas reflexões é a recusa de uma vontade maligna. A introdução deste conceito no âmbito filosófico seria, do nosso ponto de vista, um escândalo para o próprio pensamento filosófico, uma contradição que, como afirma Rosenfield (1989, p. 11), "poria em causa o próprio pensamento, o seu esforço de coerência, de unidade e de sistematicidade." Um outro pressuposto, e que é uma convicção

Educação e destinação humana

nossa, é o de que, apesar do mal existente no mundo, a existência humana é portadora de sentido, o que implica uma busca permanente e incessante. Será o mal uma categoria histórica, um acidente histórico que apenas tem lugar no âmbito de uma realidade empírica? Ou, pelo contrário, ele está inscrito na matriz ontológica do ser humano?

No horizonte das questões anteriormente colocadas, pensamos que a problemática do mal só poderá ser entendida no quadro de uma compreensão do ser humano nas suas múltiplas relações com o mundo, consigo mesmo e com os outros, relações estas que constituem o centro de toda a problemática antropológica no pensamento contemporâneo, sobretudo na linha das filosofias da existência. Deste ponto de vista, será necessário ter em consideração as dimensões teórica e prática da existência humana, as suas múltiplas relações, para que se possa considerar o ser humano na sua totalidade, inserido no tempo, nas circunstâncias da vida, nas condições da história e da cultura e nas suas relações com a transcendência. Além disso, só através da ação existencial o ser humano adquire a sua verdadeira dimensão ontológica.

A problemática educativa expressa pelos vários discursos (filosófico, científico, teológico, estático) é o cenário de conscientização do ser humano da sua condição de ser finito. Mas é, também, o palco de potenciação da dimensão de infinitude humana, desse desejo de liberdade, de ser mais, como dizia Freire.

Analisemos, em primeiro lugar e do ponto de vista do pensamento de Paul Ricoeur, as questões da falibilidade humana e da desproporção ontológica como pressupostos da possibilidade do mal e da sua concreção histórica.

1. Falibilidade e ontologia da desproporção: a difícil fronteira entre a descrição antropológica e as implicações éticas

O conceito de falibilidade constitui, na concepção antropológica de P. Ricoeur, uma noção-chave que nos permite uma melhor compreensão da condição humana, baseada, por sua vez, na noção de desproporção humana, isto é, no desajustamento, na não coincidência e no conflito que nele existem entre finitude e infinitude.

181

Estamos no âmbito de uma reflexão antropológica, na medida em que se procura, no homem, a origem do mal; mas estamos, também, no plano de uma reflexão ontológica e ética, tendo em conta que se trata de refletir sobre uma realidade que se apresenta, na sua constituição, como instável e conflitiva e que, ao mesmo tempo, essa realidade, que é o ser humano, deve escolher entre diferentes opções que se lhe apresentam na existência.

A reflexão realizada sobre o consentimento nas análises de *Le volontaire et l'involontaire* (1950, 1988) apontava para uma opção, ainda que dissimulada: a possibilidade que o homem tem de assumir o mal, tendo em conta a bipolaridade da liberdade; bipolaridade esta baseada no conflito entre finitude e infinitude humanas. Trata-se, agora, de encontrar para essa opção abstrata o horizonte ético correspondente.

Do ponto de vista ético, defende Ricoeur (1988), não é, apenas, verdade que a liberdade seja a razão do mal; também é certo que "é pela confissão do mal que o homem toma consciência da liberdade" (p. 16). Na mesma perspectiva se situa K. Jaspers (1973) seguindo a linha de Kant, ao afirmar que o mal não pertence a nenhuma realidade empírica, mas à liberdade; "*só a vontade* pode *ser má*" (p. 397). O mal moral, na perspectiva kantiana, consiste na infração à lei moral, ou seja, quando a máxima de uma ação não pode tornar-se universal, infringindo, assim, os princípios éticos da universalidade, autonomia e finalidade. E a possibilidade desta infração relaciona-se com o fato de o ser humano estar naturalmente predisposto para a animalidade e para o mau uso da racionalidade. O mal moral não resulta da sua predisposição para a personalidade, para ser pessoa, mas do livre-arbítrio que existe em todo o ser humano. Pelo contrário, a liberdade humana consiste apenas em escolher o que a razão reconhece como bom, é o único percurso da moralidade. Na perspectiva de Jaspers, e como salienta Campbell (1969), não é a vontade que *escolhe* entre o bem e o mal, nem é tampouco a vontade que faz com que exista o bem ou o mal, mas a própria escolha que, por si só, produz a possibilidade do bem ou do mal. Cada escolha, fruto da unidade vivida por cada sujeito enquanto ser-no-mundo, é única no seu valor e no seu significado. Não somos livres de não escolher. A própria existência é uma opção. Neste sentido, tudo é para e pela liberdade (JASPERS, 1932, 1948, 1956, 1973). Assim sendo, a liberdade, enquanto expressão da vontade, é atingida pelo querer, e os riscos de cair no abismo do mal, da culpa e do sofrimento resultam da sua própria

Educação e destinação humana

natureza, dado que está sempre dividida entre o arbitrário e o necessário, entre a contingência do determinado e o indeterminado, afinal, entre o *Dasein, o ser-aí* e a Transcendência.

Na perspectiva de Ricoeur, é o conceito de falibilidade que permite completar a antropologia e, ao mesmo tempo, retomar a análise da vontade a partir da dialética finitude-infinitude. A posição de Ricoeur não é, no entanto, uma filosofia da finitude, mas uma tentativa de partir do caráter global da existência humana e da polaridade entre finitude e infinitude.

Para que se possa compreender, convenientemente, o conceito de falibilidade, é necessário ter em conta o homem na sua totalidade, renunciando a todos os dualismos afirmados pelo pensamento clássico, medieval e moderno, desde Platão a Kant. O ser humano é, de fato, uma totalidade, mas uma totalidade nebulosa que a reflexão procura esclarecer, ainda que essa unidade seja, ao nível vivencial, o suposto prévio de toda a reflexão. Neste sentido, o que Ricoeur defende é que existe, no seio dessa totalidade, que é o homem, uma desproporção ontológica, uma não coincidência consigo mesmo a partir da qual realiza mediações no interior de si mesmo e na sua relação com o mundo no ato de existir. Este é o tema desenvolvido em *Finitude et culpabilité* (1988) e que é completado com a análise feita em *Negativité et afirmation originaire* (RICOEUR, 1990, pp. 295-316). A questão que se coloca é a de saber se "o ser tem prioridade sobre o nada no coração do homem, isto é, desse ser que se anuncia a si mesmo através do seu poder singular de negação" (RICOEUR, 1990, p. 295). A resposta a esta questão implica uma reflexão a partir dos atos e das operações que nos permitem tomar consciência da nossa finitude; ao mesmo tempo, procura-se estabelecer a conexão entre as provas da finitude e a capacidade de superação dessa mesma finitude por parte do ser humano. A este propósito, Ricoeur (1990) acrescenta: "A prova da finitude apresentar-se-nos-á implicada num ato de superação que, por sua vez, mostrar-se-á como de-negação" (p. 296).

A questão colocada no artigo mencionado, tal como na primeira parte de *Finitude et culpabilité* (1960, 1988), é a de saber em que medida o ser humano poderá superar a sua miserável condição, a sua finitude originária, tendo em conta que, ao mesmo tempo, ele é um ser que tem uma vocação para a plenitude e, por isso, tende sempre a superar a finitude.

É claro que, para Ricoeur, a falibilidade está na desproporção humana, mas, onde está tal desproporção? Em primeiro lugar, Ricoeur recusa a perspectiva cartesiana das faculdades, sobretudo o dualismo entre a finitude do entendimento e a infinitude da vontade. A vontade não é, assim, a característica global da realidade humana; o que define, realmente, o ser humano é a polaridade entre a finitude e a infinitude, polaridade que é fundamental para elaborar os conceitos de falibilidade e desproporção. Deste ponto de vista, a relação conflitiva entre finitude e infinitude, entre *Dasein, o ser-aí*, e Transcendência, de acordo com o pensamento de Heidegger e Jaspers, é o que define a realidade humana na sua globalidade e na sua condição existencial.

Nesta perspectiva, considera-se que se deve partir de uma pré-compreensão da condição humana como miséria originária, através de uma patética da miséria, que seria a matriz primordial de toda a reflexão filosófica. De fato, o ser humano é uma totalidade e a falibilidade afeta todo o seu ser. No entanto, os diálogos de Platão – sobretudo os aporéticos – permitem-nos concluir que o que caracteriza o ser humano é o seu inacabamento, um ser que vive em permanente tensão, entre forças em conflito. Os mitos relatados revelam que a miséria humana é limitação e mal originários, do que se pode inferir que, de fato, o problema do mal não se pode confundir com a corporeidade humana. Esta condição miserável do ser humano revelada pelos mitos, ainda que de um modo nebuloso, é anterior a toda a reflexão filosófica e a toda a reflexão ética.

Pascal (1963), por sua vez, utilizando uma linguagem de exortação, considera que uma das razões de todas as desgraças humanas está "[...] na desgraça natural da nossa condição frágil e mortal, e é tão miserável que nada nos pode consolar quando paramos para pensar nela" (p. 516). A desproporção é, assim, inerente ao ser humano e manifesta-se em todos os atos da existência. Os homens, afirma Pascal,

> têm um secreto instinto que os leva a procurar o divertimento e a ocupação no exterior, instinto que procede do ressentimento relativamente às suas contínuas misérias; têm outro secreto instinto, resíduo da grandeza da nossa primeira natureza, que os faz pensar que a felicidade não se encontra efetivamente a não ser no repouso e no tumulto; e com estes dois instintos contrários forma-se neles um projeto confuso que se esconde do seu olhar no fundo das suas almas e lhes dá a tendência para o repouso pela agitação e a imaginar que a satisfação do que carecem lhes virá de si, superando certas dificuldades, podem abrir por esta via a porta do repouso (p. 516).

Do que foi exposto, pode inferir-se, por um lado, que a desproporção ontológica é o resultado da miséria da condição humana, fato que impede a felicidade, mas que não constitui um obstáculo à sua incessante procura; por outro, que tal desproporção se manifesta nos atos mais insignificantes da sua própria existência.

Além disso, perante a infinitude do universo, a limitação humana é algo desproporcionado. A infinita grandeza do universo, na qual estamos encerrados e nos sentimos perdidos, evoca o caráter trágico da condição humana, destino terrível e irremediável que suscita terror. Ao mesmo tempo, perante o microcosmo, onde tudo se pode dividir indefinidamente até ao nada, o homem é um todo; mas perante o macrocosmo, onde a terra não é mais do que um ponto perante um universo inabarcável, o homem é um nada. Este é, no seio do próprio universo, o desequilíbrio do ser humano num mundo que o obriga a ser, ao mesmo tempo, dois opostos inconciliáveis: um todo e um nada (VILLAR, 1987).

A tristeza da finitude humana é, sem lugar para dúvidas, um elemento perturbador do ponto de vista da constituição de uma ontologia. Todavia, por outro lado, a liberdade humana é, também, a capacidade de enfrentar essa finitude, o que confere ao ser humano a possibilidade permanente de a ultrapassar. É nisto, afinal, em que consiste o paradoxo da liberdade, na medida em que o homem está, permanentemente, entre a sua dimensão finita e a sua dimensão infinita.

Em síntese, pode dizer-se que a reflexão sobre a desproporção humana tem por finalidade a busca do lugar de inserção do mal na realidade humana, ou seja, a de "encontrar a fissura antropológica que o torna possível" (MACEIRAS, 1979, p. 56). Neste sentido, a dialética entre o voluntário e o involuntário prolonga-se na dialética da desproporção ontológica.

Na linha de Platão, Pascal e Descartes, o homem é um intermediário entre a finitude e a infinitude, o que o leva a ser ou a sentir-se desigual em relação a si mesmo. Com efeito, apesar disso, a abertura a novas possibilidades e novos horizontes de ação e a permanente procura de superação de uma certa tragédia existencial são os aspectos que caracterizam verdadeiramente o ser humano.

Se a desproporção humana indicia a fragilidade que torna possível o mal, a primeira tarefa do pensamento será a descoberta dessa mesma desproporção em todos os níveis do antropológico.

Assim, a limitação humana caracteriza-se por uma desproporção ao nível transcendental, prático e afetivo. É esta limitação generalizada que faz com que o homem seja um ser radicalmente frágil. Esta fragilidade é, com efeito, ocasião, origem e capacidade para o mal, é "*ocasião* ou lugar por onde o mal pode penetrar no homem, *origem* a partir da qual o homem o pratica e *capacidade* de realização efetiva do mal" (RICOEUR, 1988, p. 23).

Ao estilo kantiano, a reflexão sobre a fragilidade não deve partir do sujeito, mas do objeto para, a partir daí, investigar as suas condições de possibilidade. Trata-se de uma reflexão de estilo transcendental que, partindo da realidade experiencial, encontra no sujeito as condições *a priori* da sua possibilidade e do seu conhecimento. Na óptica kantiana, o sujeito transcendental, com todas as faculdades *a priori,* é o possibilitante e determinante de todo o conhecimento fenomênico, o único possível porque tem as suas condições *a priori*. De fato, não é, apenas, Husserl quem serve de referência a este tipo de reflexão, mas também a gnosiologia kantiana, aprofundada na *Crítica da Razão Pura*. A finalidade que orienta as investigações de Ricoeur é a de procurar esclarecer no homem, e em primeiro lugar na faculdade cognoscitiva, a desproporção mais radical do ser humano (RICOEUR, 1988, p. 25).

A reflexão transcendental, enquanto reflexão pura, facilita o primeiro momento de uma antropologia filosófica, sendo necessário superar o âmbito abstrato para avançar, posteriormente, para uma reflexão sobre a ação e sobre o sentimento. Na perspectiva kantiana, a desproporção do ser humano exprime-se, em primeiro lugar, ao nível do conhecimento. De fato, a realidade em si ou numênica não pode ser conhecida, não se dá a conhecer ao sujeito; por outro lado, as estruturas transcendentais são finitas, não permitem o conhecimento dessa mesma realidade. Daí, o duplo relativismo ao nível do conhecimento: do ponto de vista do sujeito e do ponto de vista da realidade.

> A força da reflexão "transcendental" é dupla; está, em primeiro lugar, na escolha do princípio: procura este princípio numa inspeção da capacidade de conhecer; [...] a primeira "desproporção" susceptível de uma investigação filosófica é a que a faculdade cognoscitiva nos revela (RICOEUR, 1988, p. 25).

Na mesma linha de Kant, e ultrapassando a dimensão teórica ou gnosiológica, verificamos as enormes possibilidades do ser humano que se abrem pela afirmação da liberdade, ou seja, ao nível prático-moral. Neste sentido, apesar das múltiplas limitações humanas configuradas pela sua finitude, há uma quantidade de possibilidades que são excluídas da liberdade, mas há também, ao mesmo tempo, uma abertura a novas possibilidades, ainda que não sejam infinitas; tal significa que o ser humano, apesar de tudo, não é prisioneiro de uma fatalidade que a natureza lhe impõe e que "a finitude não representa uma clausura no espaço, não é o contorno do meu corpo, nem sequer a sua estrutura, mas um aspecto da sua função mediadora, um limite inerente à sua abertura, a estreiteza original da sua abertura" (RICOEUR, 1988, pp. 299-300). Além disso, na medida em que assume o que já está determinado, inclusive toda a dimensão biológica, o consentimento humano, isto é, a possibilidade de assentimento converte a hostilidade da natureza num aspecto de si mesmo, converte a necessidade em liberdade, o que nos revela a ambiguidade do próprio consentimento: se, por um lado, é aceitação da finitude, daquilo que não é querido, por outro, é aceitação das necessidades que, agora, são queridas, assumidas. Esta ambiguidade leva-nos à própria bipolaridade da liberdade, isto é, a uma liberdade que, por um lado, cede à natureza e, por outro, aspira à recusa dos limites. O consentimento, como afirmação da condição humana, aparece, assim, como o último momento da conciliação da liberdade e da natureza e é por isso que o ser humano se pode considerar livre; assim, uma vontade que dá o seu consentimento ao involuntário absoluto, que o assume como seu, é uma vontade livre. Obviamente, a liberdade não é uma liberdade criadora, mas contingente, encarnada, motivada. É, afinal, uma liberdade simplesmente humana, um poder-não-poder (CORDÓN, 1991). Uma liberdade que deve conviver com a negatividade, com a tragédia da existência, consubstanciada no problema da morte. Esta negatividade manifesta-se no homem por meio do sentimento e do sofrimento. Este é o não ser enquanto sentido, experienciado, através do qual a consciência se conhece como negada, como ameaçada na sua tendência para a plenitude. A liberdade motivada e encarnada só pode compreender-se em função de uma ideia-limite, a ideia de uma liberdade absoluta e criadora, cuja função é a de nos fazer compreender, por contraste, a condição de uma vontade que é recíproca do involuntário (RICOEUR, 1967).

Pode afirmar-se que o problema do consentimento tende a ultrapassar a mera reflexão fenomenológica, reflexão pura e abstrata, para se inserir no plano ético-político. Tentemos, pois, esclarecer esta questão:

> No percurso que, até agora, fizemos tivemos a oportunidade de afirmar que a vontade humana é, sem dúvida, uma vontade bipolar, quer dizer, que se situa entre a esperança do absoluto e o fascínio da falta. Nesta perspectiva, o consentimento, isto é, a assunção por parte do sujeito de todas as suas dimensões involuntárias, é um caminho entre o bem e o mal, o que nos permite uma aproximação à ética e à metafísica, uma vez que o fascínio pelo bem ou a sua recusa implica uma relação entre o humano e o transcendente (LAFUENTE, 1993).

O consentimento acaba por ser, no plano da reflexão fenomenológica, uma meditação sobre a opção ética que melhor pode contribuir para a unidade humana e, sobretudo, para o exercício da liberdade na sua evidente dimensão paradoxal. Por isso, como sublinha Ricoeur, "a liberdade não é um ato puro, é em cada um dos seus momentos atividade e receptividade; faz-se acolhendo o que ela não produz: valores, poderes e natureza pura" (RICOEUR, 1967, p. 454).

Se tivermos em conta os limites colocados pelo caráter, o inconsciente e a vida e, ao mesmo tempo, a sua abertura a novas possibilidades, parece-nos que o consentimento é, sobretudo, o exercício da liberdade no mundo, que é, afinal, o verdadeiro lugar do homem. O exercício da liberdade é, definitivamente, a realização das potencialidades que a finitude nos proporciona, negando-a e superando-a ou, como afirmava Bergson, "resistindo à resistência" (Apud RICOEUR, 1990, p. 307).

Tentando, agora, fazer uma breve síntese do problema da liberdade, como questão que parece dominar toda a antropologia de Ricoeur, há que insistir no seguinte:

> O tema da reciprocidade entre o voluntário e o involuntário domina toda a descrição fenomenológica, descrição de natureza abstrata, e constitui uma introdução à problemática antropológica e ética.

A ação voluntária e a sua relação com o involuntário corporal, com o inconsciente e a vida, levaram-nos a concluir que a liberdade humana só se torna possível e real através do involuntário corporal e da consciência do esforço; a liberdade é, então, uma capacidade do homem que lhe permite submeter à vontade a resistência do corpo. O corpo, por um lado, é o elemento mediador de toda a ação livre do ser humano, mas, por outro lado, dado que não é objeto de escolha (ninguém escolhe o seu corpo), ele representa um condicionamento da própria liberdade humana.

Por outro lado, a liberdade humana apresenta-se como uma figura finita no âmbito de uma subjetividade que tem os seus próprios limites; o corpo como negação da liberdade absoluta é, ao mesmo tempo, uma abertura e uma mediação para o exercício da liberdade. "A negação emerge do corpo e impregna a consciência" (RICOEUR, 1967, p. 418).

No plano da decisão e da ação, assiste-se à emergência de um obscuro corporal, irredutível a todo o esforço e que se situa para além da dialética da finitude-infinitude humanas: o caráter, o inconsciente e a vida que constituem uma ameaça à liberdade, dado que são absolutamente incontroláveis por parte do sujeito; todavia, a grandeza da liberdade reside numa espécie de "independência dependente" (RICOEUR, 1967, p. 454).

O consentimento aparece, finalmente, como uma figura de conciliação da liberdade com a necessidade no domínio da subjetividade, na medida em que a vontade assume o não querido. Isto implica que a filosofia da vontade, na sua totalidade, é não só uma abertura para a antropologia, mas também para uma reflexão ética na qual se inscrevem os problemas da falta e do mal.

2. A transcendência e a busca do sentido da vida

A pergunta pelo sentido da vida é constitutiva do ser humano. Ninguém poderá fugir a esse questionamento. Os animais não se questionam porque não só não possuem uma consciência de si, como não precisam de um projeto que configure e dê significado à sua existência, tal como de desafios que possam ressignificar a sua própria vida. O mecanismo dos instintos é suficiente para a luta pela sobrevivência. Não é o que acontece com o ser humano, que possui conhecimento e liberdade, superando, assim, os esquemas de estímulo e resposta que configuram a vida animal.

No ser humano, a busca do sentido da vida é uma tarefa ética nunca concluída no âmbito de uma existência paradoxal. A procura do sentido é um projeto que passa pelo sujeito, pela verdadeira compreensão de si mesmo, pelo outro, pelas instituições educativas, políticas e judiciais e, sobretudo, por uma vontade individual e coletiva de afirmação da dignidade da pessoa humana. A existência humana é sempre uma existência comprometida, um compromisso do ser humano consigo mesmo, com a existência e com o outro.

A experiência do mal, nas suas diversas manifestações, é a que melhor define o caráter contingente, finito e fragmentário da vida humana, tal como as deficiências dos sistemas de sentido. Desde o início da filosofia, sobretudo com os grandes sistemas metafísicos platônico e aristotélico, que se pretendeu oferecer uma síntese de sentido, integrando nela a natureza, o homem e Deus. A pergunta pelo significado da vida e as diferentes reflexões sobre o mal estão intimamente ligadas à questão de Deus como a grande referência de sentido. O mal é um desafio para todas as religiões que oferecem ao ser humano o sentido para a vida e a salvação. Todavia, cada teodiceia está condicionada pelo código cultural em que surge, na medida em que é a partir das circunstâncias culturais concretas que anuncia como é possível o sentido da vida e como acontece a salvação. Os conflitos humanos criam um problema de sentido e a teodiceia procura solucioná-los, pelo menos do ponto de vista especulativo. A filosofia e a teologia analisam o mal a partir de diversas concepções antropológicas e filosofias da história. Santo Agostinho, por exemplo, parte de uma metafísica platônica, valoriza o ser em oposição às teorias dualistas que contrapunham o bem ao mal como princípios equiparáveis e em conflito. Para explicar a multiplicidade de experiências negativas, Santo Agostinho recorre à estratégia de denominar o mal como uma "ausência de bem", relativizando a sua realidade ontológica e atribuindo ao ser humano a responsabilidade pelo mal. O mal tem menor densidade ontológica do que o bem, é carência de ser e de bem e, por isso, é o que está mais longe de Deus. Sendo assim, compete ao ser humano aproximar-se cada vez mais do bem, da sua referência superior, ascendendo na hierarquia do ser e afastar-se do mal.

Santo Agostinho e Kant são os dois grandes nomes da visão ética do mal, ou seja, da posição que defende que o mal é obra da liberdade humana. Para Santo Agostinho, opositor à visão trágica do mal, isto é, à visão que defende a preexistência do mal em relação ao ser humano, este não pode ser uma substância, uma vez que todo o ser é bom e verdadeiro. Não pode, pois, existir o mal-ser, o mal substancial. Neste sentido, parece ser a distância que separa o homem de Deus o que torna possível o fato de o homem, enquanto ser livre, afastar-se de Deus e escolher o menos ser ou o nada. Daí que, para Santo Agostinho, a explicação do mal esteja na liberdade, isto é, na capacidade de o homem poder dizer *não* ao mal.

Segundo Kant, é a inclinação "natural" do homem para o mal que é a condição de possibilidade das máximas más. Há, pois, no homem uma propensão para o mal, uma maneira de ser que vem do livre-arbítrio. Neste sentido, as teses de Santo Agostinho e de Kant são complementares, dado que a tese kantiana oferece o quadro conceptual que falta à primeira.

Das posições teóricas referidas, se conclui que o mal é o preço a pagar pela liberdade. Todavia, a liberdade não consiste em fazer o que cada um entende, mas na capacidade de se libertar de todas as formas de servidão e de se humanizar, tendo sempre em consideração a alteridade, o respeito pelo outro e pela sua liberdade. A pergunta pelo sentido, que colocamos anteriormente, depende da capacidade pessoal de construir um projeto que não tenha consequências autodestrutivas e que não provoque qualquer dano nos outros. O simbolismo bíblico do "céu e do inferno" não pode ter apenas um significado extraterreno, mas aponta para a forma de viver de cada ser humano. Mais do que definir o bem e uma vida da qual estaria ausente o mal, é necessário lutar contra todas as formas de mal conhecidas e é nisso que consiste o bem. A busca da transcendência surge, assim, como afirma Adorno (1987), a partir das necessidades humanas: "A razão só pode resistir à irracionalidade e ao excesso se tiver consciência do absurdo e da loucura da objetividade. O que seria a felicidade se ela não fosse medida a partir do luto inquantificável daquilo que é?" (p. 128). O que confere valor à liberdade é a possibilidade que ela permite de construção de projetos pessoais sem que outras instâncias, humanas ou divinas, possam substituir as escolhas e decisões do ser humano. Não há liberdade absoluta, cada ser humano deve, necessariamente, confrontar-se com os desafios da existência, incluindo os males que existem ao seu redor, dando-lhes uma resposta. A felicidade define-se de forma desigual em função das culturas, contextos sociais e momentos históricos. No entanto, as experiências interpessoais, o reconhecimento do outro como pessoa, como dignidade humana e a defesa intransigente dos valores éticos que estruturam a existência são componentes essenciais de uma vida realizada. Neste sentido, a experiência religiosa é uma contribuição fundamental para dar sentido à vida. Ela é, como afirma Estrada (2010), "uma componente-chave do código cultural e uma fonte da ética e da moral" (p. 227). O sentido da vida requer uma referência absoluta, e essa é a proposta de qualquer religião, embora nem todas as práticas religiosas, ao longo da história e na contemporaneidade, possam ser defendidas e legitimadas. A fé cristã, contrariamente à maioria dos sistemas filosóficos e científicos, confere ao ser humano um horizonte de esperança na transcendência. A ligação do ser humano a Deus transmite um horizonte de sentido que permite ultrapassar o absurdo e os sofrimentos da existência. A fé cristã implica, como defende Estrada (2010), que o amor seja a força última que move o mundo, a energia espiritual suprema. Deus personifica essa força, essa energia, e o mal só pode ser combatido por pessoas portadoras e motivadas por essa dinâmica espiritual.

3. Considerações finais: educação em e para a liberdade

O conceito de evangelização, tal como o conceito de educação, tem raízes coloniais, representa o domínio do ocidente sobre todos os povos que foram sujeitos às diversas formas de colonização impostas pelo ocidente na sua estratégia de "missão civilizadora" (MIGNOLO, 2000). Os conceitos referidos incluem em si as marcas da cultura ocidental, dos seus valores e das suas dinâmicas de "progresso", dos contextos em que essa cultura foi produzida e das dicotomias diversas por ela produzidas. Evangelizar e educar têm, historicamente, um significado de imposição, de submissão, no âmbito de uma lógica de poder, de uma relação unidimensional entre o sujeito e o objeto. Esta relação unidimensional afirmou-se como uma relação de poder e o sujeito como um instrumento do poder e de reprodução do sistema ideológico dominante. Daí que seja imperioso construir não só novas epistemologias que tenham em consideração os vários *topos*, as várias culturas e a sua história, no sentido da produção de uma maior diversidade epistemológica que dê conta da riqueza existente no mundo, como também de uma teologia que seja contextual e que respeite os modos diversos de expressão religiosa das múltiplas culturas, contribuindo, assim, para o enraizamento do ser humano na sua própria cultura e como luta contra uma cultura religiosa hegemônica. Uma teologia libertadora que contribua para o projeto de "refazer a civilização", na

Educação e destinação humana

perspectiva do personalismo cristão[1] de E. Mounier, que considere os excluídos e oprimidos, não como objetos de caridade, mas como sujeitos da história e construtores da sua própria emancipação e afirmação sociais. Paulo Freire afirmava que ninguém liberta ninguém. Os povos, ao conscientizarem a sua condição de servidão, libertam-se a si próprios e libertam, também, o opressor. Não há estratégias de libertação que não passem pela educação, direito inalienável de qualquer cidadão, processo único através do qual o ser humano pode resgatar a sua dignidade e afirmar-se no mundo como pessoa, configurando a sua existência por um sistema de valores e transformar a liberdade de desafio numa liberdade de participação democrática. Neste sentido, a educação é uma força impulsionadora da mudança, uma arma de conversão do ser humano, de resgate da sua dignidade. Não uma educação reprodutora de uma ordem escravizante que se afirma como violência simbólica, na perspectiva de P. Bourdieu, mas uma educação em liberdade, promotora do espírito crítico e problematizante que seja capaz de fazer a ponte entre a teoria e a prática e de responder à riqueza presente na diversidade cultural.

Desenha-se, em termos globais, um novo mandato para a educação. Esse mandato traz as marcas do capitalismo na sua versão mais radical: o neoliberalismo. Pretende submeter os desígnios da educação aos grandes interesses econômicos, sobretudo os do capital financeiro, desviando a educação dos seus objetivos humanistas, antropológicos, éticos e ontológicos. Apesar da fragilidade epistemológica do conhecimento em educação, defendemos que esse fato não dilui o seu caráter formativo nem o seu potencial de intervenção.

Numa época em que o neoliberalismo se tornou cada vez mais selvagem, com a exclusão de milhões de seres humanos dos direitos de cidadania, a educação, em todos os palcos de intervenção, afirma-se como o primeiro processo de resistência e de transformação de uma ação conformista em ação rebelde (SANTOS, 2006). A educação pode e deve ser o instrumento privilegiado de libertação do ser humano, sobretudo daquele que, silenciado ao longo da história, não foi reconhecido como sujeito.

---

[1] O personalismo é, sobretudo na sua origem, uma pedagogia da vida comunitária ligada a um despertar da pessoa; "é um movimento orientado desde um projeto de *civilização* 'personalista' até uma interpretação 'personalista' das filosofias da existência" (RICOEUR, 1990, p. 122).

4. Referências bibliográficas

ADORNO, Th. *Minima moralia*; reflexiones sobre una vida dañada. Madrid: Taurus, 1987.

CAMPBELL, R. *L'existencialisme*. Paris: Éditions Foucher, 1969.

CORDÓN, J. M. N. Existencia y libertad: sobre la matriz ontológica del pensamiento de Paul Ricoeur. In: CALVO MARTÍNEZ, M.; ÁVILA CRESPO, T. (eds.). *Paul Ricoeur*; los caminos de la interpretación. Barcelona: Antropos, 1991.

ESTRADA, J. A. *El sentido y el sinsentido de la vida*; preguntas a la filosofía y a la religión. Madrid: Editorial Trotta, 2010.

JASPERS, K. *Philosophie*. Paris: Springer-Verlag, 1973.

LACROIX, J. *Panorama de la philosophie française contemporaine*. 2. ed. Paris: PUF, 1968.

LAFUENTE, M. A. C. Paul Ricoeur, pensador de la escisión. *Fragmentos de Filosofía*, 3, Universidad de Sevilla, 1993.

MACEIRAS FABIÁN, M. La Antropología hermenéutica de Paul Ricoeur. In: *Antropologías del siglo XX*. Salamanca: Sígueme, 1979. pp. 125-198.

MIGNOLO, W. D. *Local histories/global designs*; coloniality, subaltern knowledges and border thinking. Princeton: Princeton University Press, 2000.

NABERT, J. *Essai sur le mal*. Paris: Aubier, 1970.

_____. *Élements pour une Éthique*, Paris: PUF, 1943.

PASCAL, B. *Œuvres Complètes*. Paris: Éditions du Seuil,1963.

RICOEUR, P. *Finitude et culpabilité*. Paris: Aubier Montaigne, 1988.

_____. *Historia y Verdad*. Madrid: Ediciones Encuentro, 1990.

_____. *Le Volontaire et l'Involontaire*. Paris: Aubier Montaigne, 1967.

ROSENFIELD, D. *Du mal*; essai pour introduire en philosophie le concept de mal. Paris: Aubier, 1989.

SANTOS, B. S. *A gramática do tempo*; para uma nova cultura política. Porto: Afrontamento, 2006.

VILLAR, A. *Pascal, ciencia y creencia*. Madrid: Editorial Cincel, 1987.

CAPÍTULO X

A educação como missão da Igreja no Magistério eclesial

Donizete Xavier

Grandes pedagogos da modernidade como Locke e Rousseau são conscientes da centralidade do educador, da aventura simétrica do saber pedagógico no processo de renovação educativo, pois a modernidade pluraliza e problematiza também as teorias pedagógicas. Diante da emancipação gestada na modernidade, a pedagogia moderna experimenta um processo aporético e dicotômico em que a estrutura pedagógica se apresenta como um problema que por si mesma não consegue solucionar. Exemplo disso é como o pedagogo Paulo Freire combate os determinismos com suas implicações na compreensão da educação das principais correntes do pensamento da modernidade.

O *status quaestionis* é que o processo do moderno se apresenta incompleto, também em termos de pedagogia. O problema central é que a modernidade é vulnerável em relação ao processo de libertação que ela mesma desencadeou. A questão dos pobres, dos que sofrem, dos povos marginalizados continua a denunciar um plano educacional de compreensão mecânico-positivo-linear, implicando um caminho diferente do entendimento da educação.[1] Se a educação se nos apresenta como problema e desafio, é porque se depara com um problema ainda maior: a crise de confiança na vida.[2] Então o imperativo emergente é este: é preciso educar humanizando.

---

[1] STRECK; REDIN; ZITKOSKI, *Dicionário de Paulo Freire*, p. 272.

[2] O Papa Bento XVI tem elevado em forte tom o grito pela educação. Segundo ele, diante da situação de crise em que o homem se encontra, nela faz-se presente também a crise da educação, que tem suas raízes na crise da confiança na vida. As causas desta crise não são somente os métodos ou as regras, mas também a falta

O desafio da educação passa pelo redescobrimento de uma antropologia pedagógica que seja anúncio de uma forma de ver a humanidade, a história e o mundo socioculturalmente construído por todos. A educação deverá ser o que em sua natureza é: espaço humanizante e essencialmente um processo de conquista e desenvolvimento da dimensão ética. "A verdadeira humanização só é possível a partir da ética do ser humano."[3]

O tema deste artigo nos propõe a questão da educação e qual é o espaço que esta ocupa no Magistério da Igreja. Sem querer ser um tratado teológico detalhado, nos deteremos na educação no seu caráter mais genuíno tal como a contempla o Magistério, ressaltando que uma verdadeira e autêntica educação deverá perseguir permanentemente uma formação integral da pessoa humana, em vista do seu fim último e o bem comum da sociedade.[4] O Concílio Vaticano II afirma o direito inalienável de todas as pessoas à educação, advertindo a urgente formação ininterrupta.[5] Na visão cristã, uma educação que necessariamente considera todos os aspectos da pessoa humana, o tecido da sua existência, não pode se fechar num imanentismo, mas deve abrir-se a sua dimensão de mistério e ao Mistério que é Deus.

Um ponto importante para o desenvolvimento metodológico deste artigo são as palavras do Concílio ao ressaltar que a educação da geração dos mais novos deve desenvolver-se harmoniosamente considerando os dons, as capacidades pessoais, com a ajuda dos progressos da psicologia, da pedagogia e da didática. Neste sentido, procuraremos pontos em comum entre a teologia e a pedagogia. Pontos convergentes que permitam desenvolver uma reflexão onde a pessoa humana seja um verdadeiro *locus theologicus* e concomitantemente o objeto a que se dirige toda planificação e toda intervenção educativa.[6]

A educação compreendida como "enciclopédia do homem" permitirá pensá-lo como fenômeno histórico e cultural e abrirá fronteiras para pensá-lo teologicamente. Compreendida como "consequencial", permitirá pensá-lo

---

de atitude clara, consciente, pessoal do amor à própria vida, da aceitação da vida do outro, da confiança no valor da vida humana mesma (RATZINGER, *Servitori della Verità; riflessioni sull'educazione*, p. 7).

[3] FREIRE, *Política e educação*, p. 179.

[4] *Código de Direito Canônico*, cân. 795.

[5] Cf. *Gravissimum Educationis*, n. 1.

[6] FACULTAD DE CIENCIAS DE LA EDUCACIÓN – UNIVERSIDAD PONTIFICIA SALESIANA. *Diccionario de ciencias de la educación*, p. 900.

como "homem fenomênico" portador de uma interioridade e profundidade espiritual e abrirá fronteiras para pensá-lo pedagogicamente.

1. O múnus de ensinar como categoria da natureza e missão da Igreja

A Igreja compreendida em seu mistério e missão é consciente de ser portadora do ministério de ensinar. O múnus educativo é intrínseco ao estatuto epistemológico da missão da Igreja, que finca raízes, em última instância, na interpretação da Escritura. O múnus de ensinar se compreende como serviço à Palavra de Deus em todos os seus níveis. Historicamente todas as gerações de cristãos encontraram nos livros sagrados os ensinamentos e fundamentos do *éthos* cristão. "A Escritura é como o espelho da revelação de Deus em Cristo",[7] mestre por excelência que nos introduz na pedagogia de Deus.

Na missão de ensinar destaca-se o exercício do Magistério.[8] O Magistério surge na Igreja porque existe a Tradição, e "a Tradição surge porque o acontecimento da fé há de ser transmitido para que possa ser crido".[9] Neste sentido, como afirma a Constituição dogmática *Lumem Gentium*: o Magistério deve estar em função da Revelação de Deus e da fé dos homens.[10]

A natureza e a missão da Igreja no que diz respeito à educação requerem que o anúncio do Evangelho, para ser percebido como mensagem de salvação, incida na experiência humana, seja para iluminá-la, para interpretá-la ou para transformá-la. É preciso ensinar a interpretar as realidades humanas, sobre todos os sinais dos tempos, de tal maneira que todos possam examinar e interpretar tudo com íntegro espírito cristão. Temas relacionados com a educação estão presentes em tantas páginas nos documentos conciliares e pós-conciliares.

---

[7] *Dei Verbum*, n. 3.

[8] No horizonte cristão-católico, o Magistério faz referência ao poder e à prática da Igreja de ensinar e interpretar autorizadamente a mensagem evangélica e a tradição eclesial. Normalmente, se distingue um Magistério ordinário, confiado à comunidade cristã que cumpre esse dever com sua prática pastoral, e um Magistério extraordinário ou solene, que forma parte dos ensinamentos do papa e dos concílios ecumênicos, para conservar indefectivelmente o patrimônio da fé e para definir aspectos da doutrina cristã (REZZAGHI, in: FACULTAD DE CIENCIAS DE LA EDUCACIÓN – UNIVERSIDAD PONTIFICIA SALESIANA. *Diccionario de ciencias de la educación*, p. 735).

[9] BELLOSO, *Introducción a la teología*, p. 257.

[10] cf. *Lumen Gentium*, n. 25.

No decreto *Gravissimum Educationis*, o Concílio reafirma o direito inalienável de todos a uma educação, advertindo para a urgência iminente de uma formação interrupta,[11] ressaltando o direito universal de todas as pessoas à educação.

> Todos os homens de qualquer raça, condição e idade, pela sua dignidade de pessoa, têm o direito inalienável a uma educação que responda ao próprio fim [...], e ao mesmo tempo aberta a uma fraterna convivência com os povos para garantir a verdadeira unidade e a verdadeira paz na terra.[12]

Na modernidade o contexto sociocultural e a pluralidade de visões pedagógicas concedem à educação uma enorme importância em seu debate, mas nem sempre em concordância com os princípios cristãos e com sua compreensão de vida e de pessoa. Neste sentido, a atenção magisterial à educação aponta para a necessidade da maturidade da pessoa humana.

Sabe-se, por princípio, que o Concílio, em sua declaração sobre a educação cristã, não encerra o assunto em âmbito meramente eclesial, pois, como todas as outras declarações do Concílio, a *Gravissimum Educationis* está dirigida também ao mundo, procurando elucidar a posição da Igreja em relação ao mesmo. A declaração procurou situar a educação em perspectivas evangelizadora, ou seja, anunciar a todos o mistério da salvação e renovar todas as coisas em Cristo. A educação cristã evidencia não somente a maturação da pessoa humana em sua condição antropológica, mas também o mistério de salvação em sua universalidade.[13]

Percebe-se que a centralidade do documento não se encontra numa reflexão da escola como lugar da transmissão de conhecimentos e informações. O documento destaca que os primeiros responsáveis da educação são os pais. Mas para exercerem sua missão educativa têm o direito de gozar das condições necessárias, e de ter à sua disposição os meios idôneos para a mesma. Compete à sociedade civil, especialmente o Estado, com a riqueza de suas estruturas educativas, facilitar o dever da família, em virtude de sua função subsidiária e em sua força distributiva.[14]

---

[11] *Gravissimum Educationis*, n. 1.

[12] *Gravissimum Educationis*, n. 1.

[13] *Gravissimum Educationis*, nn. 1-2.

[14] *Gravissimum Educationis*, nn. 3,2; 6,1; 6,2.

O ponto norteador de toda a reflexão passa pelo viés da educação, compreendida em sentido amplo e universal. Embora não esgote as questões da educação, o documento abre possibilidades para uma eventual discussão que aponta para a emergente questão da originalidade pedagógica da educação da fé, que se desenvolve dentro do amplo campo pedagógico e das ciências da educação em geral.[15] "A ciência da educação e a arte de ensinar são objetos contínuos com objetivos de uma melhor adaptação ou a uma melhor eficácia, com resultados por demais desiguais."[16]

2. A educação como problema teológico

O problema da educação apresenta-se cada vez mais como uma questão emergente. Entre tantos problemas debatidos nestes últimos tempos, podemos dizer que a educação ocupa um lugar de destaque, uma vez que este problema afeta diretamente o mistério do ser e do existir humano. No início do século XX, o filósofo e pedagogo Laberthonnière[17] escrevia: "A ideia que se tem da educação e da tarefa do educador depende evidentemente da ideia que se tem do homem e de seu destino".[18] Já o Código de Direito Canônico afirma que "a verdadeira educação deve perseguir a formação integral da pessoa humana, em vista de seu fim último e junto o bem comum da sociedade".[19]

Mas o que é o homem? Talvez esta clássica pergunta que norteou o desdobramento de tantas ciências vem à tona neste momento para nos invitar as questões primordiais do nosso existir fragmentadas num jogo de ideologias e de decadência. O que é o homem no mistério da sua verdade? Todas as questões que surgem sobre o homem e seu mistério podem levar-nos à contínua

---

[15] PUJOL, *Teología: misterio de Dios e saber del hombre; textos para una conmemoración*, pp. 508-509.

[16] Afirma João Paulo II em sua exortação apostólica *Catequesi Tradendae*, de 1979.

[17] Filósofo francês, expoente pensador da teoria da educação. Sua contribuição declina-se em termos pedagógicos, quando em polêmica com os teóricos da chamada educação independente escreve sua grande obra a *Théorie de l'éducation* (1901). Laberthonnière afirma que a teoria da educação independente era impraticável concretamente; sendo assim, reivindicava a necessidade da presença ativa do mestre. Esta presença não cerceava a liberdade dos educandos. Segundo ele, qualquer outra autoridade, também a do mestre, mudava muito segundo as intenções que o animavam. Sendo assim, classifica dois tipos de autoridades: a *escravizadora*, que usava o poder e o saber para submeter os alunos a seus fins pessoais, e a autoridade *libertadora*, que buscava, ao contrário, colocar-se a si mesma a serviço dos que estão confiados, para ajudá-los a tomar em suas mãos as rédeas do próprio destino. O ponto nevrálgico de seu pensado se configura na afirmação de que só quem se esforça para atuar com autoridade libertadora mereceria o título de educador.

[18] LABERTHONNIÈRE, *Teoria dell'educazione*, p. 3.

[19] Cf. Código de Direito Canônico, cân. 795.

reflexão em perspectiva educacional. A ideia que se tem do ser humano é central no processo educativo, uma vez que o mesmo está compreendido como um ser de possibilidades afetado pelas realidades que tecem o existir humano.[20] O conceito de pessoa humana vem norteando as modulações pedagógicas do Magistério da Igreja nas últimas décadas.

Então, quando se pergunta pela realidade ontológica do homem, esta pergunta afeta suas dimensões mais profundas; isto porque não se trata de um homem abstrato, do homem da *matrix* ou do simulacro das telas dos cinemas, mas do homem real, do homem fenomênico, dotado de uma capacidade inerente de abertura ao seu mistério. Para o cristianismo, e aqui nosso corte epistemológico, a pessoa humana em sua dimensão mais profunda, não se esgota num imanentismo condicionado ou num imediatismo como o *carpe diem* de Horácio, porque é *de per si* um ser de relação e de esperança, de abertura e de futuro, de interioridade e realidade espiritual.

O paradigmático caminho da interioridade descrito por Santo Agostinho nos mostra um autêntico itinerário pedagógico de encontro e de verdade. Quando confessa: "Tarde ti amei, beleza tão antiga e tão nova. Sim, porque estava dentro de mim, e eu estava fora [...]. Eras comigo e eu não era contigo [...]. Chamaste-me e teu grito quebrou minha surdez. Iluminaste-me e teu esplendor dissipou a minha cegueira".[21] Este célebre anacoluto agostiniano traduz o processo em que se insere a compreensão da educação cristã. Uma educação em sua complexidade deve permitir ao homem escavar no íntimo da sua intimidade a sua verdade e o seu mistério.

O processo educativo é inerente ao homem, pois numa compreensão fenomenológica o homem é sempre um ser em construção. Neste sentido, o seu

---

[20]   A vida e a história do ser humano se distinguem, por muitos aspectos irrepetíveis e singulares, dentro das comunidades e de determinados processos históricos. Ademais, abrem-se as formas participadas do que é comum e expressável a toda a humanidade. Ex.: corporeidade, racionalidade, liberdade, espiritualidade, amor, comunhão, subjetividade histórica, intersubjetividade, sociabilidade, abertura à transcendência etc. (NANNI, C. Hombre: imagen/modelos, in: FACULTAD DE CIENCIAS DE LA EDUCACIÓN – UNIVERSIDAD PONTIFICIA SALESIANA. *Diccionario de ciencias de la educación*, p. 598).

[21]   AGOSTINHO, *As confissões*, p. 27.

A educação como missão da Igreja no Magistério eclesial

processo educativo será diacrônico[22] e sincrônico,[23] considerando às condições mais profundas que marcam o perímetro das possibilidades subjetivas e sociais, pessoais e universais do ser humano. E, como afirma o Concílio Vaticano II, a educação enquanto processo deve desenvolver-se harmonicamente "considerando os progressos da psicologia, da pedagogia e da didática".[24]

3. A necessidade de uma antropologia pedagógica

Sabe-se que a educação não se reduz a um método rígido de transmissão de conhecimentos técnicos e verificáveis, independente das dimensões afetantes e experimentáveis que tecem dinamicamente a história do homem. A educação finca raízes em uma antropologia pedagógica.[25] Na base da prática e da reflexão educativa em todo desdobramento encontram-se as diversas dimensões da vida humana e da realidade ontológica da pessoa.

Há que considerar parte integrante desta história comunitária e individual a dimensão sociopolítica, a cultural e a econômica, bem como a dimensão religiosa que o entende como ser relacionado com Deus e com uma comunidade religiosa. Com estas considerações segue sendo fundamental a contribuição da investigação filosófica e teológica. O caminho normal da investigação se desenha na compreensão da vida do ser humano, destacando sua dimensão relacional, que com competência projeta uma nova forma de *ser-consigo-mesmo* e de ser *com-os-outros* e de *ser-por-si-mesmo* e de *ser-pelos-outros*[26] e de ser com e pelo totalmente Outro.

---

[22] Analisando os elementos da pedagogia em chave diacrônica, verifica-se que o processo educativo desde sua origem busca sua fidelidade ao exercício que lhe é reservado: o de interpretar o sujeito da formação como ser capaz de aprender a aprender. Este exercício diacrônico revela que a educação é um processo contínuo que se realiza no desdobramento da própria existência.

[23] Se o exercício da pedagogia é a unidade e a integração da vida, impõe-se a necessidade de uma profunda integração não só em chave diacrônica de aprender a aprender, mas também em chave sincrônica, que considera necessariamente os muitos aspectos e dimensões do processo formativo, hoje tão emergentes. Há que se considerar sincronicamente a pessoa como objeto da formação, os sujeitos como beneficiários do processo formativo e o clima e o ambiente como condição interna e externa necessária na construção do humano.

[24] Cf. *Gravissimum Educationis*, n. 1,2.

[25] Âmbito da reflexão pedagógica que estuda as dimensões humanas e a concepção de homem, que se figura e é o quadro de referência na investigação e reflexão pedagógicas e que, de modos diversos, ilumina e motiva a ação educativa (NANNI, C. Hombre: imagen/modelos, in: FACULTAD DE CIENCIAS DE LA EDUCACIÓN – UNIVERSIDAD PONTIFICIA SALESIANA. *Diccionario de ciencias de la educación*, p. 82).

[26] ROSSI, *Avere cura del cuore; l'educazione del sentire*.

Este caminho evidencia antes de tudo as peculiaridades de entrada na vida do ser humano, sobretudo em relação aos outros seres vivos, graças a outras ciências que se dedicam ao estudo do ser humano em sua complexidade e particularidades. Porque o homem é um ser relacional, "manifestam-se a precocidade, a inépcia, a imaturidade e, por outro lado, as capacidades radicais de abertura à relação, de aprendizagem, de inteligência, de simbolização, de linguagem, de plasticidade e de adaptação ao ambiente".[27]

Estes aspectos de limite e de grandeza marcam o perímetro das possibilidades subjetivas e relacionais que constituem a veracidade do ser humano. Quando este tem consciência da sua incompletude e inacabamento, se inclui nesta realidade como um processo permanente de formação onde ao longo da sua existência histórica se constrói e se define a si mesmo na busca do outro e do totalmente Outro.

Esta dinâmica própria do ser humano de limites e de grandezas no mistério da sua complexidade se apresenta como ser em evolução. Neste sentido, a afirmação de Paulo Freire é contundente, pois para ele "é na inclusão do ser que se sabe como tal, que se funda a educação como processo permanente. Não foi a educação que fez mulheres e homens educáveis, mas a consciência de sua inconclusão é que gerou sua educabilidade".[28] Em outras palavras, podemos dizer que a antropologia pedagógica tal como a compreendemos até agora tem como finalidade a compreensão em grau elevado da educabilidade humana. Um princípio parece-nos evidente, o núcleo do problema da necessidade da educação.

4. A contribuição da filosofia da pessoa

Se afirmamos que a educação finca raízes em uma antropologia pedagógica e que na base da reflexão e da prática educativas se dão as diversas dimensões da vida humana e da realidade ontológica da pessoa, com esta consideração segue sendo fundamental a contribuição da investigação filosófica e teológica enquanto caminho normal de investigação que se desenha na compreensão da vida do ser humano. Destaca-se neste desenho a concepção de sujeito livre,

---

[27] NANNI, C. Hombre: imagen/modelos, in: FACULTAD DE CIENCIAS DE LA EDUCACIÓN – UNIVERSIDAD PONTIFICIA SALESIANA. *Diccionario de ciencias de la educación*, pp. 83-84.

[28] FREIRE, *Política e educação*, p. 64.

A educação como missão da Igreja no Magistério eclesial

responsável de seus atos, aberto aos outros, inclinado para o bem e capaz de transcendência.

Com esta concepção de pessoa nasce o personalismo pedagógico[29] como fenômeno histórico e cultural. Nesta corrente a pessoa humana é considerada na totalidade de suas funções e na realidade operativa de sua inserção social e a educação passa a ser entendida como obra de promoção de um sujeito livre, responsável orientado a buscar o bem e a verdade.

Pensadores como Emmanuel Mounier,[30] Jacques Maritain[31] e Romano Guardini,[32] entre tantos, são colocados em evidência devido à originalidade e pertinência dos seus pensamentos em relação ao apelo que Bento XVI tem feito nos últimos tempos, para que a Igreja e toda a comunidade dos homens saiam da emergência educativa, tornando a praticar a pedagogia do coração. Neste apelo, o papa evidencia seus três grandes temas do seu magistério (os problemas da guerra, da pobreza e do gasto ecológico), com possibilidade de superá-los somente pela via educativa.[33] Os pensadores acima citados, como outros utilizados neste artigo, nos ajudarão a compreender uma dimensão teológica da pedagogia, assim como os teólogos citados nas linhas que se declinam permitirão compreender a dimensão pedagógica da teologia. Esta leitura não limita e nem desvirtua os meios que a pedagogia oferece aos demais saberes e nem empobrece a dinâmica da teologia em diálogo com as outras ciências.

---

[29] O personalismo pedagógico enquanto fenômeno histórico e cultural nasce na França com Mounier e a revista *Esprit* por ele fundada em 1932 junto a alguns amigos intelectuais de diversas origens ideológicas. Surge assim o movimento personalista chamado *Esprit,* manifestando em si diversas tendências, das quais, no plano especificamente filosófico, se fazem intérpretes e expoentes estudiosos como J. Lacroix, P. Landsberg, N. Nédoncelle, P. Ricouer e J. Maritain, este último logo após a Segunda Guerra Mundial (CAMBI, *Manuale di storia della pedagogia,* pp. 904-905).

[30] Emmanuel Mounier nasceu em Genoble em 1905. Formado em filosofia, se dedicou primeiramente ao ensino e depois à animação cultural e política, culminando na fundação da revista *Esprit*.

[31] Jacques Maritain nasceu em Paris em 1882. Por muitos anos esteve ligado ao ensino no Instituto Catholique de Paris e se empenhou na elaboração de uma vastíssima produção científica. Com suas posições de confronto com os movimentos totalitários, viu-se obrigado a transferir-se para os Estados Unidos, onde passou a lecionar na Universidade de Princeton.

[32] Romano Guardini nasceu em Verona em 1885, mas foi criado na Alemanha, lugar onde seus pais escolheram para viver. Entra no seminário e ordena-se padre; logo em seguida assume cidadania alemã e passa a ensinar religião e teologia nas escolas. Tornou posteriormente docente de teologia na Universidade Católica de Boston. Participou como perito da Comissão litúrgica no desenvolvimento do Concílio Vaticano II.

[33] Os pronunciamentos do Papa Bento XVI até o ano de 2009 encontram-se publicados na seguinte obra: RATZINGER, *Servitori della Verità; riflessioni sull'educazione*.

Partindo do personalismo de Emmanuel Mounier, veremos que o mesmo compreende a pessoa humana em seu processo de revolução e de reconstrução com profundas implicações educativas. Para o filósofo Mounier, uma pessoa se "suscita", não se "faz". Aqui a educação ganha uma força semântica que podemos dizer que é essencialmente como um processo de autenticação de uma vocação pessoal dentro de um quadro vital e de pertença comunitária. "A educação deve preparar o terreno [...] para elaborar uma formação do homem total ofertada igualmente a todos, mediante a qual formar homens equilibrados, fraternalmente preparados uns com os outros ao mistério do homem."[34]

Agora, olhando para a origem da crise da educação que passa pela crise da confiança na vida,[35] e muitas vezes a um conformismo das estruturas desumanizadoras. Em termos mounierianos, uma educação que leva ao conformismo dos ambientes não é eficaz. É preciso uma educação fecundante que prepare o terreno formativo da pessoa em sua totalidade. A transição necessária que deve acontecer na educação passa pelo cuidado à pessoa e à vida, por isso não deve ser totalitária mas sim total, capaz de recolocar no centro a pessoa humana em seu mistério de abertura e transcendência.

O pensamento de Jacques Maritain finca suas raízes numa antropologia sólida e eficaz. Para ele, o homem não é somente um indivíduo, mas acima de tudo uma pessoa espiritual, condicionada mas não determinada pelos condicionamentos. A atividade espiritual do homem se desenha pela sua capacidade de consciência do amor, pela sua autoconsciência e pela sua autonomia. Eis o tripé da educação para Maritain. Mas por que o homem é um ser espiritual? Segundo ele, pelo fato criacional, porque o homem é criado por Deus, está destinado a Deus. Podemos dizer que Maritain aplica neste viés educacional a determinação original, o que o homem é por criação não deixará de sê-lo na consumação. "Algumas aspirações são conaturais ao homem [...], outras são transnaturais que se referem à pessoa humana enquanto é pessoa e participa, segundo o seu grau de imperfeição, da perfeição transcendental da personalidade."[36]

---

[34] MOUNIER, *Che cos'è il personalismo?*, p. 115.

[35] Cf. BENEDETTO XVI. Lettera alla Diocesi e alla Città di Roma sul compito urgente della formazione delle nuove generazioni, 21 gennaio 2008, in: RATZINGER, *Insegnamenti di Benedetto XVI*, pp. 116-120.

[36] *Da Bergson a Tommaso d'Aquino* (Milano: s.n., 1947) citado em CAMBI, *Manuale di storia della pedagogia*, p. 148.

A educação como missão da Igreja no Magistério eclesial

Porque é convocada originalmente a um desenlace que supere sua estrutura natural, para Maritain, a pessoa em Deus se exprime no seu grau mais elevado das suas possibilidades, porque em sua condição humana e limitada, tende indireta e implicitamente a superar sua natureza limitada. Recordo a significativa síntese do teólogo Juan Luiz de la Peña, quando afirma que

> o enigma do humano reside [...], na possibilidade humana de realizar sua mais autêntica e original possibilidade. Criando o homem, Deus quis criar um ser finito, mas chamado à infinitude. Se a ocorrência divina é mais que uma brincadeira trágica ou cruel desatino, isto pode significar que Deus criou o homem finito com o único propósito de ser ele mesmo quem complete sua finitude.[37]

Na Encíclica *Centesimus Annus*, escrita em 1991 para celebrar os cem anos da *Rerum Novarum* de Leão XIII, encontramos a seguinte afirmação: "Somente uma correta concepção da pessoa humana e do seu valor único"[38] deve inspirar as ações de todos. A mesma afirmação se faz presente na *Gaudium et Spes* ao tratar da índole comunitária da vocação humana no plano de Deus. Já a *Centesimus Annus* desenha explicitamente uma exortação da convivência humana alicerçada em uma antropologia pedagógica. Esta encíclica em particular se insere na tradição do personalismo cristão:[39] "O homem aberto ontologicamente à transcendência não penetra em um modo adequado no próprio mistério, se não entrar também no mistério de Deus".[40]

Pensando teologicamente a pessoa humana, a pedagogia maritainiana se fundamenta numa antropologia integral. Neste sentido, a realidade última da educação para Maritain é o homem em sua totalidade, em sua plenitude e harmonia de todos os seus aspectos. Para ele não basta reconhecer como realidade última da educação a pessoa humana na autonomia do seu destino; é preciso redescobrir o método personalístico onde só a pessoa pode educar a pessoa. Este método não se reduz a uma pessoa, mas inclui todas as pessoas. Somos, como pessoas, educadores uns dos outros.

No pensamento de Maritain, o homem não é somente o fim e o meio mas concomitantemente conteúdo da educação. Este processo personalístico não

---

[37] PEÑA, *O dom de Deus; antropologia teológica*, p. 13.

[38] Cf. *Centesimus Annus*, n. 11.

[39] BARCA, *La persona al centro; modulazioni pedagogiche dal Magistero di Giovanni Paolo II*, p. 37.

[40] BUTTIGLIONE, *Il pensiero dell' uomo che divenne Giovanni Paolo II*, p. 230.

consiste somente em educar o homem com o homem, mas também em ensiná-lo o que é humano e comunicá-lo à humanidade. Dois princípios marcam esta dinâmica educacional que podemos chamar de personalismo programático. Primeiro vem o ato de ensinar, educar para que o homem seja verdadeiramente humano, depois se faz necessário comunicá-lo enquanto humano à humanidade, lugar por excelência de sua formação e maturação. Neste processo, que podemos chamar de "maiêutico", a educação em sua universalidade torna-se uma "enciclopédia do homem"[41] apresentada a toda a humanidade.

O Magistério da Igreja em seus documentos, e aqui cito novamente a Constituição Dogmática *Gaudium et Spes*, que representa o estilo e o programa da missão da Igreja, diante da realidade do mundo contemporâneo, volta-se para a concreta condição da pessoa, focando sua atenção à dignidade da pessoa, à vida comunitária[42] e ao caráter escatológico da pessoa e da história.[43] Colocando a pessoa no centro da sua reflexão, o documento chama nossa atenção para o mistério do homem, dando-nos uma solução cristológica: "O mistério do homem só se esclarece no mistério do Verbo encarnado. Porque Adão, o primeiro homem, era figura do que havia de vir, ou seja, Cristo, nosso Senhor [...], Cristo, o novo Adão [...], manifesta plenamente o homem ao próprio homem e lhe descobre a sublimidade de sua vocação".[44]

A dignidade da pessoa como ponto nevrálgico do número 22 da *Gaudium et Spes* recoloca em termos teológicos a pergunta sobre o mistério do homem. O homem foi criado à imagem de Deus e é capaz de conhecer e amar o próprio Criador.[45] Com esta compreensão antropológica, a constituição evidencia a superioridade do homem na complexidade do seu mistério. O homem com sua inteligência participa da luz da mente de Deus. A natureza intelectual da pessoa humana alcança sua perfeição, como é o seu dever, mediante a sabedoria, a qual atrai com suavidade a mente do homem a investigar e a amar a

---

[41] Conceito utilizado por Cesare Scurati ao falar da educação da pessoa na obra de Jacques Maritain (*Profile nell'educazione; ideali e modelli pedagogici nel pensiero contemporâneo*, p. 295).

[42] Cf. *Gaudium et Spes*, nn. 24-25.

[43] Cf. *Gaudium et Spes*, n. 39.

[44] Cf. *Gaudium et Spes*, n. 22,1.

[45] Cf. *Gaudium et Spes*, nn. 25 e 12.

A educação como missão da Igreja no Magistério eclesial

verdade e o bem, e, quando o homem está repleto, o conduz através do visível ao invisível.[46]

O *status quaestionis* é grávido de sua consequência, ou seja, uma educação que considera todos os aspectos da pessoa não pode deixar de abrir-se ao Mistério que é Deus. Então, em termos maritainianos, podemos dizer que o processo educativo presente neste documento da Igreja faz referência a uma ação educativa evolutiva na singularidade da pessoa e na história da humanidade. Este processo educativo finca suas raízes na dimensão mais profunda do ser humano, resguardando sua dimensão espiritual e seu caráter de ultimato.

O terceiro pedagogo escolhido é Romano Guardini, com sua fenomenologia e teoria da educação. Em sua reflexão pedagógica, elabora uma teoria orgânica da formação da pessoa. O fator determinante para essa educação e o seu realizar-se é a identidade da pessoa que se revela no fenômeno da forma vivente.[47]

Guardini tem uma visão intuitiva do núcleo dos fenômenos. Por isso, procura demonstrar em que consiste a essencial fisionomia ontológica do evento educativo e qual a sua necessidade inevitável no vastíssimo horizonte de sentido, considerando a dimensão antropológica e teológica da pessoa. Se o ser humano é um ser capaz de educabilidade, é porque *de per si* esta possibilidade educativa é constituída do fenômeno do "encontro", compreendido como fundamental modalidade da existência humana. Ora, para ele o que caracteriza a existência humana é o fato de que o movimento tece o existir humano. A pessoa está sempre em movimento suscetível ao encontro, como condição fenomenológica que ilumina progressivamente seu mistério.

Para Guardini a pessoa existe em uma particular condição ontológica, denominada por ele de "forma de início". Isso significa que, na construção do seu pensamento, o homem enquanto abertura não pode fundamentar-se somente em sua experiência da relação pessoal; deve olhar-se dinamicamente desde sua origem, pois nela encontrar-se-á com Deus, fonte e origem de sua existência. É a partir da sua origem que o homem é capaz de perceber efetivamente

---

[46]   Cf. *Gaudium et Spes*, n. 15.

[47]   "A 'forma vivente' é um fenômeno fundamental não mais redutível aos outros. É o dado de fato que as determinações de um ente não coexistem em forma de unidade abstrata, mas em unidade vivente e aberta ao ato da visão [...]. Para o indivíduo 'forma vivente' é o arco autêntico, a imagem integral de suas determinações essenciais. Vivente forma de valor, enquanto exprime como este ente deve ser, para ser plenamente a si mesmo e portanto, conforme o próprio valor". GUARDINI, Romano. *Fondazione della teoria pedagógica*, p. 69.

sua estrutura ontológica e qual é a especificidade do saber pedagógico que se ocupa. O homem nesta proposta guardiniana torna-se um verdadeiro hermeneuta da existência humana. O ponto nevrálgico da sua interpretação consiste na reabertura da educação à revelação de Deus na história.

Se para Guardini o dado da revelação é fundamental na estrutura do seu pensamento pedagógico, recordamos aqui em linhas gerais o que é a revelação e por que Deus quis revelar-se aos homens. A partir da constatação de que Deus se revela aos homens, temos que descobrir *como* esta revelação se realiza e *o que* Deus revela de si. A partir daquilo que se chama "revelação natural e sobrenatural", precisamos compreender um primeiro significado daquilo que é revelação. Seguindo os caminhos do ensinamento do Magistério, veremos que este significado é ampliado. A partir do novo enfoque do Concílio Vaticano II, o tema da revelação ganha o caráter de encontro em que finalmente na experiência histórica de Israel, como caminho, se descobrem novas faces e novas características de um Deus histórico e pedagógico que cumpre sua promessa definitivamente no evento Cristo.

Guardini afirma que a possibilidade educativa é constituída do fenômeno do "encontro", compreendendo-o como modalidade da existência humana. A teologia da revelação tem-nos oferecido em seu estatuto epistemológico o fenômeno do encontro como característica primordial e original de Deus que estabelece com seu povo uma relação vital. Essa marca histórico-teológica da revelação de Deus afeta-nos verdadeiramente, pois a relação de encontro exige *de per si* a *respectividade*, ou seja, ser-a-cada-momento, como afirma Heidegger, entendendo a alteridade das pessoas que se encontram. Cada um é *em-si--mesmo*, na medida em que sai de si em busca de um outro. Deus e o homem se buscam numa relação de complexidade e complementaridade.

A teologia trata com propriedade a categoria de encontro, primeiro porque este fenômeno está desenhado por uma autêntica "relação afetante" – o outro não aparece como aparecem os objetos, senão que tem que chamar a atenção, ou melhor, requer a própria liberdade. No pensamento de Guardini é a credibilidade do educador que pode suscitar a liberdade do educando que se vê convidado a mover-se em direção à própria fisionomia mais autêntica.[48]

---

[48] Cf. GUARDINI, Romano, *La credibilità dell'educatore*, pp. 221-236, citado em SCURATI, *Profile nell'educazione; ideali e modelli pedagogici nel pensiero contemporaneo*, p. 319.

A educação como missão da Igreja no Magistério eclesial

Para a teologia, o encontro interpessoal exige reciprocidade, pois o mesmo está constituído por duas liberdades em exercício, onde cada uma cria com sua iniciativa o campo da possibilidade para o outro. O encontro interpessoal exige intimidade entre as pessoas que se encontram.

Para Guardini, o específico da revelação juntamente com a categoria de encontro é o movimento e a forma como Deus vem em direção ao homem. Deus se move como pessoa; seu movimento não é abstração ou alguma força espiritualizada, é ação pessoal, age em sua pessoalidade e dirige-se aos homens como pessoa para estabelecer com estes uma verdadeira relação. "Ele atua, toma a iniciativa, e, fazendo-o, mostra algum caráter antropomórfico que denota sua condição pessoa."[49]

O Concílio Vaticano II, na *Dei Verbum*, tem assumido a categoria de encontro para definir a natureza e o objeto da revelação. Assim, em suas primeiras páginas se registra esta ação pessoal de Deus em virtude da sua revelação em seu imenso amor, precipita-se do seu silêncio inefável em direção à história, para falar aos homens como amigos, convidando-os e admitindo-os em sua comunhão eterna. O Magistério em muitos pronunciamentos tem evidenciado cada vez mais esta intuição do encontro como característica da revelação de Deus e da fé dos homens.[50]

5. A educabilidade no exercício pedagógico

Na modernidade, duas instituições educativas sofrem significativamente transformações: a família e a escola. Ambas sempre tiveram um papel determinante na formação do indivíduo e no desenvolvimento da vida. A família e a escola são parte integrante da experiência e desenvolvimento da infância e da adolescência de uma pessoa. Nestas duas faces importantes para o amadurecimento pessoal e comunitário, a criança e o adolescente estão colocados existencialmente nestas instituições determinantes a todo o processo de vida destes sujeitos.

Considerando a linha linear da história, no medievo a família era ampla e diversa, composta de muitos núcleos, chamada de familiar patriarcal; a escola

---

[49] Cf. GUARDINI, *Die Bewegung Gotts*, pp. 406-407, citado por RODRÍGUEZ, *El encuentro; propuesta para una teologia fundamental*, p. 31.

[50] Cf. *Dei Verbum*, n. 2.

era sobretudo religiosa, ligada aos monastérios e às catedrais com uma didática pouco específica e consciente. Com a modernidade, a transformação é semântica: tanto a família como a escola passam por uma nova forma de compreensão de si mesmas e de sua tarefa educadora.

A modernidade e a pós-modernidade com suas conquistas e desafios afetam diretamente a educação e a família. Mas é a partir da modernidade que a pedagogia-educação se renova do ponto de vista da sua cientificidade, pois sua grande marca será a gênese da pedagogia como ciência,[51] ou seja, "como saber da formação humana que tende a controlar racionalmente os complexos variáveis que ativam este processo".[52] Concomitantemente a esta cientificidade, nasce uma pedagogia social preocupada com a formação ética e social do indivíduo como cidadão, bem como uma pedagogia antropológico-utópica que tende a desafiar a pedagogia existente.

A renovação pedagógica tal como se apresenta está compreendida como uma revolução copernicana, como um arranque e um salto em relação ao passado e como um nascimento de uma nova ordem pedagógica. Como afirma o filósofo e pedagogo Franco Cambi,

> a modernidade nasce como uma projetualidade pedagógica que se dispõe, ambiguamente, na dimensão da libertação do domínio, dando vida a um projeto complexo e dialético, também contraditório, animado pelo próprio desafio: daquela emancipação e daquela conformação, que são colocadas no centro da história moderna e contemporânea como uma antinomia constitutiva, talvez não superável, simultaneamente estrutural e caracterizante da aventura educativa do mundo moderno.[53]

Segundo o pedagogo C. Nanni, o problema da educação se localiza na esfera da educabilidade,[54] "porque faz pensar o homem em termos de animal

---

[51] Na modernidade, a pedagogia-educação se renova, delineando em forma nova como saber e como prática, para responder à passagem do mundo tradicional ao mundo moderno. A renovação pedagógica é configurada como uma revolução: como um arranque e um salto em relação ao passado e como um nascimento de uma nova ordem (CAMBI, *Manuale di storia della pedagogia*, p. 98).

[52] CAMBI, *Manuale di storia della pedagogia*, p. 98.

[53] CAMBI, *Manuale di storia della pedagogia*, p. 101.

[54] Entendem-se por educabilidade humana os âmbitos e aspectos da existência subjetiva, relacional e social que exigem ou ao menos pedem uma ação individual ou comunitária de apoio e ajuda, para que cheguem ao desdobramento, no possível formato, ou seja, ótimos, ou ao menos adequados às exigências do ambiente e dos tempos (NANNI, C. Hombre: imagen/modelos, in: FACULTAD DE CIENCIAS DE LA EDUCACIÓN – UNIVERSIDAD PONTIFICIA SALESIANA. *Diccionario de ciencias de la educación*, p. 84).

educandum, o que caracteriza o homem em relação aos outros seres vivos".[55] Esta categoria deve ser pensada junto a outras que no decorrer da história foram ganhando força semântica e dando a categoria *educandum* uma nova significação. Com essa mudança de significado não se pensa o *homo educandum*[56] isoladamente, mas concomitantemente como *homo faber, loquens, symbolicus, historicus, religiosus, ludens* etc. Como afirmam os pedagogos da escola alemã, "o homem é um ser para educar", definição esta que aponta para a real necessidade da educação capaz de formar o homem. Em termos gramaticais, a necessidade ontológica do homem à educação classifica-se inventivamente em sua participação em uma comunidade humana, em uma cultura, em uma rede de relações que o define como um ser de alteridade e de convivência.

6. A tradição, um fenômeno da cultura humana e seu processo pedagógico

A educação finca suas raízes na tradição, ou seja, não em um modo meramente discursivo, mas em um modo de vida caracterizado por uma experiência concreta e familiar. "O homem é um ser de tradição, recebe tradições e as liquida. A tradição é um acontecimento cultural, social e pessoal. A tradição é um elemento constitutivo da cultura humana."[57] Neste sentido, compreende-se em perspectivas fenomenológicas que a tradição está *a priori* ligada à linguagem, que é o meio da transmissão. Podemos dizer que a tradição no sentido moderno do termo se compreende como fenômeno da cultura humana.

Se o homem é um ser cultural, concomitantemente é tecido como um ser social, e, por isso, um ser de tradição. A sua sociabilidade permite que as tradições em perspectivas educativas e pedagógicas sejam analisadas em chave diacrônica, verificando que o processo educativo desde sua origem busca sua fidelidade ao exercício que lhe é reservado: interpretar onde dinamicamente os transmissores e receptores transmitem e recebem o transmitido,

---

[55] NANNI, C. Hombre: imagen/modelos, in: FACULTAD DE CIENCIAS DE LA EDUCACIÓN – UNIVERSIDAD PONTIFICIA SALESIANA. *Diccionario de ciencias de la educación*, p. 84.

[56] O termo *educandum* em sua forma gramatical aponta para a exigência de compromisso ético, a dimensão moral e de responsabilidade que a educação supõe.

[57] POTTMEYER, H. J. Tradição, in: LATOURELLE; FISICHELLA; PIÉ-NINOT (orgs.), *Diccionario de teología fundamental*, p. 1.561.

interpretando-os.[58] Este exercício diacrônico revela que a educação é um processo contínuo que se realiza no desdobramento da própria existência.

Se o exercício da transmissão é a unidade e a integração da vida, impõe-se a necessidade de uma profunda integração não só em chave diacrônica, mas também em chave sincrônica, considerando os muitos aspectos e dimensões da tradição. Há que se considerar sincronicamente a pessoa como objeto da educação, os sujeitos e beneficiários do processo educativo e o clima e o ambiente como condição interna e externa desse processo.

Na origem não está o discurso, mas o modo de vida e a experiência concreta de família. Como afirma o teólogo Yves Congar,

> não se educa uma pessoa administrando-lhe cursos de moral e de conduta, mas fazendo-a viver em um ambiente eleito de exemplaridade de comportamento e nobreza de modos onde os tais princípios, raramente formulados em abstrato, venham a comunicar mediante os mil gestos familiares nos quais esses são como encarnados, assim como é um espírito no corpo que ele modela e no qual vem expresso.[59]

Esta transmissão e comunicação educativa compreendida com base na fenomenologia da cultura humana evidencia que não se educa simplesmente a partir de algo retido ou recitado por uma boa memória. O sujeito da formação é capaz de aprender a aprender. Este exercício diacrônico da tradição como fenômeno da cultura humana revela que a educação é um processo contínuo que se realiza no desdobramento da própria existência. "Uma criança recebe da comunidade na qual entra a vida e o tesouro da cultura das gerações que a precederam."[60]

7. A tradição educativa da comunidade cristã

O advento do cristianismo operou profundas mudanças no mundo antigo. O cristianismo não se define como um meio de vida, mas um caminho a ser percorrido, um caminho que se desdobra na configuração à vida e à pessoa de Jesus Cristo. Neste caminho tudo se faz novo, surge um novo *éthos*, há uma

---

[58]   POTTMEYER, H. J. Tradição, in: LATOURELLE; FISICHELLA; PIÉ-NINOT (orgs.), *Diccionario de teología fundamental*, p. 1.562.

[59]   CONGAR, *La Tradizione e la vita della Chiesa*, p. 32.

[60]   CONGAR, *La Tradizione e la vita della Chiesa*, p. 32.

ruptura com as estruturas do mundo antigo, com sua mentalidade, organização social e política, bem como também cultural.

A revolução do cristianismo é também uma revolução pedagógica e educativa, pois a tradição cristã, como acontecimento de comunicação e interação que tem por protagonista os homens, está sujeita às mesmas condições de leis antropológicas acima elucidadas. Sob tal enfoque se pode conhecer o caráter histórico e humano da tradição cristã. "A tradição cristã não é simplesmente uma variante religiosa e cristã de um fenômeno cultural humano geral."[61]

8. Tradição e o princípio pedagógico de Deus

"A Igreja, em sua doutrina, vida e culto, perpetua e transmite a todas as gerações tudo o que ela mesma é, tudo em que crê."[62] O princípio da Tradição na Igreja é antes de tudo a transmissão da entrega que Deus Pai faz do Filho aos homens, a entrega que Cristo faz de si ao Pai e aos homens e a entrega que o Pai e o Filho fazem do Espírito Santo. Nesta dinâmica trinitária encontra-se a raiz e fonte de toda a Tradição da Igreja. "Cristo entregue aos homens é o acontecimento constitutivo da revelação de Deus e, por sua vez, o princípio da Tradição."[63]

A Tradição é a entrega de Cristo enquanto Palavra eterna de Deus que se encarna gratuitamente na história dos homens e estabelece com estes uma relação dialogal e de amizade, falando como amigo e comunicando tudo de si mesmo. Este movimento de Deus em direção aos homens estabelece um caminho pedagógico próprio de Deus que livremente vem aos homens. Este movimento pedagógico de Deus significa que antes de tudo Ele é portador de uma Palavra inefável que gratuitamente se encarna na aventura humana. Deus se tem revelado pedagogicamente ao longo de toda a história, como expressa o célebre anacoluto da Carta aos Hebreus: "Depois de ter falado muitas vezes e de muitos modos pelos profetas, falou-nos Deus ultimamente, nestes nossos dias, por meio do seu Filho" (Hebreus 1,1-2).

---

[61] POTTMEYER, H. J. Tradición, in: LATOURELLE; FISICHELLA; PIÉ-NINOT (orgs.), *Diccionario de teología fundamental*, p. 1.561.

[62] Cf. *Dei Verbum*, n. 8.

[63] BELLOSO, *Introducción a la teología*, p. 235.

Se o princípio cristão da Tradição se funda muito mais em Deus que tem falado e se revelado na história dos homens, a história torna-se por excelência o lugar da revelação fundamental de Deus. Por isso, ela nos permite reconhecer a pedagogia de Deus, tal como ele a tem introduzido para comunicar o seu desígnio de amor. A pedagogia de Deus como eixo revelador do seu mistério nos diz que o Deus que age é o Deus que é. A sua ação é reflexo do seu ser íntimo e profundo. Pedagogicamente, Deus entra na aventura da história humana num encontro interpessoal, onde aparece diante do homem como Outro e estabelece com este um diálogo e uma relação de amor. A verdade profunda de Deus e da Salvação do homem que essa ação pedagógica de Deus transmite resplandece em Cristo, mediador e plenitude de toda a revelação.[64] Deus, por meio da revelação em Cristo, nos torna manifesta a verdade sobre Deus e o homem. Em Cristo nos foi revelado quem é Deus, ou seja, o Pai que nos criou e que nos ama como filhos; é-nos manifestado também o Filho, que é a palavra e que nos chama e convida a uma comunhão de vida com a Trindade;[65] e o Espírito Santo, que vivifica e santifica continuamente a Igreja.[66]

Mas, ao mesmo tempo, em Cristo nos é revelada a verdade sobre o homem:[67] chamado e eleito por Deus desde a criação do mundo para ser filho adotivo do Pai. A finalidade da revelação é a unidade com Deus e a participação dos homens em sua comunidade de amor.[68] Assim, os destinatários da revelação são os homens que a recebem através das obras e palavras de Cristo,[69] o qual constitui o centro, a síntese e o ápice da revelação.

Considerando esta pequena síntese da natureza, do objeto e do conteúdo da revelação de Deus, podemos dizer que a história do cristianismo possui uma marca pedagógica que tece uma história de educação. Deus educa o seu povo. Ele é educador, pois, ao revelar-se, faz-se presente agindo e educando. O ato revelador-educativo de Deus é sempre um ato noético, pois, revelando-se, está permanentemente ensinando e educando o seu povo.

---

[64] *Dei Verbum*, n. 4.

[65] *Dei Verbum*, n. 2.

[66] *Lumen Gentium*, n. 9.

[67] *Gadium et Spes*, n. 22.

[68] *Dei Verbum*, n. 2.

[69] *Dei Verbum*, n. 2.

Desde a sua origem, a comunidade cristã sempre esteve consciente da sua missão educadora, pois sua finalidade é a evangelização, o anúncio querigmático que não se reduz a uma prática momentânea, ou a um tempo específico de ação pastoral como diretrizes ou metas a serem alcançadas. O anúncio querigmático é fonte constitutiva da fé cristológica. A comunidade portadora do querigma originário anuncia que Jesus de Nazaré é o Cristo da fé. Nesse anúncio vai salvaguardando a intenção teológica que sustenta uma prática pastoral consistente sabedora que não há descontinuidade entre o Jesus histórico e o Cristo da fé.

A fé dos que seguiram Jesus, dos que conviveram com ele, se converte no verdadeiro artífice da imagem cristológica de Jesus. Os títulos atribuídos a Jesus compreendidos como expressões querigmáticas fazem parte de uma cristologia que se desdobra na experiência do testemunho e se traduz pedagogicamente no ensinamento da comunidade cristã. "Quem busca Jesus na Sagrada Escritura se encontra com Jesus Cristo, ou seja, Jesus como Cristo, Jesus de Nazaré tal como foi visto, compreendido e crido pela comunidade cristã pós-pascal."[70] A comunidade originária dá testemunho do que viu e ouviu. Ela anuncia educando, e educando como que num ato configurador se assemelha à pedagogia divina, à forma como Deus se serviu para conduzir o seu povo à salvação e à plenitude.

9. O testemunho como fenômeno educativo

A pedagogia da fé originária que se traduz em testemunho inspira-se na própria pedagogia divina, em que "Deus mesmo, ao longo da história sagrada e principalmente no Evangelho, se serviu de uma pedagogia que deve seguir sendo o modelo da pedagogia da fé".[71] Se do ponto de vista epistemológico nos é evidente que o testemunho é expressão da pedagogia da fé e por meio dele se chega à pessoa de Jesus, podemos construir uma pergunta que nos insere no mistério da pedagogia de Deus. O que significa Testemunho? O teólogo Paolo Martinelli em sua obra *La testimonianza, verita di Dio e libertà dell'uomo*, significativamente desdobra esta questão segundo o ponto de vista da linguagem

---

[70] WALDENFELS, H. *Kontextuelle Fundamentaltheologie*, p. 230, in: MONTES, *Fundamentación de la fe*, p. 493.

[71] JOÃO PAULO II, Exortação Apostólica *Catechesi Tradendae*, n. 58.

compreendendo o testemunho como fenômeno comunicativo interpessoal no qual as pessoas se abrem reciprocamente na confiança.[72] Segundo a análise do teólogo, a palavra "testemunho" vem do termo latino *testis* derivando-se do termo *terstis*, que indica "aquele que está como terceiro".[73] O testemunho possui um caráter ocular, mas o mesmo não é suficiente na constituição do sentido do testemunho.

Outra contribuição pertinente sobre o testemunho encontra-se também na obra de Paul Ricoeur,[74] em que o hermeneuta enfatiza que na constituição de sentido do testemunho é basilar a presença do relato que se dá em múltiplas formas, mas que historicamente delimita e constitui a verificabilidade do que é testemunhado. Para ele, "o testemunho nos conduz a um salto, das condições formais ao conteúdo das coisas do passado, das condições da possibilidade ao procedimento efetivo das operações historiográficas".[75] Em outras palavras, podemos dizer que é próprio do testemunho o movimento diacrônico e sincrônico em que a memória declarativa se exterioriza no testemunho.

Considerando a contribuição destes pensadores, podemos reafirmar que, se a pedagogia da fé originária se traduz em testemunho, é porque se inspira na própria pedagogia divina. Então, nesta chave pedagógica da ação de Deus e da ação do homem que caracteriza a ação da comunidade anunciadora do querigma originário, se faz patente a convicção cristológica de que não se chega a Jesus de Nazaré senão através do testemunho daqueles que, a partir da experiência histórica de sua pessoa e de sua atuação, vieram afiançar sua fé no acontecimento Jesus à luz de um posterior conhecimento do seu mistério.[76] Ele é o Cristo de Deus, que veio ao mundo para dar testemunho da Verdade. Esta dinâmica de Deus que estamos chamando de pedagogia divina nos revela que é o próprio Deus que dá testemunho de Deus, pois o seu testemunho efetiva-se no encontro entre Deus e o homem em Jesus Cristo. Em termos epistemológicos, a comunidade, testemunhando o acontecimento Jesus de Nazaré, o faz como aquele que está como terceiro, introduzido na própria

---

[72] MARTINELLI, *La testimonianza; verità di Dio e libertà dell'uomo*, p. 9.

[73] MARTINELLI, *La testimonianza; verità di Dio e libertà dell'uomo*, p. 7.

[74] RICOEUR, *Fe y filosofía; problemas del lenguaje religiosa*.

[75] RICOEUR, *La memoria, la storia, l'oblio*, p. 226.

[76] MONTES, *Fundamentación de la fe*, p. 493.

dinâmica interna da pedagogia de Deus realizada no mistério do Verbo encarnado, Jesus de Nazaré.

Considerando o primado ontológico do testemunho que é Deus e a prioridade epistemológica contemplada no testemunho da comunidade, podemos dizer que a comunidade cristã está implicada em um exercício testemunhal e comunicativo em que palavras e ações corroboram o processo educativo do amor afetante de Deus. A história da comunidade cristã no desdobramento da história tem evidenciado que a educação é uma dimensão imprescindível no anúncio do Evangelho.[77]

A comunidade cristã sempre esteve ativamente presente e impregnada pela dimensão educativa. Primeiramente a experiência das escolas catequéticas com insignes mestres, "doutores da Igreja", as quais se serviram de ensinamentos científicos e filosóficos. Uma segunda marca relevante é que desde o século IV nos monastérios se oferecia educação às crianças.[78] A partir da Idade Média surgiram as escolas para a educação básica, tal como pensadas e concretizadas "pelos mosteiros beneditinos depois da ação do Império Romano do Ocidente, o renascimento carolíngio; o Concílio Lateranense II, no ano de 1179, ordenava a instituição de uma escola gratuita ligada a uma sede episcopal, a fundação da primeira universidade".[79]

Depois da Reforma surgiram os institutos religiosos cujo apostolado principal era a educação.[80] A partir da modernidade, surgiram as escolas seculares, com o concomitante desafio para a Igreja de assegurar uma educação religiosa tal como se desenhara no decorrer da história do cristianismo.

10. A família, um verdadeiro espaço educativo

Até o presente momento temos insistido no viés da transmissão como um valor pedagógico que se desdobra na formação do humano. Mas cabe neste momento esclarecermos que o sentido etimológico de "transmissão", do latim *transmissio, tranmitto*, remete a uma ideia de trajeto, de travessia e de

---

[77] COMITATO PER IL PROGRETTO CULTURALE DELLA CONFERENZA EPISCOPALE ITALIANA, *La sfida educativa*; rapporto-proposta sull'educazione, p. 72.

[78] O'DONNEL; PIÉ-NINOT (orgs.), *Diccionario de eclesiología*, p. 393.

[79] COMITATO PER IL PROGRETTO CULTURALE DELLA CONFERENZA EPISCOPALE ITALIANA, *La sfida educativa*; rapporto-proposta sull'educazione, p. 72.

[80] O'DONNEL; PIÉ-NINOT (orgs.), *Diccionario de eclesiología*, p. 393.

passagem. No sentido moderno do termo, a noção de transmissão contempla, a maioria das vezes, aquilo que atravessa as gerações e que deixa um rastro da passagem de uma para a outra.[81]

Esta dinâmica é própria da realidade íntima da família, pois nela podemos dizer que se dá uma transmissão etológica, ou seja, uma transmissão marcada profundamente por laços afetivos e na passagem de uma geração a outra; bem como também uma transmissão genealógica, que permite colocar os sujeitos numa ordenação simbólica que se opera através das gerações. É próprio da transmissão genealógica impor "uma ordem que se apresenta como estrutura histórica na qual o ser humano encontra as referências da organização social".[82]

A família na tradição religiosa judaico-cristã, no sentido moderno do termo, estava caracterizada por estas duas transmissões. Pela transmissão etológica, define-se pela forma como a tradição bíblica está construída. Já no livro do Gênesis em suas primeiras páginas se desenha a união conjugal teologicamente. O homem é chamado a viver em comunidade. Esta é a vocação primeira do homem que metaforicamente simbolizado em Adão é criado para viver com o outro e pelo outro.[83] Este princípio de alteridade, próprio da condição antropológica do ser humano, revela que este último está constituído ontologicamente por uma dimensão de horizontalidade que o abre verticalmente à verdade do seu mistério. O homem e a mulher em sua relação conjugal estão inseridos numa dinâmica própria em que Deus os envolve em seu poder doador e fecundador de vida.

Na dinâmica da vida tal como se desenha nestas belas páginas do livro do Gênesis, o primado é sempre de Deus, que se apresenta como o Criador e Doador da vida. A vida é dom que Deus fez de si e partilhou conosco. Com esta compreensão fecundante de Deus, a fecundidade na relação marital ganha um sentido teológico, é dom divino de Deus que realiza e manifesta a fecundidade de Deus à sua criação e à aliança com os homens.[84] O homem e a

---

[81] CARVALHO (coord.), *Dicionário de filosofia de educação*, p. 349.

[82] CARVALHO (coord.), *Dicionário de filosofia de educação*, p. 350.

[83] WESTERMANN, C. Genesis 1-11, p. 160, in: MORICONI (org.), *Antropologia Cristiana; Bibbia, teologia, cultura*, p. 179.

[84] WESTERMANN, C. Genesis 1-11, p. 160, in: MORICONI (org.), *Antropologia Cristiana; Bibbia, teologia, cultura*, p. 179.

A educação como missão da Igreja no Magistério eclesial

mulher gerarão a vida que *de per si* é dom de Deus e darão origem à história humana que se tece na história de todos nós.

Não é em vão que o Magistério na Constituição Dogmática *Gaudium et Spes* compreende a questão da educação nesta dinamicidade originária que envolve cada pessoa no processo de crescimento e amadurecimento diante do seu próprio mistério de alteridade e de transcendência: "Por sua própria natureza, a instituição matrimonial e o amor conjugal estão ordenados para a procriação e a educação da prole, que constituem a sua coroa".[85] É evidente que a chave de leitura a esta questão originária da criação nos remete à responsabilidade ressaltada pela transmissão genealógica, uma vez que seu imperativo permite à sociedade perpetuar-se no respeito às suas regras fundacionais.

A Constituição Dogmática *Gaudium et Spes* nos leva a pensar no fundamento que estrutura e organiza a gestão de uma sociedade humana, quando diz:

> Os filhos sejam educados de modo a serem capazes, ao chegarem à idade adulta, de seguir com inteira responsabilidade a sua vocação, incluindo a sagrada, e escolher um estado de vida; e, se casarem, a poderem constituir uma família própria, em condições morais, sociais e econômicas favoráveis.[86]

Está nas mãos das novas gerações o que será efetivamente o futuro. Neste sentido, a educação precisa fincar raízes nos valores autênticos da vida eclipsados no encadeamento da crise epocal. "Os valores absolutos como a verdade, a bondade, o amor, a vida, a honestidade, a justiça, o ser, hoje já não brilham nem em nossas consciências, nem na nossa sociedade."[87] O futuro da vida, e especialmente da vida humana, dependerá do rumo que se der a uma educação que com ousadia aprofundará o mistério da vida e ajudará a viver melhor.

A educação necessita reencontrar os valores da vida e da existência humana, pois, com o "eclipar-se desses valores fundamentais, uma densa noite desceu sobre nossa cultura e sobre nossas instituições. Sem essas estrelas polares, encontramo-nos, agora, a vagar de modo confuso, desorientado, caótico,

---

[85] *Gaudium et Spes*, n. 48.

[86] Cf. *Gaudium et Spes*, n. 52. "Além da solicitude na educação dos filhos, e se fizerem a sua parte na necessária renovação cultural, psicológica e social em favor do matrimônio e da família. Os jovens devem ser convenientemente e oportunamente instruídos, sobretudo no seio da própria família, acerca da dignidade, missão e exercício do amor conjugal" (*Gaudium et Spes*, n. 59).

[87] MONDIN, *Os valores fundamentais*, p. 9.

desesperado em terra deserta e selvagem".[88] Uma efetiva educação se faz reconhecer quando sabe suscitar questões existenciais que afetam o drama da história humana e concomitante a estas questões sabe oferecer instrumentos aptos para responder às mesmas. Como afirma Santo Inácio de Antioquia, "educa-se através do que se diz, muito mais através do que se faz, muito mais através do que se é". A grande emergência educativa diante do eclipse de valores é que se educa vivendo e praticando efetivamente esses valores como sentido de vida.

Do que vimos até agora, podemos dizer que a família é um autêntico núcleo social educativo, lugar da transmissão etológica e genealógica, pois ela "surge como o espaço onde é possível o desenvolver-se sobre a base de um verdadeiro crescimento humano, gestando uma cultura da vida".[89] Este é um dos apelos que encontramos presentes no Concílio, o da verdadeira educação dos homens. Assim se expressa a Constituição Dogmática:

> É urgentemente necessário que, por meio de plena e intensa cooperação de todos, e sobretudo das nações mais ricas, se investigue o modo de tornar possível preparar e fazer chegar a toda a humanidade o que é preciso para a subsistência e conveniente educação dos homens.[90]

O Concílio exorta a todos que evitem as soluções, propostas, que sejam contrárias à lei moral, porque, segundo o inalienável direito ao casamento e à procriação da prole, a decisão acerca do número de filhos depende do reto juízo dos pais e de modo algum se pode entregar ao da autoridade pública. Mas, como o juízo dos pais pressupõe uma consciência bem formada, é de grande importância que todos tenham a possibilidade de cultivar uma responsabilidade reta e autenticamente humana, que tenha em conta a lei divina, consideradas as circunstâncias objetivas e epocais; isto exige, porém, que toda a parte melhorem as condições pedagógicas e sociais e, antes de mais, que seja dada uma formação religiosa ou, pelo menos, uma íntegra educação moral.

Com esses textos, confirma-se a premissa de que a família é ontologicamente um espaço educativo, é portadora de capacidade de orientação ética e

---

[88]   MONDIN, *Os valores fundamentais*, p. 9.

[89]   CONSEJO EPISCOPAL LATINOAMERICANO, *Manual de Doctrina Social de la Iglesia*, pp. 468-473.

[90]   Cf. *Gaudium et Spes*, n. 72.

A educação como missão da Igreja no Magistério eclesial

moral. O que faz da família um espaço educativo é sua capacidade de alimentar relações reais de diálogo, alteridade e altruísmo.

11. Educar para uma ecologia humana

O *Compêndio da Doutrina Social da Igreja*, na segunda parte, capítulo quinto, chama-nos a atenção para a importância da família para a sociedade. "A família, comunidade natural na qual se experimenta a sociabilidade humana, contribui em modo único e insubstituível ao bem da sociedade."[91] Com esta definição de família, o documento reconhece que no centro da missão da família está a educação para uma autêntica "ecologia humana".

Cabe aqui recordar em breves palavras que o tema da família no *Compêndio da Doutrina Social da Igreja* se desdobra em torno do tema demográfico já presente e elucidado em outros documentos precedentes.[92] Mas é na *Centesimus Annus* que as considerações da questão demográfica se agregam à dimensão ecológica do problema. O homem em seu desejo de ter e gozar, de ser e crescer, enveda sua vida segundo um consumo excessivo e desordenado dos recursos da terra e da vida, contribui para a destruição do ambiente natural e mais ainda do ambiente humano. Nesta lógica ecológica e humana, surge a nova categoria da *ecologia humana* como *locus theologicus*, na qual a família em sua missão de educar está inteiramente implicada.

---

[91]   PONTIFICIO CONSIGLIO DELLA GIUSTIZIA E DELLA PACE, *Compendio della Dottrina Sociale della Chiesa*, p. 119.

[92]   A preocupação pelo problema demográfico já se encontra em Leão XIII e chega até o pontificado de Pio XI. O tema demográfico surge no contexto da reflexão mais ampla sobre o direito de propriedade tal como se encontra no número 33 da *Rerum Novarum*. Em 1953, o então Dom Montini em uma carta situa o problema demográfico na perspectiva dos desequilíbrios internacionais originados pelos desníveis que se originam em desordens que não dependem tanto da natureza, senão da vontade dos homens para concretizar desdobramentos justos e harmônicos, onde a disponibilidade de recursos vitais seja harmoniosa com os incrementos demográficos. Tal desdobramento do tema se encontra nos seguintes documentos: *Mater et Magistra* (1961), *Gaudium et Spes* (1965), *Populorum Progressio* (1967), *Humanae Vitae* (1968), *Sollicitudo Rei Socialis* (1987) e *Centesimus Annus* (1991), onde se destacam especialmente os dois primeiros (CONSEJO EPISCOPAL LATINOAMERICANO, *Manual de Doctrina Social de la Iglesia*, p. 468).

12. A educação nos pontificados de João Paulo II e de Bento XVI

O tema da educação tem sido objeto de especial atenção do Magistério nos últimos tempos, marca verificável em muitos pronunciamentos de João Paulo II e do seu sucessor, Bento XVI. Ambos devotam uma especial atenção ao tema da educação em vista da esperança através de uma efetiva diaconia da verdade. É preciso situar o tema da educação nestes dois últimos pontificados à luz da reflexão sobre a cultura. Conforme alguns escritores e especialistas, João Paulo II, como um apaixonado pela cultura, desenvolveu uma compreensão profundamente significativa dela como o drama da liberdade do ser humano que nasce biológica e culturalmente. Segundo seu pensamento personalista, tudo em cultura é próprio da responsabilidade do homem que está permanentemente em construção. Bento XVI, fala de uma cultura em contradição em um mundo profundamente contraditório. Em seu pensamento, a autolimitação da razão é uma grande tragédia do hoje.

É neste contexto de reflexão sobre a cultura como realidade antropológica que situamos o tema da educação no magistério destes dois últimos papas. A grande emergência no âmbito antropológico é que a Igreja, portadora da esperança, não pode esquivar-se da então profética intuição antropológica de Paulo VI pronunciada como chave conclusiva do Concílio Vaticano II. A Igreja do Concílio ocupar-se-á do homem fenomênico, ou seja, real e concreto. Deverá por sua índole apresentar-se aos homens de cada tempo sua dimensão samaritana, colocando-os a seus cuidados principalmente os que sofrem e os que são injustiçados, ressaltando o princípio da vida e os verdadeiros valores humanos.

Tudo isso é uma questão antropológica da cultura moderna. É justamente aqui o lugar onde a Igreja deve continuar a oferecer um contributo sociocultural e sociorreligioso de um verdadeiro humanismo-cristão. Se a Constituição Pastoral *Gaudium et Spes* (n. 22) ressalta a dignidade da pessoa recolocando em termos teológicos a pergunta sobre o mistério do homem, esta o faz tendo em vista um novo humanismo que é fundamento protológico e escatológico de toda a criação, mas particularmente da criatura humana.

João Paulo II como grande defensor da *Gaudium et Spes*, configurou muitos dos seus pronunciamentos como uma "verdadeira pedagogia da pessoa".

Nestes chamou profeticamente a atenção para uma pedagogia e uma ciência educativas de verdadeira humanização da pessoa em um mundo cada vez mais distante da Verdade. João Paulo II falou de uma "diaconia da verdade".

> A diaconia da verdade representa um exercício epocal para a universidade. Esta reclama aquela dimensão contemplativa do saber que desenha o trato humanístico de cada disciplina [...]. Deste movimento interior deriva a capacidade de investigar o sentido dos eventos e de valorizar as mais árduas descobertas. A diaconia da verdade é o sigilo da inteligência livre e aberta. Somente encarnando estas convicções no estilo cotidiano o docente universitário torna-se portador da esperança pela vida pessoal e social. Os cristãos são chamados a dar testemunho da dignidade da razão humana, da sua exigência da sua capacidade de procurar e conhecer a realidade, superando em tal modo o ceticismo epistemológico, as reduções ideológicas do racionalismo e os desvios niilistas do pensamento débil.[93]

João Paulo II fala de uma pedagogia de Deus que se desenha e se torna metáfora da educação. De sua cátedra Deus escolhe e chama a uma vocação e serviço insubstituível aqueles que têm por missão educar para a verdade da vida e do homem.[94] "As jovens gerações esperam de vós novas sínteses do saber; não do tipo enciclopédico, mas humanístico."[95] Sensivelmente o papa da juventude toca em um dos pontos determinantes da formação e maturação das novas gerações. A escola e o professor são, cada um em sua especificidade e complementaridade, como um *locus theologicus*. "O docente é um mestre. Ele não transmite um saber como se fosse um objeto de uso e de consumo; mas estabelece uma relação sapiencial [...], se faz primeiramente palavra de vida, mais do que transmissões de noções."[96] Podemos dizer que esta sensibilidade de João Paulo II em relação à vocação dos docentes e o múnus próprio da universidade conferem a ambas as realidades esta extraordinária complementaridade de vocação e de missão, e ele a faz em perspectiva de uma "evangelização da cultura" em chave cristológica. "O *logos* de Deus encontrando com o *logos* humano torna-se *dia-logos*: esta é a expectativa e o presságio da Igreja para a universidade e o mundo da cultura."[97]

---

[93] GIOVANNI PAOLO II, *Mesaggio ai participanti al VI Incontro Nazionale dei Docenti Universitari Cattolici*.

[94] GIOVANNI PAOLO II, *Mesaggio ai participanti al VI Incontro Nazionale dei Docenti Universitari Cattolici*.

[95] GIOVANNI PAOLO II, *Mesaggio ai participanti al VI Incontro Nazionale dei Docenti Universitari Cattolici*.

[96] GIOVANNI PAOLO II, *Mesaggio ai participanti al VI Incontro Nazionale dei Docenti Universitari Cattolici*.

[97] GIOVANNI PAOLO II, *Mesaggio ai participanti al VI Incontro Nazionale dei Docenti Universitari Cattolici*.

Em relação à educação, o pontificado de Bento XVI tem trazido à tona um forte grito à Igreja e à comunidade dos homens. Suas reflexões sobre a educação são contundentes, uma vez que diante da crise epocal, das guerras ideológicas, da pobreza estigmatizada, do desequilíbrio ecológico, o homem se vê diante de uma crise da educação. Segundo ele, "na raiz da crise da educação há uma crise de confiança na vida".[98]

Um verdadeiro processo de educação se desdobra não porque busca *a priori* as soluções dos problemas que se impõem à cotidianidade, mas aquela que pode suscitar do mais profundo do ser humano o verdadeiro sentido do seu existir. "Não é só questão de método, de regra; o que falta é uma atitude clara e consciente, pessoal de amor à própria vida, de aceitação da vida do outro, de confiança no valor da vida humana."[99] A marca de Bento XVI em suas cartas referentes à educação, e aqui me refiro particularmente à carta publicada em 24 de janeiro de 2008, na qual o Sumo Pontífice chama a atenção para o desenvolvimento do processo educativo à luz da esperança. Segundo ele, é preciso como práxis cultivar os verdadeiros valores que possam ajudar as novas gerações a viverem melhor. Nesse sentido, somente a esperança poderá animar a educação.

Com este enunciado, podemos dizer que sua carta referente à educação contém dois eixos centrais. O primeiro é o que chamamos de ontologia da pessoa como comunidade e relação. Assim se expressa Bento XVI: "Para a pessoa humana é essencial o fato de que se logra ser ela própria a partir do outro; o eu se converte em si próprio apenas mediante o tu; e o vós é criado para o diálogo, para a comunhão sincrônica e diacrônica". Fica-nos claro que sua definição de pessoa passa pela ideia de relação. Uma pessoa só pode ser ela mesma à medida que se relaciona e que determina sua própria existência como movimento de saída e de chegada, de doação e de recepção. Nestes termos, compreende-se por que sua carta à educação contém como apelo o assumir a questão da educação comunitariamente.

A responsabilidade é em primeiro lugar da pessoa, mas também uma responsabilidade que dividimos juntos, como cidadãos de uma mesma cidade e

---

[98] Palavras de Bento XVI aos fiéis da diocese de Roma sobre a urgente tarefa da educação.

[99] MONARI, *Ratzinger, Benedetto XVI, servitori della Verità; riflessioni sul'educazione*, p. 7.

A educação como missão da Igreja no Magistério eclesial

de uma nação, como membros da família humana e, se somos crentes, como filhos de um único Deus e membros da Igreja.[100]

O segundo eixo perfila-se no campo da esperança. Neste sentido reafirma a indicação de que a esperança é a alma da educação. A força semântica desta linguagem metafórica busca um fundamento na arte de educar. Na história do Magistério encontramos esta analogia como princípio teológico. No ano de 1893, Leão XIII, utilizando uma citação de Santo Agostinho em sua Encíclica *Providentissimus Deus*, fala da relação entre a Sagrada Escritura e a Teologia, utilizando a analogia da alma e do corpo. Já o Concílio Vaticano II, desenhando-se numa nova perspectiva, na Constituição Dogmática *Dei Verbum* (n. 24) procura demonstrar aquilo que o Espírito Santo é no Corpo de Cristo, que é a Igreja, e a sua estreita relação com o que é a Sagrada Escritura para a teologia. O Concílio utiliza também a analogia do corpo e alma para dizer que o que é a alma no corpo humano é o Espírito Santo no Corpo de Cristo, que é a Igreja, e é a Sagrada Escritura na teologia. Nesta dinâmica metafórica assumida pelo Magistério da Igreja, compreende-se que a esperança é a alma da educação:

> Desejo enfim propor-lhes um pensamento que tenho desenvolvido na recente Encíclica *Spes salvi* sobre a esperança cristã: alma da educação, como da inteira vida, pode ser somente uma esperança confiável.[101]

Partindo da sua compreensão de pessoa, que não se realiza isoladamente, mas que vem plasmada de uma comunidade que lhe forma o pensar, o sentir e o agir, se faz necessário pensar a educação também comunitariamente e a esperança como sua alma. Podemos concluir que em seu magistério a educação ocupa um lugar de destaque e que esta não se realiza verdadeiramente sem o encontro e o confronto com a própria esperança.

As ciências da educação, devido a seu estatuto epistemológico, podem contribuir efetivamente no processo formativo e de maturação do ser humano. Mas ao mesmo tempo as ciências da educação necessitam de ajuda, pois, "quando tudo se faz ofuscado, ocorre a luz da inteligência educativa; quando tudo se faz débil, necessita-se da ajuda da força educativa".[102] A educação tem

---

[100] Palavras de Bento XVI aos fiéis da diocese de Roma sobre a urgente tarefa da educação.

[101] Palavras de Bento XVI aos fiéis da diocese de Roma sobre a urgente tarefa da educação.

[102] FAURE (org.), *Rapporto sulle strategie dell' educazione*, p. 141.

Donizete Xavier

necessidade da esperança; sem esta, aquela seria sem alma e não serviria a ninguém. Com a esperança, a educação é a ação mais digna que um homem pode realizar.[103]

13. Conclusão

Este capítulo procurou ser um estudo sistemático da questão da educação à luz da fé cristã. O ponto de partida da nossa reflexão não se deteve na crítica de métodos pedagógicos, mas sim na busca do primado da educação, descrevendo em linhas gerais que a experiência educativa continua apresentando-se na construção da nossa história como uma dimensão fundamental da vida humana.

Neste sentido, o texto procura elucidar em linhas gerais uma teologia da educação portadora de um estatuto epistemológico capaz de evidenciar a forma eloquente como o cristianismo pensa o ser humano. É próprio do cristianismo pensá-lo integralmente, com suas capacidades e possibilidades inerentes, numa dinâmica criativa e inventiva que *de per si* exige um autêntico processo formativo humanizador. O cristianismo não pensa o homem independente de uma educação consequencial, porque este homem não é uma mônada lançada no mundo. É um ser capaz de educação porque na sua essência está sua capacidade de amar.

A educação será sempre genuinamente uma educação ao amor. Em toda ação educativa no processo de formação do homem encontrar-se-á o amor, tecendo e decifrando uma história de encontro e comunicação. O amor é a essência do cristianismo, pois o cristianismo não é uma doutrina mas é sim um caminho aberto fiel ao seu caráter de êxodo,[104] transmitido, ensinando em sua tradição.

A Igreja é consciente da sua natureza e da sua missão. Nasce da "missão das Pessoas divinas" e realiza sua missão em tantos aspectos que afetam efetivamente a vida humana. Na missão de ensinar destaca-se o exercício do

---

[103] MASCIARELLI, *Il grido di Benedetto XVI; dall'emergenza educativa alla pedagogia del cuore*, p. 21.

[104] O cristianismo como caminho é um dos temas abordados pelo teólogo hermeneuta Claude GEFFRÉ em sua obra *El cristianismo ante el risgo de la interpretación; ensayos de hermenéutica teológica*. O autor originalmente trabalha este enunciado apresentando definições e conceitos pertinentes para a compreensão do mesmo (pp. 253-269).

Magistério. O Magistério surge na Igreja porque existe a Tradição e a Tradição surge porque o acontecimento da fé há de ser transmitido para que possa ser crido como comunicação de amor.

Esta comunicação amorosa de Deus com os homens tem um caráter dialógico-personalista. Deus fala por meio de sua palavra, pronunciada pelos profetas, mas definitivamente dita e pronunciada em seu Filho, o Verbo encarnado, Palavra que se faz carne. Este caráter histórico e dialógico de Deus revela-nos que ele pedagogicamente entra na aventura do significado humano. A teologia pedagógica como disciplina teológica se ocupa desta autocomunicação de Deus enquanto Palavra sobre a educação em toda a sua complexidade de atos, linguagens, práticas e instruções marcadas pela cultura.

14. Referências bibliográficas

AGOSTINHO. *As confissões*. São Paulo: Paulus, 1997.

ANGIULI, Vito. *Educazione come mistagogia*; un orientamento pedagogico nella prospettiva del Concilio Vaticano II. Roma: Centro litúrgico Vincenziano, 2010.

BARCA, Alessandro. *La persona al centro*; modulazioni pedagoghiche dal magistero di Giovanni Paolo II. Roma: Edizioni Viverein, 2009.

BELLOSO, José Maria Rovira. *Introducción a la teología*. Madrid: BAC, 2003.

BENEDETTO XVI. *Lettera Enciclica Deus Caritas Est*; sull'amore Cristiano. Città del Vaticano: Libreria Editrice Vaticana. 2006.

BUBER, Martin. *Discursi sull'educazione*. Roma: Armando Editore, 2009.

BUTTIGLIONE, Rocco. *Il pensiero dell' uomo che divenne Giovanni Paolo II*. Milano: P. L. Pollini, 1998.

CAMBI, Franco. *Le pedagogie del novecento*. Roma/Bari: Laterza, 2005.

_____. *Manuale di storia della pedagogia*. Roma/Bari: Laterza, 2008.

CARVALHO, Adalberto Dias (coord.). *Dicionário de filosofia da educação*. Porto: Porto, 2006.

COMITATO PER IL PROGRETTO CULTURALE DELLA CONFERENZA EPISCOPALE ITALIANA. *La sfida educativa*; rapporto-proposta sull'educazione. Roma/Bari: Laterza, 2010.

CONGAR, Yves Marie-Joseph. *La Tradizione e la vita della Chiesa*. Milano: San Paolo, 1983.

CONSEJO EPISCOPAL LATINOAMERICANO. *Manual de Doctrina Social de la Iglesia*. Bogotá/Colombia: Celam, 2001.

DOCUMENTOS DO CONCÍLIO VATICANO II. São Paulo: Paulus, 1997.

FACULTAD DE CIENCIAS DE LA EDUCACIÓN – UNIVERSIDAD PONTIFICIA SALESIANA. *Diccionario de ciencias de la educación*. Madrid: Editora CCS, 2008.

FAURE, Edgar (org.). *Rapporto sulle strategie dell' educazione*. Roma: Armando, 1976.

FLORISTÁN, Casiano. *La Iglesia Comunidad de creyentes*. Salamanca: Ediciones Sígueme. 1999.

FREIRE, Paulo. *Política e educação*. São Paulo: Cortez, 1993.

GEFFRÉ, Claude. *El cristianismo ante el risgo de la interpretación*; ensayos de hermenéutica teológica. Madrid: Ediciones Cristiandad, 1984.

GIOVANNI PAOLO II, *Mensaggio ai participanti al VI Incontro Nazionale dei Docenti Universitari Cattolici*, disponível em: http://www.vatican.va/holy_father/john_paul_ii/speeches/2001/october/documents/hf_spe_20011005_docenti-cattolici_it.html.

_____. Lettera Enciclica *Fides et Ratio*; circa i rapporti tra fede e ragione. Milano: Paoline, 1999.

GONZÁLEZ, Adolfo. *Fundamentación de la fe*. Salamanca: Secretariado Trinitario, 1994.

JOÃO PAULO II. Carta Encíclica *Dominum et Vivificantem*; sobre o Espírito Santo na vida da Igreja e do Mundo. Cidade do Vaticano: Typis Polyglorris Vaticanis, 1986.

_____. Exortação Apostólica *Catechesi Tradendae*; sobre a catequese no nosso tempo. Cidade do Vaticano: Typis Polyglottis Vaticanis, 1979.

JUAN PABLO II. *Centesimus Annus*. Madrid: BAC, 1993.

LABERTHONNIÈRE, L. *Teoria dell'educazioni*. Milano: La Scuola, 1958.

LATOURELLE, René; FISICHELLA, Rino; PIÉ-NINOT, Salvador (orgs.). *Diccionario de teología fundamental*. Madrid: San Pablo, 1992.

LIZZOLA, Ivo. *Educazione e laicità*. Assissi: Cittadella Editrice, 2009.

MANUAL DE DOCTRINA SOCIAL DE LA IGLESIA. Colección de textos básicos para seminarios latinoamericanos. Bogotá/Colombia: Celam, 2001.

MARICONI, Bruno (org.). *Antropologia Cristiana*; Bibbia, teologia, cultura. Roma: Città Nuova, 2001.

MARTINELLI. Paolo. *La testimonianza*; verità di Dio e libertà dell'uomo. Roma: Paoline, 2002.

MASCIARELLI, Michele Giulio. *Il grido di Benedetto XVI*; dall'emergenza educativa alla pedagogia del cuore. Pian di Porto: Tau, 2009.

MONARI, Luciano. *Ratzinger, Benedetto XVI, servitori della Verità*; riflessioni sull'educazione. Brescia: Editrice La Scuola, 2009.

MONDIN, Batista. *Os valores fundamentais*. Bauru: Edusc, 2005.

MONTES. Adolfo González. *Fundamentación de la fe*. Salamanca: Secretariado Trinitario, 1994.

MOUNIER, Emmanuel. *Che cos'è il personalismo?* S.l.: Einaudi, 1948.

NEGRI, Luigi. *Emergenza educativa – che fare?* Verona: Fede & Cultura, 2008.

O'DONNEL, Christopher; PIÉ-NINOT, Salvador (orgs.). *Diccionario de eclesiología.* Madrid: San Pablo, 2001.

PASOLINI, Roberto. *Emergenza e educazione*; una sfida per docenti, famiglie e mondo político – analisi e proposte. Roma: Elledici, 2010.

PEÑA, Juan L. Ruiz. *O dom de Deus*; antropologia teológica. Petrópolis: Vozes, 1997.

PONTIFICIO CONSIGLIO DELLA GIUSTIZIA E DELLA PACE. *Compendio della dottrina sociale della Chiesa.* Città del Vaticano: Librería Editrice Vaticano. 2004.

PUJOL, Jaime. *Teología: misterio de Dios e saber del hombre*; textos para una conmemoración. Pamplona: s.n., 2000.

RATZINGER, Joseph (Benedetto XVI). *Insegnamenti di Benedetto XVI.* Vaticano: Editrice Vaticana, 2009. v. IV/I.

_____. *Servitori della Verità*; riflessioni sull'educazione. Brescia: Editrice La Scuola, 2009.

RICOEUR, Paul. *Fe y filosofía*; problemas del lenguaje religioso. Buenos Aires: Prometeo, 1990.

_____. *La memoria, la storia, l'oblio.* Milano: Raffaello Cortina Editore, 2003.

RODRIGUEZ, Jorge Zazo. *El encuentro*; propuesta para una Teología Fundamental. Salamanca: Secretariado Trinitario, 2009.

ROSSI, Bruno. *Avere cura del cuore*; l'educazione del sentire. Roma: Carocci, 2008.

SCURATI, Cesare. *Profile nell'educazione*; ideali e modelli pedagogici nel pensiero contemporaneo. Milano: Pedagogia e scienze dell'educazione, 2009.

SESBOÜÉ, Bernard. *O Magistério em questão*; autoridade, verdade e liberdade na Igreja. Petrópolis: Vozes, 2004.

STRECK, Danilo R.; REDIN, Euclides; ZITKOSKI, Jaime José (orgs.). *Dicionário de Paulo Freire.* São Paulo/Belo Horizonte: Autêntica, 2008.

VECERRICA, Giancarlo. *Chiesa, torna ad educare*; cinque lettere pastorali. Vaticano: Editrice Vaticana, 2009.

CAPÍTULO XI

Educação e pluralidade religiosa

Afonso Maria Ligorio Soares

Em obra recente, o filósofo Alain De Botton sugere que até mesmo ateus convictos conseguem reconhecer a utilidade, o interesse e o reconforto com que as religiões costumam nos brindar. Ele diz "ser possível equilibrar uma rejeição da fé" com "uma reverência seletiva por rituais e conceitos religiosos".[1] E por que a reverência? Porque, no fundo, as religiões aí estão para responder a duas necessidades centrais de nossa raça: (1) viver em comunidades, apesar de nossos profundos impulsos violentos, e (2) lidar com as mais variadas e atrozes formas de sofrimento, das quais ninguém está imune. Tenham ou não sua correspondência em algum plano sobrenatural, as religiões merecem ser respeitadas "como repositórios de uma miríade de conceitos engenhosos, com os quais podemos tentar mitigar alguns dos males mais persistentes e malcuidados da vida secular".[2]

Só por isso já valeria a pena considerar melhor a oportunidade de se dedicar um espaço generoso de nossos currículos escolares ao conhecimento crítico de nosso milenar patrimônio religioso. Mas ainda há mais. É razoável que, como sistemas de sentido que explicam a realidade, formam mentes e comportamentos e convidam à celebração e à união mística, as religiões tendam a traçar estratégias de transmissão, propagação e proteção de seus modelos explicativos. Conhecê-las e cotejá-las faz parte das preocupações do pesquisador que a elas se dedique, seja o cientista da religião (*ad extra*), seja o teólogo (*ad intra*).

---

[1] DE BOTTON, *Religião para ateus*, p. 12.

[2] DE BOTTON, *Religião para ateus*, p. 13.

Educação e pluralidade religiosa

A educação – na forma de evangelização, catequese e/ou ensino religioso – é, sem dúvida, a principal dessas estratégias, o que explica o conjunto de textos do presente livro da coleção "Teologia na universidade", que aborda a relação entre teologia e educação. Pode parecer óbvia tal conexão, mas nem sempre ela é incontroversa. Para quem considera as experiências e interpretações do que costuma ser apreendido como "transcendente", seria natural ter em conta as interfaces entre o saber acadêmico e o religioso. Ademais, deveria dedicar a devida importância aos processos de transmissão e transposição dos resultados da pesquisa mais especializada, principalmente no que se refere à desejável transposição didática do "saber a ensinar" para os "objetos de ensino". Quem pesquisa na área de "estudos de religião", sejam eles teológicos ou circunscritos à ciência da religião, não pode se desinteressar da divulgação/tradução/aplicação de seu trabalho na modalidade de "ensino religioso" ou como conteúdo oferecido nos cursos de graduação em teologia.

As relações entre teologia e educação são tão antigas quanto a própria constituição do pensamento teológico como saber acadêmico na universidade medieval – e, na verdade, bem anteriores a essa modalidade de teologia universitária. Que este conhecimento acumulado devesse, em algum momento, ser traduzido pastoralmente na forma de pregação e catequese, também não oferecia problema, embora a cidadania acadêmica da teologia tenha tido uma história bastante controvertida e diferenciada, no tempo e no espaço. Mesmo no ensino fundamental e médio, o ensino de religião confundia-se com a catequese tradicional cristã – na maior parte do tempo, católica.

Ultimamente esta história tem passado por uma significativa transformação. De um lado, o reconhecimento dos cursos de teologia pelo MEC (1999) fortificou uma discussão já anterior que defendia uma participação mais pública dessa área de conhecimento no panorama sociocultural brasileiro, além de impulsionar a profissionalização dessa atividade. De outro lado, o surgimento, ao longo das últimas três décadas, de cursos de graduação e pós-graduação em ciência da religião, aliado ao fato de a LDB estabelecer que um ensino religioso não confessional nem proselitista como componente curricular nas escolas públicas tem chamado a atenção de educadores e pesquisadores para a relação entre ciência da religião e ensino religioso. Essas duas novidades trouxeram avanços e ambiguidades que, de alguma forma, tocam o tema deste capítulo, ou seja, a tarefa de levar em conta a liberdade e pluralidade religiosa que, cada vez mais, se afirmam no Ocidente.

1. Revelação: palavra divina no falar humano

Falamos do valor e permanência das leituras religiosas do mundo, hoje assumidas em suas especificidades. Neste espaço não consideraremos os importantes desdobramentos entre a pesquisa científica da religião e o ensino religioso; outros colegas o farão. Vamos nos deter na relação mais estrita entre a teologia [cristã, neste caso] e a educação para a convivência com a pluralidade. Mas não podemos deixar de mencionar nossa preocupação com que se entenda de uma vez por todas que o ensino religioso não confessional (nas escolas públicas) contribui muito para a educação do cidadão, embora seja, de fato, difícil – na prática – um ensino religioso não proselitista nem cético quanto aos conteúdos do fato religioso. Mesmo assim, precisamos enfatizar que educar os jovens para a paz pressupõe um ensino inter-religioso e, nesse sentido, há que (re)delinear o perfil do docente dessa disciplina. Educadores e cientistas da religião já estão se dando conta de que precisam buscar uma maior fundamentação epistemológica para a disciplina de ensino religioso, sem descurar da transposição, já em andamento, do diálogo inter-religioso para as salas de aula.

Pensar numa interação entre teologia cristã e educação inter-religiosa não significa necessariamente uma despedida do diálogo autêntico, mas antes uma redescoberta de surpreendentes possibilidades de encontro entre a revelação cristã e as demais tradições espirituais da humanidade. E o conceito de revelação desempenha aqui um papel decisivo.[3]

Para começar, livremo-nos de um mal-entendido. Há várias nuanças para o termo *religião*, mas é certo que seu berço etimológico é marcadamente ocidental. Não há vocábulo correspondente na África subsaariana para aquilo que o Ocidente chama de "religião" tradicional africana. Aliás, se formos rigorosos na aplicação do termo, teríamos de deixar de fora a religião dos antigos

---

[3] Retomo aqui, com ligeiros retoques e atualizações, parte do texto "Teologia da Revelação e Negritude" que publiquei em: GASS; KRONBAUER; SANTOS (orgs.), *Negra sim, negro sim, como Deus me criou; leitura da Bíblia na perspectiva da negritude*, pp. 91-108.

Educação e pluralidade religiosa

gregos[4] e, talvez, não incluir nem mesmo nossas tradições monoteístas na classificação. Começar por aí, portanto, só vai nos trazer problemas e muito pouca luz. Poupemos disso o leitor e partamos de uma distinção terminológica mais realista: a diferença entre *fé antropológica* e *religião* (*fé religiosa*).[5]

A fé antropológica está no plano dos valores, da significação e, como tal, é uma dimensão universal. Todos nós temos fé (antropológica) em alguns valores que, para nós, são absolutos (justiça, amor, solidariedade etc.). Quando a pomos em prática, tal fé pode ser vivida de forma religiosa (cristianismo, islamismo, budismo…) ou não (um ateu que luta por uma sociedade mais justa, por exemplo).

Por isso, disputar quem tem a religião mais verdadeira costuma ser um expediente equivocado e um tempo perdido, já que é muito fácil usar esse termo de forma ambígua. Duas pessoas que se dizem católicas e que não perdem missa aos domingos terão, às vezes, como valores de vida alguns ideais até opostos entre si. Por exemplo, um admitirá a pena de morte e outro será radicalmente pacifista, embora ambos afirmem crer que Jesus é Deus. Também pode ocorrer o contrário: grupos pertencentes a sistemas religiosos aparentemente distintos ou mesmo incompatíveis do ponto de vista da ortodoxia sentem a mesma paixão por causas comuns. Budistas, cristãos e umbandistas podem se unir em defesa da vida, da ecologia e pela erradicação da pobreza.

Sem essa distinção, as frequentes discussões sobre diálogo inter-religioso não darão conta da efetiva situação dos encontros e confrontos religiosos entre nossa gente. Por isso, antes de tomar posição entre exclusivismo, inclusivismo ou pluralismo, temos de estar atentos ao uso acrítico do vocábulo "religião" e seus pretensos sinônimos (espiritualidade, mística etc.). Caso contrário, os ulteriores debates sobre a autenticidade ou não de determinadas tradições religiosas poderão tornar-se ambíguos. O foco a ser considerado no diálogo é: que valores foram protegidos por esta ou aquela tradição que chegou até nós?

Há outra distinção importante a ser feita se quisermos manter uma serena negociação entre as várias tradições espirituais presentes em nossos povos. Quando dizemos fé (antropológica ou religiosa), falamos de adesão a um conjunto de valores que são ideais de vida, sonhos da humanidade, utopias,

---

[4]   VERNANT, *Mito e religião na Grécia Antiga*.

[5]   Cf. a respeito: SEGUNDO, *O homem de hoje diante de Jesus de Nazaré*, v. 1: Fé e ideologia.

projetos inspirados no Evangelho ou em qualquer outro acervo mítico-cultural. A prática, porém, sempre guarda uma distância daquilo que nossa imaginação plasmou como ideal. Por isso, a distinção entre a fé (nossos valores) e as obras (nossas concretizações) precisa estar sempre em pauta para evitarmos um mecanismo perverso que costuma azedar as relações entre grupos distintos, religiões diferentes, partidos adversários. Que mecanismo é esse?

Ele funciona da seguinte maneira: o caminho mais fácil é julgar as práticas da religião de outrem à luz dos belos valores de minha própria fé religiosa. Assim, o outro sempre estará em desvantagem, pois é julgado pelo que consegue pôr em prática e não pelos valores/ideais autênticos de sua própria fé. Dou um exemplo: um cristão critica um comunista porque em Cuba há pena de morte e Jesus disse que nos amássemos uns aos outros. Para ser justo, esse cristão deveria considerar que muitas práticas de cristãos foram violentas e nem por isso deixou de ser verdadeiro que Jesus pregava o amor. E também deveria se perguntar sobre quais são os valores mais autênticos por trás do sonho comunista. Em igual medida, as críticas dirigidas à Igreja Católica por seus adversários mais ferrenhos seguem esse mesmo *script*.

Muitos equívocos entre a religião cristã e as tradições espirituais afro--brasileiras, ou qualquer outro sistema de significação autóctone, têm origem nesse tipo de descuido ou de má-fé: julga-se aquilo que aparece à vista sem que se pergunte pelos valores que sustentam esta ou aquela tradição religiosa. Se, de fato, ficasse claro que o mais importante é comungar dos mesmos valores fundamentais (fé antropológica) dos quais depende a felicidade das pessoas, haveria espaço para uma ampla variedade religiosa que nada mais seria do que dar azo à criatividade lúdico-simbólica de nossos povos quando festejam e celebram a vida que lhes foi dada de presente. Este é um dos elementos que favorecem um comum ponto de partida teológico no diálogo com as milenares tradições não cristãs ou com os processos de sincretização religiosa em andamento. Nesse sentido, seria possível, por exemplo, assumir teologicamente um acordo de fundo entre os valores "tradicionais" do candomblé e os valores da Igreja Católica.

Todavia, não há muito futuro em buscar consensos do tipo, "se formos todos monoteístas, há negociação; caso contrário, acabou-se a conversa". Esse é mais um mal-entendido causado pela linguagem. Não se pode confundir

Educação e pluralidade religiosa

valor absoluto (incondicionado, superior a todos os demais) com ser absoluto (perfeito, independente por natureza de qualquer outro ser). Alguém identificar em um ser absoluto (Deus) o criador, o legislador e o providente não traduz necessariamente quais sejam seus valores absolutos. Como dizia Juan L. Segundo, "haverá tantos deuses quantas [forem as] estruturas de valores entre os seres humanos".[6] Ou seja, meu "deus" está onde deposito meu coração. Que nome dou a ele (Iahweh, Zeus, Olorun, Alá), é uma questão de significantes culturais.

Tanto ontem como hoje, os homens e as mulheres devem comunicar reciprocamente, de modo amplo, lento e profundo, os seus respectivos mundos de valor (*fé antropológica*, portanto) antes de iniciar um discurso sobre a partilha ou não de uma mesma *fé religiosa*. A comunhão começa no coração, na interação amorosa.

Mais: esse caminho não depende de intervenções divinas espetaculares ou de comunicações caídas do céu diretamente dos deuses ou de Deus. Mesmo em tradições como a judeu-cristã, que acredita numa revelação especial vinda do Senhor, o processo nunca é puramente transcendental, a ponto de nos poupar de dolorosos discernimentos humanos.[7] Estamos, todas as religiões, "no mesmo barco": temos de aprender aos poucos, errando e acertando, o que acreditamos que as "forças superiores" desejaram para a nossa felicidade nesta terra.

Se quisermos, portanto, discutir adequadamente o lugar das experiências sincréticas na teologia cristã, precisaremos construir uma ponte entre a teologia da revelação e a teologia das religiões, com base em um postulado que deveria ser comum a ambas: a apreensão radicalmente humana da revelação divina. E isso será feito trazendo à luz alguns pressupostos bíblico-hermenêuticos do que a missiologia mais recente vem sonhando como autêntica evangelização inculturada, com a inestimável colaboração da ciência da religião.[8]

Dogma e revelação estão intimamente conectados. Uma fórmula dogmática outra coisa não é senão a tentativa de expressar conceitualmente a experiência da revelação. Mas essa aquisição, nunca instantânea, vem acompanhada da

---

[6]   Cf. SEGUNDO, *O homem de hoje diante de Jesus de Nazaré*, v. 1: Fé e ideologia, p. 81. Ver também: SEGUNDO, *A história perdida e recuperada de Jesus de Nazaré*, pp. 57-97.

[7]   Além de meu *Interfaces da revelação*, remeto o leitor a dois textos consistentes sobre a atual teologia da revelação: TORRES QUEIRUGA, *Repensar a revelação*, e SEGUNDO, *O dogma que liberta*.

[8]   Para essa viagem, sigo o roteiro traçado por J. L. Segundo em *O dogma que liberta*. Aí o autor questiona um princípio fundamental da fé cristã: o dogma da revelação, e o faz revisitando a noção mesma de dogma para nos fazer perceber a tortuosa e apaixonante tensão entre a experiência humana e a palavra revelada.

tortuosa e apaixonante tensão entre a experiência humana e a palavra revelada. Afinal, a palavra só significa enquanto ilumina *hoje* a experiência real.

Assim, o teólogo cristão leva em consideração três componentes do dogma religioso: a linguagem simbólica ou icônica, mais adequada à expressão e comunicação da experiência mística que a origina; sua inevitável apreensão processual; e, sobretudo, o papel "magisterial" do próprio povo/comunidade de fé.[9] O decisivo para um diálogo frutuoso entre a tradição cristã e as demais tradições, autóctones e/ou sincréticas, de nossa gente é pôr atenção na dimensão prática, existencial, cotidiana que nutriu e nutre todas elas até hoje.

Falar de revelação consiste necessariamente em falar de comunicação. Comunicar significa, nas palavras de G. Steiner, o mesmo que traduzir.[10] E para que se dar a tal esforço? Talvez porque, como dizia G. Bateson, quando nos comunicamos desejamos enviar ao interlocutor "uma diferença que faça uma diferença".[11] Portanto, a revelação não é algo que constitua automaticamente uma verdade, sem antes transformar a vida histórica do ser humano que a acolhe. Essa verdade comunicada é possuída à medida que o interlocutor a consiga traduzir numa diferença humanizadora dentro da história. Onde impera a indiferença não há comunicação propriamente dita.

Disso resulta que, para receber tal "verdade", se requeira que já esteja em curso uma atitude de busca, pois todos somos antropologicamente obrigados a estabelecer em nossa vida um valor absoluto, "cuja perda equivaleria à 'morte' do sentido". O ser humano maduro vive coerentemente na sua prática cotidiana (ideologia) as consequências dessa escolha (fé). Portanto, "a 'ortopráxis' não é uma última 'aplicação' do revelado à prática; é algo que condiciona a própria possibilidade de que a revelação comunique alguma coisa, rigorosamente falando".[12] É tarefa diária alguém tentar ser coerente com aquele valor absoluto (incondicionado) que escolheu. Se essa sua escolha absoluta subjetiva um dia se tornar cristã, terá sido porque ambas, sua fé e a tradição cristã,

---

[9] Essa tríplice característica do dogma/revelação poderia ser disposta como "lugares teológicos". Assim, a linguagem icônica por excelência é a Escritura, a qual não pode ser dissociada da Tradição (sua processualidade). Depois delas, a maior autoridade é o "senso dos fiéis", que encontra nos Credos e na Liturgia suas expressões privilegiadas (BOFF, *Teoria do método teológico*, pp. 200-201).

[10] STEINER, G. *After Babel* (London, 1975), p. 47, apud BURKE, *Hibridismo cultural*, p. 57.

[11] Cf. BATESON, G. *Pasos hacia una ecología de la mente; una aproximación revolucionaria a la autocomprensión del hombre*, pp. 487-495.

[12] SEGUNDO, *O dogma que liberta*, pp. 395-402 (cit. respectivamente nas pp. 395, 401 e 402).

Educação e pluralidade religiosa

coincidiram. Ou seja, lhe terá sido possível o que Jan Assmann chamou, no contexto da egiptologia, de "a tradução de deuses",[13] isto é, a pessoa em questão terá notado as equivalências de seu panteão cultural (sua fé antropológica) com as principais figuras do panteão de outra tradição (no caso, a fé religiosa cristã). Porque, na realidade, o que nós escolhemos é sempre um valor e não determinada tradição [ou demonstração científica] entre outras.[14]

Essa teoria poderia, com certeza, explicar as inúmeras variáveis históricas ocasionadas por encontros e confrontos inter-religiosos. O sincretismo afro-católico no Brasil deriva, em grande medida, de uma energia centrípeta que suga de outros sistemas (ideológicos) o que coincide com sua matriz simbólica (fé). Não é um amontoado de práticas conservadas de modo eclético; tal procedimento significou, em vez, a estratégia de sobrevivência de um povo que não quis abrir mão de seus valores fundamentais.[15]

Por fim, é preciso insistir que há sempre uma relação entre o que a teologia [cristã] aceita como "revelação de Deus" e a experiência histórica dos seres humanos. O ato salvífico da parte de Deus se revela nos acontecimentos da história que já são de modo análogo "Palavra de Deus". Todavia, a verdadeira revelação dá-se somente quando as pessoas leem determinados acontecimentos como algo que lhes diga respeito diretamente, ou seja, algo significativo: "Que fazer agora para que minha vida tenha ainda alguma razão de ser?".

Para ilustrar esse processo humano-divino na formação do cânon bíblico judaico, J. L. Segundo imagina uma situação futurista que obrigasse os vários povos a escapar rapidamente da Terra, levando consigo somente o estritamente necessário. A obra *Dom Quixote* certamente não faltaria na bagagem dos espanhóis.[16] Naquela viagem sem retorno, a obra seria pouco a pouco compreendida como constitutiva de sua identidade, e a julgariam "providencial", apesar de ter por autor um pobre e mortal ser humano. E um belo dia, esse

---

[13] ASSMANN, J. The translation of Gods. In: BUDICK; ISER (eds.), *The translatability of cultures* (Stanford, 1996), apud BURKE, *Hibridismo cultural*, p. 58.

[14] SEGUNDO, *Libertação da teologia*, p. 195.

[15] O folclorista sueco Carl von Sydow propôs o conceito de "ecótipo" (que, na botânica, se refere a uma variedade de planta adaptada a determinado ambiente pela seleção natural) para explicar como certas interações culturais consistem em "variantes regionais de um movimento internacional [o cristianismo, em nosso caso], variantes com suas próprias regras". Aludindo a esse conceito, P. Burke sugere que "a história da cultura [...] pode ser vista como uma luta entre duas forças [centrífuga e centrípeta]" que "alcançam certo equilíbrio no longo prazo" (BURKE, *Hibridismo cultural*, pp. 53-54).

[16] Ver o capítulo V ("Reconhecer a revelação") de SEGUNDO, *O dogma que liberta*.

livro seria considerado "inspirado" por Deus (desde sempre) para aqueles navegantes errantes do espaço.

Essa pode ser também uma bela imagem de como as comunidades negras da América e da África vêm redescobrindo sua literatura inspirada por deuses/orixás/espíritos. Ajuntando peças de antigas composições míticas africanas, costurando tradições já distintas quando circulavam pela África, acrescentando versões ameríndias de valores similares, refundindo-as com motivos judeu-cristãos desde há muito impregnados em sua carne, selecionando isto, descartando aquilo, esquecendo-se disto e inventando aquilo, traduzindo tudo de modo a reinterpretar o que sucedeu e vem ocorrendo em suas vidas. Da mesma forma como outrora já fizera a tradição hebraica, e como também procederam os artistas cristãos em seus primórdios.[17]

O que foi visto acima implica a dedução de que faz parte da revelação não simplesmente a proposta de Deus a todo ser humano ou sua divina resposta às nossas angustiadas interpelações, mas também as perguntas que o ser humano dirige a seu(s) deus(es).

Como já intuíra Bonhöffer, ao estudar os Salmos, "parece meio estranho que haja na Bíblia um livro de oração, posto que a Sagrada Escritura é a palavra de Deus para nós e, pelo contrário, a oração são palavras humanas". E o próprio Bonhöffer elucida: "Do fato de que a Bíblia contenha um livro de oração, aprendemos que à palavra de Deus pertence não só o que ele tem a nos dizer, mas também o que de nós quer ouvir".[18] A oração está presente "desde o primeiro livro do Antigo Testamento até o último do Novo, sem exceção de gêneros: historiografia, lei, profetas, sabedoria, evangelhos, cartas e apocalipses".[19] Ou seja, ao menos nessas passagens, a palavra *de Deus*, em sua estrutura e em sua forma gramatical expressas, se apresentaria como palavra *do homem* a Deus. No entanto, é bem mais que isso. Conforme conclui a

---

[17] Alerta a ouvidos mais sensíveis: não se tenciona aqui confundir obra inspirada com obra clássica. No entanto, é sabido que os grandes clássicos da literatura universal têm valor perene precisamente porque conseguem modular/traduzir em linguagem algo do inefável mistério humano e, portanto (por que não?), algo soprado pelo hálito divino. Seja como for, o exemplo é válido na medida em que explica como as comunidades de fé aperceberam-se, paulatinamente, da discreta autocomunicação do Senhor.

[18] BONHÖFFER, D. *Creer y vivir* (Salamanca, 1974), pp. 137-138, apud TORRES QUEIRUGA, *Repensar a revelação*, p. 61.

[19] GONZÁLEZ, *La oración en la Biblia* (Madrid, 1968), p. 198, apud TORRES QUEIRUGA, *Repensar a revelação*, p. 62.

profunda análise feita por Torres Queiruga a respeito, aqui não se trata de algo único e exclusivo, senão da "simples acentuação de um aspecto que é constitutivo de toda revelação: a contribuição humana para articular o impulso revelador que vem de Deus".[20]

Mas isso não significa que todo e qualquer livro ou ação humana será divino (inspirado) desde que encontre o consenso da maioria. Como distinguir, portanto, entre as palavras humanas, aquelas que, de fato, são Palavra de Deus? Como fizeram os cristãos para discernir o que fora revelado por Deus de todo o restante? A descoberta desse(s) critério(s) de discernimento é a tarefa constante da boa teologia e daí se tira uma lição para pensar a relação entre educação, teologia e pluralidade religiosa: nessa pluralidade o teólogo acompanha o fundamental "como" da revelação de Deus e de sua divina pedagogia. Os semitas que precederam a comunidade cristã não traziam no bolso um manual divino que substituísse, em períodos de crises, suas escolhas cotidianas. Eles *aprenderam a aprender* à medida que os sinais dos tempos os obrigavam a fazer opções de vida mais profundas e radicais.

2. Quatro modelos de diálogo inter-religioso a partir da teologia das religiões

Hoje se torna cada vez mais agudo o problema de uma reafirmação da teologia cristã diante da coexistência inevitável com as mais variadas formas de crença e cosmovisão. Pensar um projeto educativo, seja para um público interno, de fiéis, seja para um público mais amplo – que frequente, por exemplo, universidades cristãs, mas não é necessária nem majoritariamente cristão, exige do teólogo e do educador, entre outros atributos, boas noções do que chamamos de teologia das religiões. A seguir vamos expor sucintamente alguns modelos atuais de se equacionar essa questão, servindo-nos da proposta de classificação oferecida por Paul Knitter,[21] que parece desenhar melhor o quadro. Para este teólogo da religião, identificado com o que hoje se denomina uma teologia pluralista, temos de partir da constatação de que as

---

[20] TORRES QUEIRUGA, *Repensar a revelação*, cap. 2, p. 61.

[21] KNITTER, *Introdução às teologias das religiões*.

várias religiões são hoje uma realidade vivida de modo novo e que, portanto, a pluralidade é um fato significativo da vida religiosa e cósmica.

Ele se esforça por fazer caber as diferentes reações cristãs a esse fato em quatro modelos básicos. O primeiro deles é o modelo de *substituição*, bastante identificado com comunidades cristãs mais suscetíveis ao fundamentalismo, e que poderia ser resumido na seguinte frase: "Somente uma religião pode ser verdadeira". Duas religiões totalmente distintas não podem ser igualmente verdadeiras; uma terá que necessariamente eliminar a pretensa verdade da segunda. Dessa constatação aparentemente bastante sensata em termos genéricos, podem se desdobrar pelo menos duas vertentes: a mais radical preconiza a substituição total das religiões tidas por falsas, já que não haveria nenhum valor significativo nessas outras religiões; a variável menos agressiva admite uma substituição parcial, e pondera um pouco mais antes de declarar se Deus está presente ou não em outras tradições culturais e religiosas. Nesse caso, podemos encontrar asserções como a que garante haver, sim, revelação em outras religiões, mas não salvação autêntica. Ou ainda, as conhecidas idas e vindas do ecumênico Conselho Mundial de Igrejas que, de um lado, insiste no diálogo com outras religiões, mas não ousa tratar a questão do ponto de vista de uma teologia das religiões.

O segundo modelo descrito por Knitter é o de *complementação*: "O Uno dá completude ao vário". Aqui, sem dúvida, o nome de primeira grandeza é o de Karl Rahner, com suas preciosas formulações acerca da natureza dotada de graça, das religiões como autênticos caminhos de salvação e a polêmica (embora bem-intencionada) expressão: "cristãos anônimos". Essa perspectiva veio à luz no Vaticano II, tendo estabelecido um marco importante ao reconhecer nas várias trilhas espirituais da humanidade "coisas preciosas, tanto religiosas como humanas" e "lampejos da verdade". Nem sempre fica claro se tais lampejos são "caminhos de salvação", mas são tidos como "preparação para o Evangelho". Knitter reconhece aqui alguns *insights* importantes, como o reconhecimento da verdade e da graça nas religiões, a admissão do diálogo como essencial para a vida cristã, e a aceitação de que há pontos inegociáveis em todas as religiões. Fica, no entanto, a pergunta: será que o modelo de complementação de fato permite o diálogo? Quando um reconhecido teólogo dessa vertente, como Jacques Dupuis, declara que "Jesus é o Salvador único-e-exclusivo em quem a única salvação destinada a todas as pessoas constitui-se e faz-se verdadeiramente conhecer" e insiste que "Cristo, e não o Espírito Santo, ocupa a posição central como caminho para Deus",[22] o que resta para dialogar se, independentemente do que os interlocutores irão aprender a partir do Espírito Santo que habita em outros, jamais se obterá algo além de um esclarecimento ou aprofundamento do que já se pressupõe ser conhecido "em" Jesus?

Outra questão delicada na comparação entre esses dois primeiros modelos é saber como, afinal, Jesus salva. Como compreender que Jesus (e sua Igreja) seja *sacramento*? Rahner não entendia Jesus como aquele que conserta o que está quebrado, mas sim como aquele que revela o que já está dado e, todavia, não está evidente. Faz toda a diferença na teologia das religiões perceber se Jesus salva reunindo o que está dividido ou revelando o que já está presente. Tender à posição rahneriana neste aspecto implica sugerir que talvez haja várias maneiras pelas quais o Espírito de Deus entre em contato com as mais distintas culturas.

Paul Knitter alcunha o terceiro tipo de modelo de *mutualidade*, que pleiteia haver "várias religiões verdadeiras convocadas ao diálogo". Há razões históricas para esse pleito: o cristianismo certamente não foi e não tem sido uma "Boa-Nova" para parcelas significativas da população mundial, notadamente as que foram vítimas de projetos colonialistas e imperialistas. Parece inevitável que daí brotaria o sincero desejo, entre os cristãos mais honestos e saudáveis, de recomeçar a conversa com seus interlocutores não cristãos de igual para igual. E daí a tentativa de simplificações como afirmar que existe "um só Real em várias expressões culturais". Knitter destaca três pontes para essa proposta: a ponte *filosófico-histórica* (toda religião é limitada e não pode esgotar o divino que deseja expressar), a *místico-religiosa* (que tenta superar impasses dogmáticos pela via da comunhão espiritual), e a *ético-prática* (inspirada no ditado bíblico de que "pelos seus frutos os conhecereis", ou seja, "falar depois de agir é falar melhor").

Mas também aqui um olhar treinado de cientista da religião poderia levantar objeções. Será mesmo possível encontrar, no diálogo, um fundamento comum aceito por todas as religiões? Teólogos dessa linha apostam numa retomada da compreensão de Jesus como sacramento e investem numa cristologia do Espírito Santo que, acreditam, levaria a uma cristologia da mutualidade.

---

[22]   DUPUIS, *Rumo a uma teologia cristã do pluralismo religioso*, p. 276.

No entanto, pergunta-se Knitter, não haveria aqui, sutilmente, uma retomada de certo imperialismo, mais uma vez útil a um projeto de dominação globalizada, na medida em que tende a pasteurizar as diferenças culturais e religiosas em nome do que é comum e semelhante a quem comanda o jogo? "Um crescente imperialismo", diz o autor, "contamina o Modelo de Mutualidade de duas maneiras: na maneira pela qual seus defensores insistem em descobrir o fundamento comum que julgam ser necessário para o diálogo; e na maneira pela qual definem e estabelecem as regras para o diálogo". O outro lado da moeda é que volta à tona o relativismo: se tudo é igualmente válido, tanto faz.

O modelo de *aceitação* é a quarta variável encontrada por Knitter. Ele simplesmente constata que há "várias religiões verdadeiras e assim será". Para os que se afinam com essa perspectiva, é hora de fazer as pazes com a diferença radical. Surgido no contexto de nosso mundo pós-moderno, esse modelo vai aí buscar seus fundamentos pós-liberais e insiste (com Lindbeck e outros[23]) que "a religião pode ser encarada como uma espécie de estrutura ou ambiência linguística que molda a totalidade da vida e do pensamento".[24] São as palavras e imagens a nós trazidas por nossa religião, diz Lindbeck, que dão forma a nossos pensamentos e convicções religiosas. Se as palavras não viessem em primeiro lugar, não poderíamos ter pensamentos. Daí decorre que não possamos chegar a nenhum fundamento comum anterior aos "sistemas simbólicos comunicativos" que nos pré-condicionam "para a possibilidade da experiência".[25] O que nos resta diante da pluralidade de religiões? Resta-nos apenas encetar o diálogo como política de boa vizinhança.

Nessa perspectiva, somente admitindo que existem diferenças verdadeiras entre as religiões favoreceremos o diálogo verdadeiro. Se há várias religiões, há várias salvações. Não se trata apenas de aceitar que as religiões sejam *meios diferentes* para atingir o *mesmo alvo*; elas têm mesmo *finalidades diferentes*; até por causa de diferenças em Deus. E são justamente essas várias salvações que propiciam um melhor diálogo.

Paul Knitter refere-se aos trabalhos de Francis X. Clooney e James Fredericks como exemplares do que se poderia chamar de uma *moratória para*

---

[23] Cf. LINDBECK, *The nature of doctrine; religion and theology in a postliberal age.*

[24] LINDBECK, *The nature of doctrine; religion and theology in a postliberal age,* p. 33.

[25] LINDBECK, *The nature of doctrine; religion and theology in a postliberal age.*

as teologias das religiões, ou seja, o convite para que os cristãos partam não do que as Escrituras e a tradição cristã têm a dizer, mas dos livros sagrados e ensinamentos de outras religiões. Uma teologia _cristã_ das religiões deve necessariamente ser uma teologia _comparada_ das religiões [o que, convenhamos, parece ser mais a praia de uma Ciência da Religião]. Os adeptos dessa vertente concordam em afirmar que os três modelos anteriores de teologia das religiões – modelo de _substituição_, modelo de _complementação_ e modelo de _mutualidade_ – imunizam os cristãos contra o poder e a novidade das outras tradições religiosas.

Há _insights_ interessantes também neste quarto modelo, como, por exemplo, a aceitação de que, no fundo, somos todos inclusivistas e não poderia ser de outra forma, uma vez que só podemos apreender e julgar outros valores a partir de nossos próprios referenciais simbólicos. Desse modo, ganha pontos a existência de diferenças entre nós, e o _diálogo pastoral_ torna-se preferencial em detrimento da _reflexão teológica_. Mas também restam aqui algumas dúvidas. Por exemplo, embora seja certo que a linguagem molde nossa visão da realidade, e nos dê um prisma por onde captá-la, isso não faz dela uma prisão sem saída. Ou faz? Outra questão destacada por Knitter: em que medida várias salvações tornam nosso mundo mais propenso a ser salvo? Falar em vários absolutos não equivale a dizer que não há absoluto nenhum? Mais: é possível uma teologia comparada realmente "isenta de teologia"?

A "conclusão inconclusiva" a que nos leva Knitter é bastante modesta para as pretensões teológicas: precisamos reforçar o diálogo intercristão e renovar a cooperação inter-religiosa.

3. Limites dos modelos de diálogo inter-religioso

Uma observação de Frank Usarski,[26] com respeito aos senões das categorias mais conhecidas da teologia das religiões – exclusivismo, inclusivismo e pluralismo – pode reforçar as vantagens de uma colaboração mútua entre ciência da religião e teologia das religiões. Usarski admite a utilidade heurística das três categorias de aproximação no diálogo inter-religioso, mas observa que

---

[26] USARSKI, Entrevista concedida a _IHU-online_.

elas não podem ser aplicadas de forma cabal ao budismo. E menciona duas razões para essa atitude prudente. A primeira é que se encontram nas escrituras do budismo atitudes que não se encaixam em nenhuma das três categorias. Por exemplo, no caso da atitude *"avyakata"* [= "perguntas não respondidas"], em que Buda evita tomar posição diante de uma disputa doutrinal, e deixa a seu ouvinte a liberdade de tirar suas próprias conclusões. Isso não cabe em nenhuma das três posturas. A segunda razão é que, mesmo quando os textos budistas expressam claramente uma postura exclusivista, pluralista ou inclusivista, quase nunca está em jogo uma doutrina, mas antes uma prática espiritual. Diferentemente do cristianismo, por exemplo, o budismo não insiste na verdade de suas mensagens, mas destaca a utilidade de suas práticas como um caminho espiritual. Embora não abra mão do conceito de nirvana como objetivo soteriológico máximo, o budismo tende a evitar disputas sobre formulações dogmáticas "secundárias". Ao mesmo tempo, completa Usarski, o budismo vê com simpatia qualquer método – de origem budista ou não – que supostamente contribua para a evolução espiritual na direção do nirvana. Segundo Usarski, esse exemplo indica que, em determinados momentos, as três posturas não são alternativas, mas desempenham um papel quase simultâneo.

Algo semelhante podemos fazer ao considerarmos o que cabe dentro da expressão "sincretismo religioso". Sergio Ferretti sugere que "o sincretismo se enquadra nas características da capacidade brasileira de relacionar coisas que parecem opostas".[27] E, a fim de driblar mal-entendidos e confusões, o autor propõe um quadro com três variantes dos principais significados do conceito de sincretismo. Partindo de um hipotético caso zero de separação entre religiões ou não sincretismo, chega ao nível três, da convergência ou adaptação, passando por dois níveis intermediários: a mistura, junção, ou fusão (nível um) e o paralelismo ou justaposição (nível dois). Desse modo, Ferretti pode tecer as seguintes distinções:

> Existe *convergência* entre ideias africanas e de outras religiões, sobre a concepção de Deus ou sobre o conceito de reencarnação; [...] existe *paralelismo* nas relações entre orixás e santos católicos; [...] *mistura* na observação de certos rituais

---

[27] FERRETTI, *Repensando o sincretismo*, p. 17. O autor alia-se aqui a R. Da Matta, para quem "é uma característica brasileira [...] a facilidade de inventar relações, de criar pontes entre espaços, de unir tendências separadas por tradições distintas, de sintetizar, de ficar no meio" (DA MATTA, *A casa & a rua; espaço, cidadania, mulher e morte no Brasil*, p. 117).

Educação e pluralidade religiosa

pelo povo-de-santo, como o batismo e a missa de sétimo dia, e [...] *separação* em rituais específicos de terreiros, como no tambor de choro ou axexê, no arrambam ou no logum, que são diferentes dos rituais das outras religiões.[28]

Testando a formulação proposta por Ferretti, R. Borges desenvolveu interessante estudo da presença de elementos da cultura afro-brasileira nos rituais católicos do Batismo e da Eucaristia, assim como são celebrados pela Pastoral Afro da Igreja de Nossa Senhora Achiropita em São Paulo. Segundo a autora, há *paralelismo* na procissão das oferendas, quando pão, vinho e comidas próprias da tradição dos orixás são trazidas ao altar. Ela vê *mistura* na utilização, durante a cerimônia católica, de cantos colhidos em terreiros de umbanda. Também a detecta na presença do pai-de-santo no presbitério, sobretudo quando, no final da missa, juntamente com o padre católico, asperge os fiéis com água-de-cheiro. Mas também há *separação* no momento da consagração da hóstia e do vinho.[29]

Os modelos teológicos de P. Knitter talvez se prestem a semelhante exercício; mais que tipos fechados autoexcludentes de explicação teológica, sugerem um gradiente de atitudes que podem ser observadas pelo cientista da religião em grupos de uma mesma agremiação religiosa [em contatos intra e inter-religiosos]. Assim, o que a teologia nomeia como [processo de] inculturação ou inreligionação comporta, na interação de distintos grupos religiosos,

a) *recusa total/substituição* de [algum dado/prática/doutrina de] outra religião;

b) tentativa de *preencher lacunas/complementação* da fé/prática alheia;

c) reconhecimento de coincidências/mutualidade com o outro de mim mesmo;

d) *acolhida/aceitação* do irredutível a minhas categorias.

O educador terá de possuir a habilidade e a sensibilidade de reconhecer a presença dessas diferentes atitudes e pré-compreensões primeiro em si mesmo, depois em seus alunos e na literatura da qual se servirá para a pesquisa pessoal e para as atividades didáticas em sala de aula.

---

[28] FERRETTI, *Repensando o sincretismo*, p. 91. O autor adverte, porém, que "nem todas essas dimensões ou sentidos de sincretismo estão sempre presentes, sendo necessário identificá-los em cada circunstância. Numa mesma casa e em diferentes momentos rituais, podemos encontrar assim separações, misturas, paralelismos e convergências" (p. 91).

[29] BORGES, *Axé, Madona Achiropita*, pp. 159-160. A pesquisa dessa autora fornece um bom exemplo do que P. Sanchis chama de *sincretismo de volta*.

4. Educar para o diálogo interconfessional

Falar de pluralidade religiosa implica reconhecer que muitas interações já são feitas cotidianamente entre pessoas, grupos e instituições, em vastas constelações de hibridismos culturais. Já defendi em outros escritos que o sincretismo religioso é, para a teologia, parte irrecusável da história dos encontros e desencontros entre o divino e o humano, captados em seu "durante", e que, justamente por isso, escapam de definições e/ou inferências cabais. Seja Deus evidente, misterioso ou simplesmente problemático, não há outra maneira de a ele acedermos senão fragmentariamente. Sendo assim, o sincretismo é a revelação de Deus em ato, ou seja, aquilo que vai acontecendo quando se processa paulatinamente, entre avanços e retrocessos, luzes e penumbra, nosso mergulho no Mistério. Imaginá-lo de outro modo é simplesmente negar que possa ser humano e histórico esse nosso encontro com o divino. A teologia do sincretismo, em sintonia com a teologia das religiões e as várias teologias que partem da experiência autóctone, parece, portanto, confluir na direção de uma proposta pluralista que, no entanto, precisa ser examinada com o devido cuidado, pois nem tudo cabe numa sociedade em que todos cabem.[30]

Portanto, uma educação para o diálogo inter-religioso ou interconfessional – que inclua também os que se assumem como ateus – terá de levar o educando a perceber a riqueza e o privilégio de se viver em um mundo que transborda sua experiência do transcendente em várias tradições espirituais. Para encerrar de forma sucinta, vamos concluir na forma de pequenas teses.

O diálogo inter-religioso faz parte das relações históricas entre as religiões e muitas vezes se apresenta em formas sincréticas. Até quem o rejeita o faz, em geral, a partir de uma religião que também é, em alguma medida, sincrética.

A realidade mesma do sincretismo e da dupla vivência religiosa continua sendo um dos pontos mais delicados e controversos do diálogo inter e intrarreligioso. Mas a vivência sincrética do cristianismo não é uma invenção de indígenas latino-americanos e afrodescendentes. Ocorre na história dos povos um autêntico jogo dialético em que, primeiramente, o povo vencedor tenta impor-se eliminando a religião do povo vencido (antítese); em seguida, o dominador acaba aceitando os elementos mais válidos ou mais fortes dos

---

[30] SOARES, Valor teológico del sincretismo desde una perspectiva de teología pluralista, pp. 77-91.

Educação e pluralidade religiosa

oprimidos (tolerância, coexistência pacífica); no final, chega-se a uma síntese. O cristianismo, por ser uma religião universalista, não pôde se subtrair ao sincretismo, já que chamou sobre si a responsabilidade de conter, em princípio, toda a pluralidade encontrável no gênero humano.

Esse é um dos evidentes temores que freiam o avanço de um diálogo inter-religioso mais intenso. Todavia, indiferentes à controvérsia, grandes segmentos da população de nossos países continuam cultuando seus deuses e observando alguns ritos cristãos, plenamente convencidos de que tais modos de compreender e praticar a religião são seguramente cristãos. "Eu sou católica apostólica romana espiritista, graças a Deus", nos dizia certa vez uma ialorixá.

É certamente distinto abordar tais interações do ponto de vista da ciência da religião e do lugar da teologia. No entanto, os estudos culturais põem uma boa dose de realismo nas aferições teológicas quando mostram a falta de consenso para se estabelecer os critérios que definem uma tradução cultural ou um hibridismo incorreto. O conselho que nos vem desses estudiosos é ter a sensatez de levar em consideração as práticas sincréticas persistentes, sem deixar de pôr atenção nos pontos de vista da parte reclamante, a saber, aqueles que viram determinado item de seu sistema de crenças ser apropriado por outrem e não gostaram da adaptação.

Alguns teólogos propõem a saída, algo idealista, de banir para sempre do mundo teológico o conceito de sincretismo, "pois um sincretismo correto e ortodoxo recebe hoje a denominação de inculturação".[31] A questão é saber até que ponto podemos avançar na segurança de estarmos em um sincretismo correto e ortodoxo. Será que todos os elementos de dada cultura ou religião são plenamente traduzíveis em outro código linguístico-dogmático? Parece que não. As variáveis sincréticas são justamente o rastro que vai ficando, como diriam os teólogos cristãos, "ao longo do caminho da autocomunicação de Deus na história". Porque sentem essa pressão reveladora do divino em suas vidas, mas não têm tempo e condições de calar sua resposta enquanto não conseguem elaborá-la cabalmente, indivíduos e comunidades vão se arriscando, de tentativa em tentativa, a traduzir suas descobertas e experiências com a linguagem que têm à disposição.

---

[31]   Cf. MIRANDA, *Inculturação da fé; uma abordagem teológica*, pp. 107-127; aqui: p. 287.

Desafio à parte para a teologia fundamental seria averiguar aquilo que em uma dada época, cultura ou região mais resiste a ser traduzido ou inreligionado, e também aqueles elementos que inexoravelmente vão-se perdendo no processo de tradução ou recriação da Tradição.

O sincretismo mais se parece a uma constante antropológica e deve ser estudado com os melhores recursos da ciência, independentemente de nossos pressupostos axiológicos.

À revelia dos interditos teológico-eclesiais, o tema das bricolagens e hibridismos culturais seguiu seu caminho na literatura científica. A questão que destacamos aqui não é se somos ou não sincréticos — uma atenta resenha dos bons estudos culturais disponíveis demonstra inequivocamente que, mais ou menos, o somos todos —, mas até que ponto o pensamento teológico cristão suporta ir nesse intercâmbio, sem prejuízo da inspiração cristã original. Chamemos essa tradução de inculturação ou de "sincretismo ortodoxo", o importante para o teólogo [cristão] é ir aprendendo a detectar nesse processo de empréstimos quando o mesmo é comandado por delimitações fora das quais já não se percebe nenhum *continuum* com a tradição cristã.

As interações entre experiências religiosas são, antes de tudo, uma prática que antecede nossas opções teóricas e bandeiras ideológicas.

Um dos primeiros passos de um diálogo inter-religioso é reconhecer o que já vem sendo praticado, ou seja, o sincretismo de fato; só depois pode ter algum sentido a pergunta sobre o que poderíamos aprender teologicamente desse dado real. A bem da verdade, nem sempre é fácil explicar o que move um processo de doação e recepção de valores e objetos culturais, que critérios presidem tais escolhas e quais sujeitos conduzem, se é que conduzem, essas reconfigurações e reordenações. Os estudos culturais se servem de vários conceitos a fim de não reduzir a complexidade de tal comércio de bens simbólicos. Falam de apropriação ou tradução cultural para destacar o papel do agente humano, mas preferem hibridismo ou crioulização para mostrar que, muitas vezes, as modificações resultantes naquela cultura ou religião ocorrem sem que os agentes envolvidos tenham consciência.[32]

---

[32] BURKE, *Hibridismo cultural*, pp. 39-63.

Educação e pluralidade religiosa

De outro lado, seria ingênuo desconsiderar que muito das práticas sincréticas vividas por nossa gente são fruto da maneira violenta com que o cristianismo se impôs, dentro e fora da Europa, só restando às pessoas hábitos enviesados, camuflados e fragmentares de suas tradições. Falar de uma educação para o diálogo inter-religioso é outro modo de recolocar as tradições autóctones e as transplantadas em pé de igualdade diante da herança cristã, com o mesmo direito de existência e expressão.

E, uma vez admitido com tranquilidade que tais conexões já são feitas na prática, podemos passar a um ponto seguinte: essa situação de fato, e não fabricada artificialmente, também tem algo a nos ensinar do ponto de vista não apenas da teologia pastoral, mas propriamente da teologia das religiões?

Uma experiência híbrida pode muito bem sinalizar o desígnio divino de se autocomunicar. A teologia deve considerá-la no interior do processo da revelação.

A dupla vivência religiosa é um dos possíveis desdobramentos naturais do diálogo inter-religioso, tendo no limiar o sincretismo. Mas da prática de rituais pertencentes a diferentes tradições por uma mesma pessoa não se infere automaticamente que estes tenham idêntico valor ou significado para o praticante. Aqui entra o discernimento teológico, pois, na verdade, é até fácil resgatar o sincretismo como condição sociológica de toda religião, afinal, nenhuma delas, como fato cultural, existe independentemente das várias tradições de que é tributária. Mas o que deduzir teologicamente dessas opções?

As pessoas envolvidas nesses processos podem, de fato, vivenciar algum tipo de mudança interior, uma vez que se acham expostas a uma experiência pessoal situada na confluência de vertentes espirituais não coincidentes, e mesmo contraditórias, em mais de um aspecto. Acompanho aqui as considerações de Torres Queiruga, quando este detecta as reais dificuldades em se viver mais de uma "fé", se esta fé "for vivida como o modo radical e integral de se relacionar com o Divino e organizar a partir dele toda a existência".[33] A julgar pela curta duração de uma vida em comparação com longuíssimos processos de interpenetração cultural, o que se pode vislumbrar nessas vivências pessoais não são duas fés profunda e coerentemente vividas, sem confusão, mistura ou separação, mas sinceras e legítimas inreligionações de

---

[33] TORRES QUEIRUGA, *Autocompreensão cristã*, p. 187.

determinados elementos descobertos no tesouro de outrem. Mesmo na hipótese de censura ou condenação de algum aspecto preterido no poço alheio, devemos ter a honradez de admitir que talvez não estejamos compreendendo em profundidade nossa recém-adotada religião.

Seja o teólogo, seja o educador em situação de sala de aula, ambos devem ter presente que a decisão sobre quem tem ou não direito ou poder para conduzir esses inevitáveis processos de doação e recepção de signos (significantes condutores de significados) depende, evidentemente, da perspectiva ou instituição a partir da qual os olhamos. O conhecimento e a espiritualidade de quem se encontra em diálogos interculturais saem modificados e enriquecidos dos componentes religiosos que adotarão. É de se esperar que algo similar aconteça com o cristianismo inreligionado na Índia, na África e entre as nações latino-americanas. Sem perder sua fé-eixo, a mensagem cristã hibridiza-se nas metáforas que aprende de outras religiões, embora não abra mão de sua força metonímica.

Ao menos no caso do cristianismo, é difícil evitar tais circunstâncias, pois de um lado, o caráter missionário de levar a Boa-Nova é irrenunciável para o cristão, e de outro, "todas as culturas são hoje culturas de fronteira" (Nestor Canclini), sendo a história de todas elas "a história do empréstimo cultural" (Edward Said). Não temos, pois, outra dimensão disponível para armar nossas tendas.[34]

Aprende-se no diálogo inter-religioso que não há etapas rumo a esta ou aquela religião total, pois nenhuma fé ou espiritualidade esgota o Sentido da Vida.

Uma experiência híbrida diz muito para um cientista da religião – ou para um filósofo cético como o já citado Alain De Botton. Mas para um teólogo ela pode ser sinal do desígnio divino de se autocomunicar. Entre "falar-nos" e ser malcompreendido ou "calar", deixando-nos totalmente às cegas, várias religiões são unânimes em afirmar que a Divindade optou por dizer-nos algo, apesar do risco. Desse modo, o sincretismo poderia consistir numa bem-vinda terapêutica para certas escleroses dogmatistas das religiões monoteístas. Ele torna imediatamente evidente onde está o problema teológico básico dessas tradições: a revelação de Deus comporta ambiguidades, erros e contradições

---

[34] Autores mencionados por BURKE, *Hibridismo cultural*, p. 13.

que são inevitáveis graças à nossa maneira humana de aceder à Verdade.[35] Mas ao mesmo tempo permeia todo o trajeto a segura e verdadeira pedagogia divina.

Pois bem, como ler teologicamente as experiências sincréticas? A teologia pode fazer o esforço de pensar uma situação *entre-as-fés* ou uma fronteira comum ainda livre das demarcações religiosas institucionais. Mas que tipo de fé está disponível nessas *borderland*? Provavelmente uma *fé sincrética*, pois, de um lado, temos o quê de absolutez dos valores fundamentais que norteiam escolhas aparentemente contraditórias de significantes religiosos (dimensão fé); de outro lado, a relatividade dos resultados efetivamente atingidos (dimensão ideológico-sincrética).

O que conta aqui é identificar o modo mesmo de uma fé se concretizar ou ser traduzida, uma vez que não existe fé em estado puro; ela só se mostra na práxis. Aqui entendemos como praticamente sinônimos o sincrético, o histórico, o concretizado e o traduzido. Falar de *fé sincrética* é salientar a autocomunicação divina já atuante nas várias tradições culturais antes, contra ou mesmo apesar do contato com as comunidades religiosas missionárias [cristãs, no caso], sustentando em sua discreta misericórdia as livres escolhas e seleções (algumas, ainda na fase das justaposições) que cada indivíduo ou grupo social vai fazendo. Pensar que as pessoas tenham antes que deixar entre parênteses sua história de vida, sua cultura e religião para, só depois, em algum "estado de exceção", entrar em comunicação autêntica com o Deus verdadeiro é, de um lado, desabonador do que a própria teologia crê ser a livre e amorosa decisão divina de vir a nós a qualquer custo, e de outro, significa ceder ao que outrora já fora identificado como pelagianismo: o "descomedimento" de pretender chegar à salvação plena na solidão das próprias forças, sem nenhum amparo da divina graça.[36]

Como diz, quase poeticamente, Torres Queiruga, "a história da revelação consiste justamente nisto: em ir Deus conseguindo que esse meio opaco e impotente para o infinito, que é o espírito humano, vá captando sua presença

---

[35] Cf. SEGUNDO, *O dogma que liberta*, pp. 141-144.

[36] Por isso é extremamente feliz a expressão "maiêutica histórica", proposta por Torres Queiruga em sua já citada obra *Repensar a revelação; a revelação de Deus na realização humana.* O que revela-nos a revelação no hoje de nossa história é o que, desde sempre, já éramos: amados por Deus. E esse segredo banha cada sequência de nosso DNA, cada cômodo de nossa casa cultural, até mesmo os subprodutos que, segundo Paulo, um dia serão queimados como palha (1Cor 3,13-17).

e se sensibilize para sua manifestação, entrando assim em diálogo com sua palavra de amor e acolhendo a força salvadora de sua graça".[37] O resultado dessa progressiva descoberta do divino amor em nós não cabe numa única jurisdição religiosa ou filosófica. A própria tradição cristã o intui em diversos momentos, como quando recorda as palavras de Jesus: "No lar de meu Pai muitos podem viver".

5. Por um diálogo entre educadores, teólogos e cientistas da religião

Torres Queiruga vê com bons olhos o que ele chama de um "ecumenismo *in fieri*" que já faz com que "as instituições cristãs [estejam] real e verdadeiramente presentes nas demais religiões, da mesma forma que estas [práticas ancestrais dos antigos 'bárbaros', rituais enquistados no catolicismo popular] estão presentes na religião cristã".[38] Essa releitura decorre dos resultados da teologia cristã contemporânea, que redescobriu a revelação divina como um processo histórico, com etapas que têm seu sentido próprio (*Dei Verbum* 15: a pedagogia divina), mas não são definitivas. Nesse processo, o povo bíblico (autores e comunidades leitoras) sempre procurou modular em linguagem humana o sopro e as ressonâncias do divino mistério. Daí provêm sua força e fraqueza: este depende intrinsecamente de uma experiência ineludível que só tem sentido se o indivíduo a fizer por si mesmo. E nem é garantido que o resultado deva necessariamente configurar-se como uma comunidade nitidamente cristã (ao menos, nos moldes em que a poderíamos descrever hoje). Mesmo que o fosse, isso não eliminaria os inevitáveis percalços da tradução concreta desse encontro, ou seja, de nossa espiritualidade cotidiana.

Tal ambivalência não é em si um defeito; fomos constituídos assim. Por isso, as experiências sincréticas são também variações de uma experiência de amor. E se fazem parte da revelação as maneiras como os povos foram e continuam chegando, tateantes, a seus *insights*, o sincretismo só pode ser a história

---

[37] TORRES QUEIRUGA, *Repensar a revelação*, p. 408.

[38] TORRES QUEIRUGA, *Repensar a revelação*, p. 195. A expressão "ecumenismo *in fieri*" merece o mesmo cuidado sugerido acima para "macroecumenismo" (cf. CATÃO, *Falar de Deus*, pp. 208-209).

Educação e pluralidade religiosa

da revelação em ato, pois consiste no caminho real da pedagogia divina em meio às invenções religiosas populares.

Que teologia daria conta de traduzir conceitual e adequadamente uma experiência como essa? Não precisamos ser afoitos em respondê-lo para não acabar confundindo o rolo compressor eclético do "tudo cabe" com a intuição universal e pluralista de que "todos cabem". Pode ser um trunfo nesta fase reconhecer que nem teria sido pensável uma teologia inter ou transconfessional se não fossem os passos prévios dados pelo pensamento ocidental.

Essa última consideração sela o limite além do qual não poderemos seguir sem banalizar a própria busca. O projeto teológico pluralista assinala uma encruzilhada. Não parece epistemologicamente difícil avançar na proposta de uma ética (H. Küng) ou *éthos* (L. Boff) mundial; e será sempre simpático enveredar por um caminho místico que supere as demarcações teo-*lógicas* (R. Panikkar). Mas ainda nos retém do lado de cá a velha noção de verdade.

Um autor assumidamente pluralista como J. M. Sahajanada nos propõe que "a verdade não pode ser definida, porque cada definição da verdade é como um túmulo e somente os mortos são postos em túmulos".[39] Entender isso é avançar pelos caminhos da sabedoria, pois "a sabedoria nasce de uma mente virginal, em que o poder do conhecimento é silenciado".[40] É óbvio que, para aceitar tais asserções, temos de assumir, com H.-C. Askani, que a reivindicação da verdade tem na filosofia diferente significação do que numa religião. Na primeira, "a reivindicação implica e exige a confrontação e o diálogo entre as filosofias. Na religião, no entanto, há uma maneira de se sentir obrigado e de se comprometer que é tão forte, tão extrema, tão única, que cada comparação seria, por isso mesmo, uma *indiscrição* profunda".[41]

Contudo, aqui estamos a fazer teologia, ou seja, elaborando uma reflexão ou especulação acerca da Realidade última que parte dos dados oferecidos por determinada tradição espiritual — em geral, referendados por um acervo coerente de escritos — que pode, ou não, chegar à adoração da Realidade

---

[39] No original: "truth cannot be defined because every definition of the truth is like a tomb and only the dead are put into tombs" (SAHAJANADA, *You are the light; rediscovering the eastern Jesus*, p. 813).

[40] A "wisdom is born of a virginal mind, in which the power of knowledge is silenced" (SAHAJANADA, *You are the light; rediscovering the eastern Jesus*, p. 149).

[41] Askani é citado por TORRES QUEIRUGA, *Autocompreensão cristã*, p. 96.

afirmada.[42] De outra parte, uma linguagem apta a furar bloqueios meramente ideológicos ou axiológicos é a eficiente linguagem científica. Inábil para nos dizer a verdade cabal, ela pode, sim, desmascarar pretensas verdades e superar impasses que as viseiras religiosas e dogmáticas não conseguem destrinçar sem anátemas ou derramamento de sangue.

O mero fato de oferecer a nossas audiências a complexidade dessas questões já é um precioso serviço a uma educação para a paz e o diálogo intercultural. Para tanto, talvez precisemos selar uma nova aliança entre religião e ciência, entre teologia e ciência da religião. No mínimo, para dar continuidade ao projeto abraçado por Alain De Botton, de "resgatar parte do que é maravilhoso, tocante e sábio em tudo o que não mais parece verdadeiro"[43] aos olhos céticos do pensamento contemporâneo.

6. Referências bibliográficas

BATESON, G. *Pasos hacia una ecología de la mente*; una aproximación revolucionaria a la autocomprensión del hombre. Buenos Aires/México: Carlos Lohlé, 1976.

BOFF, C. *Teoria do método teológico*. Petrópolis: Vozes, 1998.

BORGES, R. F. de C. *Axé, Madona Achiropita*. São Paulo: Edições Pulsar, 2001.

BURKE, P. *Hibridismo cultural*. São Leopoldo: Unisinos, 2004.

CATÃO, F. *Falar de Deus*; considerações sobre os fundamentos da reflexão cristã. São Paulo: Paulinas, 2001.

DA MATTA, R. *A casa & a rua*; espaço, cidadania, mulher e morte no Brasil. São Paulo: Brasiliense, 1986.

DE BOTTON, Alain. *Religião para ateus*. Rio de Janeiro: Intrínseca, 2011.

DUPUIS, J. *Rumo a uma teologia cristã do pluralismo religioso*. São Paulo: Paulinas, 1999.

FERRETTI, S. *Repensando o sincretismo*. São Paulo: Edusp, 1997.

KNITTER, P. *Introdução às teologias das religiões*. São Paulo: Paulinas: 2008.

LINDBECK, G. *The nature of doctrine*; religion and theology in a postliberal age. Philadelphia: Westminster Press, 1984.

MIRANDA, M. de F. *Inculturação da fé*; uma abordagem teológica. São Paulo: Loyola, 2003.

---

[42] A teologia, embora possa questionar um ou mais dados ou a interpretação destes que nos chegam via tradição, não questiona a tradição em si. Aliás, é premissa da reflexão teológica admitir a tradição como consistente doadora de sentido, isto é, como fonte com razoáveis chances de ser verdadeira por remontar a um conjunto coerente de testemunhas referenciais, por sua vez conectadas a uma origem ontológica presumida.

[43] DE BOTTON, *Religião para ateus*, p. 18; ver também pp. 85-134.

Educação e pluralidade religiosa

SAHAJANADA, J. M. *You are the light*; rediscovering the eastern Jesus. Winchester, UK: O. Books, 2006.

SEGUNDO, J. L. *Libertação da teologia*. São Paulo: Loyola, 1978.

_____. *O homem de hoje diante de Jesus de Nazaré*. São Paulo: Paulinas, 1985.

_____. *A história perdida e recuperada de Jesus de Nazaré*. São Paulo: Paulus, 1997.

_____. *O dogma que liberta*; fé, revelação e magistério dogmático. 2. ed. São Paulo: Paulinas, 2000.

SOARES, A. M. L. *Interfaces da revelação*; pressupostos para uma teologia do sincretismo religioso. São Paulo: Paulinas, 2003.

_____. Teologia da revelação e negritude. In: GASS, I. B.; KRONBAUER, S. C. G.; SANTOS, S. Q. dos (orgs.). *Negra sim, negro sim, como Deus me criou*; leitura da Bíblia na perspectiva da negritude. São Leopoldo-RS: Cebi, 2006. pp. 91-108.

_____. Valor teológico del sincretismo desde una perspectiva de teología pluralista. In: VIGIL, J. M.; TOMITA, L. E.; BARROS, M. *Teología liberadora intercontinental del pluralismo religioso*. Quito: Abya Yala, 2006. pp. 77-91.

_____. *No espírito do Abbá*; fé, revelação e vivências plurais. São Paulo: Paulinas, 2008.

TORRES QUEIRUGA, A. *Autocompreensão cristã e diálogo das religiões*. São Paulo: Paulinas, 2007.

_____. *Repensar a revelação*; a revelação de Deus na realização humana. São Paulo: Paulinas, 2010.

USARSKI, F. Entrevista concedida a *IHU-online*, 334, 21/06/2010. Disponível em: http://www.ihuonline.unisinos.br/index.php?option=com_content&view=art icle&id=3324&secao=334

VERNANT, J.-P. *Mito e religião na Grécia Antiga*. São Paulo: Martins Fontes, 2006.

PARTE III

Aspectos práticos

CAPÍTULO XII

Desafios atuais para a educação cristã

Ubiratan D'Ambrosio

1. O cenário atual

É inegável que estamos vivendo uma era de transição, em que parecem ser insustentáveis o atual modelo econômico, os sistemas de produção e trabalho, o conceito de soberania e a própria organização da sociedade como nações-estados. Os conceitos de economia nacional, de soberania sobre os recursos naturais e de autonomia política das nações estão em rápida fase de superação. Dificilmente poderemos hoje distinguir os projetos político e socioeconômicos de cada nação. Como escreveram Daniel Yergin e Joseph Stanislaw, do *Cambridge Energy Research Associates*, "o crescimento global da economia está diluindo as fronteiras".[1]

Essas mudanças em alguns dos pilares da sociedade pedem uma nova conceituação de educação. Uma reconceituação que reconheça a globalização e a influência determinante que a tecnologia tem sobre ela, mas que ao mesmo tempo preserve valores e tradições. Esse é o grande objetivo da educação multicultural num mundo que está caminhando rapidamente para a globalização e para uma civilização planetária.

Mikhail Leonidovich Gromov, professor do Institute dês Hautes Études Scientifiques de Bûres-sur-Yvette, França, foi agraciado, em 2009, com o Prêmio Abel (que é o equivalente a um Prêmio Nobel em Matemática).

---

[1] YERGIN; STANISLAW, O Mundo, de Volta ao Comércio Livre, p. D5.

Em uma importante entrevista, Gromov diz:

> A Terra vai ficar sem os recursos básicos, e não podemos prever o que vai acontecer depois disso. Vamos ficar sem água, ar, solo, metais raros, para não falar do petróleo. Tudo vai, essencialmente, chegar ao fim dentro de cinquenta anos. O que vai acontecer depois disso? Estou com medo. Tudo pode ir bem se encontrarmos soluções, mas, se não, então tudo pode chegar muito rapidamente ao fim! Estando em nossa torre de marfim, o que podemos dizer? Estamos nesta torre de marfim, e nos sentimos confortáveis nela. Mas, realmente, não podemos dizer muito porque não vemos bem o mundo. Temos que sair, mas isto não é tão fácil.[2]

Esse não é um discurso catastrofista. É a visão de um dos grandes cientistas da atualidade. Sair da torre de marfim, ou na metáfora das gaiolas epistemológicas, voar fora da gaiola, é o maior desafio do educador.

O principal é reconhecer que, como todas as demais espécies, somos indivíduos que dependem da natureza para sobrevivência, dependem de outros para proliferar, e dar continuidade à espécie, e para o convívio. A sobrevivência, no sentido amplo descrito, se dá, em todas as espécies, aqui e agora. O homem é a única espécie que transcende o aqui e agora. Na busca dessa transcendência, os homens desenvolveram as noções de espaço e tempo. Perguntam-se onde e quando, buscam explicações sobre antes e depois, sobre passado e futuro. Como diz o Padre Antônio Vieira na *História do Futuro*:

> Nenhuma coisa se pode prometer à natureza humana mais conforme a seu maior apetite, nem mais superior a toda sua capacidade, que *a notícia dos tempos e sucessos futuros* […]. O homem, filho do tempo, reparte com o mesmo tempo ou o seu saber ou a sua ignorância; do presente sabe pouco, do passado menos e do futuro nada.

Na satisfação desse apetite situam-se as religiões e as ciências. Agimos com vistas no futuro e as religiões e as ciências pautam as ações, o que leva, inevitavelmente, ao tema "religião *versus* ciência", polarizados em duas grandes linhas de pensamento, "criacionismo *versus* evolucionismo". Embora os conflitos resultantes dessa polêmica estejam presentes em muitos sistemas educacionais, não vou discutir o tema.

---

[2]   GROMOV, Interview for M. Raussen, & C. Skau, pp. 391-409.

2. Educação cristã e espiritualidade

A educação cristã vai além de uma educação confessional, inserindo-se nos currículos modernos que são, essencialmente, a evolução dos *trivium* e *quadrivium* medievais. Desde Agostinho há uma crítica ao modelo disciplinar tradicional, buscando a inserção de valores cristãos nas disciplinas. O modelo inaciano é um conhecido exemplo dessa inserção.

Com a globalização e o reconhecimento de tradições religiosas diferentes do cristianismo, todas presentes em todos os países, questiona-se a educação confessional inserida nos sistemas educacionais oficiais. Praticamente todos esses sistemas aderem à Declaração de Nova Déli, de 1993, que reconhece a multiplicidade de crenças.[3]

Isso nos leva a questionar se educação religiosa para todos os alunos, inserida nos programas educacionais oficiais, é justificável. Uma educação religiosa é inevitavelmente confessional, confiada a praticantes. A educação cristã, como os exemplos dados no parágrafo inicial, encontra espaço em um setor restrito da sociedade. Como a história e o presente nos mostram, privilegiar uma crença religiosa gera conflitos geralmente irremediáveis.

A educação em geral deve necessariamente incluir espiritualidade. Embora intrínseca ao cristianismo e a todas as crenças religiosas, a espiritualidade vai além das especificidades das crenças. Contempla valores de várias religiões. O grande desafio apresenta-se em duas vias que se complementam:

- a primeira é mostrar valores comuns ao cristianismo e a todas as demais religiões, que é espiritualidade como uma disciplina ou inserida em todas as disciplinas do currículo, o que, embora seja o melhor, é o mais difícil;

- a segunda via é retornar à catequese tradicional, naturalmente com linguagem e métodos modernizados.

Essas duas vias devem seguir em paralelo nos sistemas educacionais e conduzidas mediante uma proposta geral, contemplando espiritualidade e sistema de valores universais, presentes em todas as religiões, e deixando a outra via, específica de cada religião, a critério de seus praticantes. A educação cristã está na segunda via. Vários capítulos deste livro tratam de aspectos específicos

---

[3] Em: <http://unesdoc.unesco.org/images/0013/001393/139393por.pdf>.

da educação cristã e das práticas pedagógicas. Neste capítulo abordarei a primeira via, que se refere em geral à espiritualidade.

Acredito ser a espiritualidade um dos pontos críticos dos sistemas educacionais. Fortes interesses levaram a nova Lei de Diretrizes e Bases da Educação a incluir o Ensino Religioso. Lamentavelmente, não aparece como espiritualidade e isso pode levar a interpretações equivocadas.

O tema é muito complexo. Nas escolas confessionais espera-se um programa de estudos de religião compatível com a fé a que a escola adere. O problema maior está nas escolas públicas. Em todas as escolas e em todas as formas de educação, o ensino religioso deveria ser focalizado na espiritualidade, num sentido amplo, e ter como meta a *paz*, na sua pluridimensionalidade: *paz interior, paz social, paz ambiental* e, consequentemente, *paz militar*.

A pré-escola, o ensino fundamental e o ensino médio organizaram-se, não só no Brasil mas em todo o mundo, com um caráter propedêutico. Vou ater-me ao ensino fundamental e ao médio, embora a situação do superior não seja fundamentalmente diferente. Falo em caráter propedêutico como a prática na qual, a todo momento, está-se preparando o aluno para a etapa seguinte, como é o objetivo das chamadas grades curriculares. Jamais se dá a cada momento da prática educativa seriada um caráter terminal, no sentido de se completar, em cada momento, uma etapa de formação com importância em si. É comum justificar a importância de um assunto tratado como sendo necessário para se entender os assuntos seguintes.

Nas escolas religiosas a intenção de despertar vocações sacerdotais, sobretudo em escolas católicas e em algumas escolas protestantes, é forte, embora poucas vezes declarada. Mas isso tem sido pouco notado nas escolas leigas. O que mais se aproxima da tarefa de despertar vocações são as escolas profissionais, que, lamentavelmente, estão num processo de desativação.

Na opção de segunda via, como sugiro acima, o ensino de religião nas escolas, principalmente nas escolas leigas, nas quais não há preocupação em despertar vocações específicas, deve ter a característica de completar uma etapa, um caráter terminal, uma forma de educação iniciatória. No caso das escolas católicas, uma forma de terminalidade está associada aos sacramentos.

3. Valores

Desde a mais tenra infância surgem questionamentos existenciais e aquisição de valores. A criança se descobre e se reconhece, e descobre e reconhece seu ambiente e as pessoas com quem convive. Exercendo uma postura inquisitiva e crítica, explicações e valores começam a tomar corpo. Particularmente importante é o que se passa nos primeiros anos de vida. Uma excelente pesquisa por Alison Gopnik, professora da Universidade da Califórnia em Berkeley, realizada durante cerca de duas décadas com crianças de zero a cinco anos, mostra como essas crianças desenvolvem juízos de valores, além de um surpreendente sentido de comportamento.[4]

O comportamento de crianças evolui para elaborados sistemas de explicações e de questionamentos. Questionar sobre o que é nascer e o que é morrer é o momento culminante de reconhecimento de vida e morte. A essa etapa segue-se o enorme impacto físico e emocional do despertar da sexualidade e questionamentos mais profundos sobre tudo que cerca a criança. Há reações emocionais características da infância, da puberdade e da adolescência. Em cada mudança de etapa, há alguma forma de iniciação. A formação de valores começa a se estruturar associada aos rituais de passagem.

Os sistemas educacionais modernos têm relegado a responsabilidade da orientação nessas etapas e rituais de passagem e iniciação às famílias, que muitas vezes não têm condições de assumir essa responsabilidade. Em consequência, a educação iniciatória, necessária na entrada de cada etapa, é ignorada. Muito mais grave é o fato de certas famílias desencorajarem e muitas vezes reprimirem questionamentos sobre as grandes mudanças físicas e emocionais que ocorrem no período.

A tarefa de facilitar a transição de uma para outra etapa no desenvolvimento dos jovens tem sido preenchida por companheiros. Sem dúvida, as inúmeras mudanças comportamentais em faixas etárias razoavelmente definidas deveriam ser discutidas nas escolas.

Embora todas as mudanças comportamentais estejam intimamente relacionadas, as transformações na espiritualidade dos jovens em idade escolar,

---

[4] GOPNIK, The Philosophical Baby: What Children's Minds Tell Us about Truth, Love, and the Meaning of Life.

que é o tema deste capítulo, é praticamente ignorada. Parece não se acreditar que o jovem tenha angústias e incertezas existenciais. Não se percebe que muito do comportamento do jovem, que se considera inadmissível e que muitas vezes se reprime, liga-se a crises de espiritualidade. Esse é o tema de um clássico da literatura, a novela *O Jovem Törless*, do consagrado escritor austríaco Robert Musil, escrita em 1880. O jovem, de família abastada, é enviado para estudar num internato, uma escola militar no estilo austríaco do final do século XIX, e aí o jovem Törless tem a experiência de rituais de iniciação conduzidos pelos colegas. As angústias existenciais, próprias de um adolescente, são magnificamente descritas por Musil. Tenho recomendado esse livro a meus alunos nos cursos de formação de professores. Com muita habilidade, Musil mostra como sexualidade, conhecimento abstrato, no caso a matemática, e espiritualidade são faces da busca do sentido da existência humana.

4. Ensino, aprendizagem e conhecimento

A forma de conhecimento que se transmite nas escolas é disciplinar, seguindo currículos mais ou menos padronizados de acordo com as teorias dos conteúdos e com as teorias de aprendizagem vigentes. As práticas – e os elementos de suporte, como as epistemologias e as teorias de aprendizagem, têm sido fortemente influenciados pelo estruturalismo, última etapa do pensamento cartesiano – têm caráter eminentemente propedêutico. Sobretudo em aprendizagem, o estruturalismo teve enorme prestígio com Jean Piaget e Lev Vygotsky. Tornaram-se padrão no Ocidente, e agora começa uma nova corrente com apelo à espiritualidade e ao ambientalismo.

Destacar as múltiplas facetas na busca de explicações e de conhecimento é, no meu entender, a inserção do componente espiritualidade nas disciplinas tradicionais do currículo. Uma excelente pesquisa do educador Klaus Witt, da University of Illinois at Champaign-Urbana, mostra como a espiritualidade está presente e é um importante componente no pensar de estudantes em trabalho de pesquisa para obtenção de um Ph.D. em Matemática.[5]

As direções em educação são sempre o reflexo da busca de alternativas sociais para corrigir os desvarios que resultaram da sociedade colonialista

---

[5] WITZ, *Spiritual aspirations connected with mathematics; the experience of American University students.*

Desafios atuais para a educação cristã

(degradação do homem), imperialista (subordinação de culturas) e capitalista (uso abusivo e destrutivo de recursos naturais).

Esses direcionamentos sempre têm se amparado em visões do mental, jamais do homem como um todo integrado no cosmo. Baseiam-se nos sistemas de explicações parciais e dominantes no momento, e que são resultados de um modelo cultural e científico. Esse é o modelo de conhecimento que se construiu justamente para justificar os desmandos das eras colonialista, imperialista e capitalista.

Deve-se notar que a globalização do planeta se inicia com as grandes navegações. Não é de estranhar que esse momento é, na verdade, o início do que se convencionou chamar "o mundo moderno": ciência moderna (René Descartes e Isaac Newton), comportamento moderno (René Descartes e Baruch Spinoza), monetarismo e mercado modernos (Adam Smith) e colonialismo moderno.

Essas mesmas manifestações do moderno criaram setores de conhecimento cujo objetivo é justificar as ações. Surgiram epistemologias convenientes para justificar a ciência, sistemas filosóficos para justificar o comportamento, economia para justificar as operações associadas à produção e ao mercado, e história para justificar o colonialismo.

Ao longo da sua história, o homem tem procurado explicações sobre:

- *por que* é – e tem se acreditado o favorito de algum deus;
- *que* é – e tem se acreditado um sistema complexo de músculos, ossos, nervos e humores;
- *como* é – e tem se acreditado uma anatomia com vontade; e sobretudo;
- *quanto* é – e tem se acreditado sem limitações quanto à sua vontade e ambição.

Distorções na maneira como o homem tem se acreditado têm induzido a poder, prepotência, ganância, inveja, avareza, arrogância, indiferença. As violações da *paz* em todas as suas dimensões são, fundamentalmente, resultado dessas distorções. Daí as violações da dignidade humana e a eliminação do indivíduo, a inviabilidade de uma sociedade equitativa e uma agressividade desmesurada contra a natureza. Jamais se tentou encarar o busílis da questão: a própria questão do conhecimento, convenientemente fragmentado em disciplinas para justificar – desencorajando crítica – como o homem tem se acreditado. O que se ensina fica, portanto, esvaziado de possibilidades de crítica.

A crítica ampla é necessariamente holística. Porém a culminância do moderno acabou sendo uma fragmentação do homem em "componentes": racional, social, econômico. Parafraseando Allain Bloom, poderíamos dizer que o que caracteriza o homem moderno é sua crença de ser o trabalho necessário para produzir bem-estar; é seguir suas inclinações com moderação, não porque seja moderado, mas porque suas paixões são balanceadas e ele reconhece a racionalidade desse equilíbrio; é respeitar o direito dos outros para assim ter respeitados os seus; é obedecer à lei que ele próprio fez em seu próprio interesse. Na verdade aí se reconhece a essência do apelo a trabalho e cidadania, tão comum nos dias de hoje, e que constitui a moral do comportamento que se procura inculcar nas crianças.

Como diz Bloom,

> do ponto de vista de Deus ou dos heróis, nada disso é muito inspirador. Mas, para os pobres, os fracos, os oprimidos – a maioria esmagadora da humanidade – é a promessa de salvação.[6]

Se atentarmos para o conhecimento associado a esse comportamento, notamos a inexistência de uma ética maior. O conhecimento progride sem uma ética maior, que deveria reconhecer:

* o valor intrínseco do indivíduo – *vale por que é*, não pelo como é;
* a necessidade absoluta do outro – sem o qual se decreta a extinção da espécie;
* a sua integração no cosmo – como parte essencial de um todo.

Uma ética que se aplica a todos os sistemas de valores deve contemplar o homem como um fato.

Em todas as espécies, na busca de sobrevivência, todo indivíduo revela comportamentos vitais básicos [meios], com os objetivos [fins] de sobreviver como indivíduo e de dar continuidade à espécie. Esses comportamentos vitais, instintivos, são

* reconhecer o outro,
* aprender,

---

[6]   BLOOM, *The closing of the American mind*, p. 196.

- ensinar,
- adaptar-se e
- cruzar (para dar continuidade à espécie)

No encontro com o outro, que também está sujeito a esses comportamentos vitais, desenvolve-se a *comunicação*, no sentido amplo.

Uma questão maior, ainda não respondida, é: "Quais as forças que levam os seres vivos a esses comportamentos vitais?".[7]

Ainda mais básica é a questão sobre a origem da vida, que leva, inevitavelmente, ao tema "religião *versus* ciência", polarizados em duas grandes linhas de pensamento, "criacionismo *versus* evolucionismo". Recentemente, li a expressão "épico de criação *vs* épico de evolução", referindo-se aos livros sagrados e às teorias de evolução. Essa velha disputa volta a ter grande presença no mundo acadêmico.[8]

A educação deve evitar, na medida do possível, esta discussão, assumindo o fenômeno vida como um fato observável, indiscutível, e o homem como um ser vivo, provido de vontade.

5. O homem

O ponto de partida do modelo que proponho para entender conhecimento e comportamento é o fenômeno vida, comum a todas as espécies.

O fenômeno vida é inconcluso e complexo, em permanente transformação, sujeito a uma dinâmica da qual ainda sabemos pouco. Identifico três fatos fundamentais para que a vida se realize: um *indivíduo*, *outro* indivíduo (e por extensão outros indivíduos, isto é, a *sociedade*) e a *realidade*, fundamentalmente a *natureza*, e as relações entre esses três fatos. Assim, a vida depende de seis elementos. A ausência de qualquer desses seis elementos resulta no extermínio da vida. Metaforicamente, é o que chamo *Triângulo Primordial*, cuja existência é determinada por três vértices e três lados.[9]

---

[7] No seu excelente livro, já clássico, Humberto MATURANA e Francisco VARELA, *A Árvore do Conhecimento; as bases biológicas da compreensão humana*, introduzem o conceito de autopoiesis para explicar como um organismo se mantém vivo.

[8] Ver, por exemplo, a revista *Zygon: Journal of Religion and Science,* particularmente o v. 44, n. 1 (March 2009) que é inteiramente dedicado ao tema.

[9] Devo a ideia do triângulo como metáfora ao educador Antti ESKOLA, Civilization as a Promise and as a Threat, pp. 8-14.

As relações entre esses fatos são explicadas pela fisiologia (a natureza fornece nutrição), pela sociobiologia (o outro é parceiro na procriação) e pela ecologia (há um equilíbrio entre o grupo e os recursos naturais).

Graficamente, o *Triângulo Primordial* é representado como

INDIVÍDUO   fisiologia   REALIDADE

sociobiologia   ecologia

OUTRO(s) /
SOCIEDADE

Subentende-se indivíduo e outro como sendo da mesma espécie e realidade como a totalidade planetária e cósmica. Os três componentes – indivíduo, outro(s) e realidade –, são interligados.

Vida significa a resolução desse triângulo indissolúvel. Nenhum dos três componentes tem qualquer significado sem os demais.

O indivíduo é um organismo vivo, complexo na sua definição e no funcionamento de seu corpo, que age em coordenação com o cérebro, órgão responsável pela organização e execução de suas ações. O corpo e o cérebro são mutuamente essenciais, uma só entidade.

Os diferentes órgãos de um indivíduo interagem para manter o organismo vivo. Mas essa interação não pode limitar-se ao organismo, mas sim à tríade indivíduo/outro(s)/realidade. Essa interdependência mútua é que deve servir de fundamento para entender a vida e o comportamento dos seres vivos.

Uma ética maior deve reconhecer a essencialidade mútua dos seis elementos que constituem o triângulo primordial. Só há vida enquanto o triângulo se mantém íntegro. A quebra de qualquer dos três elementos interrompe a vida. O foco de qualquer sistema educacional deve ser enfatizar que a vida só pode ter continuidade se houver:

- relacionamento do indivíduo com a natureza (resulta em inanição) e da sociedade com a natureza (resulta em falta de meios de subsistência);

Desafios atuais para a educação cristã

- relacionamento do indivíduo com o outro e com a sociedade em geral (resulta em solidão e extermínio da espécie).

Esses relacionamentos são obtidos mediante a *ética primordial*:

- respeito pelo outro com todas as suas diferenças (*diferenças são inevitáveis*, pois o indivíduo e o outro são, sempre, diferentes em algo);
- solidariedade com o outro com todas as suas diferenças;
- cooperação com o outro com todas as suas diferenças.

O respeito que proponho não é porque eu "modelei" o outro ao que me agrada, não é porque ele me espelha, não é porque eu o converti. Tudo o que mais tem nos chocado no comportamento do indivíduo e da sociedade é uma violação do respeito. Desde a educação castradora, magnificamente mostrada por Anthony Burgess no livro e filme *Clockwork Orange*[10] até a desejada e procurada manipulação genética de seres humanos, tema central da romance *Do androids dream of electric sheep?*, que deu origem ao filme *Caçador de Androides*.[11] Nota-se, em ambos exemplos, que o respeito pelo outro só aparece com a transformação do outro, essencialmente com a "produção" de um outro. Aceita-se o outro desde que tenha se convertido – e daí a origem das grandes violências de natureza religiosa e gremial.

A solidariedade com o outro não se manifesta apenas na satisfação de necessidades materiais. Não basta dar o pão; é necessário também ir de encontro às necessidades emocionais do outro, dar o ombro para o outro chorar ou dançar e cantar juntos nos momentos de alegria. Comer, mas comer junto, comungar. Daí todo o sentido da Eucaristia e de outras formas de agradecimento/sacrifício, como a comida de santo depois do culto do candomblé. Não é apenas saciar a fome, mas comungar juntos a busca de transcendência no momento da satisfação da sobrevivência. É dar graças ao sobrenatural pelo provimento material.

A cooperação corresponde ao que poderíamos chamar o comportamento "científico". Cooperação no sentido total é que deu origem ao *homo faber*: uma pedra lascada ou uma alavanca são modelos de cooperação homem-natureza. Alimentar-se é o mesmo. Uma vida – planta ou animal – extingue-se

---

[10] O filme tornou-se mais popular que o livro: *A laranja mecânica*. Direção: Stanley Kubrick, 1971.

[11] O filme tornou-se mais conhecido que o livro: *Blade Runner, o caçador de androides*. Direção: Ridley Scott, 1982.

para que a outra continue; uma célula é destruída para a sobrevivência da outra. Vida só é possível porque há cooperação no sentido mais amplo. Claro, isso tem profunda influência nos nossos modelos de comportamento. Como eu já mencionei, ao longo da sua evolução, o homem tem procurado explicações sobre quem é, o que é, como é e sobretudo quanto é. Procurando entender "quem é" e "o que é" cria a história, a religião, a ciência e a arte. Enquanto ao questionar sobre "quanto é" cria as estruturas de poder.

Essencialmente, as violações da *ética primordial* são violações da paz em todas as suas dimensões.

As implicações seguintes são óbvias:

- respeito → paz interior
- solidariedade → paz social
- cooperação → paz ambiental

A busca de paz é, então, identificada com a aceitação de uma ética maior, como a *ética primordial*, na resolução dos pulsões do ser humano, que são a sobrevivência e a transcendência do indivíduo e da espécie.

Na busca da sobrevivência se desenvolveram meios de lidar com o ambiente mais imediato, que fornece o ar, a água, os alimentos, o *outro*, e tudo o que é necessário para a sobrevivência do indivíduo e da espécie. São as técnicas e os estilos de comportamento.

Na busca de transcendência, desenvolveram-se meios de se lidar com o ambiente mais remoto e transcender o aqui e o agora. Assim, o homem adquire a noção de espaço e de tempo, distinguindo passado e o futuro. No passado está a razão para o presente, indagando sobre o que aconteceu e a memória individual e coletiva. Pergunta sobre a origem das coisas, inclusive as origens primeiras, atribuindo a causas sobrenaturais, como entes divinos, a vontade e os objetivos intrínsecos a essas origens. Daí surgem as religiões e os sistemas de valores, a história e as tradições. Os objetivos se situam no futuro. As causas sobrenaturais ou os entes divinos, que são responsáveis pelas origens, no passado, devem saber quais os objetivos, isto é, o futuro. Os responsáveis pelo passado devem ser conhecedores do futuro.

Desenvolvem-se, assim, as artes divinatórias, que são as maneiras, modos e métodos de consultar os responsáveis pelas origens, causas sobrenaturais e entes divinos, sobre suas intenções para o futuro, e ao mesmo tempo estratégias para influenciar suas intenções. Conhecer e influenciar estão intimamente ligados. Assim são as artes divinatórias, como por exemplo a astrologia, os oráculos, as lógicas divinatórias, como a do *I Ching*, a numerologia, as lógicas formal e, em geral, as ciências, e os cultos, suporte das religiões, que visam influenciar o futuro. Passado e futuro estão intimamente ligados.

Tudo isso é compartilhado e enriquecido nesse processo, e acumulado ao longo da história, gerando conhecimento, que é o conjunto de meios, acumulados no curso da história, para sobrevivência e para transcendência, gerados por indivíduos e coletivizados. Esses meios disciplinaram-se e organizaram-se como religiões, artes e ciências, que adquiriram sistemas de valores próprios e específicos, que chamamos epistemologia.

6. Concluindo

O que move o homem na busca de sobrevivência e de transcendência? É o que chamo *pulsões*, usando uma terminologia introduzida por Sigmund Freud. O que são essas pulsões é a grande questão ainda não respondida – muito provavelmente nunca seja respondida.

A sobrevivência é própria do fenômeno vida. A transcendência parece ser única à espécie humana. Não há indicações de transcendência nas demais espécies. Será possível dicotomizar o comportamento humano? Pode haver sobrevivência sem transcendência na espécie humana? Ou vice-versa? Essas são questões filosóficas maiores de todos os tempos e de todas as culturas, formuladas de distintas maneiras.

Uma reflexão mais profunda sobre educação cristã deve contemplar essas questões maiores.

7. Referências bibliográficas

BLOOM, Allain. *The closing of the American mind*. Nova York: Simon and Schuster, 1987.

BURGESS, Anthony. *Laranja mecânica*. São Paulo: Aleph, 2004.

DICK, Philip K. *Do Androids Dream of Electric Sheep?* New York: Doubleday, 1968.

ESKOLA, Anti. Civilization as a Promise and as a Threat. *Peaceletter* (Helsinki) 1/89, pp. 8-14.

GOPNIK, Alison. *The Philosophical Baby*; What Children's Minds Tell Us about Truth, Love, and the Meaning of Life. Farrar: Straus and Giroux, 2009.

GROMOV, Mikhail L. Interview for M. Raussen, & C. Skau. *Notices of the AMS*, v. 57, n. 3, March 2010, pp. 391-409.

MATURANA, Humberto; VARELA, Francisco. *A Árvore do Conhecimento*; as bases biológicas da compreensão humana. São Paulo: Palas Athena, 2001.

MUSIL, Robert. *O Jovem Törless*. 2. ed. São Paulo: Nova Fronteira, 1996.

VIEIRA, António. *História do Futuro*; introdução, actualização do texto e notas por Maria Leonor Carvalhão Buescu. Lisboa: Imprensa Nacional Casa da Moeda, 1992.

WITZ, Klaus G. *Spiritual aspirations connected with mathematics*; the experience of American University students. Lewiston NY: The Edwin Mellen Press, 2007.

YERGIN, Daniel; STANISLAW, Josepk. O Mundo, de Volta ao Comércio Livre. *O Estado de São Paulo/Cultura*, 21 de fevereiro de 1998, p. D5.

CAPÍTULO XIII

A teologia e a dimensão ética da prática educativa

Mario António Sanches

Ética é um processo de dar razões para a ação.[1]

A teologia, como reflexão que pressupõe a experiência religiosa, se alimenta de uma postura propositiva fundamental: a vida faz sentido. Sabemos o quão forte é esta assertiva inicial, vista por alguns até como uma temeridade numa cultura de ausência de sentido. A ética, que é construída a partir da teologia, exige que a ação humana seja coerente com esta posição fundamental, ou seja, o sentido da ação precisa ser explicitado a partir de um sentido transcendente à vida. Toda ética – e também esta que é marcada pela teologia – impulsiona uma determinada prática educativa.

Colocamos as coisas deste modo – explicitando claramente o ponto de partida –, porque é desafiante refletir sobre a relação entre ética e educação, e seria desonesto acreditar que possamos esgotar o tema, ou que poderíamos abordá-lo em todas as perspectivas possíveis. Visto que este texto se insere num livro sobre teologia e educação, queremos deixar claro que estaremos falando de uma ética impactada pela reflexão a partir da experiência religiosa, ou seja, impactada pela percepção e convicção de que há um sentido transcendente à existência.

Numa primeira parte do texto trataremos de questões gerais para a ética na atualidade, como o desafio do respeito à diversidade, a necessidade de ver a diversidade como superação de visões fundamentalistas e a ética como um

---

[1] GUSTAFSON, *Ethics from a theocentric perspective;* v. I: theology and ethics, p. 69.

elemento de diálogo num reconhecimento afirmativo da diversidade. Vamos explicitar que podemos abordar a perspectiva teológica de maneira ampla, numa acolhida da experiência religiosa que possa ser aceita por diversas religiões, e a partir desta experiência, pensada pela teologia, falar de uma ética de transcendência.

Na segunda parte do texto indicaremos posturas, crenças e perspectivas – que nascem desta ética de transcendência – que podem ser elementos iluminadores da prática educativa: uma educação que acredita nas pessoas, que defende uma superação do individualismo e das visões reducionistas e deterministas do ser humano, que promove autonomia e crítica. Certamente estas posturas não são exclusivas de uma ética marcada pela teologia, mas queremos demonstrar que a prática educativa que não promove estas posturas é contraditória com uma ética fundada na experiência do Transcendente.

1. Teologia e ética na atualidade

Falar de ética no contexto da reflexão teológica atual implica necessariamente buscar elementos amplos que nos permitam falar do tema a partir da diversidade religiosa e da complexidade do conhecimento humano, que impactam sobre a nossa construção continuada de diferentes visões de mundo.

2. Ética no contexto de pluralismo e diversidade

Algumas sociedades no passado podiam ter, pelo menos dentro de suas fronteiras, a defesa do singular: uma única religião, uma única cultura, uma única moral, um governo sem oposição. Em tais sociedades, o pluralismo não era permitido e a diversidade era mantida sob constante controle e suspeita. A diversidade de opiniões, de costumes, de religiões, de filosofias sempre existiu, mas nas sociedades atuais elas são expressas livremente. Portanto, quando falamos em sociedade pluralista estamos indicando as sociedades onde a diversidade é reconhecida e respeitada, ou seja, onde o respeito à diversidade é um valor a ser salvaguardado.

Podemos dizer que o século XX foi marcado pela emergência da diversidade cultural. Foi o século onde a antropologia social se desenvolveu, produzindo

A teologia e a dimensão ética da prática educativa

teorias que ajudaram a compreender o outro. O "outro" adquire *status* de "diferente", deixando de ser o "primitivo", o "selvagem", "o pagão", o "bárbaro", o "infiel". Juntamente com o reconhecimento da diversidade cultural, surge o reconhecimento da diversidade moral. É amplamente aceito, no discurso sobre ética, atualmente, que não há uma moral universal e única,[2] ou seja, a moral está marcada pelo contexto histórico[3] e passamos a falar de moral desta ou daquela sociedade, fortemente influenciadas pela diversidade cultural e outros fatores.

A diversidade vai assim se expressando e sendo reconhecida em diferentes áreas e, para a reflexão ética no contexto da teologia, a diversidade religiosa se torna uma questão importante. É possível falar de religião no singular, se o que vemos concretamente são religiões? Paul Tillich apresenta uma possibilidade de responder a esta questão quando fala de dois conceitos de religião e estabelece a diferença entre religiosidade e religião. A primeira como uma dimensão antropológica universal e a segunda, no plural, significando as religiões historicamente estabelecidas. Tillich defende que todo conflito entre religião e cultura geralmente brota da redução de religião ao conceito mais restrito. Mas, se compreendemos que em todas as religiões existentes há algo que é mais do que a religião concreta, ou seja, o conceito fundamental do sentido da religião, então nós temos uma ferramenta para superar tais conflitos.[4]

Num primeiro conceito "religião está incondicionalmente vinculada com o sentido da vida da pessoa". Ser religioso, neste sentido, é "estar ultimamente vinculado".[5] Esta visão de religião serve como fundamento para o outro conceito, segundo o qual religião é um "grupo social com símbolos de pensamento e ação".[6] No primeiro, ser religioso significa "pedir apaixonadamente o sentido da nossa existência e estar desejoso de receber a resposta, mesmo que isso doa".[7] Tal ideia torna a religião universalmente humana, mas ela certamente difere do que é usualmente chamado religião.

---

[2] CORTINA; MARTINEZ, *Ética*, p. 29.

[3] VÁZQUEZ, *Ética*, p. 37.

[4] TILLICH, *The spiritual situation in our technical society*, p. 160.

[5] TILLICH, *The spiritual situation in our technical society*, p. 159.

[6] TILLICH, *The spiritual situation in our technical society*, p. 160.

[7] TILLICH, *The spiritual situation in our technical society*, p. 42.

Além da diversidade cultural e religiosa, a reflexão ética atualmente também precisa lidar com os diversos saberes provenientes do conhecimento científico, pois cada estudioso corre o risco de reduzir a explicação da realidade ao que sua área de estudo aborda e esclarece. Hoje, no entanto, somos chamados a uma compreensão global e inter-relacionada. Aquilo que definimos como o sentido de nossa vida não pode ignorar o que se descobre nas diversas áreas do conhecimento humano, sob pena de se ver envolvido por uma crise não apenas de conhecimento, mas de sentido, uma crise existencial. Neste contexto se insere o complexo, vasto e frutífero debate ocorrido entre religião e ciência, mais precisamente entre a teologia cristã e as ciências da natureza.[8]

Diferentes religiões se abrem para o conhecimento científico. Esta abertura não implica aceitar o conhecimento científico sem crítica, muito menos aceitá-lo como acabado, mas implica uma atitude de diálogo sem a intenção de impor seus dogmas à ciência. Entendemos que as religiões que dialogarem com a ciência conseguirão despertar em seus adeptos um justo e equilibrado respeito entre essas duas áreas do conhecimento humano, superando assim o materialismo ateu de alguns cientistas e o fundamentalismo pietista de alguns religiosos. Aceitar e valorizar a diversidade de saberes, reconhecer que o outro também pauta sua vida sobre valores válidos e legítimos, exige coragem, mas parte de uma visão transparente e otimista diante da própria existência, muito afinada com a visão teológica: o sentido da minha vida tem que ser antes de qualquer coisa coerente, fundado em bases sólidas, ou seja, "o conhecimento religioso não pode ser contraditório com conhecimentos, quando também coerentes e sólidos, oriundos de diferentes áreas do saber humano".[9]

Compreendemos que é exatamente por causa da percepção e valorização da diversidade que a ética desempenha um papel fundamental na sociedade atual. Aristóteles nos lembra que a ética é parte integrante de uma "ciência maior chamada política".[10] É uma disciplina voltada para a construção do bem comum. A ética é a superação das visões particulares de mundo e representa o sonho de construir parâmetros de ação para que cada um respeite e valorize

---

[8]   Exemplo deste diálogo é o Centro de Teologia e as Ciências da Natureza de Berkeley, Califórnia. Uma das obras deste Centro, traduzida para o português, é: PETERS; BENNET (orgs.), *Construindo pontes entre ciência e religião*.

[9]   SANCHES, Diálogo entre Teologia e Ciências Naturais, p. 180.

[10]   SANGALLI, *O fim último do homem*, p. 17.

A teologia e a dimensão ética da prática educativa

a dignidade de si próprios como a de todos os outros.[11] Para Vázquez, a ética "é a teoria ou ciência do comportamento moral dos homens em sociedade"[12] enquanto a moral,

> é um sistema de normas, princípios e valores segundo a qual são regulamentadas as relações mútuas entre os indivíduos ou entre estes e a comunidade, de tal maneira que estas normas, dotadas de um caráter histórico e social, sejam acatadas livre e conscientemente, por uma convicção íntima e não de maneira mecânica, externa e impessoal.[13]

A moral, dotada de "caráter histórico e social", traz as marcas de comunidades particulares ou de épocas determinadas, enquanto a ética se torna o esforço, a partir da análise do comportamento moral particular, de construir uma teoria mais ampla e válida para toda a sociedade. A ética passa a ser o ponto de diálogo entre o particular e o universal. A reflexão ética nasce também das morais particulares e poderá se transformar em elemento de reforço ou de questionamento das diferentes morais.

3. A teologia e a proposta de sentido para a vida

Defendemos aqui que a contribuição da teologia para a ética está na percepção de que o ser humano "pede apaixonadamente pelo sentido da existência" e precisa pautar a sua ação em coerência com este sentido.[14] No contexto de sociedade atual falar de "sentido" não representa um consenso. Toda a problemática da busca de sentido é vivenciada hoje de uma maneira própria.

Essa dificuldade é percebida por líderes religiosos como João Paulo II, ao afirmar que "deve ter-se em conta que um dos dados mais salientes da nossa situação atual consiste na crise de sentido".[15] E algumas ideias, caracterizadas como "pós-modernas", estariam querendo afirmar que, "de fato, o tempo das certezas teria irremediavelmente passado, o homem deveria finalmente aprender a viver num horizonte de ausência total de sentido, sob o signo do

---

[11]   SINGER, *Ética prática*, p. 18.

[12]   VÁZQUEZ, *Ética*, p. 23.

[13]   VÁZQUEZ, *Ética*, p. 63.

[14]   SANCHES, Diálogo entre Teologia e Ciências Naturais, p. 45.

[15]   JOÃO PAULO II, *Fides et Ratio*, n. 81.

provisório e do efêmero".[16] A crise ética é um dos resultados da crise de sentido para a vida. Para Marciano Vidal, "a crise moral identifica-se com a perda de sentido. Desmoralização é o mesmo que desorientação. Crise moral é o mesmo que crise de cosmovisão".[17] Nesta perspectiva, para afirmar a ética é preciso afirmar o sentido da existência.

Afirmar o sentido da vida é necessário, mesmo que não seja uma tarefa fácil, porque falar para a pós-modernidade é assumir uma atitude mental, cuja especificidade, nas palavras de Maffessoli, é a de "não transcender o que é manifesto, não aspirar a um além, mas, isto sim, de remeter-se às aparências, às formas que caem sob os sentidos, para fazer sobressair sua beleza intrínseca".[18] Também navegamos mais na "beleza intrínseca" do que nas formas exteriores; por isso, em vez de buscarmos a verdade objetiva, buscamos o sentido que alimenta a vida. Entendemos, enfim, que, exatamente agora, para o ser humano atual, nada incomoda mais do que uma vida sem sentido. Segundo Gerhard Sauter,

> se nós não podemos achar uma resposta para essa questão, não há mais nada a que nós possamos nos agarrar. Teríamos caído fora do mundo e estaríamos nos debatendo no vazio. A questão do sentido se torna, assim, uma questão de ser ou não ser.[19]

O sentido da vida pode não ser religioso, mas será sempre transcendente, será sempre algo que o ser humano precisa, mas não encontra em si próprio, pelo menos naquilo que ele conhece de si mesmo. Diante do sentido último, o ser humano se sente como um sistema aberto, que só se completa pela existência de outro sistema, no mínimo diferente dele, e por isto transcendente. O sentido transcendente não precisa ser visto como existindo fora do ser humano, na exterioridade, pois transcender pode ser o reencontro do ser humano consigo mesmo, o mergulho na sua própria interioridade, o reafirmar da sua identidade. "Transcender" passa a ser entendido não como fuga para fora do mundo, mas sim como abertura para conectar-se com uma realidade mais ampla. Transcendência humana é o ser humano em seu universo, pensado

---

[16] JOÃO PAULO II, *Fides et Ratio*, n. 91.

[17] VIDAL, *A ética civil e a moral cristã*, p. 33.

[18] MAFFESOLI, *Elogio da razão sensível*, p. 20.

[19] SAUTER, *The questions of meaning*, p. 11.

A teologia e a dimensão ética da prática educativa

a partir da abertura para algo maior. Diante isso, pode-se dizer que é uma transcendência imanente, algo mais que humano, mas plenamente humano. "Diante de uma religião real e autêntica, experimentamos sempre uma dupla sensação: de transcendência, diante do mistério que nela se faz presente; e de imanência. Enquanto vemos que esse fazer-se presente remete ao mais natural e íntimo da existência humana concreta".[20]

A transcendência é bem compreendida na sua expressão religiosa, que aceita e crê na existência de uma realidade última à qual o ser humano se encontra vinculado. Desse modo, o ser humano se coloca não apenas diante do sentido último da sua existência, mas também diante do sentido último da existência dos outros humanos, de todos os seres vivos e de todo o cosmo. Por isso o transcendente religioso é visto como Absoluto, como a unidade máxima geradora de sentido para tudo o que existe.

No sentido religioso, o ser humano interage com o sentido último e absoluto da existência, deixa-se moldar por ele, passa a viver em função dele e dele recebe a consciência do próprio valor. Esse sentido último é para o ser humano uma realidade dinâmica e contínua, pois é o diálogo com o Transcendente, com o Absoluto, com o inesgotável sentido de tudo o que existe. É na relação do humano com o absoluto que sua dignidade é afirmada, uma dignidade que fala do humano diante do Transcendente e a partir dele, e não do humano por si só.[21]

Este absoluto e transcendente sentido da vida humana é visto de modo diferente nas diversas religiões. Mas é sempre um Transcendente que envolve, que dignifica, e para o qual o ser humano está destinado. É na experiência religiosa do Transcendente que a pessoa humana descobre aquilo que McCormick chamou de "palavras poderosas", ou seja, descobre "um novo sentido para a vida".[22]

Na perspectiva cristã, esta transcendência é compreendida como relação com o Ser transcendente, como resposta a uma iniciativa que não é humana, pois a fé, realidade humana como resposta ao chamado, não se fundamenta na criatura, mas no Criador.[23] "Na revelação, se é autêntica, e não ilusão ou

---

[20] QUEIRUGA, *Repensar a revelação*, p. 107.

[21] RAMSEY, *Basic Christian ethics*, p. 277.

[22] McCORMICK, Moral theology and the genome project, p. 420.

[23] WEDER, Hope and creation, p. 184.

idolatria, o sujeito compreende sempre que *toda a iniciativa vem de* Deus; que só pode reconhecê-lo porque ele vem ao encontro".[24] Desse modo, esta relação com o Transcendente é compreendida com muita radicalidade. Como afirma Barth, "o significado de nossa situação é que Deus não pode deixar-nos nem nós podemos deixar Deus".[25]

Assim, a fé cristã passa a ser a construção de uma visão de mundo fundada em Deus, do qual dependemos, pois, "quando Deus se dirige ao ser humano, é decidido e assegurado ao ser humano que sua vida possui uma origem divina".[26] John Polkinghorne entende que o ser humano é chamado à eternidade exatamente porque sente o chamado agora, pois, "se nós somos importantes para Deus agora – e certamente somos –, nós seremos importantes para Deus para sempre. Nós não seremos deixados de lado como vasos quebrados em algum latão de lixo cósmico".[27] Este autor insiste que "tal esperança é tão digna de crença no terceiro milênio, como tem sido nos dois mil anos precedentes" (2000, p. 136).

Nada seria mais equivocado do que entender que o sentido da vida é dado por uma atitude de pura racionalidade, contemplativa ou de decisão momentânea. Uma das grandes contribuições das ciências para a reflexão teológica é a de que a vida não é estática, mas dinâmica. Tanto uma aula de filosofia quanto de química, um bom filme, um momento de prece, um beijo da pessoa amada, ou mil outras ações, podem alimentar e fortalecer o sentido da vida. O ser humano não estabelece o sentido de sua vida primeiro e depois começa a agir de acordo com este sentido. O próprio ser humano é uma tarefa para si mesmo, uma tarefa permanente. Ele age a partir de um sentido, e sua ação é simultaneamente resultado e orientação de sentido. Como afirma Oliveira, "nenhum mundo é o mundo definitivo: o homem é a tarefa permanente e, ao mesmo tempo, sempre já realizado, através das construções históricas de sua práxis".[28]

---

[24] QUEIRUGA, *Repensar a revelação*, p. 214.

[25] BARTH, *The word of God and the word of man*, p. 169.

[26] BARTH, *Church dogmatics III*, p. 329.

[27] POLKINGHORNE, More than a body?, p. 136.

[28] OLIVEIRA, *Ética e práxis histórica*, p. 96.

4. Posturas éticas que nascem da reflexão teológica

Gostaríamos de demonstrar que as reflexões citadas propõem um programa ético, ou seja, um referencial que pode estar presente no planejamento e na prática educativa: o reconhecimento de que temos que nos educar para a transcendência. Essa ética de transcendência[29] impõe uma dinâmica, fazendo com que a busca de sentido para a vida esteja sempre aberta ao reconhecimento de realidades cada vez mais amplas, que apresentamos aqui sob aspectos ou dinâmicas de transcendência: transcender aos condicionamentos e acreditar nas pessoas; transcender os interesses pessoais e superar o individualismo; transcender os interesses da própria espécie na defesa do meio ambiente; transcender as próprias crenças abrindo-se a outros sentidos; transcender a própria condição social por meio de um senso crítico.

a) Transcender os condicionamentos: acreditar nas pessoas

Todo ser humano nasce envolvido por condicionamentos diversos, desde os históricos aos familiares. Lidar com estes condicionamentos e ir além deles é o primeiro desafio de cada pessoa no processo de autoconhecimento e crescimento pessoal. A ética, como orientação para a ação, que nasce da reflexão teológica, aponta para o valor inestimável de cada pessoa. Passar pela experiência religiosa é usualmente um processo de crescimento pessoal,[30] pois a relação com o humano passa a trazer a marca da vivência do Transcendente.

No cristianismo, esta visão está expressa na deslumbrante passagem bíblica: "Se alguém disser: 'Amo a Deus', mas odeia o seu irmão, é um mentiroso" (1Jo 4,20). Esta frase tem permitido amplos desdobramentos, estendendo-se às outras virtudes teologais, além da caridade, a saber, a fé e a esperança. Assim, podemos parafrasear a passagem bíblica e dizer que "quem diz que crê em Deus e não crê no seu irmão é mentiroso". Ter uma visão positiva do ser humano, acreditar em si mesmo e nos outros é uma das mais fortes exigências éticas que nasce das reflexões teológicas na atualidade. Se a vida tem um

---

[29] SANCHES, *Bioética*, pp. 41s.

[30] GRÜN, *Não esqueça o melhor*, p. 49.

sentido transcendente, há motivos para a esperança. Se o ser humano é amado por Deus, cada pessoa pode fundamentar nele o seu projeto de realização pessoal e de felicidade. Pois é "na realização dessa referência pessoal à Transcendência que se constitui a atitude religiosa, recebem sua consumação e seu cumprimento as atitudes ética, cognitiva e estética e que se difrata a unidade da pessoa".[31] O desencanto com a vida, o pessimismo, o lamentar a própria existência e o não acreditar nos outros passam a ser denunciados como falta de fé em Deus. E toda ação que nascer desta desesperança será apontada como falta de ética, como incoerente com a afirmação da vida e de uma vida com significado transcendente.

A prática educativa aqui precisa promover duas posturas que são complementares: a valorização de si e a valorização do outro. Isto significa trabalhar a autoestima de cada pessoa envolvida no processo de ensino e aprendizagem. Saber-se capaz e ter autonomia para agir de acordo com as próprias convicções são elementos relevantes na realização humana, e a educação é a principal promotora desta conquista. Querer ser feliz, buscar os próprios interesses, almejar uma plena realização pessoal são elementos constitutivos de uma personalidade equilibrada.

Isso não significa negar os condicionamentos muitas vezes pesados que envolvem as pessoas concretamente, mas sim lutar para nunca deixar que estes condicionamentos se tornem elementos determinantes que nos aprisionam definitivamente no fracasso. Não significa embarcar nas visões mágicas da realidade em que "basta querer para poder"; tampouco sermos adeptos de ideologias deterministas amplamente divulgadas nos nossos dias, revestidos de linguagem moderna ou tradicional, tais como: "O ser humano é fruto do meio", "filho de peixe, peixinho é", e outras. Significa, no entanto, termos uma visão realista, isto é, na realidade o ser humano é um ser de superação, capaz de crescer, capaz de realizações surpreendentes. Didaticamente isso pode ser trabalhado buscando biografias de pessoas que foram realmente "surpreendentes", no sentido que superaram condicionamentos pesados e se tornaram exemplo para toda a humanidade.

---

[31] VELASCO, Religião e moral, p. 181.

b) *Transcender o interesse pessoal: superação do individualismo*

Defender a dignidade humana significar dizer que o ser humano é o valor maior. O respeito e a defesa da dignidade humana devem constituir o primeiro grande critério para a ação humana. No entanto, a vida humana não é vista como absoluta em si mesma, e o próprio ser humano pode abrir-se para os valores que transcendem sua própria vida. Desse modo, outra transcendência necessária é a transcendência do próprio eu. A ética não é negação do indivíduo, mas tampouco é defesa do individualismo. A prática educativa, nesse aspecto, pode estar carregada de uma dimensão ética fundamental: o reconhecimento da existência do outro e do direito que o outro tem de ter uma vida também significativa e plena de oportunidades.

O reconhecimento da alteridade perpassa diferentes seguimentos do pensamento atual e é visto como o único modo de romper vínculos com as relações de poder fundadas no etnocentrismo:

> Para romper com este esquema baseado no eu e nas relações de poder, é necessário partir de uma nova perspectiva, do "outro". O outro, cada pessoa distinta de mim, participa da vida do mesmo modo que eu. Tem o mesmo direito que eu de viver, de desfrutar dos bens necessários para a vida, de realizar seu próprio projeto de vida. Isso é válido tanto para os indivíduos como para os povos.[32]

Quando defendemos que o sentido para a ação ética transcende o indivíduo, estamos afirmando que a ética, para ser autêntica, é uma ação que contempla a realidade do outro, uma ética da alteridade.[33]

Os ambientes educativos, como a sala de aula, são necessariamente lugares de encontro com o outro nas suas diferentes faces concretas: outra religião, outra etnia, outra classe social, outro gênero, outro grupo, outra "tribo". Essa convivência é eticamente muito rica e exigente, pois implica trabalhar e superar discriminações enraizadas na nossa cultura como o etnocentrismo, o racismo, o machismo, o bairrismo, ou o proselitismo. A referência religiosa para a ética pode ajudar neste processo,[34] tornando-se uma oportunidade

---

[32] ÁLVARES, Fundamentos filosóficos da teologia moral na América Latina, p. 165.

[33] CORREIA, A alteridade como critério fundamental e englobante da bioética, p. 72.

[34] VELASCO, Religião e moral, p. 184.

para apresentar a ética como uma disciplina que promove o diálogo entre diversas visões, saberes e valores, evitando tanto o relativismo do "tudo está certo" quanto a intolerância do "só eu estou certo".

c) Transcender os interesses imediatos da própria espécie: o bem de toda a criação

A ética atualmente nos orienta a pensar o interesse não só dos humanos, mas de todo o planeta, não só das gerações atuais, mas também das futuras. O novo imperativo ético, acentua Jonas, "clama por outra coerência: não a do ato consigo mesmo, mas a dos seus efeitos finais para a continuidade da atividade humana no futuro".[35] Sem dúvida esta preocupação é uma novidade e ao mesmo tempo um desdobramento das posturas tradicionais, pois a vida continua a ser o bem moral e o critério para julgar a eticidade de um ato: "É bom tudo aquilo que produz vida, que mantém a vida e a enriquece; é mau tudo o que mata a vida; a limita e a empobrece".[36] E a preocupação com a biodiversidade é também em função do interesse humano. Como afirma Tinker, "como nós mesmos somos parte da vida, há a responsabilidade de fazer o melhor que podemos para garantir que a diversidade da vida seja preservada".[37]

A biodiversidade pode ser compreendida como a totalidade de todos os seres vivos existentes no planeta, incluindo as diversas espécies de animais e plantas, bem como os seus *habitat* naturais.[38] Uma das coisas que mais impressiona é quão pouco se sabe a respeito da biodiversidade e o como o ser humano está falhando no seu compromisso com a natureza. Muitas espécies foram e estão sendo destruídas, sem sequer terem sido conhecidas.[39]

O debate a respeito da biodiversidade é continuamente colocado também sob um outro tipo de crítica, extremamente relevante: a da desigualdade social. Elmandjra aponta que quando olhamos para a qualidade de vida, entre as diferentes nações da terra, nós nos deparamos com uma enorme desigualdade e "esta desigualdade torna difícil preservar a diversidade biológica por causa

---

[35]   JONAS, *O princípio responsabilidade*, p. 49.

[36]   ÁLVARES, Fundamentos filosóficos da teologia moral na América Latina, p. 163.

[37]   TINKER, Inventorying and monitoring biodiversity, p. 166.

[38]   SANCHES, *Bioética*, p. 109.

[39]   TINKER, Inventorying and monitoring biodiversity, p. 168.

A teologia e a dimensão ética da prática educativa

da média de consumo e poluição de uma pequena minoria privilegiada da terra".[40] Toda esta problemática e denúncia podem ser compreendidas a partir de um discurso sobre preservação da biodiversidade, que se torna controlado pelos países ricos. Os países que mais poluem e destroem são os que querem que os outros preservem seu meio ambiente.

Percebemos que haverá sempre o imperativo ético da superação da pobreza. No entanto, a luta pela superação da pobreza não pode servir de argumento para desestimular a luta pela preservação ambiental. Principalmente porque o mecanismo que gera exclusão social é o mesmo que explora a natureza de maneira indiscriminada, a saber: a existência de um sistema econômico que prioriza o lucro. Ambas as injustiças, a social e a ecológica, precisam ser superadas.[41] A defesa do meio ambiente e a luta contra a pobreza devem ser vistas como partes complementares do mesmo esforço: resgatar o respeito pela vida na terra.

As gerações atuais, com uma consciência ecológica aguçada e com a sensibilidade de defesa dos direitos dos animais, pedem uma reflexão mais aprofundada sobre esses temas. Percebemos que várias perspectivas religiosas podem ser evocadas para fundamentar uma visão harmoniosa entre todos os seres vivos. Nas religiões orientais, o ensinamento tradicional hindu desenvolve o conceito de *Ainsa* como a prática da não violência contra todos os seres vivos. As religiões afro-brasileiras também valorizam a integração dos seres humanos com a natureza a partir da crença nos Orixás que representam elementos específicos da natureza. No pensamento cristão, a tradição desenvolvida por Francisco de Assis poderia ser uma boa inspiração para a exaltação da natureza, reconhecimento da fraternidade universal entre os seres vivos e ao mesmo tempo afirmação da transcendência do ser humano.

d) *Transcender as próprias crenças: abertura a outros sentidos*

As crenças religiosas, como vimos, marcam fortemente a construção do sentido da vida de uma pessoa. Por isso a ética de transcendência apresenta-se também como um movimento de transcendência das religiões concretas e

---

[40] ELMANDJRA, Biodiversity: cultural and ethical aspects, p. 602.

[41] BOFF, *Ética da vida*, p. 59.

particulares. Isso porque "cada religião é em si mesma um fenômeno cultural"[42] e a dimensão religiosa fundamental, transcendendo as culturas, transcende também as religiões particulares. Transcender aqui não pode ser compreendido como superar ou extinguir. Sem as religiões concretas o sentido fundamental da religião não se realiza, não se torna real numa determinada sociedade e cultura, pois, como afirma Hefner, "cultura é onde a religião acontece; a religião está localizada dentro da cultura".[43]

Quando a religião se torna presa da cultura, ela passa a ser manipulada com sentido utilitário e nesse momento o Transcendente é negado como Transcendente. Nas palavras de Gustafson, "Deus se torna um instrumento a serviço dos seres humanos, em vez de os humanos serem instrumentos para o serviço de Deus".[44] Se quisermos fundamentar a ética na religião, temos que exatamente deixar claro que falamos de religião no sentido da busca fundamental do sentido da existência, como dado antropológico universal. Assim, a religião que não respeita a dignidade humana será questionada, pois a "verdadeira humanidade é o pressuposto para a verdadeira religião!".[45] Será indicada também como falsa toda a defesa da dignidade humana que despreze a dimensão religiosa do ser humano. A "verdadeira religião é a realização da verdadeira humanidade!".[46]

Como a religião desempenha o papel de dar sentido à vida, é normal que ela seja apresentada como um importante fundamento para a ética e que as grandes religiões tenham como base a defesa da vida e do bem comum. A religião fala do Transcendente, do Eterno e do Absoluto, no entanto, este Absoluto só pode ser abordado e compreendido a partir da perspectiva humana. A diversidade religiosa nasce dessa diversidade de perspectivas culturais, de perspectivas humanas, na compreensão do Absoluto. Reconhecer isso implica dizer que uma verdadeira postura ética será transcendente às expressões religiosas particulares do Absoluto. Assim, a ética convida as próprias tradições religiosas particulares também à transcendência e para isso é necessária

---

[42]   TILLICH, *The spiritual situation in our technical society*, p. 160.

[43]   HEFNER, Imago Dei: The possibility and necessity of the human person, p. 91.

[44]   GUSTAFSON, *Ethics from a theocentric perspective*, p. 25.

[45]   KÜNG, *Projeto de ética mundial*, p. 129.

[46]   KÜNG, *Projeto de ética mundial*, p. 129.

A teologia e a dimensão ética da prática educativa

a autocrítica.[47] Se aceitamos que o Transcendente e o Absoluto são vislumbrados, autêntica e validamente, de diferentes perspectivas, então a diversidade religiosa passa também a ser vista como um valor a ser respeitado.

O século XX conheceu líderes que foram capazes de, transcendendo suas confissões religiosas, sem nunca negá-las, tornarem-se exemplos e modelos de posturas éticas universais, cujas biografias podem ser excelentes textos para trabalhar esses conteúdos, entre eles temos: o cristão Marthin Luther King Jr., o hindu Mahatma Mohandas K. Gandhi, o budista Thich Nhat Hanh (do Vietnã), o judeu Rabi Abraham Joshua Heschel.[48] Foram grandes líderes em seus países e, como tantos outros, foram capazes de lutar pela paz mundial e por uma sociedade mais ética, ultrapassando as fronteiras de suas confissões religiosas. A ética exige essa postura de maturidade e equilíbrio. Gandhi não se tornou cristão ao elogiar o Sermão da Montanha, nem Luther King se tornou hindu ao imitar a postura tradicional do *Ainsa*, o ensinamento hindu da não violência. Joshua Heschel não se tornou budista ao manifestar apoio à causa de libertação do Vietnã, nem Nhat Hanh se tornou judeu ao se pronunciar contra o holocausto.

e) Transcender a condição social: o senso crítico

Transcender a nossa condição social é, no nosso entender, a mais exigente das transcendências, pois toca em elementos concretos do cotidiano: bens materiais, aspectos econômicos, estilo de vida, acesso a bens de consumo, e outros. Podemos encontrar o outro em diferentes formas, em outras culturas, outro gênero, outras religiões, mas é na dimensão social que o outro apresenta sua face mais desafiante. Esta é a chamada "questão social", que precisa ser abordada se queremos falar de uma ética que não exclua a maioria das pessoas que habitam nosso planeta. É notável perceber que essa sensibilidade se desenvolveu de maneira ímpar na América Latina.

Na segunda metade do século XX surge no continente latino-americano um amplo movimento "da Libertação", marcado por renomados pensadores de diversas áreas, que prontamente se articulavam com a envolvente práxis de grupos e comunidades de base, promovendo uma nítida tomada de

---

[47] KÜNG, *Projeto de ética mundial*, p. 117.

[48] FASCHING; DECHANT, *Comparative religious ethics*, p. 3.

consciência da especificidade social da América Latina, visando a sua transformação a partir da crítica da histórica dominação deste continente por países e interesses alheios aos seus. Assim, surge uma teologia,[49] uma filosofia,[50] uma ética,[51] influenciando também a pedagogia,[52] a antropologia,[53] a historiografia, o direito e assim sucessivamente. Hoje podemos ser críticos desse movimento[54] e é inevitável que o sejamos. No entanto, precisamos reconhecer e identificar o precioso legado que esse movimento de libertação construiu e passou às gerações futuras.

Álvares nos apresenta que "a ética da libertação se caracteriza pela animação constante de um projeto de mais-vida para os pobres e marginalizados".[55] Para isso, o cidadão precisar ser formado para o senso crítico, pois, "se a consciência 'moral' foi formada dentro dos princípios do sistema, me recriminará se eu não cumprir as normas do sistema, mas não poderá recriminar-me que o sistema como totalidade é perverso".[56] Tal questionamento do sistema pode levar até à subversão da ordem, pois "é necessário não esquecer que o ilegal, para a legalidade vigente da ordem dominadora, é legal do ponto de vista da lei dos pobres, do povo em vias de libertar-se".[57]

Ao questionar o sistema social vigente, a ética da libertação poderia ser opressora se não fosse utópica. Sendo utópica, ela é possuidora de uma grande força de transformação social e de engajamento pessoal com uma simultânea consciência de que nenhum sistema social, nenhum partido político, nenhuma forma de governo a esgota em sua plenitude. Ela é libertadora, como uma força que sempre empurra a sociedade para um ideal apresentado na perspectiva da utopia, que é a defesa intransigente do valor da vida. Como afirma Álvares, "a ética da libertação é uma ética utópica, porque está a serviço da vida e dos valores da vida que são valores utópicos [...]. A ética utópica denuncia

---

[49]   GUTIÉRREZ, *Teologia da libertação*.

[50]   DUSSEL, *Filosofia da libertação na América Latina*.

[51]   DUSSEL, *Para uma ética da libertação latino-americana*.

[52]   FREIRE, *Pedagogia do oprimido*.

[53]   FLORES, *Antropologia da libertação latino-americana*.

[54]   BOFF (org.), *A teologia da libertação*.

[55]   ÁLVARES, Fundamentos filosóficos da teologia moral na América Latina, p. 172.

[56]   DUSSEL, *Para uma ética da libertação latino-americana*, p. 45.

[57]   DUSSEL, *Para uma ética da libertação latino-americana*, p. 84.

os interesses ocultos do sistema e desideologiza os valores convencionais ao questioná-los a partir da justiça".[58]

Para Dussel, a vontade de eliminar o outro "é a causa ontológica dos campos de concentração, da identidade totalizante do totalitarismo hitleriano ou fascista; essa é a causa da repressão do negro nos Estados Unidos".[59] Para Trasferetti, "a leitura ética da realidade desde o lugar dos pobres é a relevância mais fecunda para a estimativa moral. Cria nela uma reserva incontestável de práxis libertadora".[60] Deste modo, a ética da libertação introduz um princípio inalienável a toda ética que se pretenda global, pois pensar na perspectiva do pobre não é excluir os não pobres. Pelo contrário, incluindo os pobres que estão excluídos se alcança integralmente o benefício equânime. Este princípio deve ser claramente apresentado para não suscitar resistências equivocadas daqueles que furtivamente sugerem que a defesa do pobre é uma ideologia, ou manipulação da ética em benefício de uma parte da população, os pobres, em detrimento de outra, os ricos.

A defesa do pobre é o único caminho para que a ética possa de fato ser vista como promotora da dignidade de todos. Muitos se sentiriam confortáveis diante de afirmações generalizantes que proclamam a dignidade de cada ser humano. No entanto, para que tais posições possam de fato ser efetivas, é necessário defender a dignidade daqueles que, historicamente, estão tendo sua dignidade negada. Deste modo, defender o pobre, ou falar a partir da perspectiva do pobre, é exatamente proclamar que nossos sistemas sociais estão, histórica e concretamente, excluindo alguns, e enquanto alguns continuarem excluídos a ética, que defende a dignidade de todos, não poderá tomar outra opção do que a defesa prioritária destes excluídos. O que se defende, portanto, não é fragmentar a ética no sentido de criar uma ética "para os empobrecidos e outra para os favorecidos".[61]

---

[58] ÁLVARES, Fundamentos filosóficos da teologia moral na América Latina, p. 171.

[59] DUSSEL, *Para uma ética da libertação latino-americana*, p. 112.

[60] TRASFERETTI, *Entre a po-ética e a política*, p. 48.

[61] MOSER; LEERS, *Teologia moral*, p. 86.

5. Conclusão

A preocupação com a ética é inerente à atividade educativa, por isso diferentes reflexões éticas levam a diferentes posturas pedagógicas. Indicamos que uma ética que nasce da reflexão teológica precisa conduzir a uma educação para a transcendência, em seus aspectos sociais, culturais e religiosos. Esta ética leva à valorização da diversidade, isto porque, as diversidades religiosa, cultural, social ou biológica são fontes de enriquecimento e promoção da humanidade. Gostaríamos de deixar claro que respeitar a diversidade não é promovê-la no sentido de criá-la. É preciso respeitar a diversidade porque ela é expressão de humanidade e representa algo que pertence ao todo, sem o qual a humanidade se empobreceria. É preciso preservá-la porque ela existe como expressão autêntica do humano e da vida como um todo. Assim, o que é necessário hoje não é a conquista do mundo por uma única religião ou cultura, mas sim o encontro e a partilha dos *insights* religiosos e culturais. Nosso futuro comum depende de nossa capacidade de acolher o diferente, ou seja, de nossa capacidade de hospitalidade.

Compreendemos que o ser humano busca o sentido, mas um indivíduo, ou grupo, pode absolutizar o sentido da própria vida e querer impô-lo aos outros. Por isso, não basta admitir que a vida faz sentido; é necessário afirmar que isso exige uma contínua transcendência. O sectarismo e o fanatismo éticos são resultados de uma vida que constrói o sentido da existência em bases também sectárias e fanáticas. O religioso que rejeita a ciência, o secular que nega a transcendência, o rico que se fecha na sua classe social, todos fundam suas existências num sentido fragmentado da vida humana, e a consequência disso é a construção de uma ética também fragmentada, que não contempla o ser humano como um todo.

6. Referências bibliográficas

ÁLVARES, Luís José Gonzáles. Fundamentos filosóficos da teologia moral na América Latina. In: ANJOS, Márcio Fabri dos (org.). *Temas latino-americanos de ética*. Aparecida: Santuário, 1988.

BARTH, Karl. *Church dogmatics III*; the doctrine of creation. Part Four. Edinburgh: T&T Clark, 1961.

_____. *The word of God and the word of man*. Brookline, MS: The Pilgrim Press, 1928.

A teologia e a dimensão ética da prática educativa

BOFF, Leonardo (org.). *A teologia da libertação*; balanço e perspectivas. São Paulo: Ática, 1996.

_____. *Ética da vida*. 2. ed. Brasília: Letraviva, 2000.

CORREIA, Francisco. A alteridade como critério fundamental e englobante da bioética. In: PESSINI, Leo; BARCHIFONTAINE, Christian de Paul de (orgs.). *Fundamentos da bioética*. São Paulo: Paulus, 1996.

CORTINA, Adela; MARTINEZ, Emilio. *Ética*. São Paulo: Loyola, 2005.

DUSSEL, Enrique D. *Filosofia da libertação na América Latina*. São Paulo: Loyola, 1977.

_____. *Ética comunitária*. Petrópolis: Vozes, 1987.

_____. *Para uma ética da libertação latino-americana*; v. I: Acesso ao ponto de partida da ética. São Paulo/Piracicaba: Loyola/Unimep, 1997.

ELMANDJRA, M. Biodiversity: cultural and ethical aspects. In: CASTRI, Francesco di; YOUNÈS, Talal (eds.). *Biodiversity, science and development*: towards a new partnership. Paris: IUBS/CAB International, 1996. pp. 599-605.

FASCHING, Darrell J.; DECHANT, Dell. *Comparative religious ethics*; a narrative approach. Malden/Massachusetts: Blackwell Publishers, 2001.

FLORES, Alberto Vivar. *Antropologia da libertação latino-americana*. São Paulo: Paulinas, 1991.

FREIRE, Paulo. *Pedagogia do oprimido*. 9. ed. Rio de Janeiro: Paz e Terra, 1981.

GRÜN, Anselm. *Não esqueça o melhor*. São Paulo: Paulinas, 2008.

GUSTAFSON, James M. *Ethics from a theocentric perspective*; v. I: Theology and ethics. Chicago: Chicago Press, 1981.

GUTIÉRREZ, Gustavo. *Teologia da libertação*. 3. ed. Petrópolis: Vozes, 1975.

HEFNER, Philip. Imago Dei: The possibility and necessity of the human person. In: GREGERSEN, Niels Henrik; DREES, Willem B.; GORMAN, Ulf (eds.). *The human person in science and theology*. Michigan: Grand Rapids/Willian B. Erdmans Publishing Company, 2000.

JOÃO PAULO II. *Fides et Ratio*. 4. ed. São Paulo: Paulinas, 1999.

JONAS, Hans. *O princípio responsabilidade*; ensaio de uma ética para a civilização tecnológica. Rio de Janeiro: Contraponto/PUC-Rio, 2006.

KÜNG, Hans. *Projeto de ética mundial*; uma moral ecumênica em vista da sobrevivência humana. São Paulo: Paulinas, 1993.

MAFFESOLI, Michael. *Elogio da razão sensível*. Petrópolis, RJ: Vozes, 1998.

McCORMICK, Richard A. Moral theology and the genome project. In: SLOAN, Phillip R. (ed.). *Controlling our destinies*: historical, ethical, and theological perspectives on the Human Genome Project. Notre Dame, IN: University of Notre Dame Press, 2000.

MOSER. Antonio; LEERS, Bernardino. *Teologia moral*; impasses e alternativas. Petrópolis: Vozes, 1987.

OLIVEIRA, Manfredo Araújo de. *Ética e práxis histórica*. São Paulo: Ática, 1995.

PETERS, Ted; BENNET, Gaumon (orgs.). *Construindo pontes entre ciência e religião*. São Paulo: Unesp/Loyola, 2003.

POLKINGHORNE, John. More than a body? In: STANNARD, Russell (ed.). *God for the 21st century*. Philadelphia: Templeton Foundation Press, 2000.

QUEIRUGA, Andrés Torres. *Repensar a revelação*; a revelação divina na realização humana. São Paulo: Paulinas, 2010.

RAMSEY, Paul. *Basic Christian ethics*. Chicago/London: s.n., 1950.

SANCHES, Mario António. *Bioética*; ciência e transcendência. São Paulo: Loyola, 2004.

_____. Diálogo entre Teologia e Ciências Naturais. *O Mundo da Saúde*, CUSC, v. 31, 2007, pp. 179-186.

SANGALLI, Idalgo José. *O fim último do homem*; da eudaimonia aristotélica à beatitudo agostiniana. Porto Alegre: Edipucrs, 1998.

SAUTER, Gerhard. *The questions of meaning*; a theological and philosophical orientation. Cambridge: W. B. Eerdmans Publishing Co. 1982.

SINGER, Peter. *Ética prática*. São Paulo: Martins Fontes, 1993.

TILLICH, Paul. *The spiritual situation in our technical society*. Macon, Georgia: Mercer University Press, 1988.

TINKER, P. B. Inventorying and monitoring biodiversity. In: CASTRI, Francesco di; YOUNÈS, Talal (eds.). *Biodiversity, science and development*: towards a new partnership. Paris: IUBS/CAB International, 1996. pp. 166-179.

TRASFERETTI, José Antônio. *Entre a po-ética e a política*; teologia moral e espiritualidade. Petrópolis: Vozes, 1998.

VÁZQUEZ, Adolfo Sánchez. *Ética*. 15. ed. Rio de Janeiro: Civilização Brasileira, 2001.

VELASCO, J. M. Religião e moral. In: VIDAL, Marciano. *Ética teológica*; conceitos fundamentais. Rio de Janeiro: Vozes, 1999.

VIDAL, Marciano. *A ética civil e a moral cristã*. Aparecida: Santuário, 1998.

WEDER, Hans. Hope and creation. In: POLKINGHORNE, John; WELKER, Michael (eds.). *The end of the world and the ends of God*; science and theology on eschatology. Harrisburg, Pennsylvania: Trinity Press International, 2000.

CAPÍTULO XIV

Ensinar ou formar?
Uma relação entre o conhecimento
e o convencimento.
Questões epistemológicas
para o Ensino Religioso

Eulálio Figueira

Não se trata de duvidar da miséria humana – do domínio
que as coisas e os maus exercem sobre o homem [...].
Mas ser homem é saber que é assim.
A liberdade consiste em saber que a liberdade está em perigo.
Mas saber ou ter consciência é ter tempo para evitar e prevenir
o momento da inumanidade
(Emmanuel Lévinas, *Totalidade e infinito*)[1]

Nas próximas páginas como preocupação central nos propomos tratar das constituintes do debate sobre as bases epistemológicas que devem servir ao Ensino Religioso; se não de sua amplitude, pelo menos no intuito de apontar que pressupostos epistemológicos podem ser observados para justificar sua pertinência acadêmica e sua cidadania pedagógica, constituindo-se assim as referências para o conhecimento e a demarcação de fronteira entre a religião como institucionalização de crença (um sistema) e a religião como experiência

---

[1] Tradução de José P. Ribeiro. Lisboa: Ed. 70, 1988.

vivida por cada fiel (dinâmica da experiência religiosa), terreno no qual cabe afirmar a religião como área de conhecimento.

Pretende-se abordar a questão do debate epistêmico, mas também o debate político, como determinantes na postulação de bases para uma pedagogia do Ensino Religioso (ER), o que deverá sustentar o ER como área de conhecimento, marcando seu espaço nos planos dos processos de formação, na conformação com a educação formal, levada a cabo nas escolas – públicas e privadas – do Ensino Fundamental e Médio.

Tratar da temática do que deve ser ensinado dentro de uma sala de aula, sabendo que não se trata de um ato gratuito e muito menos sem repercussões, constitui tarefa bastante árdua, dado que estão sendo definidos rumos que a humanidade irá tomar. Ensinar não se trata tão somente de transmitir informações; ensinar é também formar e orientar. Pela educação se produzem as *lentes* com as quais homens e mulheres, em seu tempo e lugar, irão observar o mundo e sobre ele produzirão as mais diversas leituras, interpretações e a ele irão imprimir um destino. Cada conteúdo e cada metodologia levada para dentro de uma sala de aula não tem o mesmo impacto que uma conversa de bar. Quem já não ouviu, ou até disse: "Minha professora, meu professor disse tal coisa! Na escola aprendi ou li tal coisa! Isto ou isso eu aprendi na escola!"? Em nossa cultura a sala de aula cada vez mais se apresenta como o espaço onde, consideravelmente, passamos o maior período de nossas vidas, onde recebemos boa parte das informações e orientações que fazem nossas escolhas e monitoram nossas decisões – presentes e futuras. Mesmo que se tenham todas as justificativas sobre a necessidade de que semelhante tarefa se põe como constitutiva e constituinte de nossa era e de nossa sociedade, ainda assim a temática do debate acerca do que ensinar e para que se ensinar constitui-se num desafio ímpar para os educadores. Não podemos esquecer que o debate sobre o educar e sobre o ensinar passa pelo debate sobre a existência humana que nos remete para a discussão acerca, como diz Lévinas, da inumanidade.

Em definitivo, a tarefa do educar não pode ficar tão somente restrita às práticas e questionamentos sobre os métodos e pedagogias que levam, pelo processo formativo, o conhecimento de forma democrática a todos os humanos. A atividade do educar, mais do que assumir a transmissão e informação sobre conteúdos, precisa tratar dos diversos e plurais lugares, como também das linguagens de produção e desenvolvimento deste conhecimento que identifica a peculiaridade da existência humana e que nos permite afirmar a possibilidade de nos observarmos mais do que bípedes implumes.

Em pleno início do século XXI ainda formulamos perguntas como: afinal, de onde viemos? Para onde vamos? Qual o futuro da humanidade? Existe uma "ordem universal", total e conclusiva sobre nossas origens? Que "tábula rasa" é suficiente para desenharmos um perfil universal do humano? Somos afinal todos descendentes do *Bom Selvagem*, ou não passamos de meros bípedes sem penas e que por isso necessitamos construir a cada geração as "penas" que devem cobrir nosso corpo desnudo?

1. Mais do que aprender religião, um estudo da crença

Todas essas perguntas parecem ainda fazer muito ruído neste tempo da história de uma humanidade que se quer compreender, ou na melhor das hipóteses descobrir a possibilidade de afirmar que há alguma coisa a ser compreendida, pois somente assim será possível afirmar que devemos viver como vivemos e que nossas leis, mais do que normas postas por alguma entidade estranha a nosso meio, são resultados dessa vontade e de nossa descoberta de que a vida, a nossa vida, precisa fazer algum sentido.

É diante deste problema: o sentido da vida, que entendo deva a conversa, assunto desta análise, ser localizada. Nas perguntas acima realizadas está implícita uma outra questão que entendo fazer parte deste escopo de debates acerca da constituição de uma área do conhecimento que sirva de aporte ao ER e também como linguagem que o torne visível no ambiente disciplinar. Haverá alguma disciplina do conhecimento humano assim já constituída e que, de forma integral, responda às perguntas em torno do sentido e do sentido último da vida, ou à problemática presente nelas? Ou então devamos colocar a pergunta num outro âmbito que vem a ser: se as perguntas não foram ainda respondidas de forma "cirúrgica", estaria faltando alguma nova disciplina que contribuísse para a tarefa de ir construindo respostas que, no conjunto das disciplinas que se têm dedicado a estas temáticas e questionamentos, auxilie na compreensão da produção da existência humana e de seu *modus vivendi* (?).

É neste ambiente que proponho a entrada do ER como disciplina que, na articulação e diálogo com outras disciplinas de educação, venha contribuir para a tarefa da formação em vista de uma educação integral.

Entendo que, na formação do conhecimento do indivíduo que vive numa sociedade como a ocidental, a compreensão das raízes do fenômeno religioso não pode ficar fora de seu processo de educação (ensino e aprendizagem). Por isto, é necessário assumir como princípio epistemológico a importância do papel das crenças neste processo. No entanto, faz-se necessário elucidar em que medida o fenômeno religioso deve ser compreendido como uma pedagogia religiosa, tarefa das Igrejas e das manifestações religiosas, que têm a confessionalidade como sua identificação; mas por outro lado é necessário compreender o fenômeno religioso como corpo de crenças que se apresenta anteriormente a qualquer confissão religiosa e que por tal reclama um outro ambiente de questionamento e abordagem. Trata-e de abordar o fenômeno religioso no sentido de auscultar a própria possibilidade e necessidade de se ter crenças.

Entendemos que no ER as crenças, objeto-foco desta disciplina para tratar do fenômeno religioso, serão tidas, tal como diz José Maria Q. Cabanas, "tão divinas quanto se queira, porém são humanas, são muito nossas; e uma educação integral deve considerá-las em seu programa".[2]

Posto isso cabe-nos tomar como linha condutora desta conversa realizada neste capítulo que, se não o cerne de todas as preocupações da humanidade, pelo menos sua grande ocupação tem sido proposta para o ER se constituir no espaço pedagógico identificado como possibilidade para procurar dizer algo que, diante do *absurdo da existência*, possa ser tomado como organizador das questões peculiares da *falta de sentido*, e, talvez por isso, minimizar e ordenar seus dramas e suas angústias.

Se as crenças, como dissemos anteriormente, são próprias do ser humano e configuram seu modo de estar no tempo e espaço, então devemos, na linha de Cabanas, assumir que as crenças não brotam no indivíduo por geração espontânea, mas como resultado da educação.[3] Cabe então à educação, a uma educação que assim trate do objeto crença, se apresentar não na direção da

---

[2]   CABANAS, *Las creencias y la educación*, p. 13.

[3]   CABANAS, *Las creencias y la educación*, p. 13.

fundamentação das crenças, mas como instrumento que auxilie na compreensão de por que alguém terá uma crença, que tipo de crença poderá vir a desenvolver, ou, no sentido negativo, por que não desenvolverá nenhuma crença.

Uma pedagogia do religioso, nisto a entendemos como programa em uma sala de aula, deverá auxiliar na compreensão e verificação de em que medida as crenças tidas pelos indivíduos são resultado de manifestações de livre vontade, ou se são elas resultados de modismos, pressões socioculturais, e ou outros fatores comumente apresentados como geradores destas. Também caberá a esta pedagogia, numa direção propositiva e não somente de análise harmonizar as crenças dos indivíduos com a racionalidade, de forma que exista uma correspondência com a objetividade da existência e da realidade dos educandos.

Conferindo, deste modo, uma ordem diante do inexplicável, se, mais do que em outras épocas da história sabemos que a dinâmica da fé e os argumentos da crença exigem do homem uma resposta madura e consciente, uma resposta que não se fundará, como em outras épocas, em pressupostos fundacionistas que supunham um Deus ou divindade distante esquecida da humanidade. Também não vivemos mais numa época na qual Deus se faça presente em todas as dimensões da sociedade para a qual a noção de Deus não é determinante para sua organização. Se, revisitando a história passada de nossa sociedade, podemos afirmar que Deus estava presente em toda empreitada da humanidade, o que se fazia sentir no ritual, nas preces e em tantos outros vestígios presentes num sem-fim de espaços e práticas sociais de todos os níveis da sociedade, incluindo-se a política, esta presença de Deus se fazia incontestável, como apresenta Charles Taylor:

> Quando o modo de funcionamento do governo local era a paróquia, e a paróquia era ainda essencialmente uma comunidade de oração; ou quando as associações mantinham uma vida de rituais que não eram apenas *pro forma*; ou quando os únicos modos pelos quais a sociedade em todos os seus componentes podia mostrar-se para si mesma eram as festividades religiosas, como por exemplo, a procissão de Corpus Christi. Naquelas sociedades, as pessoas não podiam engajar-se em nenhum tipo de atividade pública sem "encontrar Deus" no sentido acima mencionado. Mas a sociedade é totalmente distinta hoje.

E, se recuarmos mais ainda na história da humanidade, chegaremos a sociedades arcaicas nas quais todo um conjunto de distinções que estabelecemos entre aspectos religiosos, políticos, econômicos, sociais etc. de nossa sociedade deixam de fazer sentido. Nessas sociedades mais antigas, a religião estava em toda a parte, estava inter-relacionada com tudo o mais e, de forma alguma, consistia um "plano" isolado em si mesmo.[4]

Se a crença, ou as crenças como produções humanas devem constituir o objeto próprio do ER, sua identificação para uma abordagem epistemológica deve estar orientada por uma basilar definição do que devemos assumir como crença. Para isso seguimos a mesma compreensão de Cabanas:

> As crenças de uma pessoa ou de um grupo são o conjunto de realidades metaempíricas e de ideias que a pessoa ou o grupo aceitam, reconhecem e afirmam como princípio de quanto devem pensar, fazer e esperar na orientação última de sua vida.[5]

Sem dúvida, questionamentos e indagações como aquelas formuladas nas páginas anteriores nunca deixaram de constituir os horizontes intelectuais e espirituais das humanidades e muito menos de nossa humanidade e de nossa era. Contudo, se observarmos diversos acontecimentos e manifestações próprios deste nosso tempo, descobriremos um vasto número de pessoas para as quais os espaços públicos – lugar onde se dão as relações sociais e as respostas às agruras da existência se elaboram – se constituem plenamente esvaziados de Deus ou de qualquer referência a uma realidade derradeira, de forma que os princípios e normas – econômicos, jurídicos, políticos etc. – que nos servem de orientação não nos reportam a Deus ou a qualquer manifestação religiosa. Também é verdade que observamos um sem-número de pessoas que ainda acreditam em Deus e orientam os princípios e normas de seus comportamentos em bases religiosas.

2. Ensino Religioso, uma opção ou uma decisão?

Para "atacarmos" de imediato o problema da religião na sala de aula, proponho que a questão seja enfrentada com as perguntas: "o que a religião tem a dizer sobre os possíveis da humanidade e das relações que esta estabelece?"; "é a religião componente fundamental para a constituição do que se denomina

---

[4]   TAYLOR, *Uma era secular*, p. 14.

[5]   CABANAS, *Las creencias y la educación*, p. 17.

Ensinar ou formar?

humano?". Se dermos uma rápida percorrida pelos documentos – leis, diretrizes, ensinamentos, instruções etc. – que tanto governos como entidades religiosas têm produzido, observamos que o ER escolar, principalmente nestes últimos anos, é posto como um componente fundamental no sistema educacional. Justificativas para tal são: o reconhecimento de que o ER encampa e garante a liberdade de escolha diante do gênero de educação que os pais pretendem para seus filhos; a garantia de assegurar uma educação religiosa e moral; a garantia de uma educação integral da pessoa, destacando o pleno desenvolvimento da personalidade humana e do sentido da sua dignidade, reforçando o respeito pelos direitos humanos e pelas liberdades fundamentais, facilitando a formação da cidadania, preparando o educando para uma reflexão consciente sobre os valores espirituais, estéticos, morais e cívicos.

Observamos que o reforço posto nos documentos que apontam a presença do ER no sistema de ensino está alinhado a ideia e princípio de que a educação integral da pessoa humana passa efetivamente pela educação moral e religiosa, dado que o enquadramento moral e religioso da vida é estruturante para o crescimento de crianças e jovens. O desenvolvimento pleno das crianças e dos jovens constitui um universo de referência a partir do qual se estrutura a personalidade e se adquire uma visão de mundo equilibrada e aberta ao diálogo com mundividências alternativas.

O mundo atual composto não somente de uma pluralidade de fatores, mas também de uma diversidade destes fatores – tensões múltiplas, contradições, avanços e recuos – só poderá ser compreendido em sua complexidade à medida que soubermos compreender os fatos religiosos. Para tal é necessário o domínio no campo do conhecimento religioso. Crianças e jovens necessitam de um conhecimento sério do fenômeno religioso para não só compreenderem o mundo, mas para sobre ele poderem agir e intervir. Tal conhecimento dará a estes jovens e crianças condições para conhecerem tanto de suas potencialidades conflitivas – tantas vezes exploradas por fanatismos radicais, mas acima de tudo de suas possibilidades que promovem e facilitam a construção de relações fundadas no entendimento e no encontro entre todos os seres humanos.

Como diz Hans Küng:

> Não haverá paz entre as civilizações sem uma paz entre as religiões e não haverá paz entre as religiões sem um diálogo entre as religiões.[6]

---

[6] KÜNG, *Uma ética global para a política e economia mundiais*, p. 167.

É efetivamente este diálogo, possibilidade peculiar dos humanos, que nos fará cuidadores da vida e do mundo. A possibilidade da paz estará consolidada à medida que as futuras gerações conseguirem e se esforçarem por compreenderem mais os eventos de cada sociedade. Não há dúvida de que não será possível compreender muitos dos eventos internacionais sem uma clara referência ao religioso e às suas múltiplas manifestações.

O ER deve ser uma disciplina integrada na grade curricular dos sistemas de ensino e deve funcionar não somente como um caráter facultativo – caso o fosse, então não faria sentido dizer-se que é determinante na educação integral –, mas deve apresentar se como disciplina integrada ao núcleo das demais disciplinas que têm como objetivos fundamentais educar – não apenas formar – para a dimensão moral e religiosa e acima de tudo para o que é mais peculiar de sua matriz educacional, a compreensão dos elementos mais profundos da cultura nacional, necessariamente aberta ao mundo, fator determinante para a paz e o diálogo entre os povos e as civilizações.

A carta circular da Congregação para a Educação Católica, enviada aos presidentes das conferências episcopais sobre o ER na escola, assinala algumas instruções e princípios que julgo importantes para demonstrar a pertinência e o acento do ER no currículo escolar e sua componente. Diz a carta:

> A educação apresenta-se como uma tarefa complexa, desafiada pelas rápidas mudanças sociais, econômicas e culturais. A sua missão específica permanece a formação integral da pessoa. Às crianças e aos jovens deve ser garantida a possibilidade de desenvolver harmoniosamente as próprias qualidades físicas, morais, intelectuais e espirituais. Os mesmos devem ser ajudados a adquirir um sentido mais perfeito da responsabilidade, a aprender o reto uso da liberdade e a participar ativamente da vida social. Um ensino que desconhecesse ou marginalizasse a dimensão moral e religiosa da pessoa constituiria um obstáculo para uma educação completa.[7]

A educação é tarefa que precisa ser assumida por educadores. Educar não pode ser traduzido por formar – entendido como colocar na forma –, educar é mais do que definir regras de comportamento, é possibilitar para a capacidade e aventura de assumir decisões. Nisto entendo a complexidade que a educação assume hoje. Desse modo, não entendo que o ER seja de caráter

---

[7] Carta Circular n. 520/2009, 5 de maio 2009.

Ensinar ou formar?

confessional, em que uma determinada instituição religiosa ou Igreja determine o que se deva ensinar dentro de uma sala de aula. Julgo importante que as Igrejas ou instituições religiosas tenham sua liberdade para catequizar, ensinar e promover suas doutrinas, manifestarem seus rituais etc., mas educação como modo de conhecimento se faz seguindo outras dinâmicas. O caráter confessional das religiões compete às religiões, mas a religião também ela se reveste de um caráter público e este deve ficar fora das determinações exclusivas das religiões.

O século XX, progenitor de nossa idade contemporânea, nasceu embalado na confiança de que a sombra da religião que pairava sobre nossas cabeças havia, finalmente, se dissipado. Seguindo os escritos dos críticos da religião, em especial o mais sagaz de todos eles, Nietzsche, a religião morreu e Deus saiu de circulação. Assim, se algo ou alguma coisa impedia a plena liberdade humana para que se tomassem as rédeas do destino humano, ao que parece não mais estava posto. Haveria então, agora, uma máxima que permite igualar todos os indivíduos e produzir uma grande e estável definição identificadora de "O Ser Humano"? Ter-se-ia chegado, então finalmente à possibilidade de produzir a base para abolir a diferença entre os indivíduos e suas diversas manifestações de existir?

Se Deus e a religião foram identificados como sendo os "males" causadores de tamanha desgraça da existência humana, tendo eles, agora, saído de circulação, podemos deduzir que o caminho para a emancipação dos indivíduos humanos estaria aberto. Parecia então que a única saída para a humanidade seria a via da secularização radical, caracterizada como apresenta Taylor: "A secularidade consiste no abandono de convicções e práticas religiosas, em pessoas se afastando de Deus e não mais frequentando a Igreja".[8]

Mas, então, como conciliar os argumentos desta era da liberdade e das garantias humanas embaladas na construção da diversidade e do pluralismo? Como então deixar falar e ouvir aquela outra parcela da sociedade que não só não se afastou de Deus mas que frequenta a Igreja e leva para o espaço público este seu modo de existir? Penso que tudo que constitui a medida do ser humano – e isto produz a síntese de todas as inventivas das práticas humanas – se origina no esforço de fazer com que a vida faça sentido e nisto podemos, em suma, reunir crentes e não crentes, congregar homens de fé e homens de

---

[8] TAYLOR, *Uma era secular*, p. 15.

ciência, antigos e modernos, todas as humanidades sem fronteiras. Penso que, no fundo, todos os esforços das humanidades têm-se reunido em torno da possibilidade de se realizar um diálogo sobre e para a constituição das razões que confiram à nossa existência *razão*. Para isso, Umberto Eco num diálogo com o cardeal Carlo M. Martini define o que acredito ser o mote para, inclusive, tratarmos sobre os fundamentos epistemológicos propícios a uma área de conhecimento como o ER. Se deve haver diálogo, condição necessária para levar a bom termo as trilhas abertas por nossa era secular, como afirma Eco,

> se deve haver diálogo, deverá desenvolver-se também sobre esses limites em que não há consenso. Mas não basta: que um leigo não acredite na Presença real e, obviamente, um católico o faça não constitui razão de incompreensão, mas de respeito mútuo pelas respectivas crenças. O ponto crítico está lá onde, do dissenso, podem nascer discordâncias e incompreensões mais profundas, que se traduzem no plano político e social.[9]

Em que podemos fundar a pertinência e argumentar pela importância de uma área de conhecimento que contribua para esta tarefa humana diante da construção de justificativas válidas diante do esforço em construir as bases que nos permitam viver como humanos? Cabe-nos sem dúvida fazer as análises dos momentos da história e de nossa era mais recente. Como diz Taylor,

> um exame desta era como secular seja pertinente em um terceiro sentido, intimamente relacionado ao segundo sentido – em que a secularidade consiste no abandono de convicções e práticas religiosas, em pessoas se afastando de Deus e não mais frequentando a igreja – e não desvinculado do primeiro – em que a secularidade pública foi posta por um regime político, a exemplo da Polônia e dos Estados Unidos da América. Este enfocaria as condições da Fé. A mudança para a secularidade nesse sentido consiste, entre outras coisas, na passagem de uma sociedade em que a fé em Deus é inquestionável e, de fato, não problemática, para uma na qual a fé é entendida como uma opção entre outras e, em geral, não a mais fácil de ser abraçada.[10]

Faz-se necessário não somente defender a existência do ER, mas também demonstrar em que medida uma disciplina desta natureza se revela efetiva e necessária para constituir um discurso fundamental na elaboração dos referenciais éticos, estéticos, psicológicos, filosóficos, teológicos e antropológicos

---

[9]   ECO; MARTINI, *Em que creem os que não creem*, pp. 27-28.

[10]   TAYLOR, *Uma era secular*, p. 15.

que nos dão ciência das atividades humanas. Trazer a discussão sobre a natureza epistemológica do fato religioso significa enfrentar o que Taylor define como a possibilidade para tratar de nossa sociedade como secular, compreendendo este dualismo entre o religioso e o secular; significa compreender a mudança que caracteriza este nosso tempo como

> a mudança que nos leva de uma sociedade na qual era praticamente impossível não acreditar em Deus para uma na qual a fé, até mesmo para o crente mais devoto, representa apenas uma possibilidade humana entre outras [...]. A fé em Deus não é mais axiomática. Existem alternativas. E é provável que isso signifique também que, pelo menos em determinado meio social, pode ser difícil conservar a própria fé. Haverá pessoas que se sentirão obrigadas a desistir delas, muito embora lamentem sua perda.[11]

Pensadores como Richard Rorty nos ajudam a olhar para a história das ideias e das análises sobre nós mesmos e de nossas construções como a possibilidade de se iniciar uma formulação das *questões ruins*, isto é, questões tais como: *o que realmente existe? Quais são o escopo e os limites do conhecimento humano?* E ainda: *como a linguagem se articula com a realidade?* Todas estas perguntas nos remetem para uma possibilidade, à qual Rorty nos aconselha a seriamente desistirmos "de que a inspeção de nossas práticas presentes possa nos dar um entendimento da estrutura de todas as práticas humanas possíveis".[12]

Poder nos debruçar sobre a vida e as práticas do homem contemporâneo, muito provavelmente, nos obrigará a abandonar qualquer esforço de seguirmos agarrados à suposta existência de uma essência, de *a priori* produzirmos definições e noções que ficam presos a uma análise metafísica da experiência humana. Cabe afastarmo-nos das abordagens metafísicas e nos encaminharmos para a proximidade com o paradigma do que se vem denominando "o pensamento fraco", base de confluência da hermenêutica e do neopragmatismo. Não questiono quem julgue interessante uma análise metafísica da "realidade" humana; contudo julgo que uma abordagem exclusiva nestes métodos não será capaz de atender a outras dimensões constitutivas da existência humana contemporânea.

---

[11] TAYLOR, *Uma era secular*, pp. 15-16.
[12] RORTY, *O futuro da religião*, p. 47.

Se a metafísica foi defensora do princípio de que existe algo não humano a que os seres humanos deverão tentar obedecer e orientar sua vida e que hoje está muito presente nas orientações da concepção científica da cultura, por seu lado "o pensamento fraco" aposta no fato de que devemos promover os esforços para a *conversação* do Ocidente e não prosseguir nas questões metafísicas sobre perguntas como: *o que é o real?*

Entendemos que devemos nos afastar de qualquer tentativa de elaboração de teorias fundacionistas ou de qualquer pressuposto essencialista no sentido de produzirmos afirmações para nos orientarmos diante da necessidade de afirmarmos alguma coisa a respeito das manifestações e experiências humanas.

Entendemos que, como Rorty seguiu o caminho apresentado por autores como John Dewey e Hans-George Gadamer, nós seguimos os pensamentos de Rorty para apresentar, como referencial para nosso trabalho de pesquisa, a hermenêutica e o neopragmatismo, de forma a observarmos na chave da religião o mesmo observado por Dewey:

> Quero desejar acima de tudo que o futuro da religião esteja ligado à possibilidade de desenvolver uma fé nas possibilidades da experiência humana e na capacidade humana de estabelecer relações, o que há de criar um sentido vital da solidariedade dos interesses humanos e de inspirar ações capazes de transformar este sentido em realidade.[13]

Faz-se necessário observar o desenvolvimento das grandes cidades, onde podemos constatar que nem sempre na busca cada vez maior de técnicas e tecnologias capazes de favorecer conforto e a qualidade de vida (no âmbito da pós-modernidade tecnológica) homens e mulheres deste tempo encontram a segurança efetiva para se perceberem humanos. Assistimos, pelas ruas de nossas cidades, a cenas da vida pública e da vida privada, constituintes de tipos humanos que ainda vivem seus dias imersos num território que parece em nada estar próximo ao que se diz próprio do homem contemporâneo, do homem que surge da era pós-viagens lunares. Cabe a quem atribuir a "culpa" por homens e mulheres viverem nas ruas de nossas grandes cidades, imersos numa territorialidade que os define como humanos, mas não como humanos

---

[13] DEWEY, J. in: RORTY, *Contingência, ironia e solidariedade*, p. 20.

Ensinar ou formar?

da modernidade, do desenvolvimento da ciência e da técnica? Quem terá a ousadia de dizer tratar-se de um tempo e espaço humanos?

Entendemos que em nenhum outro tempo as perguntas que se seguem adquirem maior força e significado do que em nossa Idade da Interpretação: Mas qual vem a ser a máxima reguladora e identificadora de "O Ser Humano"? Quem ou qual perfil deve se eleger como definidor deste "bípede sem penas"? Que ferramentas serão peculiares de sua adestrabilidade? Que hábitos deverão ser tomados como exemplares de sua espacialidade?

Parece-nos que nossa idade contemporânea vive um sério problema para definir e configurar sua identidade. Sabemos que em "nossas costas" duas grandes idades se produziram: a "Idade da Fé" e a "Idade da Razão". Nosso tempo nos diz que a humanidade entrou, de fato, numa fase onde o pensamento e as grandes questões são dominados por preocupações que não se restringem e não se exclusivizam como pertença da religião, da ciência, ou da filosofia.

Aventuramo-nos a tomar esta nossa Idade como a "Idade da Interpretação" onde a reflexão sobre a humanidade e suas peculiaridades precisa ser posta nas mais diversas e plurais fronteiras; onde a reflexão sobre os problemas religiosos volta a ocupar um papel central. Se formos capazes de seguir esta conduta e linha de observação, podemos contribuir para que o pensamento pós-metafísico surja dentro da ciência da religião como possibilidade para a compreensão, via noção de caridade, da vida de homens e mulheres no esforço para produzir seus motivos de por que vivem do modo como vivem. Dito de outra forma, a reflexão sobre a experiência religiosa posta pelo crivo da "interpretação" nos permite, ao afastarmo-nos de uma preocupação metafísica que busca uma definição universal sobre os possíveis do homem, algo como "a dignidade humana", interpretar as linguagens destes habitantes das ruas das cidades de nosso mundo e saber como eles justificam o que fazem e como fazem. À medida que nos afastarmos da certeza das Verdades metafísicas, podemos argumentar como Rorty:

> Dissolveram-se as metanarrações e desmistificou-se, felizmente, qualquer autoridade, inclusive aquela dos saberes "objetivos" –, nossa única possibilidade de sobrevivência humana está depositada no preceito cristão da caridade.[14]

---

[14] RORTY, *Contingência, ironia e solidariedade*, pp. 75-76.

Trata-se de enfrentar o desafio de interpretar o *modus vivendi* destes habitantes e, desta interpretação, produzir, se não as bases, pelo menos as metáforas capazes de construir uma "conversação" que auxilie na construção de boas razões para dizer que vale a pena viver. É nesta dinâmica da "conversação" que produzimos essas metáforas capazes de nos auxiliar na construção de *Mundos Novos* onde a vida de homens e mulheres seja uma vida menos cruel, na medida em que se possam criar relações que se efetivam na base da Solidariedade, da Caridade e da Ironia.[15]

Do mesmo modo que, para formularmos chaves de análise e interpretação, noções do pensamento de Richard Rorty, igualmente propomos noções do pensamento de Gianni Vattimo, de forma a subsidiarmos teoricamente esta postura metodológica. Esse tipo de estudo nos orientará na compreensão de que nossa condição existencial nunca é genérica, metafísica, mas sempre histórica e concreta, parafraseando Vattimo, que segue palavras de Heidegger,

> não podemos não nos dizer cristãos, pois no mundo em que Deus está morto – dissolveram-se as metanarrações e desmistificou-se, felizmente, qualquer autoridade, inclusive aquela dos saberes objetivos – nossa única possibilidade de sobrevivência humana está depositada no preceito cristão da caridade.[16]

3. O Ensino Religioso: entre o público e o privado, afirmações e oposições na construção do conhecimento religioso

Perguntarmo-nos por uma justificativa epistemológica para o ER implica enfrentarmos com objetividade a questão entre a dimensão do público e do privado. Penso que a grande dificuldade para enfrentarmos tais questões para o âmbito da religião deve-se ao fato de tradicionalmente ter-se fundamentado a ideia de uma dignidade humana como resultado de uma essencialidade humana, o ter-se acreditado que existe ou existirá uma natureza além da história capaz de apresentar uma idealidade do homem, algo como uma

---

[15] Assumimos essas noções como chaves para a análise de nossos trabalhos, no entanto as assumimos dentro da máxima do pensamento "fraco" que se vem difundindo quer na filosofia quer na teologia através de pensadores como Gianni Vattimo, Bruno Forte. Assim, estas noções nos darão orientação para a observação através das ferramentas da filosofia, da teologia e das ciências da religião, para os estudos sobre o ER.

[16] RORTY, *Contingência, ironia e solidariedade*, p. 75.

supra-humanidade, capaz de levar os homens e as mulheres de cada época, vivência e experiência a comportamentos exímios que se perpetuem. Seria a humanidade capaz de produzir ações e premissas possíveis de identificar o que se deve tomar como justo ou injusto, isto é, seguindo o pensamento de R. Rorty, e não cair em argumentos que façam recair sobre os nossos ombros o que nos pode levar à crueldade?

A maneira filosófica tradicional de explicar aquilo que entendemos por solidariedade humana é dizer que há algo dentro de cada um de nós – a nossa humanidade essencial – que ressoa como a presença dessa mesma coisa em outros seres humanos.[17]

Sair destas armadilhas será possível tanto quanto percebermos a dimensão de nossa contingência de forma a reconhecermos que nos devemos opor a ideias tais como a ideia de essencialidade humana, como diz Rorty, um "eu central", uma "natureza" e um "fundamento". Só este reconhecimento nos permite afastarmo-nos das afirmações de que há algumas ações e atitudes que são naturalmente "desumanas". Defendemos, tal como Rorty, que

> esta insistência (na contingência) implica que aquilo que conta como sendo um ser humano decente seja relativo às circunstâncias históricas, seja questão de um consenso passageiro quanto a saber que atitudes são normais e que práticas são justas ou injustas.[18]

É importante percebermos os momentos nos quais as sociedades em seus processos históricos passam por crises, reconhecer quando a história entra em convulsão e, como resultado de tudo isso, as instituições, organismos criados por homens e para os homens, entram em ruptura conjuntamente com padrões de comportamentos tradicionalmente tomados como desejáveis. Estes momentos históricos devem ser vistos em sua contingencialidade e não atribuídos a uma essencialidade, a um fundamento criado na teoria das ideias inatas, segundo as quais as pessoas nascem com ideias matemáticas, verdades eternas e noção de Deus, capazes de nos fazerem chegar às verdades manifestas. Que homens e mulheres fazem o que fazem, assumem como justos ou injustos seus comportamentos ou os comportamentos alheios, porque, tal como Kant o havia proposto, seguem uma ordem moral já impressa em sua

---

[17]   RORTY, *Contingência ironia e solidariedade*, p. 235.

[18]   RORTY, *Contingência ironia e solidariedade*, p. 235.

essencialidade – isto é, instalada em um sistema de moralidade que se funda na perspectiva segundo a qual a ideia de uma componente humana central e universal se resume na Razão, que, por sua vez se apresenta então como uma faculdade que seria a fonte das nossas obrigações morais – nos parece não ser o que devemos buscar construir como razoabilidade para nosso fazer humano. Contudo, como diz Rorty, não se nega que não se deva procurar uma saída diante destes momentos de convulsão e de ruptura, pois

> queremos algo que se encontre para lá da história e das instituições. E que poderá haver, a não ser a solidariedade humana, o nosso conhecimento da humanidade de outrem que nos é comum?[19]

Pois a saída então não é buscar construir referências em fundamentos que não podem responder a nossos efetivos problemas, mas também não podemos ficar na impossibilidade do agir, presos a desculpas céticas; se não devemos confiar no que esteja para lá da história e das instituições – como nos ensina Rorty –, devemos produzir utopias, mas utopias que nos possibilitem reconhecer nossas humanidades:

> Uma crença pode continuar a reger a ação. Pode-se continuar a considerar que vale a pena morrer por ela, mesmo entre pessoas que estão plenamente conscientes de que essa crença não é causada por nada de mais profundo do que as circunstâncias históricas contingenciais.[20]

Não entendemos que a justificativa de uma disciplina do ER se faça em meio a argumentos do tipo: porque nos ensinará a sermos mais responsáveis, mais cidadãos ou mais respeitadores das ordens morais. Entendemos que uma disciplina como o ER nos poderá construir sujeitos históricos mais sabedores de nossos recursos. Mais conhecedores de nossas possibilidades e capazes de entendermos mais os fatos a nosso redor. O ER nos ajudará a construir o que Rorty aponta como a Utopia Liberal, isto é, a Solidariedade Humana. Esta solidariedade que Rorty propõe não é pensada como sendo

> reconhecimento de um Eu Central, da essência humana em todos os seres humanos. É antes pensada como sendo a capacidade de ver cada vez mais diferenças tradicionais (de tribo, religião, raça, costumes etc.) como não importantes, em comparação com semelhanças no que respeita à dor e à humilhação – a capaci-

---

[19] RORTY, *Contingência ironia e solidariedade*, p. 236.

[20] RORTY, *Contingência ironia e solidariedade*, p. 236.

dade de pensar em pessoas muito diferentes de nós como estando incluídas na esfera do nós.[21]

Voltando ao foco de nosso problema: o que devemos ensinar dentro de uma sala de aula? O que ensinamos constitui algo importante para que alguém se torne o suficientemente capaz de viver na sociedade ou nas sociedades de nosso tempo? Nossa pergunta inicial nos remete a uma segunda discussão não menos desafiante e delicada da que acabamos de colocar, a saber: é possível formar alguém; e o que significa formar alguém? Claro que este teor da discussão nos leva para a discussão positivista sobre a natureza humana, que já foi falada tanto por Hobbes, Locke, Rousseau, como por tantos outros seus discípulos. Não digo que não deva ser objeto de retomada de discussão, mas, pelo que nós pretendemos tratar neste ensaio, esta discussão nos levaria a um outro caminho que, como disse, neste espaço nos conduziria a outros debates. Mas acho que é necessário retomar o debate, desde que se avance às lacunas deixadas pelo reducionismo tanto criacionista, como darwinista.

Estamos vivendo e assistindo a rápidas e meteóricas transformações, em todas as áreas e dimensões onde o espírito humano toca. As mudanças que operam na história, como nos espaços físicos são mudanças que não somente as ações do tempo cíclico executam, mas são mudanças ocorridas em grande força porque as humanidades aplicam sobre os espaços e as construções parte de sua força e desejo.

Diante disso sabemos que algumas questões outrora aportadas como simplistas ou então como sem força científica hoje são não apenas de crucial importância nas mudanças que assistimos e produzimos, mas também pertinentes diante da necessidade de não deixarmos sair de nossas mãos os objetivos e destinos que queremos incutir a nosso tempo. Questões do âmbito do sentido não são vistas mais como coisas intimistas ou pietismos facilmente abandonados e substituíveis.

A religião, ou o fato religioso, em definitivo deixou de ser somente propriedade desta ou daquela Igreja, desta ou daquela crença, para se constituir definitivamente coisa da humanidade. E é nesta constituição da religião como "coisa" da humanidade que o fato religioso lança o desafio de ser discutido,

---

[21] RORTY, *Contingência ironia e solidariedade*, p. 239.

perscrutado e até construído. Religião faz parte das sociedades e em sociedades plurais e multirreligiosas o fator religioso pode dividir e criar tensões no tecido social. É importante o conhecimento do que cada religião representa para cada crente e como pela religião cada um elabora seu modo de responder a seu tempo – suas contingências e transcendência – e ordenar seu entorno.

É neste mote de pensamento que defendo e compreendo o ER como disciplina do conhecimento com um estatuto epistêmico e político inserido na grade regular do ensino formal. Neste rol de ordenamentos e práticas humanas deve-se constituir um campo temático de forma a que a constituição de uma área de conhecimento denominada de *conhecimento religioso* se estabeleça como nucleadora para as bases ao ER que, em meu entendimento, deve estar não apenas nas séries iniciais do ensino fundamental e médio, mas deve incorporar os currículos do ensino superior. Compartilho com o pensamento de Jack Lang,[22] para quem "uma escola autêntica e serenamente laica deve proporcionar a todos os alunos acesso à compreensão do mundo, no respeito pela laicidade, sem privilegiar, evidentemente, esta ou aquela opção espiritual".

Religião não é somente conjunto de crenças e práticas deste ou daquele grupo, deste ou daquele indivíduo. Religião é o modo pelo qual o homem compreende, explica e ordena a realidade em seu entorno, como a mais derradeira expressão da humanidade. Religião é um discurso do homem sobre o mundo e sobre si mesmo e no qual se produzem as condições que resultam na relação com o que ele denomina Sagrado.

Ajudar os indivíduos a compreenderem e a elaborarem sua visão de mundo tendo como bases estas percepções é tarefa de um ensino competente e responsável. O ER não deve estar para formar cidadãos nem mais conscientes nem tampouco mais responsáveis. O ER deve fundamentar-se numa ideia da educação integral, uma educação que acolhe o humano por inteiro, uma vez que explora o maior número de possibilidades do humano, tanto no campo do conhecimento, no campo da vontade, como no campo do sentimento.

O conteúdo e o método do ER devem estar constituídos no que Cabanas, segundo proposta de Hegel, Kant e Schleiermacher, apresenta:

---

[22] Jack Lang, Ministro da Cultura e da Educação nacional da França no governo de François Mitterrand.

> Hegel buscava a religião no conhecimento, Kant a buscava na vontade, e para Schleiermacher a religião estava no sentimento. P. Barth diz que a religião há de ser estas três coisas conjuntamente, e este é o tipo de religiosidade que há que educar. Parece-nos muito apropriada – com efeito – a religião tomar o homem por inteiro e, do mesmo modo, também cada uma daquelas três de suas faculdades fundamentais.[23]

Tratar da religião na sala de aula significa enfrentar as grandes questões que afetam a forma como homens e mulheres nesta nossa sociedade constroem suas razões efetivas para viverem como vivem e por que vivem. Assumir tratar do fato religioso serenamente nos currículos do ensino desde as séries iniciais até o ensino superior significa assumir a necessidade de perceber que a vida não está posta somente na necessidade de construir modos de coesão social.

4. Conteúdo e método para o Ensino Religioso: "Eu estou aqui, homens de pouca fé!"

Tem a religião algo a dizer-nos? Em que ela nos pode convencer de modo a permitirmos que ela nos sussurre algumas palavras de: "Eu estou aqui!".

Proponho que, de forma direta e sem mais rodeios, apresente-se a *religião*, isto é, a "distinta senhora" alvo de nossa contenda neste ensaio. Afinal, por que e para que trazer a religião para dentro da sala de aula? Faço, desde já, uma confissão de argumento: nossa proposta não é um argumento metodológico, e sim uma proposta pragmática. Trata-se de assumir o debate sobre o foco da pertinência do estudo sobre o objeto – na medida em que ele reclama um estudo – e não de como o estudo será feito, isto é, que conhecimento se faz necessário para que a religião seja observada, perscrutada e analisada de dentro dela, sem que se caia nas garras do reducionismo ou, no que não seria menos danoso, nas garras do fundacionismo. A justificativa para o estudo da religião na sala de aula deve ser construída no princípio do que alguém pode atingir com tais estudos. Proponho uma pergunta para orientar nosso argumento: por que um pai pediria que na escola na qual matriculou seu filho este venha a ter aula de religião? O mesmo argumento seria dado como justificativa para explicar por que o ensino da religião não pode ficar de fora do currículo da escola? Para atender a uma justificativa pragmática, proponho então que sejam

---

[23] CABANAS, *Las creencias y la educación*, p. 173.

formuladas as seguintes perguntas a todos os pais que buscam uma escola que em sua grade curricular tenha o Ensino da Religião: por que o senhor pede o ensino da religião para seu filho? O senhor está pondo seu filho na escola que oferece o estudo da religião; em que essa escola se apresenta diferente daquela que não oferece tal estudo?

Tratar da religião na sala de aula significa enfrentar as grandes questões que afetam a forma como homens e mulheres nesta nossa sociedade constroem suas razões efetivas para viver como vivem e por que vivem. Discutir religião já nas séries iniciais da educação formal significa assumir a necessidade de perceber que a vida não está posta somente na necessidade de construir modos de coesão social, muito menos de se reduzir à luta pela sobrevivência, pois viver e morrer não se fixa na discussão sobre quando um corpo para de funcionar. Diante da necessidade da coesão social, como diz R. Rorty, a ciência natural e o senso comum da modernidade o fazem com competência, mas, se pensamos que viver é algo mais, algo que se coloca mais além – e este além não é um mundo metafísico mas sim uma proposta de solidariedade –, então um conhecimento religioso pode mostrar-se não apenas necessário mas vantajoso.[24]

O debate da religião e os estudos dela e sobre ela, na sala de aula, nos levará a mapear os caminhos que constroem a inumanidade – como dizia Lévinas –, ou no dizer de Rorty o que nos faz mais cruéis. Assim, religião é para que nos tornemos não mais dignos, mas sim menos inumanos ou menos cruéis, pois por ela perceberemos nossas contingências, o que nos afastará de considerar que algumas afirmações serão mais humanas do que outras. O estudo da religião deve abrir para a discussão sobre as práticas da discriminação étnica e religiosa, debatendo sobre questões de identidade, autonomia, alteridade, valores, tradições, símbolos, indivíduos, coletividades, singularidades, pluralidades, e tratando também de fronteiras, relações intra e intergrupos, inclusões, exclusões.

O ensino de religião não deve formar cidadãos nem mais conscientes nem tampouco mais responsáveis, como já mencionei anteriormente. Tratar da

---

[24] Neste conjunto de ideias significa tratar de colocar a religião fora de uma referência a um mundo metafísico, falar da religião fora da metafísica, apresentar a religião no registro da interpretação, da hermenêutica e do pragmatismo, como possibilidade de se produzir sobre o mundo uma interpretação e não uma inteligibilidade.

religião na sala de aula significa enfrentar as grandes questões que afetam a forma como homens e mulheres nesta nossa sociedade constroem suas razões efetivas para viver como vivem e por que vivem. Discutir religião já nas séries iniciais da educação formal significa assumir a necessidade de perceber que a vida não está posta somente na necessidade de construir modos de coesão social. E desta feita a religião deve ser posta diante dos horizontes dos que pensam a vida em sociedade e organizam as relações que engendram esta forma de vida humana, como não apenas um conjunto de crenças, ou até mesmo um sistema que apenas justifica as organizações sociais. Religião deve ser lida e percebida como justificativa humana diante da necessidade de resposta a três grandes inquietações: injustiça, ignorância e sofrimento.

A religião reclama ser estudada e compreendida como uma produção de homens e mulheres que buscam respostas e modos de se justificarem a si mesmos, ao mundo e no mundo. Por isso, faz-se necessário construir um instrumento cognitivo capaz de captar estes sinais constitutivos do fato religioso. Do mesmo modo faz-se necessário elaborar um discurso que, mantendo a peculiaridade da religião, transite da mesma forma pela "vereda" do discurso científico. Nesta tarefa entendo a cidadania epistemológica do ER e sua atividade política na organização das práticas humanas em sociedade.

5. Referências bibliográficas

CABANAS, José Maria Quintana. *Las creencias y la educación*; pedagogía cosmovisional. Barcelona: Herder, 2001.

ECO, Umberto; MARTINI, Carlo Maria; *Em que creem os que não creem?* Rio de Janeiro: Record, 2005.

FORTE, Bruno. *Teologia em diálogo*; para quem quer e para quem não quer saber nada disso. São Paulo: Paulinas, 2002.

KÜNG, Hans. *Uma ética para a política e a economia mundiais*. Petrópolis: Vozes, 1999.

RORTY, Richard. *Contingência, ironia e solidariedade*. Lisboa: Presença, 1994.

_____; VATTIMO, Gianni. *O futuro da religião*; solidariedade, caridade e ironia. Rio de Janeiro: Relume Dumará, 2006.

TAYLOR, Charles. *Uma era secular*. São Leopoldo: Unisinos, 2010.

CAPÍTULO XV

Ensino Religioso: aspectos práticos

Sérgio Rogério Azevedo Junqueira

Para que um componente curricular, matéria ou disciplina componha a grade curricular de um determinado curso em um nível de ensino, é obrigatória a definição de carga horária, conteúdo específico e um docente com formação adequada. Assim, caracteriza-se cada componente a partir dos seguintes elementos: dominar linguagens, compreender os fenômenos, enfrentar situações, construir argumentações e elaborar propostas.

A organização e leitura dos componentes dos currículos ocorrem a partir dos princípios educacionais e se configuram como um conjunto de valores e práticas que proporcionam a produção, a socialização de significados no espaço social, e contribuem intensamente para a construção de identidades socioculturais dos educandos. Isso deve ser tão claro de tal forma que o currículo difunda os valores fundamentais do interesse social, dos direitos e deveres dos cidadãos, do respeito ao bem comum e à ordem democrática, considerando as condições de escolaridade dos estudantes em cada estabelecimento, a orientação para o trabalho, a promoção de práticas educativas formais e não formais.

Para efetivar esta proposição é significativo que a escolha da abordagem didático-pedagógica disciplinar, pluridisciplinar, interdisciplinar ou transdisciplinar pela escola preocupe-se em constituir redes de aprendizagem e não conteúdos isolados e descontextualizados. Superando, assim, o isolamento das pessoas e a compartimentalização de conteúdos rígidos; promova o estímulo à criação de métodos didático-pedagógicos utilizando-se recursos tecnológicos de informação e comunicação a serem inseridos no cotidiano escolar, a fim

Ensino Religioso

de superar a distância entre estudantes que aprendem a receber informação com rapidez utilizando a linguagem digital e professores que dela ainda não se apropriaram. Ou seja, a compreensão de rede de aprendizagem, entendida como um conjunto de ações didático-pedagógicas, com foco na aprendizagem e no gosto de aprender, subsidiada pela consciência de que o processo de comunicação entre estudantes e professores é efetivado por meio de práticas e recursos diversos (CNE, Resolução n. 04/2010, Arts. 11-13).

No caso específico do Ensino Religioso, que é garantido na Constituição e na Lei de Diretrizes e Base para o Ensino Fundamental, cada componente curricular a partir dos princípios já mencionados orientam-se ainda mediante o processo educativo por meio do desenvolvimento da capacidade de aprender, tendo como meios básicos o pleno domínio da leitura, da escrita e do cálculo; a compreensão do ambiente natural e social, do sistema político, da economia, da tecnologia, das artes, da cultura e dos valores em que se fundamenta a sociedade; com o desenvolvimento da capacidade de aprendizagem, tendo em vista a aquisição de conhecimentos e habilidades e a formação de atitudes e valores; assim como o fortalecimento dos vínculos de família, dos laços de solidariedade humana e de respeito recíproco em que se assenta a vida social (CNE, Resolução n. 04/2010, Art. 24).

1. Aspecto pedagógico

Ao organizar o cotidiano do Ensino Religioso na sala de aula, é fundamental compreender como esse componente do currículo contribui para a leitura do mundo em todas as suas linguagens, inclusive das palavras, dos números, dos fatos, do espaço, da arte e da tecnologia. Tomemos como exemplo os elementos abordados que favorecem a relação com os valores sociais, os laços de solidariedade, superação do preconceito. Essa seria uma forma de refletir sobre o *éthos*, especialmente a questão da alteridade, um tema próprio deste componente curricular.

Nesse contexto, é importante ressaltar que o Ensino Religioso é parte da Base Nacional Comum, isto é, o Ensino Religioso trata dos conhecimentos, saberes e valores produzidos culturalmente, expressos nas políticas públicas e gerados nas instituições produtoras do conhecimento científico e tecnológico; no mundo do trabalho; no desenvolvimento das linguagens; nas atividades desportivas e corporais; na produção artística; nas formas diversas de exercício da cidadania; e nos movimentos sociais. Essa especificidade se encontra nas Diretrizes do Ensino Fundamental de 1998 e é reafirmado na Resolução 04/2010 (13 de julho) do Conselho Nacional de Educação em seu artigo 14.

A identificação do Ensino Religioso como um componente curricular orienta para estabelecer a sua *identidade pedagógica*, mesmo que em suas origens não tenha sido concebido como tal. De fato, a partir de 1997, com a revisão do artigo 33 (Lei n. 9.475/97), este é assumido como elemento integrante de uma área maior: a educação, pois, ao propormos as características pedagógicas do Ensino Religioso, buscamos compreender essa disciplina dentro do conjunto de teorias e doutrinas na educação.

Na atual compreensão do processo de ensino aprendizagem, proposta no Brasil, o conhecimento não é percebido como algo fora do indivíduo, adquirido por meio de mera transmissão; muito menos o indivíduo o constrói independentemente da realidade exterior, dos demais e de suas próprias capacidades pessoais. É antes de mais nada uma construção histórica e social, na qual variáveis como fatores políticos, sociais, culturais e psicológicos interferem nesta construção.

Dessa forma, assumir o Ensino Religioso como uma das áreas de conhecimento do currículo brasileiro é garantir a possibilidade de participação do cidadão na sociedade de forma autônoma, caracterizando a orientação do processo articulador no dia a dia da sala de aula, desafiando o (re)olhar sobre o processo de ensino-aprendizagem. Tal concepção é traduzida operacionalmente por meio dos princípios gerais declarados a serem realizados no cotidiano escolar, expressos pelo currículo como um elo entre a teoria educacional e a prática pedagógica, entre o planejamento e a ação, que se torna a meta dos envolvidos nesta situação, favorecendo que cada componente curricular seja orientado para que os estudantes dominem as diferentes linguagens, compreendam os fenômenos, sejam físicos ou sociais, construam argumentações para elaborar propostas e enfrentem as diversas situações de suas vidas.

2. Aspecto histórico

A concepção proposta pelos Parâmetros Curriculares Nacionais do Ensino Religioso é respaldada no texto de Cícero *De natura deorum*, escrito em torno do ano 45 a.C., que representa um modelo complexo da crença tradicional ao culto oficial. Nele se expressa com clareza uma crítica sobre a doutrina estoica e epicurista ao que se refere à natureza divina.[1] Esse filósofo propôs que *religio* é o culto aos deuses segundo os costumes dos ancestrais e que a melhor religião é a mais antiga, porque está mais próxima dos deuses e porque é o conjunto de crenças e práticas tradicionais próprias a uma sociedade humana particular, que assim honra seus deuses e merece o respeito das demais comunidades.

Um exemplo disso é o reconhecimento, por parte dos romanos, do direito dos judeus de praticarem livremente em todo o Império seu culto monoteísta a Javé, situação no qual lhes foi concedido o estatuto jurídico de *religio licita*. Compreendeu-se muito bem que esse termo *religio* poderia significar realidades religiosas bastante diferentes, mas qualificava sistemas com coerência de crenças e práticas enraizadas na cultura particular de um povo, e que esse conceito nada tem de exclusivo.

É nesse sentido que E. Durkheim, dezoito séculos mais tarde, define religião, na qualidade de sociólogo, como um sistema solidário de crenças e práticas relativas a coisas sagradas.[2]

Portanto, o termo *religio*, que entre os romanos tinha uma aceitação diferente da atual, designava a realização escrupulosa da observância cultural, no respeito e na piedade devidos aos poderes superiores. Tal observância se fundamenta numa tradição.

Muitas vezes é por meio da religião que o ser humano se define no mundo e para com seus semelhantes. É a religião que empresta um sentido e constitui para seus fiéis uma fonte real de informações. Ela funciona como um modelo para o mundo, pois para os crentes a religião orienta as ações e apresenta explicações a questões vitais (De onde vim? Para onde vou? Qual o sentido da existência?); ela fornece respostas também às três ameaças que pesam sobre toda a vida humana: o sofrimento, a ignorância e a injustiça.

A religião pode ser considerada como um comportamento instintivo, característico do homem, cujas manifestações são observadas através dos tempos, em todas as diversas culturas, a partir da busca da compreensão de si

---

[1] CICERONE, *La natura divina*, pp. 33-37.

[2] MESLIN, *A experiência humana do divino*, pp. 24-25.

mesmo e do mundo, da consideração em relação aos fatos inconsoláveis e desconhecidos.[3]

O ser humano, nos mais diversos cantos do planeta, estruturou a religião e consequentemente indicou significados ao seu caminhar. Para tal, foram estabelecidos histórias, ritos e outras formas para retomar o que estaria rompido.[4]

A referência das religiões ao sagrado apresenta uma impressionante variedade de concretizações e mediações. Não existe nenhum acontecimento natural ou vital que não tenha sido sacralizado por alguma cultura. A experiência, o fato, o fenômeno ou o objeto podem ser hirofânicos, isto é, reveladores do divino para os seres humanos em sua busca de transcendência. Portanto, o "mistério" não pode ser explicado, mas apenas tangenciado. As religiões e hierofanias o revelam e ocultam a um só tempo. Dessa forma, os símbolos religiosos são mediações que nunca conduzem plenamente ao "Todo", apenas o sinalizam. Podemos dizer que a maneira como as religiões olham para o sagrado e dela se avizinham é atravessada, assim, por uma ambiguidade intrínseca pela experiência religiosa.

As condições necessárias a uma correta compreensão do fenômeno religioso são:

– uso de um instrumento metodológico da maior isenção possível;

– análise da constância de determinados valores ou credos ao longo do tempo;

– utilização de documentos primários, leituras interculturais dos documentos primários, evitando qualquer tipo de classificação histórica ou sociológica e não incentivando a apropriação de causa-efeito na tentativa de explicar o momento fundamental do fenômeno religioso.

Comparando-se o fenômeno religioso com o fenômeno social ou similar, podemos dizer que designamos a estrutura especial do homem definida por sistema de relações com os outros homens.[5] Poder-se-ia descrever o fenômeno religioso como um mundo de estrutura estritamente relacional? Mas com o que ou com quem o homem relaciona-se na religião? No fundo de toda a situação verdadeiramente religiosa se encontra a referência aos fundamentos últimos do homem quanto à origem, quanto ao fim e quanto à profundidade.

---

[3]   JUNQUEIRA, *O processo de escolarização do Ensino Religioso*, pp. 86-89.

[4]   SCHLESINGER; PORTO, *Dicionário enciclopédico das religiões*, v. 2, p. 2.189.

[5]   OLIVEIRA, *A experiência de Deus*, pp. 36-42.

O problema religioso toca o homem em sua raiz ontológica. Não se trata de fenômeno superficial, mas implica a pessoa como um todo. Pode caracterizar-se o religioso como zona do sentido da pessoa. Em outras palavras, a religião tem a ver com o sentido último da pessoa, da história e do mundo.[6]

Para compreender essa relação do fenômeno, é importante a identificação do conhecimento, especialmente o religioso. Entre as concepções de conhecimento temos o teológico, que legitima suas respostas na revelação, exigindo sempre a aceitação da fé para que possa se estabelecer. Sem acreditar que a revelação é palavra da autoridade maior ou das maiores autoridades, não há como legitimar um determinado conhecimento teológico, seja ele patrimônio histórico dessa ou daquela confissão religiosa. Como a autoridade ou as autoridades são diversas, cada confissão constrói sua própria teologia, seu próprio discurso legítimo sobre a divindade que a sustenta. Admitir, portanto, autoridade do que revela é premissa necessária e suficiente para que um determinado conhecimento teológico possa ser admitido como legítimo. De qualquer modo, ele é também um discurso racional sobre a divindade, o mistério ou o nada, que deles representa para encontrar legitimidade.

O conhecimento religioso se inscreve no interstício desses diversos campos ou tipos de conhecimentos, muito mais próximo, é claro, do conhecimento teológico. Ele não é um conhecimento teológico estrito, pois não se funda na autoridade reveladora desse ou daquele tipo, mas no fenômeno histórico-antropológico que manifesta o seguimento de uma ou de outra dessas autoridades. Daí que a legitimação está na sua capacidade de estabelecer o fenômeno religioso como um problema passível de respostas diversas.

O conhecimento religioso, assim como todo conhecimento humano, é o conjunto das repostas sistematizadas às questões e problemas fundamentais que fazem parte da vida humana. Assim, conhecer é antes de tudo formular problemas que inquietem a inteligência e construir respostas sistematizadas e legítimas.

O conhecimento religioso é compreendido como o discurso sobre o religioso; o interesse pelo mesmo estudo não se dá pela necessidade da retransmissão em sala de aula, nem mesmo pelo mero fato de estar à disposição como informação às indagações do educando.

---

[6] ZILLES, *Filosofia da religião*, pp. 6-7.

Os símbolos são parte fundante do processo que qualifica o ser humano e o diferencia do animal. A humanidade não se expressa apenas na ordem racional, mas fundamentalmente se humaniza porque é construtora de processos simbólicos. Conhecer a realidade através da prática do Ensino Religioso é buscar as ligações de significado que os seres humanos tiveram em toda a sua história com a sociedade e com a perspectiva da transcendência que se expressou em múltiplas formas. Isso provoca um diálogo efetivo com contextos culturais diversificados, permitindo desenvolver ao mesmo tempo a compreensão e o respeito pelo outro.

O fenômeno religioso investigado como conhecimento humano é tarefa muito recente. Na Idade Média não havia razões para o estudo sobre o objeto religioso, uma vez que revelação e religião eram concebidas como um único fenômeno. A Igreja medieval muitas vezes utilizava o termo "religião" para significar o ato de fé. Com a busca da autonomia da razão (iluminismo e positivismo) e a separação entre fé e ciência, as instituições religiosas (Igrejas) e o fenômeno religioso se impuseram à investigação humana com objetos de conhecimento diferenciados entre si e distintos do conhecimento revelado. Em virtude dessa razão, os primeiros estudiosos do fenômeno religioso e das instituições religiosas têm suas origens no iluminismo e no positivismo. Prova disso são as obras de Weber, Durkheim, Feuerbach, Comte e de outros investigadores do período da ilustração.

Nessa perspectiva, o desejo de infinitude e de transcendência conduz o ser humano a uma sensação de angústia por não conseguir transformar em "habitat" humano na utopia que o rege, promovendo um sentimento de insegurança que opera como o princípio da contradição.

É nesse contexto que o componente curricular tem uma contribuição a oferecer. Compreender que o termo religião origina-se do latim *ligare*, como atitude de relação, e que os seres humanos sempre foram fazedores de religião, significa que uma das formas de superar a fragmentação é a compreensão da religião como oportunidade de reflexão, cultivo, totalidade, diversidade e memória.

3. Aspecto cultural

O ser humano, como um animal de experiência, como um animal aberto, somente pode viver e atuar, entender a partir da experiência. A religião é como um fenômeno fundante e racional. A compreensão do ser humano de que não nasce programado e de que é na interação com o seu espaço que constrói suas relações compreende a cultura com a qual está envolvido. A construção dessa experiência passa pelo mundo autônomo, o mundo cultural.

Para Comte, é a redução científica: o homem inicia conhecendo a realidade por meio dos mitos religiosos, para terminar conhecendo nas ciências. Ainda para este autor, o processo passaria pela infância como tempo religioso, juventude como tempo filosófico e a maturidade como o tempo científico, sendo esses os três modos do conhecimento. O ser humano é ao mesmo tempo animal de práxis (ciência), racional (filosofia) e mistério (religioso, arte, poesia).

A religião é uma experiência criadora de sentido. A religião pertence à busca cultural do ser humano. Podemos assim dizer que a religião é um lugar de encontro e ponte que unifica base natural e construção cultural (cultura que significa nesse plano a totalidade, o que constrói os humanos, a linguagem, os valores, as instituições).

A religião marca o momento-chave na autorrealização humana. O indivíduo se encontra ao nascer e a humanidade nasce precisamente no momento em que rompe a trama anterior da imposição biológica, produzindo a cultura.

A religião é experiência de enraizamento ou fundamentação do ser humano construtor por uma cultura que amplia campos de inteligibilidade científico-social. A religião é a experiência de abertura e transcendência. Através de sua práxis e saber o humano descobre o horizonte que o atrai e o define.

Compreendendo a *religio* como ligação que implica comunicação com a liberdade, experiência cósmica, relação com o mundo, experiência de si mesmo, experiência do fundamento do divino, a experiência religiosa está medida pela transmissão e testemunho de uma comunidade. A religião nasce do testemunho de uma comunidade orante que transmite sua fé, tradição de uma história crente, que assim se propaga.

É o numinoso de Otto, pois *nume* significa "divindade" em latim, ser de grande força. O sagrado nasce do mistério. O mistério é energia. No grego, *enérgeia* significa potência ou capacidade de atuar, uma energia suprema.

O conhecimento antecede a aprendizagem, contudo, não apenas porque aprender é, em parte, apropriar-se de determinados conteúdos, mas também porque o conhecimento adquirido modifica os processos de aprendizagem. A questão é que aprender não é apenas — nem principalmente — apropriar-se de conteúdos, mas modificar o comportamento. Dizemos que determinado indivíduo aprendeu algo quando seu comportamento foi modificado.[7]

Nas religiões de espírito particular, o divino se revela como realidade total ou parcial que opõe os humanos e impõe força sobre eles. Esta é a visão das três grandes culturas que definem a história do Ocidente, entendendo Deus como sublimidade (judaica), beleza (grega) e utilidade (romana).

A religião absoluta, o cristianismo, identifica Deus como sua revelação. A fenomenologia não julga o fenômeno religioso, mas o descreve. Não descreve sobre a origem da religião, estuda suas formatações atuais. Não se mede pelo lugar que ocupam em um hipotético processo evolutivo, mas por sua capacidade de evocar o mistério, oferecendo ao humano um ligar sobre o mundo. Procura tipificar as experiências religiosas, destacando primeiro a atitude dos crentes. Toma em consideração também como ponto de partida a forma pela qual se manifesta o divino.

A experiência tem a ver com o termo grego *empeiría*, significando o "conhecimento de", mas também "habilidade", "arte", "destreza", "ciência prática". O campo semântico da raiz verbal latina *peior* (hoje desusado) situa-se entre dois polos: o da prova feita ou sofrida e o da prova a ser apresentada. Se o verbo significa experimentar (provar) e pôr à prova, ele também designa, no procedimento jurídico romano, a ação de servir de prova de seu direito. Portanto, o *peritus* é o homem entendido em alguma coisa, que tem o domínio de uma prática.

Assim, o experimentado (*ex-peritus, expert*) é qualquer um que deu provas de sua habilidade. É, portanto, o sujeito que é qualificado pelas provas que ele fornece sobre si mesmo,[8] é o conhecimento que ele adquiriu pela experiência,

---

[7] DUTRA, *Epistemologia da aprendizagem*, pp. 22ss.

[8] VALLE, Experiência religiosa: enfoque psicológico, pp. 36ss.

Ensino Religioso

que não é absolutamente semelhante a um conhecimento do tipo especulativo, intelectual.

Aplicando essa distinção ao campo religioso, seria preciso distinguir o *"expert"*, cujo conhecimento está fundado numa "prática espiritual" ou ritual de Deus, do teólogo e do filósofo, que teriam apenas um conhecimento intelectual e conceptual de Deus.[9]

Não é um tema transversal, mas um conhecimento significativo que necessita de tempo e espaço formal, com profissionais capacitados para este componente. Assim, o Ensino Religioso nessa nova perspectiva de ser um componente curricular, comprometido com a cidadania, contribuirá para a busca de novas estratégias que valorizem a re-humanização da pessoa. Todas as formas de aprendizagem, a seleção de conteúdo e o processo de relação entre educando e educador devem favorecer uma aprendizagem que caminhe – conforme a proposta pedagógica de Paulo Freire – em direção do Ser-Mais, que nos convoca a assumirmos nossa historicidade, numa postura de diálogo permanente, a fim de superar, dentro de nossos limites, as contradições que fazem parte da vida humana.[10]

Isto não significa abdicar da confessionalidade dos alunos e dos professores. A identidade é construída a partir da clareza e da transparência da opção de cada um e da disposição de mútua cooperação e profundo respeito. Provocando o encontro entre o ato de revelar-se e o de buscar, pretende-se despertar de uma atitude religiosa acomodada, para o fortalecimento de uma convicção e o estímulo à adesão de uma vida religiosa comunitária.[11]

Inclusive, a institucionalização desta finitude através das tradições religiosas é um aspecto significativo que engloba todo o processo de organização religiosa, de um quadro normativo de usos, ritos e modelos de conduta. Na realidade, comparemos a instituição religiosa como uma organização funcional, um sistema social complexo de normas e relações. O que demanda um processo histórico para a organização das instituições, pois a passagem da experiência para sua estruturação exige muitas das vezes perdas do processo inicial para a sobrevivência do grupo enquanto instituição. Além do que, para

---

[9] OLIVEIRA, *A experiência de Deus*, pp. 18ss.

[10] STRECK, *Correntes pedagógicas*, pp. 23ss.

[11] WACHS, Ensino Religioso, uma cooperação interconfessional, pp. 11-17.

garantir sua existência, percebe-se o estabelecimento de normas que danificam a própria experiência religiosa.

O que progressivamente pode-se constatar é que a constituição caracteriza-se por um certo imobilismo e conservadorismo, como a busca de uma homogeneização de todos que participam desta ou daquela instituição religiosa. A adaptação da instituição ao tempo, muitas vezes, é dolorosa, promovendo cismas e desilusões, pois esta tende a se complexificar à medida que se estrutura, que caminha, que cria uma identidade.

Ao organizar os estudos do fato religioso, percebem-se dois acentos: um funcional e outro substancial da religião. Ou seja, na perspectiva funcional, a religião é algo fundamental que estabelece as relações, interfere na funcionalidade do grupo humano, estrutura, define valores éticos e morais. Outra perspectiva é a substancial, onde a religião é o relacionamento do mundo invisível com o visível, relação com sacro, o transcendente.

A religião progressivamente se torna elemento cultural, pois à medida que se institucionaliza cria um sistema organizado como modelos de conduta que interferem em todas as dimensões do homem.

Um dos elementos que garantem o prosseguir da religião como instituição é o processo de formação e transmissão de seu sistema de significados. A cultura religiosa torna-se parte integrante da cultura global. Essa transmissão se faz através de algumas agências como os grupos religiosos, pessoas individuais, meios de comunicação, escola e família, que de certa garantem a perpetuação das informações e da postura de conduta.

4. Aspecto social

A religião é um fator de integração social. O comportamento religioso interfere no processo de relação das pessoas em um grupo. Alguns sociólogos apresentam como uma das características da religião a dimensão de integração que ela proporciona.

Entretanto, a religião também pode promover um forte processo de desintegração social, à medida que no interior da sociedade eclode um pluralismo religioso, percebendo-se uma significativa alteração na organização social e no processo de transmissão dos grupos religiosos. A religião não apenas

Ensino Religioso

promove a manutenção do *status quo*, mas também produz alterações econômicas e políticas, consequentemente sociais.

Com o desenvolvimento industrial e urbano, nota-se uma forte alteração no campo religioso, tais como a crise na credibilidade da instituição religiosa vigente, como depositária do magistério doutrinal e disciplinar. Houve uma queda na prática da religiosidade, uma defasagem entre as orientações da hierarquia e a prática da população, a busca da privatização da crença. A instituição religiosa progressivamente é marginalizada, e termos como dessacralização, secularização, paganização, demitologização, desconfessionalidade passam a fazer parte das reflexões dos responsáveis pela transmissão da cultura religiosa.

Existe uma crescente autonomia da sociedade em relação à instituição eclesial, fruto de uma série de variáveis. Como que um confronto entre o sacro e o profano, sacral e secular. A sociedade industrial tem-se caracterizado por essa polaridade, responsabilizada pelo significativo processo de transformação religiosa, pois esta altera o processo de produção sociocultural, exige novo conhecimento, acelera a diferença social. Questões como poder e saber alteram o domínio. Fenômenos como anonimato, autonomia, tolerância moral interferem de fato no comportamento dos indivíduos.

A instituição religiosa denomina essa alteração de secularização. Mas o termo secular é usado a partir de Max Weber e Ernst Troeltsch, como instrumento descritivo e analítico, carregado de múltiplos significados. A palavra "secular" provêm do latim *saeculum*, que significa "época", "tempo", "geração". Nos escritos cristãos refere-se ao mundo, a vida mortal. O século é considerado como negativo, pois o que é temporal não tem valor. Os seculares, ou seja, os homens que são do mundo, diferem dos monges.

A palavra secularização, segundo Lübbe, teria sido usada pela primeira vez no quadro do tratado de paz de Westfália (1648), para indicar a liquidação dos domínios religiosos, para indenizar os príncipes de Brandenburgo, ou seja, a passagem de terras eclesiásticas para o poder real. O termo posteriormente passou à vida política e ao Direito Canônico, para indicar o retorno de um religioso ao "mundo". Em 1930, o termo secularização recebeu um conceito técnico. Segundo Becker, a secularização significa um fenômeno geral de passagem de uma sociedade sacra e fechada para uma sociedade profana e aberta.

A questão do sacro e profano está sempre no interior das reflexões, no que se refere à discussão da relação das instituições religiosas e a sociedade que as acolhe ou rejeita. Encontramos diversos modelos de secularização ou dessacralização do "mundo". Percebe-se no mundo ocidental que cada nação ao passar por este processo contou com variáveis algumas vezes próximas, outras específicas.

A reflexão sobre a transformação religiosa na sociedade urbana e industrial é constatada no cotidiano. Percebe-se uma alteração no senso de pertença a uma instituição religiosa. Os sociólogos, ao estudarem a questão da vitalidade das instituições, percebem que um dos critérios é sem dúvida a quantificação e qualificação da presença e participação no culto. Le Brás, em 1931, propôs a seguinte distinção: os "incidos" (observam as práticas mais importantes como os sacramentos e os momentos existenciais: casamento e morte), separados (batizados, mas que não participam mais), os observantes (boa prática dominical, pouca participação na vida eclesial) e os devotos (empenho eclesial). Sem dúvida, a alteração social produziu uma alteração no senso de pertença eclesial, pois a cultura geral é cada vez mais independente da cultura religiosa. Como foi referido anteriormente, o fenômeno da autonomia, do anonimato, produz significativas consequências na presença e pertença eclesial.

Dentre as dimensões que interferem na pertença, uma variável na transformação da prática religiosa é o afetivo do indivíduo em relação à instituição/ ao grupo religioso ao qual é um iniciado, ou considerado com tal.

No interior desta questão nos confrontamos com a religiosidade popular, os valores e as estruturas que a população em geral, sobretudo a economicamente excluída, organiza para animar sua experiência religiosa, sobretudo em relação à religião oficial.

O povo estabelece, segundo sua identificação, elementos que o permitem relacionar-se com o fato religioso, pois em geral é incompreendido pelo grupo oficial da instituição religiosa. Existe uma releitura da experiência religiosa, a partir de uma perspectiva cultural própria de diversos grupos humanos que não têm acesso à vida política-econômica e, portanto, social da hierarquia eclesial.

Diante de um quadro de profundas alterações sociais, econômicas e políticas, as instituições religiosas também se encontram em transformação. Existe um fenômeno de um distanciamento da instituição religiosa, de um forte renascimento da pertença a religiões de caráter espiritualista, oriental. Assim como um renascimento vocacional nos quadros eclesiais. Esta tendência de uma busca de pertença a grupos religiosos caracteriza um novo momento da sociedade. O fato é que não pode ser desconsiderada uma forte tendência do fortalecimento das propostas caracterizadas pela manutenção de uma religião, ou melhor, das instituições religiosas de caráter tradicional, nas quais elementos questionadores não são mais tão percebidos. Novos tempos? Um futuro ou um retorno ao passado? Dessa forma, na história da educação nacional está sendo construída mais uma página, na ousadia de propor o desenvolvimento de uma dimensão do ser humano, pois é na escola que se entrecruzam.

- A sociedade local, com sua pluralidade social e cultural, que, com as conquistas e as injustiças, promovem a formação das gerações.

- As famílias dos alunos, com seus valores e limitações, expressam através de visões de mundo, práticas diversas de convivência.

- O sistema escolar, com sua filosofia, prioridades econômicas e opções pedagógicas; estruturam uma rede de relações internas horizontais e verticais de poder.

- O corpo discente com suas histórias de vida, gosto e desgostos, conhecimento e instabilidade próprios da idade, recebendo, assim, além das influências de toda sorte oriundas do contexto da participação social.[12]

Diante deste quadro, o Ensino Religioso assume o papel de provocar junto a cada um dos componentes da comunidade educativa o questionamento sobre a própria existência deste ser humano participante destas intrincadas relações. Assim como favorece o conhecimento de diversas tradições religiosas responsáveis pela construção cultural do país.

Quanto à segunda área, à qual o Ensino Religioso está diretamente relacionado, *religiosidade* é mais ampla do que pode parecer; abrange não apenas uma dimensão humana, mas também as manifestações das tradições religiosas:

- vida religiosa concreta de cada grupo, com cultos, práticas e crenças, métodos de socialização, gerando um clima mais ou menos sereno de atuação;

- sistematizações pastorais e teológicas;

- autoridade expressa através de livros sagrados, normas, pessoas.

---

[12] HARRIS, *Non è colpa dei genitori*, pp. 3-6.

O que torna, portanto, "religioso" é a qualidade do questionamento, da atitude com que a enfrentamos. O Ensino Religioso quer contribuir no aspecto do fenômeno religioso, esta capacidade de ir além da superfície das coisas, acontecimentos, gestos, ritos, normas e formulações, para interpretar toda a realidade em profundidade crescente e atuar na sociedade de modo transformador e libertador.

Caso consideremos os estudos dos fenomenólogos da religião, o homem é *naturaliter religiosus*, a religião aparece como uma característica constante dos seres humanos, em todas as épocas. Os dados paleontológicos mais recentes atestam que o *homem sapientes* antigo (400.000 a 150.000 a.C.) e provavelmente o *homo erectus* (1,7 a 0,15 milhões a.C.) já produziam objetos com cisões de caráter simbólico, os quais podiam ter significado cultural e mágico-religioso.[13] Para eles, a experiência religiosa consistiria em experimentar a presença do sagrado. Tratar-se-ia de um evento específico para a estruturação da religião, no qual estariam contidas as diversas formas de tradições estabelecidas ao longo da história de nossas sociedades.

5. Aspecto inclusivo

O plano histórico revela concepções diferentes da divindade, assim como formas rituais e sistemas de crenças profundamente antagônicos. Todavia, para os fenomenólogos, isso não excluiria de maneira alguma a possibilidade de individuar aspectos constantes nessas manifestações.[14]

O que se pretende não é uma oposição, nem dualismo, nem mera identificação; mas a descoberta gradual do fenômeno religioso.[15] O importante é que o Ensino Religioso não permaneça somente em informações e curiosidades, mas alcance uma educação para ação transformadora.[16]

O fato é que cada elemento destas duas constelações – *escola* e *religioso* – trazem em seu bojo um rico dinamismo de tendências e influências complementares e conflitantes.

---

[13] LEEUW, *Fenomenologia della religione*, pp. 535-538.

[14] MARTELLI, *A religião na sociedade pós-moderna*, pp. 137-142.

[15] GRUEN, A natureza do Ensino Religioso à luz de uma aula, p. 14.

[16] GRUEN, Educação Religiosa – premissas, pp. 184-185.

Em cada família e em cada comunidade religiosa estão em ação forças de conservação e de mudança, de repressão e de libertação, de autoritarismo e de serviço ao bem comum.[17] Há conflitos de poder mais numerosos do que se percebe à primeira vista. É fácil imaginar como é complexo o jogo das relações que se dão não só dentro de cada um destes espaços, mas ainda entre eles, portanto afetando a política educacional para a formatação do Ensino Religioso.

Este cenário é para contribuir na formação para a cidadania, que é a condição básica para que um indivíduo possa ser considerado cidadão, ou seja, titular de direitos e deveres. Pois, segundo a Constituição Federal de 1988 (BRASIL, 1988), todos são iguais perante a lei. Porém, a cidadania não é uma realidade efetiva para todos. Para que a cidadania possa englobar o maior número de pessoas, para tal é necessário que haja uma conscientização coletiva e isso só se dá com o desenvolvimento moral e ético de uma sociedade, por meio da educação. Dessa forma, exercer a cidadania é uma atitude que depende da cultura da população, é algo que está relacionado aos conceitos econômicos, sociais e culturais de uma sociedade. A Constituição Federal (BRASIL, 1988) prevê, no artigo 205, o pleno desenvolvimento da pessoa humana, preparando-a para o exercício da cidadania e sua qualificação para uma profissão. Para que o indivíduo possa lutar por seus direitos, precisa, primeiramente, conhecê-los. É necessário tornar público que alimentação, saúde, trabalho, lazer, expressão política, salário justo, habitação, livre expressão, entre outras coisas, são direitos básicos de um cidadão. Se o que se objetiva é uma cidadania ativa, é necessário educar indivíduos para a liberdade de pensamento, para o senso crítico, para a não passividade diante das informações, para a não repetição daquilo que é imposto, para a construção de novos conceitos.

Dessa forma, educar para a cidadania é preocupar-se com uma educação de qualidade, concebida como um processo enfatizando a consciência de direitos e deveres do indivíduo; é priorizar o respeito às diferenças individuais e sociais existentes; é estimular o indivíduo, enquanto agente de transformação da sociedade na qual está inserido; é objetivar a solidariedade, a partilha, a vida fraterna e o compromisso social com os menos favorecidos.

Para isso, é necessário que esses pressupostos saiam da teoria e sejam colocados em prática, pois a escola possui todas as ferramentas para iniciar e

---

[17]   GRUEN, Problemas do Professor de Ensino Religioso, pp. 6-7.

estimular essa educação cidadã. Esta instituição pode ter projetos para a amenização da miséria, da pobreza, com o envolvimento de seus alunos, por meio de um compromisso prático com a comunidade, derrubando essas barreiras que separam a escola da realidade.

Quanto ao preconceito e o desrespeito às diferenças, pode-se sair da teoria aproximando-se de setores organizados da sociedade que lutam por essas causas, para que possam ter acesso a essas experiências de vida, direto de suas fontes, sensibilizando-se com elas e somando esforços para uma vida mais fraterna. Em vez de apenas debater diversos assuntos e formar opinião, podem-se promover abaixo-assinados a serem enviados às instâncias responsáveis para que essa opinião possa ser ouvida e para que haja participação ativa na sociedade.

Portanto, a educação para a cidadania deve moldar a cultura de uma sociedade. Para isso, é necessário que haja uma conscientização coletiva e que os indivíduos sejam sensibilizados a proteger a sua vida e também a de seu próximo. Além disso, devem ser incentivados a irem contra a manipulação e a repressão e a lutarem pela vivência da solidariedade, pela comunidade, pela cooperação e pela responsabilidade social. Dessa forma, a educação, voltada para a construção da cidadania democrática, rompe com a cultura de submissão, existente nas mais diferentes relações sociais; cria uma nova cultura, com o entendimento de que todos têm direitos e deveres; garante o acesso ao conhecimento que permite que o sujeito possa compreender a complexidade das relações e a sociedade; prepara para a inserção no mundo do trabalho; oferece subsídios para a compreensão do avanço tecnológico e para a participação ativa na organização da sociedade.

Esta proposta para o Ensino Religioso exige um professor com uma formação que compreenda esta leitura do componente curricular, pois pressupõe uma concepção de ensino e aprendizagem que determina sua compreensão dos papéis de professor e aluno, da metodologia, da função social da escola e dos conteúdos a serem trabalhados. A discussão dessas questões é importante, para que se explicitem os pressupostos pedagógicos que subjazem à atividade de ensino, na busca de coerência entre o que se pensa estar fazendo e o que realmente se faz.

Tais práticas se constituem a partir das concepções educativas e metodologias de ensino que permeiam a formação educacional e o percurso profissional do professor, incluídas suas próprias experiências escolares, suas experiências de vida, a ideologia compartilhada com seu grupo social e as tendências pedagógicas que lhe são contemporâneas. As tendências pedagógicas que se firmam nas escolas brasileiras, públicas e privadas, na maioria dos casos, não aparecem em forma pura, mas com características particulares, muitas vezes mesclando aspectos de mais de uma linha pedagógica.

O professor é visto, então, como facilitador no processo de busca de conhecimento que deve partir do aluno. Cabe ao professor organizar e coordenar as situações de aprendizagem, adaptando suas ações às características individuais dos alunos, para desenvolver suas capacidades e habilidades intelectuais.

Para tal, os professores desta área devem estar plenamente inseridos no contexto das instituições escolares, sem que haja discriminação nem privilégios de qualquer natureza. Mas é preciso reconhecer que, ao longo da história do Ensino Religioso, sempre houve a preocupação com a formação dos professores, porém esta nem sempre foi algo tranquilo, em consequência da dificuldade da identidade da disciplina.

Percebe-se, na realidade, cada vez mais a urgência de uma sólida e adequada formação dos professores de Ensino Religioso, que devem ter uma formação própria de licenciados. Para tal, o Fonaper propôs alguns objetivos básicos para um Curso de Licenciatura em Ensino Religioso:

- possibilitar ao profissional de Ensino Religioso o referencial teórico-metodológico que oportunize a leitura e a interação crítica e consciente do fenômeno religioso pluralista atual;

- habilitar o profissional de Ensino Religioso para o pleno exercício pedagógico, através da busca da construção do conhecimento, a partir de categorias, conceitos, práticas e informações sobre o fenômeno religioso e suas consequências socioculturais no universo pluralista da educação;

- qualificar o profissional de Ensino Religioso pelo acesso ao conhecimento, e a compreensão do fenômeno religioso presente em todas as culturas, para o exercício pedagógico no âmbito social, cultural, antropológico, filosófico, ético, pedagógico, científico e religioso na escola;

- possibilitar aos profissionais de Ensino Religioso o aceso aos direitos previstos nas legislações específicas do magistério.[18]

Mas a formação do professor de Ensino Religioso não se pode limitar ao estudo acadêmico dos conteúdos específicos. Após esta apropriação do "discurso religioso", é preciso fazer a "tradução pedagógica" da linguagem religiosa, adaptando-a ao nível do desenvolvimento dos alunos, em seus aspectos psicogenéticos e socioculturais.

O professor de Ensino Religioso é uma pessoa de síntese que, com sua relação com os alunos e com o conhecimento, contribui no processo de aprendizagem do educando. Comporta que o ensinante saiba ativar um processo dialógico e um confronto aberto e construtivo entre os alunos e com os alunos, promovendo, no rigoroso respeito da liberdade e da consciência deles, a pesquisa e abertura ao religioso, e à contemplação que permita aos alunos uma compreensão unitária e sintética dos conteúdos e dos valores da religião, em vista da escolha livre e responsável, como propõe o Fonaper.

O professor de Ensino Religioso, mais que os das demais disciplinas, precisa aprimorar/atualizar continuamente o conhecimento, tanto do objeto de conhecimento (conteúdo), como do sujeito da aprendizagem (o aluno, enquanto sujeito social, epistêmico, afetivo, ético e religioso).

A definição do professor e do conteúdo para o Ensino Religioso são de competência dos *sistemas de ensino*, como está expresso no primeiro parágrafo do artigo 33 (Lei n. 9.475/97). Ou seja, é a organização e articulação das instituições, órgãos e atividades de educação e ensino de municípios, estados, Distrito Federal ou da União. Constituído pelas instituições de ensino mantidas pelo poder público estadual/do Distrito Federal, pelas Instituições de Educação Superior mantidas pelo poder público municipal, pelas instituições de ensino fundamental e médio criadas e mantidas pela iniciativa privada e pelos órgãos de educação estaduais e do Distrito Federal. Um sistema caracteriza-se por atividade intencional e organicamente concebida, que se justifica pela realização de atividades voltadas para as mesmas finalidades ou para a concretização dos mesmos objetivos, como é definido pelo artigo sétimo da Resolução 04/2010 do Conselho Nacional de Educação.

---

[18] FÓRUM NACIONAL PERMANENTE DO ENSINO RELIGIOSO, *Capacitação Docente*, p. 24.

Dessa forma, a orientação para os temas do Ensino Religioso deve estar em coerência com a proposta da educação em cada unidade da federação. Mas ainda não existe uma definição nacional para este componente curricular, ou seja, os professores não gozam de um reconhecimento federal para sua formação específica.

Outra definição da legislação sobre o Ensino Religioso é de que estes mesmos sistemas ouvirão uma *entidade civil* constituída pelas diferentes denominações religiosas, para a definição de seus conteúdos. Este é um tema desafiador na aplicabilidade da legislação. Os Conselhos de Ensino Religioso (Coner) estão sendo progressivamente implantados nos estados da federação. Suas finalidades são:

a) congregar as denominações religiosas interessadas com o objetivo específico de constituírem em entidade civil, que deverão definir os conteúdos da disciplina e acompanhar o processo da área nos estados;

b) articular a ação conjunta de todas as denominações associadas, com o objetivo de somar forças na busca de meios e condições que assegurem a tutela do direito à liberdade de consciência e confissão religiosa e do direito ao Ensino Religioso, como parte integrante ao menos da formação básica do cidadão;

c) colaborar com as competentes autoridades na regulamentação dos processos para a definição da formulação e execução dos conteúdos básicos, urgindo o cumprimento dos mesmos;

d) apoiar a formação de profissionais para o Ensino Religioso.

Esse processo de reestruturação das instituições em alguns casos torna-se delicado em decorrência das três últimas décadas de construção da identidade do Ensino Religioso, sobretudo com o acolhimento das diversas tradições religiosas. Tal organização favorecerá a comunicação entre o sistema de ensino e as tradições religiosas, buscando superar diferenças e, sobretudo, fazendo com que essa disciplina seja de fato um componente curricular.

Finalizando toda esta leitura, espera-se que ela contribua para a formação do cidadão no contexto da educação básica, que assegure o respeito à diversidade cultural religiosa do Brasil e que sejam vedadas quaisquer formas de proselitismo, a fim de que de forma alguma utilizem o componente curricular como manipulador de crianças e adolescentes na sala de aula. Este é o desafio

Sérgio Rogério Azevedo Junqueira

que prossegue para operacionalizar o Ensino Religioso no contexto escolar brasileiro.

6. Referências bibliográficas

CICERONE. *La natura divina*. 4. ed. Milano: Biblioteca Universale Rizzoli, 1998.

CONSELHO NACIONAL DE EDUCAÇÃO. Resolução n. 04/2010. Brasília: CNE, 2010.

DUTRA, L. *Epistemologia da aprendizagem*. Rio de Janeiro: DP&A, 2000.

FÓRUM NACIONAL PERMANENTE DO ENSINO RELIGIOSO. *Audiência Pública no Conselho Nacional de Educação*. Brasília: Mimeo. 1998.

_____. *Capacitação Docente – Diretrizes*. Brasília: UCB, 1998.

_____. *Parâmetro Curricular Nacional do Ensino Religioso*. São Paulo: Ave-Maria, 1997.

GEVAERT, J. *Antropologia catechetica*. UPS: Roma, 1995.

GRUEN, W. A natureza do Ensino Religioso à luz de uma aula. *Revista de Catequese* 11 (1988) 44, p. 14.

_____. Educação Religiosa – premissas. *Convergência* 31 (1996) 291, pp. 184-185.

_____. Problemas do Professor de Ensino Religioso. *Revista de Catequese* 7 (1984) 28, pp. 6-7.

HARRIS, H. *Non è colpa dei genitori*; la nuova teoria dell'educazione: perché i figli imparano più dai coetanei che dalla famiglia. Milano: Mondadori, 1999.

JUNQUEIRA, S. *O processo de escolarização do Ensino Religioso*. Petrópolis: Vozes, 2002.

LEEUW, G. *Fenomenologia della Religione*. Torino: Paolo Boringhieri, 1960.

MARTELLI, S. *A religião na sociedade pós-moderna*. São Paulo: Paulinas, 1995.

MESLIN, M. *A experiência humana do divino*; fundamentos de uma antropologia religiosa. Petrópolis: Vozes, 1992.

OLIVEIRA, F. *A experiência de Deus*. Pelotas: Educat, 1997.

REPÚBLICA FEDERATIVA DO BRASIL. *Constituição Federal*. Brasília: Senado Federal, 1988.

_____. *Lei n. 9.394*. Brasília: Senado Federal, 1996.

_____. *Lei n. 9.475*. Brasília: Senado Federal, 1997.

SCHLESINGER, H.; PORTO, H. *Dicionário enciclopédico das religiões*. Petrópolis: Vozes, 1995. v. 2.

STRECK, D. *Correntes pedagógicas*. Petrópolis: Vozes/Celadec, 1994.

VALLE, E. Experiência religiosa: enfoque psicológico. In: GORGULHO, G. (org.). *Religião ano 2000*. São Paulo: Loyola, 1998.

WACHS, M. Ensino Religioso, uma cooperação interconfessional. *Cadernos de Estudo* 31 (1996), pp. 11-17.

ZILLES, U. *Filosofia da religião*. São Paulo: Paulinas, 1991.

CONSIDERAÇÕES FINAIS

Ensinar, aprender e fazer; a teologia e a educação para uma humanidade pós-metafísica

Eulálio Figueira e
Sérgio Junqueira

O cotidiano é simples, complexo e, muitas vezes, profundamente desafiador. Isso porque no percurso de nossos passos podemos favorecer ou não a construção de relações e ou desavenças, até mesmo sem o desejar. Na concepção do Oriente, o bem e o mal estão em cada um de nós, não somos ora bons, ora ruins, somos apenas.

Somos apenas seres humanos que se encontram, que no primeiro olhar encontram o "não", o brilho do olhar, da descoberta, o medo do desconhecido, assim como a vontade de ser aceito. Pois a busca do entendimento, a dúvida própria do momento em que se vive, o cansaço de tantos olhares, o risco do olhar de cima ou o perigo do olhar submisso leva-nos a saber ver além e deixarmo-nos ver. Sim, pois é difícil ver-nos em primeiro lugar ou sermos um cego conduzindo outros, e não nos sabermos UM com nossos educadores, tendo a certeza do desafio da reciprocidade, o mistério da verdadeira comunicação e o fantástico da sensibilidade de "estar com" e não "ter posse de".

O cotidiano da educação é a tradução e percepção da compreensão de teorias da aprendizagem implícitas às ações utilizadas. Para realizar uma mudança educacional, não basta uma nova roupagem, camuflando antigas teorias, colocando novas tecnologias na sala de aula.

Diante das perguntas e vivências geradas no horizonte das experiências humanas, diante da necessidade em produzir as razões para existir de forma que este existir faça sentido e com isto transmitir às gerações futuras bases possíveis para estes esforços, é que apresentamos a discussão sobre a educação na leitura teológica. A questão religiosa está profundamente relacionada com aspectos culturais, e o processo pedagógico proposto pelas tradições religiosas encontra-se intimamente ligado aos conceitos que se deseja mostrar aos seus participantes. Deseja-se reforçar aspectos nos iniciados ou nos que estão em processo de iniciação para serem explicitados no cotidiano.

Em nosso mundo globalizado, deparamo-nos com diferentes propostas religiosas. No seu interior, as concepções pedagógicas surgem com solicitações de todos os tipos. Apoiar e propor que o aspecto religioso esteja dentro de concepções educacionais não é apenas ilustrar ou realizar um processo de conversão, mas de compreensão dessa imensa sociedade organizada e ao mesmo tempo desafiada a conviver com o diferente.

Quando enfrentamos situações em que trocamos o modelo de sapato, a cor da fachada da casa ou instalamos um novo eletrodoméstico, essas "transformações" ocorrem em nome da velocidade dos novos tempos, mas as pessoas encontram-se perdidas e exigem que as instituições, sobretudo as relacionadas com a educação, estejam buscando as novidades, para que as gerações possam aprender e superar a história que está sendo construída.

A educação, como um fenômeno social e universal, é compreendida de várias formas e significados através dos tempos, de acordo com seus objetivos e funções, cooperando na manutenção ou busca de uma transformação nas comunidades.

Ela é desenvolvida por meio das diferentes relações sociais, políticas e econômicas em uma determinada sociedade. A educação é, portanto, um processo de desenvolvimento unilateral da personalidade, envolvendo a formação de qualidades humanas, físicas, morais, intelectuais, estéticas, tendo em vista a orientação da atividade humana em sua relação com o meio social, em um determinado contexto.

No seio da educação, encontra-se o processo de ensino-aprendizagem, que para muitos é qualificado por uma ação pedagógica embasada em um sólido domínio do conhecimento, de uma metodologia necessária ao seu

Ensinar, aprender e fazer

desdobramento e avaliações que verifiquem a reprodução das informações transmitidas.[1] Outra forma de compreender é a aprendizagem concebida como uma construção individual e social dos sujeitos, podendo ser o resultado de ações realizadas em um contexto e manifestadas em representações coletivas evidenciadas pela efetivação das avaliações, demonstrando uma nova utilização destas mesmas informações.

O que significa que o conhecimento emergente não é uma simples rearticulação do sistema, nem a introdução do novo no já instituído, como propõem as concepções conservadoras, cuja prática é pensada do centro para a periferia, buscando uma inserção acrítica do novo no velho. Nesse sentido, a inovação pode servir para perpetuação do *status quo*; a inovação é de fato uma significativa ruptura do sistema.[2]

Para muitos, a educação ficou reduzida à elaboração de paradigmas, que, segundo Thomas Kuhn,[3] é um instrumento significativo que nos orienta, permite avançar, assim como impede de perceber aspectos que não favoreçam plenamente o ser humano. Estes são padrões, modelos que agem como filtros, retendo os dados que chegam à mente. Quando esses dados concordam com nossos referenciais têm acesso fácil ao reconhecimento; quando não, sequer percebemos o elemento que é apresentado. Enquanto para Capra (1988), ampliando este conceito, um paradigma "significaria a totalidade de pensamentos, percepções e valores que formam uma determinada visão de realidade, sendo a base do modo como uma sociedade se organiza". Um paradigma, pois, seria apenas um referencial de análise e interpretação de uma realidade. Uma construção teórica que tem o sentido de auxiliar a organização das relações sociais, em termos de tempo e espaço.

Na realidade, a educação não é uma justaposição de modelos, mas uma mescla de elementos articulados e, por que não dizer, aglutinados segundo diversas variáveis, especialmente a cultura das comunidades. Assim, o papel da natureza, que é humanizadora, obriga o ser humano a se mudar, se

---

[1]   Cf. CUNHA, M.; LEITE, D. *Decisões pedagógicas e estruturas de poder na Universidade.* Campinas: Papirus, 1996. p. 13.

[2]   Cf. CASTANHO, M. (org.). *O que há de novo na educação superior, do projeto pedagógico à prática transformadora.* Campinas: Papirus, 2000. pp. 89-111.

[3]   Nota: Para Thomas Kuhn, o paradigma é a constelação de crenças, valores e técnicas partilhadas pelos membros de uma comunidade, refere-se ao modelo, padrão compartilhado que permite a explicação de certos aspectos da realidade.

Eulálio Figueira e Sérgio Junqueira

transformar, à medida que ele mesmo a altera. Na desafiadora relação homem-natureza e homem-homem, são construídos os objetivos e intenções das diferentes propostas de educação, operacionalizadas também nas instituições escolares.

Toda essa divergência na elaboração de propostas educativas é consequência de uma ciência que exige uma nova visão de mundo, globalizada e não tão fragmentada, sobretudo dinâmica e necessariamente articulada ou sequencial.[4]

O trabalho de educar deve se apoiar em certas concepções sobre aprendizagem e ensino, produtos de uma cultura educacional, em que professores e alunos foram formados, através de sua prática cotidiana nas instituições. Essas concepções constituíram verdadeiras teorias implícitas sobre a aprendizagem e o ensino, profundamente enraizados, não apenas na cultura escolar dominada por atividades, mas também na organização social da classe, na avaliação.

Boa parte dos pressupostos da cultura tradicional entra em choque com as exigências das novas e necessárias propostas educacionais, fundamentais para enfrentar as mudanças em andamento, as quais, vagamente, podem ser identificadas sob o rótulo de um "ensino construtivista". Também será necessário promover mudanças nas teorias implícitas dos docentes, se desejarmos conseguir que eles atuem como agentes de um processo educacional que responda aos novos tempos.[5]

Para tal, existe a educação superior com a tarefa social de educar e formar pessoas altamente qualificadas, cidadãs e cidadãos responsáveis capazes de atender às necessidades em todos os aspectos da atividade humana, oferecendo-lhes qualificações relevantes, conhecimento teórico e prático de alto nível mediante cursos e programas.

Pretendemos aqui postar o desafio que, em nosso entender, o grande teólogo de nosso tempo Paul Tillich se esforçou por nos deixar como herança. A presença da reflexão teológica é necessária, se acreditamos que a educação

---

[4]   Cf. UNESCO. *Declaração Mundial sobre Educação Superior no século XXI*; visão e ação. Piracicaba: Unimep, 1998. art. 5.

[5]   Cf. POZO, J.; ECHEVERRÍA, M. As concepções dos professores sobre a aprendizagem. *Pátio* 16 (2001), pp. 4, 19.

deve estar "orquestrada" nos três tipos educacionais conhecidos: técnico, humanista e indutivo. Mas estes não podem estar isolados entre si.

Ao colocar em diálogo a teologia e a educação, ou, melhor dito, ao promover uma teologia da educação, seguindo o pensar de Tillich, o problema a ser enfrentado vai além da mera finalidade da educação. Trata-se da questão, no dizer do teólogo, do relacionamento do cristianismo com a cultura em geral e com a educação em particular.

Uma teologia da educação será um laboratório no qual as questões das Igrejas e do mundo serão estudadas no intuito de buscar soluções preliminares. Se é verdade o *slogan* de Hans Küng: "Só haverá paz entre as civilizações se houver diálogo entre as religiões", deverá então realizar-se uma teologia que dialogue com as diversas formas de educação inseridas em suas culturas.

Autores

Afonso Maria Ligorio Soares

Professor associado do Departamento de Ciência da Religião da PUC-SP. É livre-docente em Teologia pela PUC-SP, mestre em Teologia Fundamental pela Pontifícia Universidade Gregoriana (Roma), doutor em Ciências da Religião pela Universidade Metodista de São Paulo, com pós-doutorado em Teologia pela PUC-Rio.

Alípio Dias Casali

Filósofo e educador. Mestre e Doutor em Educação pela PUC-SP, com pós--doutorado pela Universidade de Paris. É professor titular da PUC-SP, no Departamento de Fundamentos da Educação, onde leciona e pesquisa no Programa de Pós-Graduação em Educação/Currículo.

Antonio Marchionni

Bacharel e mestre em Teologia e doutor em Filosofia pela Unicamp. Professor associado do Departamento de Ciência da Religião da PUC-SP, onde leciona Teologia.

Carlos Mesters

Frade carmelita e vive no Brasil desde 1949. Formou-se em Teologia no *Angelicum* (Pontifícia Universidade Santo Tomás de Aquino) e em Ciências Bíblicas no Pontifício Instituto Bíblico de Roma e na Escola Bíblica de Jerusalém. É doutor em Teologia Bíblica, com vários livros e artigos científicos publicados e traduzidos em várias línguas.

Donizete Xavier

Mestre em Teologia Dogmática pela PUC-SP e doutorando em Teologia Fundamental pela PUG (Universidade Gregoriana – Roma). Leciona na Faculdade de Teologia da PUC-SP.

Edward Neves Monteiro de Barros Guimarães

Mestre em Teologia Sistemática pela FAJE – Faculdade Jesuíta de Filosofia e Teologia. É professor de Cultura Religiosa e Filosofia na PUC-Minas e de Educação Religiosa no Colégio Loyola. Coordena o Curso de Teologia Pastoral do Centro Loyola de Espiritualidade, Fé e Cultura e leciona Teologia no IRPAC – Instituto Regional de Pastoral Catequética da CNBB. Para contato e críticas ao autor: <ednmbg@gmail.com>.

Eulálio Avelino Pereira Figueira

Bacharel em Teologia pelo Instituto São Paulo de Estudos Superiores (Itesp), com licenciatura em Filosofia pela Universidade São Francisco, além de mestrado e doutorado em Ciências da Religião pela PUC-SP. É assistente doutor na PUC-SP, onde ministra aulas de Teologia e coordena a Pós-Graduação Lato Senso de Ciências da Religião da COGEAE-PUC/SP. Contato: <efigueira@pucsp.br>.

Faustino Teixeira

Teólogo e professor do Programa de Pós-Graduação em Ciência da Religião da Universidade Federal de Juiz de Fora. É também pesquisador do CNPQ e consultor do ISER-Assessoria (RJ). As áreas de interesse em suas pesquisa e publicações relacionam-se aos temas de teologia das religiões, diálogo inter-religioso e mística comparada das religiões.

João Manuel Correia Rodrigues Duque

Licenciado em Teologia pela Faculdade de Teologia da Universidade Católica Portuguesa e doutorado em Teologia Fundamental na

Philosophisch-Theologische Hochschule Sankt Georgen, Frankfurt (Alemanha). É professor associado da Faculdade de Teologia e docente convidado na Faculdade de Filosofia, na Faculdade de Ciências Sociais e na Escola das Artes (Porto) da Universidade Católica Portuguesa, assim como do Instituto Teológico Compostelano, da Universidade Pontifícia de Salamanca. Diretor do Núcleo de Braga da Faculdade de Teologia. E-mails: <jmduque@sapo.pt>; <jduque@braga.ucp.pt>.

Luiz Carlos Itaborahy

Mestre em Ciências da Religião pela PUC-Minas, professor e coordenador pedagógico do Colégio Arnaldo em Belo Horizonte (MG).

Magno Vilela

Formado em História pela USP, Sorbonne e École de Hautes Études en Sciences Sociales, e mestre em Teologia pelas Faculdades Le Saulchoir (Paris). É professor de História do Cristianismo Antigo e de Patrística na Unisal-Campus Pio XI, na Faculdade de São Bento e na Escola Dominicana de Teologia.

Manuel Tavares

Doutor em Filosofia pela Universidade de Sevilha, e professor associado na Universidade Lusófona de Humanidades e Tecnologias (Lisboa), além de editor da Revista Lusófona de Educação.

Mario António Sanches

Especialista em bioética e doutor em Teologia pela EST/IEPG (São Leopoldo, RS). Coordena o Programa de Pós-Graduação em Teologia da PUC-PR, além de líder do Grupo de Pesquisa Teologia e Bioética, membro de Comitê de Ética em Pesquisa e presidente do Regional Paraná da Sociedade Brasileira de Bioética. E-mail: <m.sanches@pucpr.br>.

Mauro Passos

Doutor em Ciências da Educação pela Università Pontificia Salesiana de Roma (UPS). Leciona no Mestrado em Ciências da Religião da PUC-Minas.

Rafael Rodrigues da Silva

Bacharel em Teologia (Itesp) e mestre em Ciências da Religião (Bíblia) pela Umesp. Pela PUC-SP, é doutor em Comunicação e Semiótica e livre-docente em Teologia. Leciona no Itesp e na PUC-SP.

Sérgio Rogério Azevedo Junqueira

Livre-docente em Ciências da Religião pela PUC-SP, com mestrado e doutorado em Ciências da Educação pela Universidade Pontifícia Salesiana (Roma). Professor titular do Programa de Pós-Graduação em Teologia da PUC-PR, é líder do GPER – Grupo de Pesquisa Educação e Religião (www. gper.com.br). Contato: <srjunq@gmail.com>.

Ubiratan D'Ambrósio

Doutor em Matemática pela Universidade de São Paulo. Professor emérito da Universidade Estadual de Campinas/Unicamp, foi internacionalmente agraciado com a "Medalha Felix Klein" (Educação Matemática/ICMI/IMU) e com a "Medalha Kenneth O. May" (História da Matemática/ICHM/IMU). Atualmente, é professor do Programa de Pós-Graduação em Educação Matemática da Uniban e professor credenciado nos Programas de Pós-Graduação em Educação Matemática da Faculdade de Educação da USP/Universidade de São Paulo e da UNESP/Universidade Estadual Paulista/Rio Claro, e em História da Ciência na PUC-SP.

Impresso na gráfica da
Pia Sociedade Filhas de São Paulo
Via Raposo Tavares, km 19,145
05577-300 - São Paulo, SP - Brasil - 2012